李劼人研究·2016

成都市李劼人故居纪念馆
李劼人研究学会 ◎ 编

四川文艺出版社

图书在版编目（CIP）数据

李劼人研究. 2016 / 成都市李劼人故居纪念馆，李劼人研究
学会编.—成都：四川文艺出版社，2017.12
ISBN 978-7-5411-4867-5

Ⅰ.①李… Ⅱ.①成…②李… Ⅲ.①李劼人（1891-1962）—
人物研究—文集　Ⅳ.①K825.6-53

中国版本图书馆CIP数据核字（2017）第318499号

LIJIEREN YANJIU
李劼人研究：2016

成都市李劼人故居纪念馆
李 劼 人 研 究 学 会 编

责任编辑　　卢亚兵
封面设计　　王　玉
内文设计　　史小燕
责任校对　　蓝　海
责任印制　　喻　辉

出版发行　　四川文艺出版社（成都市槐树街2号）
网　　址　　www.scwys.com
电　　话　　028-8625927（发行部）　　028-86259303（编辑部）
传　　真　　028-86259306

邮购地址　　成都市槐树街2号四川文艺出版社邮购部　610031
印　　刷　　成都新千年印制有限公司
成品尺寸　　169mm×230mm　1/16
印　　张　　29　　　　　　　　字　　数　　520千
版　　次　　2017年12月第一版　　印　　次　　2017年12月第一次印刷
书　　号　　ISBN 978-7-5411-4867-5
定　　价　　68.00元

《李劼人研究：2016》编委会

目　录

李劼人佚文

论 文

学术随笔

回忆与怀念

史料与其他

李劼人佚文

1929 年，李劼人于杭州虎跑泉。

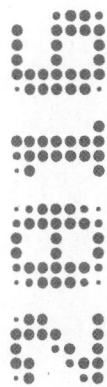

巴黎的国民乐艺院 ①

李劼人

法国——戏剧家、歌曲家、音乐家的出产地。

中国自二十余年学校兴办以来，音乐两个字始正式成了涵养性情的一种学科，最顽固的老年人也方不把拉四弦琴，按纲丝琴当做"调丝品竹"下流无益的事了。

吾人的祖先对于音乐原是看得很重要的。"南风之叶，庆云之章"，虽不知可靠不可靠是吾国最古的乐歌，但《舜典》上的"夔，命汝典乐，教胄子；直而温，宽而栗，刚而无虐，简而无傲；诗言志，歌永言，声依永，律和声；八音克谐，无相夺伦，神人以和"，这一段，总见得古人对于音乐的观念。只可惜开端惟在于"教胄子"，所以后世的伶官乐工都成了供奉帝王一个人的东西。但是在宋以前，歌舞尚不只是下流人的职业，士大夫同他亲炙的也很多。不知从何转移，乐工舞伎便成了一种贱人，高雅的士大夫偶尔调调七弦琴，不胜"古乐云亡"之感，一提到眼前的音乐总难免带七分瞧不起的神情，于是音乐的命运遂专系在一般被人轻视的人们手上，进吗？退吗？却没人去管他的了。所以弄到后来，乐器也备极简单陋劣，并且绝无四十个乐器合奏的事情。唉！有四千年文化的先进国，怎么连一群完美的乐队也组织不起了！

所以学校里设了音乐一科，而乐器哩，从日本间接贩来的风琴；乐谱哩，从日

---

① 本文由易艾迪收集、整理。

本间接摩仿来的最简单的调子；像学校中的音乐只可说是一种无意识的点缀，距艺术的美，不知远到若干万里。谓此便能做精神教育的工具而到"神人以和"的地位，其谁欺？

远东人到法国来，所最享受的惟有两事：一为雕刻、图画，一为音乐。

陈览图画、雕刻的地方，除巴黎和各省的公开博物馆外，巴黎每年尚有春秋两季美术展览会，每次的作品总在四五千件以上。进行方面，除巴黎国立美术院专门研究外，各省尚有省立的美术学校、私家的工场，在罗马尚有法兰西特设专门研究意大利美术的学校，云蒸霞蔚，猛晋不休。音乐，也和美术一样，是法国人一种精神上必需的嗜好。法国的音乐在从前也和吾国差不多，只是宫廷中的娱乐品，杰出的人才大半是御前供奉。不过自十九世纪来，法国人却能够使平民贵族化，把帝王贵族专享的东西一齐开放了令大家享受，而不以为帝王贵族享受过的，便是恶的，便应该随着帝王贵族而消灭，这是法国人见理最明的地方。

我们可以说法国人全数十分之六七，都含有音乐癖，而且都能尊重这门艺术的。姑不必说，巴黎自然是"笙歌沸天"的花都，我们就游历到外省名城，斜阳西下，到最僻静的街上去散步，也总能听见与心弦同颤的四弦琴声，婉转悠扬的从一处处花纱窗帷间溢出。最荒凉的山村，不过十数人家，然而咖啡店中必也有一具机器钢琴，礼拜日总有十来双穿新木屐的脚在地板上跳舞着同他应和。至于城内的大咖啡店更有特设的音乐台。戏院中的音乐不说了，便是最寻常的影戏院，起码也有一具大钢丝琴，而礼拜日公园里且有四五十人集合的大乐队。除音乐外，最为法国人消遣的地方就是戏院，巴黎除国立的四大戏院外，其余的歌场戏馆不知有多少。外省，凡是一个大城中占最重要位置的就是公园和戏院，几乎是一种通例。戏院大抵是公立的，建筑极为堂皇，座价并不十分贵。

法国的戏剧，从十七世纪以来，就占着文学上一个重要的地位，一直到现在仍与诗歌、小说鼎足而三。绝不像我国的戏剧，到传奇集了大成后，不能从韵文转到口语，却为最俚俗的京调代了他的位置，这种退潮的趋向，未免太奇怪（一定要说戏剧由昆曲到京调是进步，鄙人期期不敢强同，因为戏剧的可贵不单在乐歌与艺术上，至少也得含几成文学的趣味才行，如京调的鄙俚，我们只能说他有声无词，有艺术无趣味，文学上绝对没有他的位置。至于说到这是平民文学，那吗，我更要老实说一句，所谓平民文学，他重要处在抒情，京调除表演历史与故事外，抒情的地方何在？况乎平民文学，是要使平民文学化，并不在文学平民化。这意义伸引出来甚长，绝不是在此处可以说得明白的，且不是题目内文章，姑且置之，待后有机会时再说）。在法国社会上不仅是戏剧的本身是可贵的，不仅是戏剧的作家方受人尊敬，便是演戏剧的人，唱歌曲的人也和作家立在同等地位上的。我们只看法国人的用语就明白了：

法国人称图画、雕刻、建筑以及一切精致的手工如刺绣等都为美术 Beaux-arts，称文学上的结构为艺术 art，称表演戏剧的动作同唱歌时的行腔使调也为艺术；他们称雕刻家、图画家、建筑家等为艺术家 artiste；称演戏的无论是男的 acteur、女的 actrice，唱歌的也无论是男的 chanteur、女的 chantouse 也都为艺术家。从用语上看来，就见得绝不似我国"娼优与台"四个字联列的意思了。

既然社会需要这种愉乐，有益的愉乐，犹之文学、美术一样。而法国人又深知使平民贵族化的方法，并且能够尊贵艺术和艺术家，所以大革命后于一千七百九十五年，巴黎遂有国民乐艺院的设立 Conservatoire nationale de musique et de déclamation；更自一千九百一十一年移入马得立街 Rue de Madrid 一所国家收买的教会学校后，他的成功更是伟大，他们声名也更传遍了世界。如今把他的内容组织简单说明于后：

国民乐艺院是国家设立的，其间最显明的分为两部：一为音乐研究部 La séction des études musicales，一为戏剧研究部 La séction des études dramatiques，两部中共分九大类：

一 音阶学与乐理 Solfége et theorie musicale

二 和音学、大琴学，调律学，挥送法，作曲法 Harmonie, orgue, Contrepoint, fugue, composition

三 歌唱，道白 chant, déclamation lyrique

四 钢丝琴，古瑟 Piano, harpe

五 用锯弓的乐器 Instruments à archet

六 用空气的乐器 Instruments à Vent

七 合班 Classes dénsemble

八 脚本的朗诵，口调，戏剧的道白 Lecture à hante voix, diction et declamation dramatique

九 音乐通史，戏剧的文学与历史 Histoire générale de la musique, histoire et litterature dramatiques

每年在十月的前半月和十二月底，有一次考试和一次特许奖励。考试是本院的事，很简单，并不公开，特许奖励便复杂了，便须与院外生关系，除了学生的亲友，凡获得入场券的都可参与这盛会。特许奖励的评判员除了乐艺院总理充作主席外，还有一位高等教育会的会员，各专门教授，以及由乐艺院总理所选请的名人，但不得超过专门教授的名额，最低额为四人。此外便是国立四大戏院的总理，分作两部份，当歌曲班评判员的为峨白纳戏院总理 Opéra(此字意为歌剧，故此院中专是歌舞而不扮演道白剧。此院的总理麦歇拉诺瓦 Lanoix 与中国的姻缘颇深，其人原为巴黎东方语言学校学生，现受有巴黎大学名誉教授的学位，专门研究中国乐理乐论，能读子书，懂中国诗，曾将李白的诗选译了若干在峨白纳戏院演奏，于中法文艺沟通上颇有影响)。喜歌剧院总理 Opera-comique，当道白班评判员的为法兰西喜剧院总理 Comique Franqaise 阿德涌戏院总理 Odéon(此字意为音乐堂)。

特许奖励中有十二个学生从各类中选拔出来的，可以取得顶好的位置，这是院规。但在十二人外，遇有超群的天才，评判员也可变更院规扩充几个次等的位置与之。不过这种竞争极不容易，往往三百多学生不能争得七八个位置。

乐艺院是不征费的，学年始于十月的第一个礼拜一，毕于次年七月的大奖后。

每类的各科每礼拜有三次课堂，每次两点钟。只作曲法的课堂，音乐通史的课堂，戏剧史的课堂，每礼拜是两次。课程谨严，尤其不准学生故意缺课，学生有缺上三次课的便除名。

除了考试，特许奖励之外，便是每学年之尾的大奖，算是最重要的。大奖不公开，并且只容一个评判员主政，这位主政的评判员由特许奖励的评判员用秘密投票法公举。但乐艺院总理仍然是主席。这次的奖较为普遍，分为头等、次等、附取头等、附取次等四种。

若一个学生在大奖中两次不能列名，或者有天才而两次都没有成功的，便降到次学年的新班去。然而九类中的和音学、调律学、作曲法都是例外，可以竞争三次，期间最重要的为钢丝琴、四弦琴、歌曲、道白。

大奖多半在七月前半月举行，虽是不公开，但高等教育会会员，各专门教授，批评家，巴黎各大戏院的总理仍可参加。在必要时，还须延请各省大戏院的总理列席。大概这次的大奖便是定学生走入舞台去实施他们艺术的命运。

不得奖的学生不能在各国立、公立的戏院同音乐赛会、歌曲赛会中献技，这么一来，所以国民乐艺院就成了法国戏剧家、歌曲家、音乐家的专门出产地了。

乐艺院虽不征费，但有一种极苛的约束，便是在院学生不准与任何戏院，任何歌场预订契约，并且两年之中国立四大戏院指名邀请时，须绝对遵从院规，义务的登台奏技。所以到两部的学生，入院时就须签字写明："犯此约章的斟酌情形处罚一万佛郎至一万五千佛郎"。这种奇怪的约束，据乐艺总理说是必要的。

院中也有津贴费，大抵是外省国立音乐学校升送来的学生们，一直到现在还是六百佛郎一年；大战前按月给五十佛郎，战后便一次给与。

乐艺院也有分院，大部分是外省公立的音乐学校。这种学校极多，工课程度自然都不同。假若这学校要改为国立的，须先由地方与国家接洽，由政府派专门家严格察验后，结果不坏的，就得改称为"外省国校乐艺分院"。

原载《中华教育界》第 13 卷第 3 期，1923 年

海孟德的那一夜①

（妇人新书简之一）

[法] 蒲莱浮斯特 / 著　　李劼人 / 译

喀斯东诺瓦野夫人致酿伦昂布吕姑娘

　　我娇小的酿乃特，你接的这封信就是以前多少次我们手挽手在比克比清爽的丛林中间散步时答应要给你写的。这封泄漏天机的信，凡是人家瞒着我们少女们的秘密当然都会被它揭穿的，——须得说这是我，海孟德，那最年轻而少理解的女子给你写的！须得说这是我，第一次称为"夫人"的！"喀斯东诺瓦野夫人啊！"娇小的酿乃特，这多么的奇怪呀……毕竟，听清楚，我即刻就要把一切的事尽告诉你。但是读后须把我的信付之一炬。假如被你母亲看见，那我真会羞死。

　　你记得当我们离开那跳舞场时，你在那里跳得失魂落魄的地方，正是夜里十点钟左右，我那时哭得同一个忏悔女人一样；妈妈也哭；爸爸轮起那骇人的眼睛

---

① 本文由易艾迪收集、整理。法国作家马色尔·蒲莱浮斯特（Marcel Prévost）著，李劼人翻译的这一篇《海孟德的那一夜》，原载《醒狮·文艺特刊》（第 55 期，4 页，1925），未收入《李劼人全集》（2011）。《李劼人全集》第十七卷收入了李劼人在 1922 年 -1925 年间翻译的蒲莱浮斯德的短篇小说 22 篇，其中 21 篇原集结成《妇人书简》出版。本文的作者名字译为"蒲莱浮斯特"，标题下写"妇人新书简之一"。李劼人在 1923 年 1 月发表于《东方杂志》第二十卷八号的蒲莱浮斯特《和解》一篇小说后附语（见《李劼人全集》第十七集，2011），介绍蒲氏出版有《妇人书简》《妇人新书函》和《妇人最后书函》，本篇《海孟德的那一夜》标题下附"妇人新书简之一"，即应是蒲氏《妇人书简》第二集（《妇人新书函》）中的一篇，但李劼人未翻译完蒲氏此书。直到 1933 年李劼人才译出蒲氏《妇人书简》第二集的一半，共 7 篇，以《妇人书简》二集"命名，连载于是年成都《实事周报》，其中包括此文，但篇名译为《海孟德的那一夜》。《醒狮·文艺特刊》在刊载本文时，排版粗糙，有词语重复，错字，标点混乱，漏排等错误，如"只须十分钟同十分钟"，"车箱们打开"，"他答应"（应为"她答应"）等，整理者按现在出版规定做了改动。其次，原文中一些词语，因时代原因，如"她"、"甚么"，现已废弃或规范，也做了改动。文中一些词语，如"爱敬"与"敬爱"均出现，或为排版错误，现无法确定，故保留。——整理者注

把喀斯东的手握着。其后，我们就上了车子，只是"我的丈夫"和我起身往阿勒阳车站而去。哈！还忘记告诉你在分手之前妈妈会把我牵到一旁好几分钟，她向我做了一番小演说，时时被咽哽打断。其实我并未听见什么要紧话在里头，只是"妇人的职务……凡你丈夫愿意的……婚嫁是把什么都圣化了的事……"这些言语时时参在中间。然而有一句话最触动我，最令我注意，"初时'那事'之于你当然是很出奇的，我的爱女；继而，你便觉得：人既习惯了……"

我们来到车站了。我亲爱的，你当然揣想得到从我独自同喀斯东在一处时，彷佛他并不在那里，然而惟有我的丈夫。我惊讶的问我自己："何以我竟同着这位忙极了的先生在这里呢？"可怜的朋友，东西很使他烦麻的！又是车票，又是行李，又是靠枕，我说得完吗？他两手都满了。同时他又在同一个巡查争论："我将做我的报告，先生！我将做我那送往铁路公司总理处去的报告！……"

我们到底上了车，只有我们两人在一个车箱里。大家快要走了。喀斯东坐在我身边，把我的手握着，很热烈的吻我的手套，一面叫道："海孟德！我爱敬的海孟德！何幸我们独在一处，只是我们！……"他正这样说时，车箱门打开，一位老先生走了上来，啊！极了，严重极了！喀斯东站了起来，又坐下去，他忿怒以极，但是有什么法呢？人就不能请这位老年人走开吗？喀斯东只好握着我的双手，很温柔的。时时，他又俯身在我耳边说道："海孟德！我娇小的妇人！爱我一点吗？"我回答说："就了，吾友，就是了。若不爱时，我也不会嫁与你了。"有一次，自然又变了调了，他悄悄说："海孟德，我娇小的妇人！你爱喀斯东吗？"我真要狂笑起来，"你爱喀斯东吗？"你不觉得这话奇得可笑吗？"你爱喀斯东吗？"当我不久入睡时，我还在笑这句话。

走到撒尾尼车站，喀斯东便唤醒我，我们应在这里下车。这是早晨两点钟，稍过一点。一辆车子等着载我们往罗瓦养去，这是我婆婆的私产，她答应拿与我们度蜜月。从车站到家有十分钟。我们沿途碰见的那些小榆树，喀斯东对之颇为感动，因为这都是他童年时的小朋友。至于我，因为天色乌黑，我竟分辨不出别的东西，可是我也只好说都很体面，特为讨他欢喜的原故。其实，那府宅果也立即令我高兴起来。这里很宽大，有一片美丽的园林同一道树根做的奇美的桥，下面是真正的运河。这景致定可以令你欣赏的，既然你爱诗篇。

我那时在这房子的何处呢？哈！我们却在大餐室里随便用消夜。我吃得很多。喀斯东只用了一枚鲜鸡蛋，一点点波尔多酒。其后我们就登楼到寝室中来。这就是有趣的时候了，仔细听着。

喀斯东温柔极了。他抱吻了我，又向我说："我亲爱的孩子，我业已吩咐了侍女叫等候你按铃子叫她。你可愿意赏脸？不要按铃叫她。我最高兴在今夜没有一个下人到这里来。你看这里便是梳妆室。我暂时告别：我在隔别相待，就是你安寝的所在……二十分钟，可是吗？若你需用我时：请在门上'多克多克'的敲两下。"

说到这里，他"抱吻"了我，便出去了。我急急的脱了衣服，十分钟内，我的晚装便整齐了，睡下，瑟缩在被单中。我亲爱的，我的心真跳了起来！好像当我毕业考试时一样！房门一开，喀斯东进来了。我极怕一件事（不要笑呀！）：怕他单穿着寝衣。我一生只有一两次看过一个单穿寝衣的男子，穿着浆过的寝衣……我早想来若果喀斯东像那样的走来，那吗，第一夜就完了！我从此必不会再爱他，而终我一生也定会成一个不幸的妇人。我便瞥了一眼，哦！我亲爱的，喀斯东一点也不难看。一件饰有线纱的寝衣，一条青绸短裤带一种体操服装的样子……这就是我希望于他的了。他走到床前，又亲我的颈项，又亲我的头发，又亲我的手臂。当时，我好生感动；似乎我竟爱了他一点。（你爱喀斯东吗？）他去把灯盏寻来，放在床头夜器桌上，一面抱吻我，他就把光灭了。我估量这些举动都做得很巧妙的。他一定在前晚就练习过的了。

啊唷！夜色很深，而喀斯东已经在我床上。到此这故事便更难于叙谈了。然而，却须极力的来了解才是。他把我腰身紧紧抱住，又将我拉在他胸前。我哩，却尽我所能的往后退缩，一直挨到墙壁边……一定的，他是乘机急进了，一定的，我是惭悚极了……然而，有什么方法呢？依着我们当学生时的谈话，依着妈妈的演说，我原就等着这奇异事情在！因此，也就不很拒绝，我还寻思："怎样！就是这样吗？……"

于是，我的丈夫，一直到此时他都咕噜着种种不清楚的温柔话在，突然用一片断续声音在我耳边说道："海孟德！我亲爱之妻！宽恕我罢。我不知道这是……这旅行……而且……快乐的是这样得着了你，完全是我的人了。"他紧握着我双手，把它们都捏伤了。但我一点不懂，他求我宽恕他的是什么？……我没有回答。他又说："你可是不生气吗？……若你晓得……你有没有顶大的忍耐……你要明白……反之……这事可证明……我何等的敬爱你……因为以前，我给你打包本说，在别种情形中……到底。"他的话越说越胡涂，奇怪得使我狂笑得同一个蠢人似的。你知道的，那种狂笑在比克时，曾令亚尔巴李妈妈皱过多少次的眉头。于是他"我请你不要笑！那你就不爱我了，说呀？"我遂想及这一句："你爱喀斯东吗？"……我更笑了起来。其后，我安静了。我丈夫便对我说："若你愿意，我们睡了罢。你当然疲倦了。"我真果疲倦了。我又让他略略抱吻了一下，跟着我就翻身向着墙壁，睡着了。

几点钟后（仿佛是的），我被一种微声警醒，毫不动作，我半睁开双眼。喀斯东起来了，并将灯盏点燃。……小小心心的，自然是要让我安睡。他把旅行皮包打开，从中间取出一个小瓶子，他看清了商标，遂喝了两口，仍把瓶子放还原处，走了过来，灯又灭了，他重睡在我身边。在这静境中过有十分钟，我业已又睡着了的。当我丈夫重新突然将我搂到他怀中时，他把我拥在胸前，又擦摩我好像按摩师一样，不过粗鲁点。我仿佛小极了，我害怕得很，但是，我们应该老实说，我的好奇心遂注了意。我心里自己说："妈妈告诉过我的那件非常事体明明白白的快要来了。"

罢哟！不是的，我弄错了，事已了结。喀斯东很快的让我休息了。他好像疲倦得很，又因这事很生气似的，唧唧哝哝道："老实讲，这却奇怪了！可恨已极……"于是他又哀求起来，差不多还哭着在说："海孟德，你快要瞧不起我了！可怜我罢。你瞧，这就是我太爱你了！"他实实在在带起那不幸人的样子；这自然是他害怕因为扰了我不免令我生气的原故。我就强勉来安慰他；我就抱吻了他一次。我们遂手臂交搂的睡了。

今晨，我醒得很晚。喀斯东业已穿着齐整了。他走来在我额上亲了一下并向我说："我的小海孟德，再睡一下，我要往撒尾尼去干一件重要事；早餐时我可以回来。"

我让他走了，并且很高兴得有这清静时间来给你涂写这封预许的信。今晨，我觉得又烦闷，又不安……而且又有幸的。我的婚夕是过去了；我现在已是妇人，完全一个妇人。自然这一夜曾包涵了许多重大的韵事，不过我还等着那更重大的某事在……怎样说呢？……更重大……从不曾想象过的。那真正的惟一奇怪东西，就是喀斯东曾喝了两口的小瓶子。我适才战战兢兢地把它考察了一下，它的外表并没有稀奇记号，商标上只有药店的名字，和一种序数字，液汁是深黄色，有点酒精和生姜的气息。

刚才我曾问侍女喀斯东回来不曾。她答应说："不曾，夫人。但先生断不会久久不归的。他走时曾向车夫说：'到撒尾尼，勒魏尔医博士家。'这行程只须十分钟，其次是会勒魏尔先生的时间……也只须短短的三刻钟。"

勒魏尔医博士呀！喀斯东去求诊呀！他不舒服吗？可是不然，他今晨是很好的。然则……我现在有一个狂念：我应该把这狂念告诉你……他敢是因为我而去求诊的？何故呢？……这果是有效的吗？……我熟思来……在我缚胸裆之下很觉一些不经见的动作。啊！酿乃特，这是否真的！你或是前知者，可是吗？

不要向别人讲！

我的爱人，我抱吻你那体面的黑发。

原载《醒狮·文艺特刊》第 55 期，1925 年

1931 年李劼人为幼子远岑被绑票报案书 ①

李劼人

冬月十五□□□半前后，疑由雇佣仆妇所勾引，失去男孩一名，李远岑，年正四岁，肥面，大耳，两耳轮背各有生成肉眼（小孔）三个，眼睛圆大，和尚头发，长五六分，前右边发上有□灼痕。穿蓝洋布衫，青斜纹布棉袄，油绿布旧棉裤，有补缀处。自知姓名、住所。一女婢年约十三四岁，剪发披额，名雪来，穿□铜色布长衫，花布棉裤。现女仆犹挡留在家。女仆姓宋，□家住南外倒桑树尤家祠内，有母姓宋，一姐嫁胡定安，据说是廿四军军官大队排长，现住将军衙门。其兄名宋春田，据说是廿四军唐有晖师护厂连兵士。其母与姐常来，否则彼去。出事日午后四点半犹出城一次，六点即返。

指挥街一一八号　李劼人具

---

① 本文由易艾迪收集、整理。

《脂球》译后赘言 [1]

李劼人

莫泊三的名字，身世，以及他在法国，乃至在世界的文学界上，所占的地位与势力，想阅者都已耳熟能详，固不必再待我的介绍了。

近译的这篇《脂球》，虽不算是他短篇小说的代表，但也如王之焕的《黄河远上》，毕竟是他短篇中顶好的一篇。

这篇的事实也和其他短篇一样，即是说很简单：一八七一年普鲁士兵侵入鲁昂城，事后有十个人从鲁昂得了德军官的许可，乘着邮车往垒浦去，中途被一德军官任性扼制的一件事。然而所写出关系却太复杂，就非其他短篇所能者了。

莫泊三毕竟是能者，他当着普人侵法的时候，并不一味的被爱国热潮所祟，凡普人都是畜生，凡法人都是好的，一如费叶等人所描写；而能很冷静的把各阶级的人一一解剖出来，请看全般法人并不一样，而人格之最高者乃是社会地位最低最贱的娼妇。并且告诉你国可亡，人格不要，而阶级的尊严则断难打破；并再告诉你，人性善恶绝不在国别与种别上分的，而在所处的环境如何：同邦逃难的法国人，为我的利益满可牺牲你，占据异邦的普鲁士人则可以劈柴、洗衣，与法国女人讲亲善，讲互助，尤其是一篇非战的大道理，是客店老板娘讲的，讲得极朴素，极平淡，一点不带学者口吻，但是道理却同铁铸的一样，这更可以看出莫泊三的技巧来。

现在我们中国虽未对日宣战，但所受的已不亚于一八七一年的法国，我们的感情自然很被激动了，但是请稍稍放手静点，来把这篇小说看一遍，在流离琐尾中，如伯爵，如罗亚等人多哩，如鲁色小姐的多哩。

---

[1] 本文由易艾迪收集、整理。李劼人此文，是在翻译完莫泊桑《脂球》后所写的，原标题为《译后赘言》，为明确此文与《脂球》的关联，整理者在标题上增加了"《脂球》"。法国作家莫泊桑（1850—1893），李劼人译作"莫泊三"。该文原载 1932 年《西蜀评论》，《李劼人全集》第十五卷收入了《脂球》正文，未收入此《译后赘言》。——整理者注

一九三二年三月十五日 在成都

原载《西蜀评论》第 1 卷第 7 期，1932 年

《妇人书简 》二集序言 ①

李劼人

　　此书系法国卜勒浮斯特所著，前后数集。第一集曾于民国十二年译出，十三年在上海中华书局出版。其后甚想把二集、三集译出，因忙于翻译他书，又因干了几年写黑版及站灶头的生涯，竟自耽搁下来，至今十年。

　　卜氏是以专研妇人心理出名的，平生著书四十余部，全属于一个系统。当今之世，再来翻译这类无关宏旨的，且是只供人作消遣之用的小说，而不译点如铁流如大街等类的作品，似乎太不时髦了罢！这问题讨论起来太长，在本书开端，作者有几句话如下：

　　当今，一般吸烟室中的哲人，看见此书，必怒咤道："此何为者，于此不安之世，乃仍写此等爱情故事呀！"无如作者之为是，只以其性之相近，安有其它理由可说乎。

　　译者之不欲多言，也是这种意思：只是我高兴而已。

　　假使《周报》篇幅有余，每期能登载一段，则第二集之目录如后：

　　一，晨邮；二，礼貌；三，我的老友（此篇最长，非分数期登不可）；四，海孟德的一夜；五，犯了大过之后；六，竞争者；七，救援；八，床的问题（此篇共分三函，每次只能登一函）；九，归来；十，后夫；十一，热仑坏玦的手册（此篇又分四个小题，一曰黑点，二曰所慰藉之人，三曰忧痛，四曰皆好，自然又要

分四次）；十二，合作之约；十三，和解（此篇亦长，亦需分几次登）；十四，紫丁香。

　　共十四篇，或者二十五六期便可登毕。不过能否如此办，我无权敢定。就令编辑先生能答应，而我能不能断续每期译下去，一口气把第二集全书译毕，也还是问题。不过在有些学校果然未能开课时，我总可以以我之消遣来消遣，喜欲看这种东西的同志，假使我忙起来时，便只好时断时续，或许竟自中辍，皆说不定的。

　　应该敲的开场锣鼓，大约这几下也够了——然而，还有，文中多数"你"字，均当作"您"的，无如没有此项字模——请看正文好了！（还要附带一句：人名以及特殊名词，本应该把原文写出的，因为排印上的关系，只好暂缺，将来有机会出版时，再补上也可以。）

原载成都 1933 年《时事周报》

附识

　　法国作家马色尔·蒲莱浮斯特（Marcel Prévost），李劼人在 1923 年翻译出版的《妇人书简》中译作"蒲莱浮斯特"，本文译作"卜勒浮斯特"。1933 年成都《时事周报》连载李劼人翻译的蒲莱浮斯特《妇人书简》二集。李劼人在本书序言中简介了作者、本书概况，全书共 14 篇文章。但《时事周报》在刊载 7 篇后，在《编余闲话》说明"《妇人书简》不能继续了，因为译者李君已因紧要的事情到嘉定去"而停载。《妇人书简》二集中的第十《和解》发表于 1923 年《东方杂志》第 20 卷 8 号，《和解》收入《李劼人全集》第 17 卷。《海孟德的一夜》在 1925 年以《海孟德的那一夜》为名发表于《醒狮·文艺特刊》第 55 期。《时事周报》连载的李劼人译《妇人书简》二集的这 7 篇译文，原排版的字词、标点符号的错误较多，现据出版规定作规范处理。《妇人书简》二集字数为 29000 余，本书篇幅不能容纳，故仅刊出李劼人所作的前言，全本《妇人书简》二集将在以后的《李劼人研究》文集中刊载。——整理者

对于四川边地农垦的一番空话（下）①

李劼人

办垦务学校，不难在教学生，而难在找办学与教学的。照上段所说，学校的办法及学生生活方式，既皆各各不同，那吗，主办与主教两者，自然不比寻常。第一，要做事多，空话少，应用多，书本少。第二，要不畏艰苦，持之以恒。所以在我的蠢想中，在计划学校之先，便须要物色人材，不要待开门之后，方东拼西凑，将就强勉，这是断断乎不可以的。好在研究农垦的先生们，比较都能敬事，我们只须从"对于事业之有否野心，有否兴趣，有否能耐，有否持久力，有否气魄"种种上着眼去觅求，我想总有把握的罢。

但是，先生们，却也得记着俗谚所说："舍得金弹子，打得凤凰回"。现在许多朋友，一肚皮的经纶，偏偏只工于为自己打算，如之何"少出力多收获"，而拙于为人。打算如之何"刻薄寡恩，光捡便宜"，这是太不熟悉斯宾塞耳的哲学，并且太不留心福特的方式了，行将下去，绝没有甚么好结果的。我脑中所储的例太多，可惜此刻无暇说。所以我常以说《劝世文》之口吻，贡言于许多男女老少诸先生之前曰：踏实做事，莫捡便宜；宽以待人，薄以待己。（老友评曰：此是违反时代精神的格言，平凡之至。）

我的蠢意是主办主教于垦务学校的先生们，其所任既如彼重大，其所事又如此辛苦，其所关系已非浅鲜，而其被选也又如是之严刻，那吗，我们的报酬则如何？当前的薪水，自然该优厚，而且还该保证将来的利益，不使人有徒劳之感，于事

---

① 本文由易艾迪收集、整理。《对于四川边地农垦的一番空话》（上）一文，已载《李劼人全集》第七卷，未收（下）文，现刊出。

的本身也才有济呀！

主办与主教的人，除教学生与指导乡人而外，还应当精密考查四周的一切。先前的考查，容有未尽，而全盘计划，也容有未精者，都须靠这一番的工作来补充，来改善。

并且，假使待垦之区甚大，而各地的环境或有大差异处，比如说，甲垦区地多山少，有林木，有水利，而又有熟田，则将来用于此地的学生，其作育的方法自然不同。乙垦区若与甲垦区大异，或是山多地少，或无林木水利，而多丰草，或有别种情形，若是，则教学生的方法，自然又是一种。一言以蔽之，因地施教而已。故所以学校究该办一所呢？或多所呢？或一所而分别教之呢？这都没有定法，绝不是专讲画一，专讲省事的朋友们，所知道的。也非闭门造车时，所能预定的。总得等我们的这幻梦果能实现，果有这等大傻子出来时，再斟酌好了。

上面谈的，能施诸实用者自然很少（本来说的是空话），第一，是太迂缓，现在的人大都是吹糠见米，讲究的是"兑现"，你同他谈到五年计划（这是现成语，其实应该说十年计划），总觉得有点待不得。第二，是太把教学看重了，目前正感觉人才甚多，有如暑日苍蝇；任便你要干什么事，随手掏去，大把的都是"了不起"的人才。何况十余年的教育，新式"候补道"正无匹其多，你要研究天文吗？有"候补道"；地质吗？有"候补道"。除了说洋话而外，新式"候补道"是无所不能，而其手下更有如通天教主之门之盛，甚至有发明可以用药品而制造汽油，只需资本万元，便可设厂者（见上年《国民公报》所载），且有敢于用七八万元而居然说可以炼钢者。不易的事且如此云云，况乎挖地，何待乎教焉？

下面且谈点较近于事实的话罢。

先生们，吃饭要口，煮饭要火，垦地要人！我们谈的是垦，那吗，叫什么人来垦呢？又以什么样的人来垦为最善呢？这是大问题。凭我们意中想，垦地之顶合宜者，自然要内行。换言之，即是内地的农人。然而有其害焉，乃是农人的保守性极强，与他素习不合的，纵然就碰壁至于千数百次，他也未必能改而从你。有几个浅近的例，且说一说；洋芋一物，宜干不宜湿，宜瘦不宜肥，宜热不宜冷，假如是天热而雨水甚稀的山地，是最合宜的了。并且地土合宜，三个半月即收获一次，又可存储至于十个月之久。从前法兰西曾遇大旱，忽然有一人发明此物可以充饥，于是此人几乎被尊如天帝，而洋芋亦公然为人人日食之必需品。我常想，我们四川地方，可以种洋芋的甚多，此物也，既无"红苕冤家"之甜，又无"芋头冤家"之腻，起码一年三收，且不须施肥，我们勤苦的农人必将闻风兴起的了。然而据我所闻，前三十二年巫山县、大宁县早有此物，前十余年打箭炉①亦有此物，近十年峨眉县亦有此物，而且人人食而甘之，并不生厌。但是我曾向几位金堂亲戚谈及，大家不但不知此物，而且受了我十余度的宣传，他们老是怀疑，至今不肯分一畦之田来试一试。

还有一种洋菜，洋菜叫"多马妥"，广东、上海人呼之为番茄。形如甜大辣子，据生物学家研究起来，此物含维他命 A、B、C、D，种之极为容易，也是只需沙土，宜燥不宜湿，宜瘦不宜肥者。这菜的种子，早已传入川省，但做菜园的并不肯多种。或者由于不懂吃，而销路不大，固然也是一因。但我有一个法国女友，旅居嘉定②时，曾种了不少，自己吃不完，送别人，并教以吃法。其实，这种菜，又甚为好吃，可以凉拌（只须加点醋，盐，及少许熟菜油），可以作汤，可以烩面，可以烧鸡鱼肉，作之得法，其味之鲜，过于放"味之素"二两。况乎又甚卫生。然而大家都害怕分一尺之土以种之。今夏到嘉定，法国女友既去，多马妥遂亦随之而消灭。成都则在七年以前，已有卖的，但七年以来，仍只湖广馆一二家高贵菜摊，及水果店中有之，且不甚好。谓此物无人吃欤？则广货店中每年销售罐头及瓶装之多马妥浆（皆外国货）总不下千数。谓不宜种欤？而今年我曾将种子分给数友，如法种之，俱红鲜如小碗，形与味皆不亚于欧洲所产，然而大家不肯种，则奈何！

从这极小处来看，农人之富于保守性，是如何的利害。诚然也由于有学识的先生们，未曾与之接近，但是也由近十余年的经过，早把老实的农人弄糊涂了。你看真共产党引导他们一次，假共产党引导他们一次，半真半假的国民党又引导他们一次，后来全是靠着一伙"好话说完"的大人先生，"恶事作尽"的糊涂小子来指导他们，说要怎样来爱国家，怎样来爱大人，怎样牺牲自己的一切而供奉大人的娱乐，怎样痛死了苦死了也不准哼一声。自然农人们的胆子，只有越小，你越要去接近他，他只有越以麻木来报答你。

所以在我的小心眼中，总觉得要把内地的农人好好移到边地去作开创事业，未免费力太大。除非一个"呀呸"，把咱们一般仁爱的诸首长，全变成了混世魔王。预征钱粮一年的张宗昌，拿出搅扰圣乡的手段来，先修出几条通到边地的铁路，然后在内地给一个搅"冰忌淋"的办法，哗哗哗的几下，庶乎安土重迁的农人们，在家破人亡之后，或有逃死于边地的可能。

倘若以马边移民数千户为例，农民又何常不可移？不过，我在上段说过，方

---

① 打箭炉，即今康定市。
② 嘉定，即今乐山市。

式甚多，只不知到实行时，究以那一个方式为最好。倘若采取移民实边的办法，自然把农民移去，是再好没有的了。但是，先决问题是非把交通弄好不可。从前绥远铁路未成之前，山东直隶何尝不年遣若干农民前去垦荒，并且还由政府赐与农具种子，以及一年的口粮。但是秋风一起，移去的人便又纷纷奔回故乡，办了几年，毫无成效。及至铁路修成，反而无须政府设法，地皮却涨了价，去的人竟是一群一群，而且不因交通之便，动辄就向故乡跑。

倘若用裁兵实边，化无用为有用的话（这已是十余年来的老调，咱们老百姓的编遣费，不知出过多少，而至今还只是一句话，这本是咱们建国精神，倒用不着大惊小怪的）。那办法自然又不同，而且问题也多。这意思曾向一位军界朋友谈及，认为是可以行。又曾向一位在军界而是穿长衫的朋友谈及，则又认为不可以行。认为可以行的理由，且不忙说，认为不可以行的，最有力量的证据，就是：凡穿过二尺五的老哥们，大抵都不愿认真劳动，平日的职业，只在拿脚板底打地，一旦要拿出全身的气力来做继续不断的运动，则非其所喜也。即以兵工筑路而论，往往五个人的成绩，抵不住一个道地泥工之所作焉。这番话，诚然有道理，但是有办法的。第一，假使咱们一般贤明的统兵首长，都黑下良心，一概取精兵主义，营盘中的纪律操练，全都切实整顿起来，私毫不予当役者以一刻的自由，全照欧洲征兵营盘里的办法，我想受不住整顿而大感其苦的老哥，必然不少。然后，第二，把一般被淘汰的人，打散分配到垦区中去，交由学校出来的工头，指挥着，去做应做的事。这事，自然劳苦，然而总要设法使其比营盘生活轻巧些，何况这般人十之七八是来自田间的，并非全不能劳动的人，善诱而利导之，未始不可走上轨道。并且，第三，得将垦地生活改好，要有比较完善的居室，稍稍复杂的口粮，尤其要紧的，要注意业余的娱乐，如循环电影、乐队、戏剧，以及害少益多的赌博等，更应该注意，此等事完全要由机关办，绝对不许私人自由经营。其次，第四，还应该要顾忌性欲这一层，咱们营盘里顶容易发生乱子的因，诚然很多，但赌与淫，却是两个紧要原素。咱们不能要求人人都讲性理，讲克欲，讲圣贤之道，况乎又是一般单用气力的人。假如你不打算用鸦片烟去耗减他们的精力，那你必须懂得要如何去调节他们那种奔放的情欲。中国古人是深知此理的，所以有营妓。明朝虽废去营妓，然而，不成文法的允许随军营业的游娼与娈童。欧洲人自然更知道这是要紧，除了军妓外，每逢军队开到外处，而嫖费是作正开支，每星期额支两次的。只有咱们现代的人极奇怪了，处处在矛盾，一方面当军官的在大解决此事，毫不忌讳；一方面要维持军纪风纪；一方面用力怂恿变态的社会，把些诱惑性极重的人物与举动，摆在那般需要正紧的人们眼前；一方面又不为之设法。因此，我想来，与其把精力用在作伪上，不如从而想一个利导的办法，这也是禹疏九河的意思。所以在垦地上，非得有女同志合作不可。我相信女同志的教育，比什么还有力量，起码她也有"留客住"的功用（"留客住"是古代兵器名）。……末后，第五，乃是中国人性到底还未进步到乱交及儿童公育，所以家庭终成了人人生活的一个归着点。在垦地上最初自然可以用集团生活的方式，但是要作长治久安之计，便得顾到垦丁的家庭问题，这比如是一个桎，为驯兽所不可少的。

本来话是容易说，尤其是空话，无论如何，都可自圆的。我上来的五步办法，说得岂不头头是道，然而有经验的朋友，一定要摇头以为不易。好在我所说的，未必有人采用，四川可作的事太多太多，此无干得失者，不妨等世界大同以后待大傻子出来了再作。

闲来无事吹空话，本是一乐。惜乎我近来太不闲，所以在这大题目之下，还有许许多多的风云雷雨，实在没时间写。单是这下段，都是努了一星期之力，每天抽点空凑成的。且待且待，倘有时间，不妨再来补充一篇，或者可以。此刻，只好三鞠躬告别了！

十月二日午写完

原载成都《时事周报》第 2 卷第 24 期，1932 年 10 月 9 日

说昆明①
（川滇行之一）

李劼人

一

昆明是好地方。第一天气好，第二湖山好。

天气好到从朝至暮蔚蓝得有如一泓秋水。我在那里的时候，恰恰是风季（二十九年二月初正阴历己卯岁之腊月下旬也），偶尔一朵云花被风吹得一丝丝一缕缕绝似漂白研光的轻絮。正因为风大，所以晶莹的太阳晒到身上，只感觉到如春的和暖。二月一日那天，躺在大观楼侧唐继尧铜像下的草地上，绝对想不到这是应该严寒时候，到处腊鼓鞚鞚、催杀花猪的腊月二十四日。

四季如春，而又不是绝对的常春，所以除常绿树外，在冬季里也一般的叶落草萎，有四时的变化，便不像热带那样单调。

昆明附近十公里内外，就我所见到的，柏与松最多，而且都很秀挺。其次是灰杨，不算甚高，比较重庆附近山中的为矮，可是比较粗大，城内许多段未拆毁的城墙斜坡上，全是此树。

四乡还有一种乔木，当冬季木叶落尽，细枝萦错树杪，远远望去，很像云堆，

① 本文由段从学收集、整理。在翻阅抗战时期《华西日报》时，陆续发现李劼人著《说昆明（川滇行之一）》、《乐——为费曼尔女士作》两文，以及 1940 年 3 月 6 日、8 日《致赵其文》两封信和 1940 年 3 月 16 日《致萧蔓若》的一封信，均为《李劼人全集》不载。李劼人《乐——为费曼尔女士作》文中，《秋江》、《乐记》、《平沙落雁》、《汉书·礼乐志》、《儒林外史》等语，原文均无书名号，整理者根据今天汉语标点符号规定的表达习惯作了处理。"霓裳羽衣"等，因在可加可不加之间，故仍按原文抄录。原文中难以辨识的字，用"□"代替。原文所无，但根据上下文推断应有的字，则放在方括号"[ ]"内，以示系整理者所加。不规范的标点符号和极个别一望而知的手民之误，在最大限度尊重原文和不影响意思表达的前提下，则据出版规定作了调整。参见本书段从学：《〈文讯〉副刊与李劼人佚文五篇》一文。——整理者注

朋友梁君竟自呼之为云树，到底是甚么树，却未问明。

黑龙潭有宋代柏树数株，有三人合抱大，还很茂密，又有唐代老梅一株，大部都已枯死，仅一枝还在着花。著名的滇茶花，这儿已有两株，花确乎有菜碗大，细细一数，确乎也是九心十八瓣，恨树干并不怎么苗壮，与成都状元街原为杨氏花园内的三株比起来似乎尚有逊色。不过杨园茶花到底太老了，每年腊底春初，只管繁华如锦，然而花朵总不甚大，现在杨宅已再易主，而为四川省政府财政厅印刷所，要是那三株老茶能被保留，毕竟算成都一个特色。

二

"五百里滇池奔来眼底"，这是昆明大观楼下，孙髯翁的著名长联的起句。

五百里滇池，在大观楼，只能看取一小角，欲瞰其全胜，须到西山。可惜我在昆明，住得太暂，而且又太忙；朋友们除了按时办公，尚须"跑"警报，不能多抽时间，奉陪到太远处去。其次，还有一最大原因，便是日常生活费用太高，（许多人每每爱说生活程度太高，意思实在指的生活费用超过了用钱标的，而生活的程度哩，并不见得就在水准之上。例如在巴黎，出必以打克西——街市汽车——代步。此"行"的程度，实在比之坐黄包车者为高；而驰行三四公里，所费不及五佛郎，较之昆明黄包车起码三角，上一公里便是七八角者，其费用则为甚低。又如昆明南屏街昆明大旅社三楼房间，每日房金七元，小费另给，而家具则并不高明，尤其是洗澡在外。近来因为炭贵，浴室且不常开，据茶房说，一礼拜内或可洗澡一次，费用不多，而"住"的程度安得谓之为高？此辩明生活费用之高低并无关乎生活程度，二词涵义，实各各不同也）。

不欲过于打扰朋友，又不愿过于浪费自己实等于血液之汽油，以每加仑一十四元四角八分之高价（此二十九年二月五日昆明汽油价值，在前二日尚为每加仑十二元，其后之涨跌如何，自在此文说明的范围以外。）而供我驰驱揽胜，因此，对于西山，只能心向往之，而大观楼的一角，却整整留连了六小时。

昆明湖山实在太美，有名的地方也胜，有些处所，林木的培植也不错，只是中国园林的通病，还是存在，看起来总不顺眼。惟一的大毛病，虽然在人工不够，其实是审美性太差，每一个建筑物不是摆的方位，过于错误，就是结构太不考校。例如堆栈式的洋楼，巍然峙立于大观楼之侧，业已刺眼了，而恰恰又做了唐会泽铜像的背景，真有点令人叹气。

城内五华山下的翠湖，也是这毛病。朋友胡君前过昆明，曾寄一信，论及翠湖，诋为臭水一塘。据我看来，所论稍为过甚一点，要是好生布置一下，再多多种些树，将朽败的木桥，更为石梁，再将水面加以清洁，沿湖以外的建筑，稍稍予以归划，虽然不及法国里昂的金头公园，然在中国西南各处的公园中，终可以首屈一指。

中国人对于公共园林的布署，精神都有点不及，这诚然不大妙，但我希望在将来建国大业多少完成之时，精神生活的范围从而扩大。首先是一般能够造作风气的人物，豁然明畅，既不专专迷惘于最摩登的形式，复不要庭草不除，居室不治，块然独坐，大讲其正心诚意的内学，庶几中国园林，至少可以复到平山横塘之盛。

三

昆明也就因为天气常暖，据闻苍蝇绝多。有朋友说，其多不下于亚比西尼亚的海口其布底的苍蝇，幸好我去的时候，正是风季严冬，尚未亲睹其盛，不过从许多地方，也便足以证明人言之非虚。

昆明街面，全是坚石打成大砖形式砌成。我以为比较成都之三合土街面，牢固经济得多。曾记民国十三年，成都初初改修马路时，我便甚以为三合土之不妙，口头也说过，报纸上间或也说过，主张在灌县选取坚石打成大砖式样数年一翻，可以四翻。四翻之后，尚可修断，即有破烂，取换亦便；自然，木砖街面如上海之南京路，诚然太好，次之如柏油路面，亦何尝不豪华？二者不可得，则毋宁效法昆明。到底人微言轻，说了还是说了，至今成都街面，其为酥锅魁之皮也如故，安望其不费钱费力，随时修随时烂，而天晴之后，全市有如灰城！

不过昆明街面，究竟人工还不够，旧的街道被鞋底车辆磨研久了，倒极光滑，而新的则尚待鞋底车轮慢慢的去磨研，这笔费用，未免太大。

中国各处的城垣，无论从哪方面说，（除风水之说外）实在无保留之必要。而城垣拆除，单独将城洞及城楼留下，加以装饰，使其变为好好一座美观的台阁，其下辟为圆场，绕以铁缅，取法北平之正阳门，倒是点石成金的作法。昆明之近日楼，本为大南门城楼，便是这样办的。看起来，实在比较成都城门之化为六个大缺口，高明得多。

昆明除了一般旧式房屋建筑以及街上风沙之大，绝似北平外，余如金马碧鸡两道彩坊，也太像北平，只嫌近三四十年的新建筑，大抵多趋于码头格调的"洋"式。其不美观调和，有如在美人素面上去印上一块图案画。

四

圆通寺靠近城的东北，是昆明城内一个很好的游览处。然而据我看来，唐继尧的陵园，或有过之处。唐陵也正在圆通寺之侧的一个山头上。

关于唐氏，除大观楼的铜像外，据我们所知，在昆明城内还有两个地方。其一，是现今的云南大学，以前为唐氏手创的东陆大学，校址在青云街，巍峙于翠湖之北。所踞山头，虽不如省政府所在地五华山之高，毕竟雄伟可观。

大学故址原为试院，一如四川大学文法学院之为旧贡院也。幅员知不及旧贡院之大，而改为大学后的建筑，却远优四川大学。尤其唐氏所建造的那所大楼，其堂皇过于旧贡院内现存的明远楼，和至公堂。

其二，即前言之陵园。唐氏埋骨之处，正当一个山头。当面全为云南所产的大理石修砌，气象极佳。园内一部分房屋现租与美国领事作领事馆，别有唐氏藏书之屋一所，书不见多，仅二十余橱。据守者云，尚有一部分藏在别处。唐氏能诗能文，生平颇有抱负。其他不论，单看遗书二十余橱，以及东陆大学之大楼，足以见其胸襟。

五

初到昆明，见牛车满路，因而发生两种想头：以牛车本身言，是南国风光；而就车制言，实足想见大辂遗规，如此陋拙之作，何竟保存至于三四千年，而不变？

牛车之外，复多小马，所驮物皆分载背之两旁。

畜运甚多，人运则少，偶见一二，多□□可笑，如运木条，有长至丈外者，亦以一担担之。我想，这大抵由于畜运方便，故人运乃不技巧。四川省内人运之比较技巧，实缘畜运之不发达。这种相对的道理，从四川官道之进退上，大可见之。

昆明市内外运货卡车，以及长途汽车，是相当的多。在没有空袭警报之时，除了不断的飞机练习外，只这一点，可以看得出抗战的形迹，并且是令人极高兴的。

昆明飞机练习是很勤的，尤其当我在的几晚，每夜都有夜航机声及探照灯的照耀。

滇越铁路终点，距市街不远，长闻汽笛之声，却不曾到站上去参观过。

法国人的势力，在昆明并不显见，东方汇理银行的建筑只简单的有一座两层洋楼，连汉口的日本正金银行的气象都不如。街上的安南人，倒时时可见。金碧路上，安南人的小商店也不少。而南丰饭店的西餐，虽然比一般西餐便宜，每餐仅卖三元，却多少有点法国风味。

六

昆明的生活程度，并不比内地一般高。以清洁整齐而言，似乎比之重庆还有不如之处。而生活的费用，恐怕连今日的香港，也难比其高昂。前面曾略及人力车之贵，这里再稍稍报道点粮食的价值。据我所知，米每担重市称一百二十斤，在二月六日以前，一月底以后，涨至七十八元，并非好米。青菜（昆明人呼之为苦菜，因此有谚曰：云南三怪，青菜叫苦菜，粑粑叫饵块，女人叫老太）每棵重不上一市斤，价五角；洋芋每枚价三分；猪肉每市斤价一元五角；鸡蛋每枚价一角。正义路三牌坊吃过桥米线（米粉也）一份，花费九角，尚是顶便宜者，其他可以类推。

食行如此，（譬如由昆明城内到黑龙潭十公里，来回人力车费非六元不办；到金殿不过四公里，来回人力车则需四元五角）住也不为便宜。小楼二间，每月租金大抵在六十元至一百元，其他服用皆然。人云在二十八年春季以前，并不大贵，以今比之，殆贵十倍，故许多朋友月入在三百元以内者，生活情况都不佳妙。至于昆明本地人之如何过法，以及俸给人员之月入菲薄者又如何过法，以所住日浅无所闻。

生活费用之如此高贵，据云，其理由甚多，而绝非物品缺乏使然。因为在三十公里之外而无外省人旅居之处，便甚中平。

本地产品已贵，而外来货更不消说。姑举一例：在一月底，红锡包纸烟每十支一包者价八角，到二月四日，涨至一元二角，二月六日，甚至市上无货。这中间自然大有道理，而滇越铁路略有损失，也是一小因。

一句话说结，昆明甚么都好，如其人事再弄好一点，不要凡事都照着九一八以前之东三省去模仿，再把市政同清洁卫生稍讲求，这里实在是东方瑞士。我希望下次再去，多住些时，再把昆明的美点多发现一些，并且生活过得舒适点，不要令人处处感觉头痛！

原载《华西日报》"文讯"副刊，1940 年 3 月 24 日、

3 月 31 日、4 月 7 日、4 月 14 日

乐①
——为费曼尔女士作

李劼人

四十八年前，从发蒙入学起，有时也跟着大人们看看会戏。

看戏只为了"看"戏，看花脸，看小旦；看花脸打仗，看小旦做过场，丝毫无兴会于唱，更讨厌的是震耳欲聋的锣鼓铙钹。

所谓清音细乐，也听过；大抵喇叭、胡琴、月琴、三弦、碰铃、七叠盏之类，不管乐器是如何的多，而听去老是一个调子，四上四合，而且一齐是四上四合，也永远是四上四合。

洋琴比较好听一点，而洋琴队中的鼓板，似乎更好。记得洋琴有一出叫《秋江》，又叫《陈姑赶潘》，生旦的唱词，自然不懂，而最懂得的，就只洋琴和鼓板打出的风声水韵。

听着洋琴《秋江》的风声水韵，每次都好像有种说不出的趣味。觉得如此便好，何必再要人唱。同时，就想到某名师的七弦琴。

某名师是当时成都抚琴的名师，所蓄古琴甚多，且是唯一能够打谱的。据说，他一抚起琴来，真有鬼魅神仙通之之妙，而且不当清风明月，不到焚香扫花，不遇素心知音，绝不轻弹。但是，有一次，曾跟着大人去恭聆了他一曲《平沙落雁》，老实说，除了扣弦时的"仙翁"、"仙翁"，好像有点阵仗之外，其余便只听见一阵邦邦的绳子响而已。

文庙里丁祭时的乐，那更难听了！每当用竹片在泥老虎（壎）背上刷，博浪鼓（鞉）摇了起来（播）时，只求满身不发鸡皮疙瘩，便为幸事。若果如《乐记》所言："圣人作为鞉鼓椌楬壎箎，此六者，德音之音也"，是真的话，那我无论如何，不佩服圣人，而且也不愿意作圣人，在丁祭夜来受罪！

总而言之，中国的古乐今乐，在我幼年时候，实未给过我半点好感，因而到

---

① 本文由段从学收集、整理，参见本书段从学《〈文讯〉副刊与李劼人佚文五篇》一文。

读五经读历史时，我便大为怀疑了。

中国果真是礼"乐"之邦吗？先王制礼作"乐"，作的甚"乐"？孔子教弟子以六艺，礼乐射御书数的"乐"，难道其是令人听了而发生鸡皮疙瘩的那种东西，那种玩法吗？且不说《乐记》一篇，把礼"乐"政相互平列出来，谓为"其极一也，所以同民心而出治道也"，即如《汉书·礼乐志》，谓辛延年作《新声廿八解》，为汉乐之始，以配治德。降及有唐，乐府歌曲，人人好之，霓裳羽衣流通异域，仿佛"乐"确乎又是我们民族曾经爱好过，欣赏过，而只是一代一代的失传，一代一代的演变，愈演愈陋，愈变愈不成名堂，一直变到古乐哩，以竹片刷泥老虎的背，而《平沙落雁》只闻绳子邦邦的声。今乐哩，嘈杂，单调，糜废。而我们抱着书本，依然大喊其为"乐"，其实，除了山歌派的"肉"外，全中国无上无下，无雅无俗，就只剩了一把胡琴，说来岂不可怜？

我们姑以古人之言安慰曰：穷则变，变则通。乐至光宣之交，可谓崩矣，穷矣，然则变乎？通乎？变来了，学堂里普遍加了音乐一科，罢除一切管弦锣鼓，采用了日本的脚踏风琴，尺上四合，改了"独、乃、米、发"，以日本的调子，填入中国的歌词，此之谓科学，此之谓维新，说是这样唱唱，就可以"富国强兵"。呜呼！诚变矣，却还不大通得的罢！

所以，就到了日本化的音乐，我依然怀疑着音乐与人生，依然不相信书本上所说的那些微妙的乐理，以及关于乐的种种说法及逸事，尤其令我狂笑的，是《尚书》上舜命夔典乐，夔白道其能的两句话："予击石拊石，群兽率舞"。这也如在民国七年时（其时尚未到过北平，逛过三海，先此声明），看见朋友所藏的仙山楼阁图，朋友说"是必有所本，绝非虚构"，我则因为游过南方所谓名园，认为必出虚构。盖以所见过的名园而论，总觉得实不副名，而结构而布置而剪裁，总不能如画上之尽善尽美也。

这两种疑惑，可以说，直至民国八年，到法国去后，慰目所接，才给我从根拔出，而发生了两个"恍然。"

第一个"恍然"，在实际上是第二个，关于"目"的。这话说来过长，对于本篇，不免有"喧宾"之势，姑且从略。

且说第二个"恍然"，关于"耳"的。那是初到法国，住在蒙达尔日几个月内的事。

蒙达尔日这小城市，距巴黎只三小时多的火车程途，上月报纸上报道美军杀奔巴黎时，曾提过它的名字，因为是个小地方，称之为蒙达尔日驿，读者自不在意。不过这小地方给我的印象太深，于今二十五年矣，偶一□□，恍惚在夕阳西下，散步整洁清净的林荫道上，各家窗户微启，不是这家钢琴，便是那家提琴，幽扬婉转，沁人心脾。说实话，我的耳朵也和最大多数的耳朵一样，自幼一直到十八岁，所受的音乐训练，上面已经说过，不过是那些，加之以前的师父教训，谓玩音乐唱曲子的都不是佳子弟，不屑接近，说是恐怕花了心不能专心读书。诚知也有真正弹七弦琴，弹琵琶，弹三弦，弹胡琴，以及吹笛子，吹洞箫，拉胡琴的好手们，但是无缘接近，实在那时也不大通行。所以迨与西洋音乐接触起来，倒是提琴较能领受，钢琴哩，则是经过了相当时间，才探到了它的韵味。

其后到了巴黎，接近音乐的机会更多了。最普通的是在夏日下午，各公园各园林中的乐队，冬日黄昏，各音乐咖啡店里的乐队，名贵的如在下午四点至六点峨北纳的法国音乐院的独奏与合奏，以及各职业的非职业的音乐会等。有一些用不着花钱，有一些花钱也不多。（所谓生活程度高者，谓其享受之程度高，而花费并不一定大，例如在当时之巴黎，听峨北纳之名贵音乐，不过纳门票三佛郎，而咖啡店之音乐并不算坏，所费不过七十五生丁之咖啡一杯，或啤酒一杯而已。又例如民国二十八年时，在北平，包汽车一天，不论远近，连人带油，不过大洋八元，较任何交通工具价廉而迅速安适。苟其所费绝大，而享受毫无，例如今日由内江变"黄鱼"乘车来成都之学生，有花上万元之多，曾挤立卡车之上，如束薪，日晒则温度高达一百二十度以上，雨淋则裤带亦为之湿，不幸仍须走上四天，时时推车，更不幸到龙泉山顶，必被抛下，以避检查，仍令其背包挟伞，黄昏摸索，步行七十余华里而到牛市口。此只能说是生活费用太高，或生活经济太高，而程度则太低，以其低在坐滑竿下也。）

于是久而久之乃更"恍然"，《乐记》中所论种种，实有至理。而同学王光祈先生之舍政经本行不学，而另起炉灶，以究西洋乐理，遂亦力赞成之。于是亦慨乎中国音乐之丧朽，其末流至采用日本化的东西。其悲观，在百年中实较鸦片烟之役为大。

更于是从而知夫中国之复兴，要在民族之能否恢复音乐之感受！一个民族而失去音乐感受性，可说这民族的其他一切，都将成为问题。因此，前若干年曾发过一个议论，说苗民是将来的一个有望的民族，因为他们还有芦笙，还有跳月之舞。也因此，听见《毛毛雨》、《太阳照金姐》等新曲，而大感到中国前途之无望！

可是好事，近十年，我们音乐却大大的进了一步了！这是我国民族的一个转机，不过我想说，我们先不必想恢复我们的古乐，不管琴也好，瑟也好，如其弦子弹起来仍旧只闻绳子邦邦响，玩起来，只闻竹片"刷刷"响，我们还是姑且全部采用西洋乐器的为是。本来我国乐器自朝鲜的箜篌起，几何不是外国传来的？今日我们吹箫，名叫"尺八"，绝非秦国齐王吹的箫，秦国的箫像笙，所以箫笙合奏。箫笙同类都叫参差，都有点像一丛公鸡尾巴，故说能够引凤。（读者注意，我上面几句，只是偶尔想起，随便写写，或许有错，绝非有意自吹为什么科学的文艺批评，以及为什么考古的国乐器论，你们掘起我的祖坟，我也不敢无聊到妄绷甚么鸟专家，或是甚么鸟大家。我不敢那样无耻！）

我想在音乐空气还没有达到十分时，尚不忙自己制谱，首先我们从空气中去育养音乐天才，要从空气中去给天才以发育的资料。这种培养空气的工夫，不是短的时间的事。然而，我从杨云慧女士口中，听见说及费曼尔女士的一生，我又最末了来了个"恍然"，知道使音乐空气浓厚，也不一定要多少时间，而且中国音乐只管丧失有年，而种子终于存在，只要环境适宜，依然可以勃勃蓬蓬发生出来的。不信么？我再举二证。

其一，自明初以来举国以八股取士，于是凡读书人自五经而外，只读八股，只做八股，大流所及，如徐灵胎《道情》所咏，如吴木山《儒林外史》所描写，其时之诗词歌赋，举凡关乎性情之作，几目为杂学，真正读书人，是不准治杂学的。然而，我们翻开文学史看，明清五百余年中，诗人词客，岂少也哉。甚至举世不屑过的白话小说，也大部大部的产生出来。可见人到底不是泥因，反性情的训练不惟无益，其结果往往还变成了鲧的治水方法。所以，我甚欲劝劝掌教育的先生们，少干点蠢事，还是学学禹的治水方法罢。

其二，记得某年，曾看见 本甚么杂志，载了一段奇谈，据说，在埃及（或是巴比伦）一古坟中，掘出一个瓦瓶，盛有麦粒少许。考其时，已在三千年以上。试将麦粒种下，居然发芽。一粒埋藏三千余年之生机，尚且可以再生，这希望真给了我们不小啊！

不过，费曼尔女士，已不是我国的音乐种子，而是一茎挺壮的苗了，这苗，还正在向开花结实的前途迈进。我因为不认识她，而且也是一个未曾受过训练的耳朵之一，已如上述，故不懂怎样评论她，以及她的本领。好在，快了，十月九日，她有一次演奏会，纪念她那英勇殉国的丈夫，并且将其同情，及于一般贫病作家，会前会后，自然有很多的专业内行去发表专谈，我不过站在旁边，很高兴的说这一篇不落边际的闲话，以为"楔子"而已。

卅三年九月卅日

原载《华西日报》"每周文艺"副刊，1944 年 10 月 8 日

400306 致赵其文 ^①

其文先生：

　　原说为《文讯》写一二短篇文字，不料二月十九日由昆明、重庆跑了一遭归来，去年所患之湿气病，便又发生。这还罢了，兼以右边大牙，动摇作痛，历经月余，忍无可忍，冒险就牙"匠"拔去。据说，拔牙之后，必须休息，忽然为嘉乐纸厂［董］事会人说话，东奔西驰，未得一刻宁静。果不其然，数日之后，乃大疲倦，只好回菱窠蜷伏。不料精神尚未回复，而儿子患鼻疾，经名医诊治，说其中有白喉菌。儿子稍好，女子果患急性白喉，迄今一周，又幸经名医治愈。如此不得闲，稍有空暇，又苦于奇痒爬搔。生来本只两只手，以右手最得用，而右手最忙，以故，所谓短篇文字，姑暂请假。

李劼人拜启（三月六日）

---

① 该信由段从学收集、整理。

400308　致赵其文①

其文先生：

　　承询近日生活情况，大略已见昨日短函。今再奉告一事，便是自去年入秋以来，连月好着走路的甚为高兴，只是苦了农家。菱窠在东门外沙河堡菱角堰边，堰大三十余亩，往年自秋殂夏，□水盈盈。从筑菱窠，水干见底，买一小羊放牧其间，今已肥硕可卖十七八元。大家没水吃没水用，遂存心打一水井。然而买烂砖破石，每万斤要六十五元，雇泥工掘井，估计需百余工。每工自六角二分上涨至一元四角，然而情势所迫，不能不打，今已打至三丈，仍在硗石取土，还须打若干丈，方能及泉，不可知也。古人谓钱为泉，诚然诚然，无钱即无泉。一回菱窠，便伏土洞边，闻丁丁下锄，又恍惚雷索伯之生开苏彝士。

劼人拜启（三月八日）

---

① 该信由段从学收集、整理。

400316 致萧蔓若[①]

蔓若先生大鉴：

十五日函，十六日下午一点许递到，十里邮程，亦可谓快矣。拙稿事凭尊意处理之可也。本来应命行笔，迹近塞责。三月二十六日又将起身赴嘉定，四月上旬可归，俟有余日，再写《说贵阳》。贱恙不能说好，连日以琉肝溶水痛洗，奇痒稍止，手指间流黄水，结血疤如故。菱窠掘井，十四日及泉，泉水涌出，历半日即深六尺许；方正在欣喜，而十五日一雨，井周黄土全坍，工友以术堵之，术不验，不顾而去，诿谓运气不好。井深四丈，黄土占多半，红砂石占少半，费工一百〇五个，大约六十余工，穷诸虚牝矣。雨我公田诚可喜，而瞻顾断井，则又怅怅。专复，并颂无恙！

李劼人再拜（三月十六日夜）

---

① 该信由段从学收集、整理。

510505　致王定一 ①

定一主任：

　　附上苏兆祥君一函。按苏君之押，业已退清，今以赔偿损失，实在没有力量。苏君已将可卖者卖完，仅能凑足五六十石，距工作组所定五百石之数尚远。苏君最可珍贵之唐画一幅，业经捐献给文物委员会。张厅长秀熟可以为证。即此，似有可以原谅之处。希望深予了解，在其缴足六十石后，准其结束，如何？倘邀谅解，并望通知工作组。我以文物保管委员资格，特为写此一函，并非无故代地主说情也。此致

敬礼

李劼人

一九五一年五月五日

---

① 该信由贺宏亮供稿、整理。

510516　致杜心源 ①

心源先生鉴：

　　捐献价值美金十万元之唐画的苏兆祥，现在确已一贫如洗。为了完成退押任务，所有产业、书籍都已卖光。现在因赔偿农民损失，由东打铜街工作小组吩咐缴纳兆祥食米五百双市石，彼百方筹借，在五月十一日，仅缴到五十余双市石，而力量已经尽了。即在五月十一日，遂被东打铜街工作小组扣押，罚站颇久，到五月十四日暂时释出，而腿已肿（一因年纪已达七十岁，二因跌过一跤右腿业已受伤故也）。工作小组限令到五月二十日，必须缴足五百双市石，不然仍须押办。现在苏兆祥向文物保管委员会申请对彼所捐唐画，略予照顾，盼望付予食米四百四十余双市石，以便如期缴付到工作小组。苏兆祥所请，在情理之中。但文委会安有此将近九百万元之款以作购价？何况苏今日所缴者为赔偿，此则须视情形轻重，并其有无力量而定。苏之情形并不重，而已筹缴到五十余双市石，按照情理，政府方面实在应予以切实照顾，将所欠之四百四十余双市石之款，明令豁免。不然，亦何足奖励好人，使其踊跃捐献？如政府真难出此，则文委会确有付出此四百四十余双市石之款的责任了（五百双市石之赔偿，不过由工作小组定之，并无标准可言）今苏兆祥限期只有三天，过此又不免于押办，希望先生设法要紧，我以文委会委员资格，故说其将唐画捐出，便不能不为之减少苦痛。我今再负责说一句话，即是苏兆祥除捐出之唐画外，实已一贫如洗了。此致

　　敬礼

李劼人　顿首

五月十六日

---

① 该信由贺宏亮供稿、整理。

致李宗林①

李宗林主席左右:

　　陈清云夫妇过世多年,其女陈宝伽成长过程,我夫妇尽一定之力。俟之学所长,为社会主义添砖加瓦。出国后,先后在新加坡完成大学学习,并工作九年。回国后,深感中国民主党派在现代史上为振兴中华所作努力,已为国人共识,尤其是民革组织印象极深。为此,让我传达,以书面申请参加本党,愿为我党在海外建设工作及海外联系、宣传祖国等方面,从旁汇报,请组织研究审定,是否恰当。

　　祝

冬安!

李劼人　廿十八日内江

　　(介绍人由自贡魏鹏南昌李惠刚及我。)

---

① 该信由张义奇提供、张志强整理,书信年份有待考证。

李劼人副市长在第三届首次各界
人民代表会议上的开幕词 [①]

李劼人

各位代表：

在第三届各界人民代表会议上，我们对当前成都市生产情况曾作了明确分析，并提出了大力克服困难，维持改造生产的方针。经过五个来月各方面的努力，并在全国范围内经济形势好转下，本市工商业已得到初步好转。这主要是贯彻了中央人民政府财经统一政策，稳定了金融物价，尤于工人阶级发挥了高度的生产热情，工商业者在经营方式上有了一些改善，加之政府大力加工定货收购，调整公私关系、劳资关系等种种积极的扶植措施下，与在这一阶段中有计划的进行了失业工人的救济工作，使万余工人得以生产就业。目前，失业问题已初步解决，因而严重的停工歇业现象已基本上停止，开工复业家数相对的增加，市场购买力渐趋提高，整个工商业得以逐渐稳步进入好转的情况。

五个来月，在生产的维持改造上曾获得了成绩，但我们不能盲目乐观，必须指出这仅是好转的开端，前面还有许多困难尚待我们去克服。还有少数的工商业者因长期习惯于旧社会的经营方式与方法，对新民主主义社会中工商业将有猛烈发展的光明前途估计不足，对从事正当经营力谋发展的信心不高，对工商业的改造尚缺乏决心，因而表现了某种程度的顾虑、迟疑与观望。我们工商业者如欲争

[①] 本文由张志强收集、整理。在成都市档案馆查阅资料时，发现李劼人在中华人民共和国建国后五篇讲话稿，均未曾公开发表，这是研究李劼人作为成都市副市长参加社会活动的重要资料。其中两篇为钢笔书写稿，三篇为铅字打印稿，均为繁体。这五篇文稿分别是李劼人1951年1月、1951年5月、1952年8月、1960年5月、1962年7月所作的讲话。第一篇涉及成都市建国初恢复发展生产、学校教育与社会教育、市政建设等方面，第二篇涉及抗美援朝、镇压反革命、进行郊区土改以及市政建设，第三篇涉及成都市对烈军属的优抚工作与具体执行方针，第四篇涉及李劼人对成都关于屠宰场方面技术革新的看法，第五篇涉及李劼人对第二届全国人民代表大会第三次会议内容的传达。本文是1951年1月成都市李劼人副市长在成都市第三届首次各界人民代表会议上的《闭幕词》，成都市档案馆藏，全宗号085、目录号001、案卷号44，5—10页。笔者在整理时，根据现国家出版物文字、标点符号等有关规定，转为简体字，原文录出。——整理者注

取工商业真正的好转，生产的改造将是决定的关键，因生产的恢复发展过程即是生产的改造过程，必须排除顾虑，自力更生，彻底改造，从精打细算、消灭浪费、改良技术、改善营理、降低成本、薄利多销等方面获得利润，依靠工人，依靠技术人员，改变工人生产中的地位，发扬工人生产积极性与创造性，奖励工人合理化建议和发明创造，保证生产计划的完成，方能在新民主主义经济下求得发展。因而，我们这此会议的中心议题首要的就是要研究如何达成本市生产的恢复与改造的目的。其次，本市素称文化城市，省属大学、专科学校即有八所，省属中学十所，尚有市属公私立中学二十八所，县属三所，公私立小学一百所。

为此我们在文教工作上组织与教育青年学生，团结文化界，搞好学习工作，为国家培养人才，培养干部，这也是我们城市工作中重要环节之一。在目前抗美援朝、减租退押运动中，对学校教育与社会教育工作应加强反帝反封建的教育，加强爱国主义与国际主义的教育，进一步加强新民主主义学习，掌握科学技术，准备迎接新的经济建设与文化建设的高潮。

以上两项工作为我们建设城市的两个重大问题，过去一年来，我们虽取得了一些成绩与经验，但很零碎，还缺乏系统的成绩与经验，故我们希望在这次会议上大家深刻的加以讨论。

除此而外，我们还须在已有的工作基础上，争取财经情况继续好转，必须全部胜利的完成反霸、减租退押工作，并准备在这一基础上进行郊区土改。提高警惕，严格镇压反革命活动，巩固革命秩序，并加强市政建设工作，进 步加强人民民主统一战线，以巩固人民内部大团结。要做好这一系列的工作，我们必须全心全意的依靠工人阶级，团结一切劳动人民，争取知识分子、自由资产阶级，这样才能给予我们的敌人帝国主义、封建主义、官僚资本主义以有力的打击，才能完成城市建设的任务。这是我对这次会议的一点意见，有何欠妥之处，请指正。

李劼人副市长在成都第三届二次各界
人民代表会议上的闭幕词 ①

李劼人

　　成都市第三届二次各界人民代表会议胜利的闭幕了，这是一个成功的会议。

　　这次会议是在抗美援朝运动普及深入的展开，镇压反革命大张旗鼓的进行和翻天覆地的土地改革运动即将全面开展的情况下召开的。会议进行中，欣闻西藏和平解放的喜讯。由于这种胜利形势的鼓舞，我们是满怀信心的开好了这个会议，对于继续镇压反革命、进行郊区土改、加强市政建设的三个中心议题，基本上已得到解决。

　　会议期间，我们听取了米建书副市长关于《成都市四个月工作总结今后三个月工作任务》的报告，使我们认识到：市人民政府在短短四个月中已认真负责的执行了上次人代会议的决议，并为建设人民的新成都进行了各方面的工作，做了巨大的努力，因而获得显著的成绩。同时，我们明确了今后工作的方向。我们全体代表，一致同意以此报告作为成都市过去四个月工作的总结与今后三个月奋斗的目标，我们并愿号召全体成都人民为彻底实现这一目标而共同努力。

　　围绕着米副市长的报告，并结合公安局赵方局长关于镇压反革命的发言及成都市郊区土地改革委员会曹振之主任《关于郊区土改实施补充办法草案的说明》，我们进行了深入的研讨。几天以来，通过小组讨论，大会发言，使我们对当前的中心工作取得了一致的认识，并做了正确而重大的决定，因而这次会议的收获是丰富的。在继续镇压反革命的问题上，我们认为反革命分子以各种各样的毒辣手段，进行千方百计的破坏，是其垂死以前必然的挣扎。而这些破坏活动，又是与美帝国主义对我国的侵略分不开的，只要美帝国主义和国内反革命残余势力继续存在一天，其破坏活动就一天也不会终止。镇压工作是个长期的、复杂的、尖锐的斗争，

---

① 本文由张志强收集、整理，是 1951 年 5 月成都市李劼人副市长在成都市第三届二次各界人民代表会议上的《闭幕词》，成都市档案馆藏，全宗号 081、目录号 001、案卷号 48。

因此继续坚决镇压反革命一致认定是必要的、正确的措施。我们决定了组织包括政府与各民主党派、各人民团体，以及爱国人士参加的"成都市惩治反革命审查委员会"，并发动各街道、工厂、学校，组织"治安保卫委员会"，使镇压工作成为群众性、经常性、有统一领导的工作。

在加速土改的问题上，我们认为这是农民弟兄迫切的正义要求，并为适应今后城市建设发展所必需，我们一致通过了《成都市郊区土地改革实施补充办法草案》，并决定在本次"人代会议"后，由市人民政府迅速组织力量，进行郊区土改典型实验，取得经验后即全面展开。这里必须指出：任何反动阶级绝不会自动甘心退出历史舞台，土改实质上是一场系统的激烈的阶级斗争，郊区土改也决不能例外。如果过高估计当前的有利条件，而对于地主阶级反动本质必然产生的抗拒估计不足，就可能滋长"和平土改"的思想，这应该引起我们密切的注意。其次，在土改中对于工商业者兼地主的赔偿问题，也有了明确的认识和决定，工商业者兼地主的赔偿问题，我们是作为内部问题看待的，即是说用自报、协商的方式处理，给予适当的照顾，但这必须与藉工商之名，以掩护封建财物而逃避赔偿者区别开来。同时，地主对于工商业者诬告问题，政府允许申诉，以求得公平合理的解决。这些决定可以消除一些人的顾虑，对于赔偿工作的进行是有利的。

在市政建设问题上，我们着重解决了各界人民目前最迫切需要解决的一些具体问题，如继续增设小学与扩充班次，以解决儿童的失学问题；管理全市公厕并加强夏季防疫，以免疫病的流行；整修主要干道，改善与增设街灯等。这些问题都是直接与市民福利有关的。

对于全国人民当前总的政治任务，抗美援朝运动的普及深入，我们决定一面要进行爱国主义的宣传教育，另一方面要用实际行动来充实运动的内容。

这次会议是成功的，这是参加会议代表共同努力的结果。为了贯彻这次会议的精神与决议，会后还需全体代表继续努力，忠实执行自己的任务，密切联系群众，向广大人民进行深入的传达解释，协助政府贯彻执行，使我们在今后九个月中，为建设人民的新成都的伟大事业，做出更辉煌的成就！

李劼人副市长在"八一"建军节召开的
烈军属代表会议的开幕词 [①]

李劼人

光荣的各位革命烈士家属、革命军人家属、荣誉军人代表，同志们：

成都市第一次烈军属、荣军代表会议今天开幕了，我谨代表成都市人民政府向您们致以崇高的敬礼和亲切的慰问。

中国人民革命的伟大胜利是无数革命烈士流血牺牲和中国人民解放军的英勇战斗换来的，在今天，人民解放军和人民公安部队仍然站在保卫国防的最前线，他们是人民幸福生活和国家安全的主要保障。中国人民志愿军与朝鲜人民军并肩作战，打击了美帝国主义的侵略凶焰，对保卫亚洲与世界和平起了重大作用。全国人民在这过着自由幸福生活的时候，不能不首先想起为人民献出了生命的革命烈士，人民也不能不想起在革命战争中光荣负伤的革命残废军人同志们和光荣的革命烈士家属、革命军人家属们，谨祝你们身体健康！

为了发扬你们的荣誉，保障你们的生活，中央内务部于一九五〇年十二月十一日公布了五项优抚条例，我们根据中央优抚条例的精神，进行了优抚工作，并使优抚政策逐渐贯彻。

成都市一年半以来的优抚工作，在上级政府的正确领导和全市人民的积极协助下，做了一些工作，取得了一定的成绩，由于执行了组织生产和介绍职业为主、补助为辅的方针，使一部分贫苦烈军属能够生产就业，解决了他们的生活问题。对贫苦烈军属无自筹能力的，确定了长期的优待制度，使他们能够维持最低的生活。贫苦烈军属儿童入学的问题大部分已得到了解决，并帮助了一部份烈军属解决了住房、医病、乘车、返乡等困难。一九五一年以来，随着抗美援朝运动的开展，进一步的提高了群众的认识和觉悟，特别是在抗美援朝总会发出了"三大号召"后，

---

① 本文由张志强收集、整理，是 1952 年 8 月成都市李劼人副市长在"八一"建军节召开的烈军属代表会议上的《开幕词》，成都市档案馆藏，全宗号 085、目录号 001、案卷号 130，3—8 页。

全市人民热情地响应优抚工作，已逐渐形成了广泛的群众运动，大大提高了烈军属的社会地位。

在抗美援朝运动中，很多烈军属认识了自己与政府的血肉关系，因而积极带领、响应政府各种号召，协助政府推动了各项工作，表现了不少生动的模范事例。更由于接受了爱国主义的教育，烈军属大多认识了自己的光荣，认识了自己只有积极生产，建设家务，在各种运动中成为群众的表率，才能保持烈军属的光荣。半年以来的事实证明，烈军属是在这样做，而且有很多做得很好的。今后必须继续发扬烈军属的光荣和烈军属在各种活动中所起的模范带头作用，更积极的生产和建设家务，并鼓励军人更好的为人民服务，努力杀敌立功。

但是，我们的成绩是有限的，缺点还是很多，烈军属和残废军人的生产就业、儿童入学以及生活困难等问题还没有完全解决，为了检查并改进今后的优抚工作，我们在"八一"节普遍征求了每个烈军属、荣军的意见，今后将根据优抚政策与我市具体情况，有计划地付诸实施。

我们今后在优抚工作中，将特别注意以下两方面：

第一，加强拥军优属的教育，使广大人民深刻意识到中国人民革命的伟大胜利是由于中国人民解放军流血牺牲、英勇奋斗换来的，在今天，他们又是人民幸福生活和国家独立安全的主要保障，造成拥军优属的社会风尚，使人人自觉自愿地重视革命武装，支援人民军队，尊重并帮助烈军属和残废军人。

第二，领导人民积极地帮助烈军属和残废军人解决生产和生活中的困难，在郊区主要的是对贫苦无劳动力的烈军属和残废军人做好代耕工作，在市区主要的是切实帮助烈军属和残废军人组织生产或介绍职业。

以上便是我们召开这次会议的主要目的，希望各位代表提出批评和建议，以便改进和加强今后的优抚工作。

最后，敬祝大会成功。

看了张德元同志发明创造后的感想 ①
——成都市第三届人民代表大会第四次会议上李劼人代表的发言

李劼人

各位代表：

我完全同意米建书副市长、冯静川局长所作的两个报告。建议大会予以通过。

我现在要谈的，是我这次在观察以后的一点体会与感想。

这次我与部分代表、部分市政协委员参观过几处工农业，深深感到我市也与其他许多城市一样：自从进入一九六〇年以来，在持续大跃进的形势下，技术革新、技术革命、城市人民公社化种种运动，沸腾于各个角落，还在继续增涨，日益不止。

要把我所有体会与感想一一描述，当然不可能，这里，我只谈一件为大家所熟知，也为大家所关切的事，那就是北门外城皇庙巷屠宰场张德元同志的发明创造。

这个屠宰场是一个旧式的屠宰场，设备非常简陋，以前有屠宰工人一百五十余人，一昼夜只能屠宰猪只三四百头；劳动强度极大，环境卫生极糟，体力弱的人不能持久工作，体力强的人也不能避免职业疾病。但是现在哩，场所还是那个场所，屠宰工人从五百余人缩减到一百二十余人，而二十小时所屠宰的猪只，却高达五千头以上。当我们身穿白套衣，脚着胶皮靴，走入工地时，不但听不见猪的嚎叫，不但闻不见腌臜臭气，不但看不见人的奔忙疲累，而且所有工人一律戴白帽，穿大衣，着胶靴，既像卫生人员，工作时也秩然有序，轻松愉快。仅这一点，就十足反映出张德元同志和其他好多工人同志大搞技术革新、技术革命的成绩。

我们注意参观的，是张德元同志所发明创造的剥皮机、刮毛机。

现在刮毛机尚未定型，尚有待于学校、工厂与之进一步协作，使其成为一种

---

① 本文由张志强收集、整理，是 1960 年 5 月 15 日成都市李劼人副市长在四川省成都市第三届人民代表大会第四次会议上的讲话，成都市档案馆藏，全宗号 081、目录号 001、案卷号 460，19—21 页。

完美无缺的机器。但即如此，已经使人看了后不胜振奋。因为有了这部土法机器，不但把一头猪的刮毛时间，从几个小时缩短到不到一分钟；不但刮得比手工刮得干净周到；不但减少了若干个劳动力，减轻了劳动强度，还从此消灭了屠宰工人的职业病。

剥皮机尤其是一部土机器，简单到只有一具粗木架，一块木板，几条绳索，两把刀片。现在土洋结合，使用了一部电动机，当然效率大大提高，剥一张完整猪皮，也是不到一分钟的时间。想来就是用人工推动绞盘，也一样得用，只不过效率没有那么高而已。

从剥皮机的结构使用，可以得出以下几个结论：

技术革新、技术革命，土法一样上马，可以少用金属；

土机器稍稍改进，稍稍与洋机器结合，它的功效，并不下于洋机器，甚至还超过洋机器；

土机器就地取材，结构简单，不像洋机器复杂的吓人，复杂的非内行不懂，非经过较长期学习不能把握，倒是土机器容易使人看懂，容易使人接受，也容易给人以启发；

当此万马奔腾，齐头并进，建设社会主义，不可一日或缓时候，首先土法上马，当然可以做到多快好省。

这就是"两条腿走路"的真理！

这就是毛泽东思想的胜利！

若单独从结构着眼，像张德元同志的这种发明创造，也当得起古人说的"绚烂之极，归于平淡"的赞语。

张德元同志是一个文化不高，并无机器常识，甚至没有看过此类机器的中年人。他之所以有此造诣，并非偶然，确如张德元同志自己说的，是由于坚决听党的话，解放思想束缚，敢想敢干，藐视困难，不怕失败，既能充分发动主观能动性，又能走群众路线，虚心向群众学习，集纳群众智慧，引导自己思路，以坚定自己信念，而后获得成功。

张德元同志三代为屠宰工人。如其他本人不在毛泽东时代，没有党的领导与支持，也如他自己所说，即令偶尔想到一些改革方法，也一定免不了他人耻笑，也一定得不到社会重视，也一定没有人肯与合作。张德元同志的今昔，又一次向我们证实了，有了党与毛主席，才有今天的新中国，才有像张德元同志这类的人出现！

参观了张德元同志的发明创造，听了他的口头报告，等于上了一次课堂，受了一次教育；而尤其使我感受得深刻的，是张德元同志不自满足于现状的态度，他自已说，当其双反运动时候，他思想上曾起过波动，经过几夜不眠，方警惕到自己有"故步自封"的倾向，及至思想打通，然后才恍然他的贡献，原来并未到顶。他现在所设计的一切，还只能屠宰四百斤以下的猪只，遇到六七百斤的猪只，就有困难了，但他想到社会主义的事业，是不断发展的，现在饲养场上，业已有六七百斤的猪只，不久将来，可能出现千斤猪；现在一般猪只，虽在四百斤以下，不久将来，可能都在四百斤以上。一个屠宰场的设备，花费不少，设备只以目前规模为极限，那么，待到将来发生变化时，如何适应？张德元同志这种高瞻远瞩的预见，显然是学习毛主席著作之后一种反映。

从而，我对张德元同志的发明创造，又发生另一种感想，认为这不但是劳动人民在党领导下获得的光辉成果，还因为他的土法上马，易懂易学，有一定的政治意义。如其把这个屠宰程序，以及剥皮机、刮毛机的运用，在民众中广为普及，我想，必然能够进一步激发群众在技术革新、技术革命上的热情，把这运动推向另一个高峰。

当然，张德元同志的发明创造，已经不断见于报纸，并且还登载过这两种机器的照片。但我觉得，这种间接宣传，总不免有点隔膜，总不如到现场参观的一目了然，又因为现场参观，不是人人可能，有时间空闲的局限。所以我才与张为焜代表共同提了一个案，希望利用电影，把这种技术革新、技术革命，摄制成纪录片，广为放映，这就解决了时间空间的问题，而又可以补文字宣传之不足。当然，这类纪录片，并不限于屠宰场，其他的新事新物，都应该摄制放映，以期普及，这对电影制片厂来说，也是他的本等，并非甚么额外担负罢？

以上发言，当否，请批评指正！

李劼人在成都市第四届人民代表大会第二次会议上关于第二届全国人民代表大会第三次会议的传达报告的讲话 [1]

李劼人

各位代表、各位委员、各位同志:

我受四川省成都市人民委员会委托,向大会作关于中华人民共和国第二届全国人民大会第三次会议上,周恩来总理所作政府工作报告的精神。

周总理的政府工作报告,业经多次全文传达。我在这里,只能将其精神所在,极其扼要地报告如下:

周总理的政府工作报告分为两个部分:第一是国际形势和我国对外政策;第二是国内形势和我们的任务。

在第一部分内又分三大段:

第一段,周总理提出"东风压倒西风"是国际形势发展的主流。他说:"世界社会主义体系的形成和壮大,民族解放运动的高涨以及在这个运动的基础上一系列新独立国家的出现,这是第二次世界大战后具有历史意义的两个伟大潮流"。"这两个伟大的潮流,使得帝国主义统治的地盘大大缩小了,并且还在继续缩小。"他描述了世界资本主义体系的衰落和瓦解,断言资产阶级没有任何办法挽救资本主义。他又指出目前世界上,帝国主义面临着五大矛盾:一为帝国主义阵营同社会主义阵营的矛盾;二为帝国主义同被压迫民族的矛盾;三为资本主义国家统治集团同工人阶级和其他劳动人民的矛盾;四为帝国主义国家之间的矛盾;五为帝国主义统治集团内部的矛盾。这些矛盾都在日益发展,日益尖锐化。他还指出当代反对帝国主义,保衡世界和平有四大力量:一是社会主义的力量;二是民族解放斗争的力量;三是人民革命斗争的力量;四是维护世界和平的力量。这四种力量

---

[1] 本文由张志强收集、整理,是 1962 年 7 月 16 日成都市李劼人副市长在成都市第四届人民代表大会第二次会议上的讲话,成都市档案馆藏,全宗号 081、目录号 001、案卷号 532,68—79 页。

在斗争中进一步地壮大了起来。

第二段是论述反对美帝国主义的侵略政策和战争政策，保卫世界和平的问题。周总理断言：美帝国主义是冒险的，又是软弱的。他说，"美国目前还不敢贸然发动世界战争"，但是，他又怕国家局势的全面和缓使它无法利用紧张局势来控制中间地带，所以美帝国主义现在是既不敢进行大战，又不敢全面和缓。我们在国际斗争中的基本战略任务是：巩固社会主义阵容，支持广大中间地带的人民群众反对美帝国主义及其追随者的斗争，团结一切可以团结的力量，最大限度地孤立美帝国主义，争取世界的持久和平。周总理也严正指出"有一种危险的倾向，那就是，为了谋求和平而不积极支持人民群众反对美帝国主义及其走狗的斗争，特别是武装斗争，甚至散布失败主义情绪，瓦解人民斗志，这种危险的倾向是必须防止"。

第三段是讲明我国的对外政策。周总理首先揭示我过对外政策的总路线是：一、发展同苏联和各个社会主义兄弟国家的友好互助合作关系；二、在五项原则基础上，争取和社会制度不同的国家和平共处；三、支援各国被压迫人民和被压迫民族反对帝国主义和殖民主义的革命斗争。

关于第一项，周总理特别强调中苏两国的团结，他说："我们永远坚持中苏两党、两国的团结，永远维护中苏两国人民在长期共同斗争中形成的深厚友谊，永远学习苏联人民的先进经验。"

关于第二项，周总理讲明了我国始终坚持和社会制度不同的国家和平共处政策，并且获得了很大成就。说到我国与印度关系；他说："由于印度国内阶级斗争的加剧，印度当权的资产阶级不仅在西藏问题上粗暴地干涉中国内政，而且故意挑起边界纠纷，再次制造边境冲突，不断蚕食我国领土，掀起了大规模的反华运动。我们以极大的克制，采取了一系列的步骤，争取按照解决中缅、中尼边界问题的同样原则，和平友好地解决中印边界问题"，"就我们方面说，坚持和平共处五项原则的立场是始终如一的，谈判之门是始终开着的。中印两国人民是友好的，中印之间没有根本利益冲突。"

关于第三项，周总理说，坚决支持被压迫人民和被压迫民族反对帝国主义和殖民主义的革命斗争，是我国应尽的义务。因为"被压迫人民和压迫民族的革命斗争，是对社会主义阵营的巨大支持，是保衡世界和平的重要力量"。

其次，周总理讲到对待谈判的态度，他说："我国政府一贯主张通过谈判解决国际争端而不诸武力"。但不能为了达成协议而在谈判中作无原则的让步，牺牲革命利益。又说："在任何时候都需要把谈判同各国人民的斗争结合起来"，"才能迫使帝国主义国家同意同我们谈判，使谈判达成一定的协议，使帝国主义不敢随便破坏达成的协议"。

周总理讲到禁止核武器和裁军问题的态度，他说："我们坚决反对核战争"，"在社会主义阵营的军事技术进一步超过帝国主义阵营的情况下，在各国人民的斗争更加广泛的深入的情况下，禁止核武器是可能的"。周总理还精炼出两句颠扑不破的名言说："无论如何，斗争的结果，是人类毁灭核武器，而绝不会是核武器毁灭人类。"关于裁军问题，周总理说："我国坚决支持全世界爱好和平的国家和人民反对帝国主义扩军备战，要求实现裁军的斗争"。但是，"认为在帝国主义存在的条件下，可以实现没有武器，没有军队，没有战争的世界，那完全是幻想。这只能造成自我陶醉的空气，麻痹人民群众，对于保卫世界和平的斗争，对于反对帝国主义扩军备战的争斗，是极端有害的。"

周总理讲到反对美帝国主义霸占台湾，蓄意制造"两个中国"的问题时候说："中国人民一定要解放台湾。"我国政府坚决反对美帝国主义企图用各种办法，造成两个中国的阴谋。他断言："正义在我们这一边，世界人民的同情在我们这一边。台湾终究要回到祖国的怀抱，我国在联合国的权利终究是要恢复的。"

在一部分讲国际形势与我国对外政策末尾，周总理强调说："在毛泽东思想指导下的我国对外政策，是得到世界人民，首先是亚洲、非洲、拉丁美洲各国人民的广泛赞扬和支持。我们的朋友遍天下。美帝国主义和一切反动派千方百计地孤立我们，恶毒地污蔑我们，但是都遭到可耻的失败。我国各族人民在中国共产党和毛泽东主席领导下团结一致，朝气蓬勃，艰苦朴素，谦虚谨慎，埋头苦干，这种新的精神面貌，给了世界人民以及深刻的印象。他们对于我国人民寄予很大的希望。他们希望我们把建设工作做得更好，在国际斗争中发挥更大的作用。我们不应该辜负他们的希望。"

×　　　　　×　　　　　×

周总理的政府工作报告第二部分，讲国内形势和我们的任务。这一部分也分为三大段。

第一段讲一九五八年至一九六〇年工作基本总结。在这一段中，周总理详尽地说明了这几年社会主义建设的成绩和缺点，总结了工作中的经验。他首先指出社会主义建设总路线是照耀我们一年工作的灯塔，调动了我国广大人民群众的社会主义建设的积极性。他说："大家记得，在农村人民公社化过程中，在大办钢铁过程中，在兴修农田水利过程中，出现了轰轰烈烈的规模空前的群众运动，他以高屋建瓴之势席卷全国。这种群众运动，绝不是偶然现象，它反映了广大人民群众要求迅速改变我国的贫穷落后的面貌的强烈愿望。"周总理说，农村人民公社是我国人民的伟大创造之一，他把我国农业集体化提高了更高的水平。我们开始把人类历史上先进的人们很早提出的公社理想，逐步变成现实。

又说："在总路线的指引下，我国人民的另一个伟大实践，就是国民经济的大跃进。大跃进的根本要求，就是尽可能在比较短的历史时期内，多快好省地实现工业现代化、农业现代化和科学文化现代化，建立一个独立的、完整的国民经济体系"。"第二个五年计划原定的十一种主要重工业产品的一九六二年产量指标，除化学肥料外，在一九六〇年都已提前达到。原定的六种主要轻工业产品指标中的盐和机制纸，也都提前达到"。"经过这几年的努力，我们在已经能够主要依靠自己的力量来进行社会主义建设"。"最近几年来许多重要建设工程，包括大型的现代化的煤井、铜铁联合企业、发电站、重型机械厂，以及像人民大会堂这样宏伟的建筑，等等，我们已经可以自己设计，并且可以自己制造设备。所有这些，表明我国建设已经在自力更生的道路上前进了一大步。"

他说："所有这些，都是令人兴奋的伟大成就。这些成就对于在我国建立一个独立的、完整的、现代化的国民经济体系，具有重大的深远的意义。正因为这样，世界各国的朋友都为我国的成就欢欣鼓舞，他们对我国人民的意气风发，艰苦奋斗，表示衷心的赞美。"

接着，周总理说："在取得这些伟大的成就的同时，我们工作中也发生过某些严重的缺点和错误。"他指出"主要原因是，我们在社会主义建设事业的许多方面还缺乏经验，对于许多新的事情的认识需要有一个过程，在我们这样一个六亿五千万人口的大国中，从'一穷二白'的底子出发，多快好省地进行社会主义建设，是新的艰巨的事业。""这几年，许多事情带有试验的性质。对于社会主义建设的客观规律，我们还不完全认识，在工作中还不能不带有一定的盲目性，我们只能在实践中逐步地积累经验和总结经验，逐步地求得主观认识符合于客观实际。在这样的过程中，发生某些缺点和错误是难以完全避免的"。

在第一段的末了，周总理指出：总路线、大跃进、人民公社这三面红旗的伟大意义，必将在整个历史时期越来越显示出来。他说："我们实事求是的指出工作中的成就和缺点、错误，进行严肃的批评和自我批评，这正是一个郑重的、对人民负责的政府的主要标志，也是我们对克服缺点、错误和战胜经济困难，具有充分信心的表现。这是任何资产阶级政府所不敢做也不能做到的。"帝国主义者及其走狗的幸灾乐祸，污蔑诽谤，"只能激发起我国人民进一步发扬勤劳勇敢、勤苦奋斗的光荣传统，克服前进道路上的一切苦难，争取新的更大的胜利。"

所以说"我们的前途是无限光明的"。

第二段讲国民经济的调整工作和当前任务。周总理说:"中共中央在一九六〇年下半年,对国民经济工作提出了已调整为中心的调整、巩固、充实、提高的方针。这个方针,是在当前的条件下,具体贯彻执行党的鼓足干劲、力争上游、多快好省地建设社会主义的总路线的方针,是一个既从当前实际情况出发,又为长远打算的积极方针。"并说:"在当前的国民经济调整工作中,恢复和发展农业生产是一个中心坏节。"因此,"在一九六二年,我们必须采取更有力的措施,切实按照农业、轻工业、重工业这样的次序,对整个国民经济进行全面调整,合理安排,以便集中主要力量,逐步地解决人民的吃、穿、用方面的最迫切问题,并且逐步地在国民经济各部门之间建立新的平衡。"

为了做好一九六二年国民经济调整工作,周总理具体地列举了十项任务如下:

第一项,争取农业增产,首先是争取粮食、棉花、油料的增产。用一切可能的力量,争取一九六二年有一个比较好的收成。农村人民公社要继续贯彻执行《农村人民公社工作条例草案》,实行以生产队为基本核算单位的规定,更好地调动广大农民的生产积极性。

第二项,合理安排轻重工业生产,尽一切可能多增产日用品。在安排工业生产的时候,首先要注意安排日用品的生产。轻工业部门和手工业部门,当然要努力此项产品,重工业部门,凡是有条件的,也应该尽可能增产适合市场需要的日用品。

第三项,进一步缩短基本建设战线。计划再减少一些不是十分必需的基本建设项目,腾出一定数量的材料、设备和人力,用到最急需的方面,特别是农业生产方面。集中力量,使那些最重要的建设项目,能够建成投入生产,发挥作用。

第四项,压缩城镇人口,精简职工。这是调整工作中的一个重要环节。首先是动员从农村来的职工,回到农村参加生产,不仅可以加强农业生产战线,提高企业的劳动生产率和机关工作效率,而且可以减轻城市供应的困难,节省国家的开支。

第五项,彻底清理仓库,重新核定资金。清查出来的物资,由有关部门按照国家的统一规定分别处理。

第六项,改善市场的供应状况。凡是农村急需的生产资料和生活资料,应该优先供应农村。在城市中要改善商品的供应办法。商业部门和税收机关必须加强对农村集市贸易的管理,并且同投机倒把现象作斗争。

第七项,保证完成对外贸易任务,偿还外债,努力承担国际义务。关于偿还外债,现在还有一小部门苏联给予我们的贷款没有偿还,连同最近几年,在同苏联和东欧社会主义国家的贸易中，对他又有一部分欠款，都将争取在几年内逐步还完。关于承担国际义务，周总理说："给兄弟国家和民族主义国家以援助，这是我们不可推卸的国际义务。事实上，并不光是我们援助他们，他们也援助了我们。"因为"他们的建设工作做好了，他们的反对帝国主义的力量增强了，这就是对我们社会主义建设事业的重要支持"。

第八项，提高文化、教育、科学研究、卫生等工作的质量。这些部门，也应该贯彻执行调查、巩固、充实、提高的方针，并且以调整为中心，来安排自己的工作，提高质量，更好地为国家建设、为人民服务。

第九项，节约支出，增加收入，加强现金管理，保证财政收支平衡。各部门，各地方，各企业、事业单位，各机关、团体，都应该继续坚决贯彻执行勤俭建国的方针，反对铺张浪费，努力节约开支。

第十项，进一步改进计划工作。切实按照农业、轻工业、重工业的次序和调整的具体任务，安排国民经济计划，精打细算，不留缺口，做好综合平衡，力求使国家计划指标符合实际，并且适当留有余地，保持必要的后备。

周总理不只是提出上述的十项任务，还讲明完成十项任务的五种有利条件，"只要我们能够充分运用这些有利条件，善于依靠群众，同群众商量办事，发挥群众的积极性和创造性，就一定能够一步一步地战胜我们面前的困难，胜利地完成国民经济的调整任务。"

五种有利条件是：一、我们有在中国共产党领导下的工农联盟，和以工农联盟为基础的广泛的人民民主统一战线。全国各族人民同党和政府密切合作，这是战胜困难的最大保证。二、社会主义建设的总路线已经进一步发展和完备起来，这对于促进全国人民在社会主义建设问题上的思想统一和行动统一，有重大的意义。三、在过去几年的伟大实践中，广大干部和人民群众所取得的丰富经验，包括许多正面的经验和一些反面的经验，使我们有可能进一步认识和掌握社会主义建设和客观规律，把工作做得更好。四、农业生产正在逐渐上升，农村形势正在开始好转，这对于克服目前的困难，对于活跃整个国民经济，对于进一步巩固工农联盟，都有重要的作用。五、这几年扩大的工业生产能力，新增加的农田水利建设，正在逐步地越来越大地发挥作用。周总理说："这是我们克服困难的物质条件。"

第三段讲国家的政治生活。周总理说："在我国伟大的社会主义建设中，全国各族人民进一步地团结和组织起来了，觉悟程度进一步提高了，各民族的工人、农民、知识分子和其他劳动人民，各民主党派和民主人士，爱国的民族资产阶级分子，爱国侨胞，都意气风发地参加和支持了国家的建设事业，他们热爱祖国，热爱中国共产党，热爱毛主席，相信在中国共产党和毛主席的领导下，一定能够战胜困难，沿着社会主义的道路胜利前进。"又说："我国各民族人民的伟大的团结，是从长期的革命和建设的斗争过程中锻炼出来的，是经过各种考验的，因而是巩固的团结。我们的这个伟大的团结，在这几年中又一次经受了考验，更加巩固了。这是我国社会主义事业取得胜利的根本保证，也是我们顺利地进行国民经济的调整工作的根本保证。"

周总理更强调在国家政治生活中，必须进一步发扬民主，贯彻实行民主集中制。说："它是高度民主基础上的高度集中，又是高度集中指导下的高度民生。""毛主席早就指出，我们一定要努力造成这样一个政治局面，这就是造成又有集中、又有民主，又有纪律、又有自由，又有统一意志、又有个人心情舒畅、生动活泼的那样一种政治局面。"他又说：要不断地加强工人阶级领导的、以工农联盟为基础的人民民主统一战线，继续贯彻实行中国共产党提出的与民主党派"长期共存互相监督"的方针，团结一切可以团结的力量为社会主义服务。要进一步团结一切爱国的知识分子，他们中的绝大多数已经是属于劳动人民的知识分子，要使他们在社会主义建设中发挥更大的作用，要继续在科学研究和文学艺术领域中贯彻执行党的"百花齐放，百家争鸣"的方针。要继续团结爱国的民族资产阶级分子，帮助他们进一步自我教育和自我改造，并且把他们的定息从一九六三年起延长三年，到时再议。要继续贯彻执行民族政策，加强国内各民族的团结。要继续做好侨务工作，进一步团结一切爱国侨胞和在国内的侨眷。要继续贯彻执行宗教信仰自由政策，进一步团结一切爱国的宗教徒。在国家机关工作人员中，要进一步加强共产党员与非共产党员的合作。政府工作干部要经常进行实地调查；要发扬实事求是和走群众路线的工作作风。做好人民的勤务员。

在报告结束之前，周总理特别勉励大家说："在前进过程中，不应该因为胜利而骄傲，不应该因为困难而气馁。我们应该老老实实，勤勤恳恳，互勉互励，力戒任何的虚夸和骄傲，同时又要有雄心壮志。"还说："过去我国人民用'愚公移山'的精神，经过长期的艰苦的斗争，终于推翻了帝国主义、封建主义和官僚资本主义这三座大山，现在，在我国人民面前，还横着经济贫穷和文化落后这两座大山。我们要继续发扬'愚公移山'的精神，再用几十年时间，把这两座大山搬掉"。

×　　　×　　　×

周总理的这次政府工作报告，内容异常丰富，共印了八十几页，以总理的龙马精神，尚分成两个下午，共报告了五个多小时，我们作全文传达时候，差不多也念诵了五六小时。我这篇短简传达报告，当然不可能把总理报告的全部精神概括得尽，一定有不少挂漏的地方，这由于我个人学习不够，体会不够，责任完全在我。希望大家在学习和讨论时，仍以总理的报告全文为依据。

谨此，预祝大会成功。

论 文

1938年，李劼人发表
"大河小说三部曲"次年。

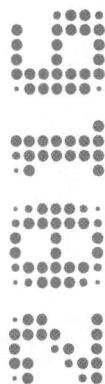

李劼人"大河小说"影响力初探^①

谢应光^②　王方^③

　　摘　要　李劼人"大河小说"影响力研究,其实质是对李劼人"大河小说"价值的评估状况的研究。从1937年郭沫若评价李劼人以来,至今已近80年。这近80年时间可以分成三个阶段,即1937年至1949年为一段,1950年至1976年"十七年"时期为一段,1977年至今为一段。从整体上来看,历史上对李劼人的认识和评价是一个复杂的"现象"。其规律和特点是:与政治背景总是相联;大陆的评价不及香港和日本高;文学作家和评论家与普通大众的认知似乎刚好相反;不同时段影响力差异明显,总体趋势是在逐步扩大,负面评价也在递增;成都地区本土的研究专家与区域外的专家往往有一定差异,本土研究专家感性评价的因素多一些,本土以外的专家更加理性。涉及李劼人"大河小说"的影响有几个关键因素,它们是政治因素、价值观因素、文化因素、时代因素和传播方式。这些因素的复杂变化,将直接关联着李劼人影响力的此消彼长。但无论如何,李劼人及其"大河小说"都必将面对历史的检验。

　　关键词　李劼人"大河小说"　影响力　价值评估　规律和特点　影响因素　可能性

　　1999年,香港《亚洲周刊》组织评选了"二十世纪中文小说100强",涵盖大陆、香港、台湾的作家在内,作品既有长篇小说也有短篇小说,评委是国际上公认的著名作家和文学评论家,评选方式是由专家打分综合排序,结果李劼人以长篇小说《死

① 本文为四川省重点人文研究基地"地方文化资源保护与开发研究中心"项目"四川现代作家在欧洲"(13DFWH—003)资助论文。
② 谢应光(1964—),重庆开县人,西华大学人文学院教授,博士、硕士生导师。主要研究方向:中国现代诗学、现代中国文学与文化。
③ 王方(1973—),安徽淮北人,西华大学人文学院讲师,在读博士。主要研究方向:中国现代诗学、现代中国文学与文化。

水微澜》排名第 17 位。这已经是一个很高的评价了。2005 年，北京燕山出版社组织了一场规模宏大的"世纪文学 60 家"评选活动，"旨在以名家联袂名作的方式，检阅和展示 20 世纪中国文学所取得的丰硕成果与长足进步，进一步促进先进文化的积累与经典作品的传播，满足新一代文学爱好者的阅读需求。"① 这次评选活动分专家评分和读者评分，二者各占 50%，评选结果按总分排序。最后结果，在 60 位现当代著名作家的榜单中，李劼人的专家评分并列第 23 位，得到了 78 分的高分，但读者评分却是最后一名，仅仅只有 22 分，综合排名第 50 位。虽然这是一次出版社搞的活动，但李劼人作为一个现代作家，他在研究专家和读者心目中地位的巨大反差令人寻味。李劼人研究专家张义奇认为，"现在文学理论界对李劼人及其作品的研究是很不够的，李劼人在现代文学史上的地位也没有得到应有的确立，一些高校的教材和某些现代文学专著对李劼人几乎是一笔带过甚至提都不提，这很不公平。"② 他的看法，同行们也有同感。为什么在同样的专业领域（专业评选与文学史编写），人们对李劼人的认识和评价差距这么大，以致于一些人评价很高而另一些人却好像视而不见？为什么有的专家如此看重李劼人，而普通读者却对李劼人认同或了解得非常有限？这些问题，触发了我们对李劼人"大河小说"影响力的研究兴趣。影响力研究是社会科学研究中的一个复杂问题，它涉及社会学、统计学、政治学、经济学、心理学等多学科的知识背景和研究方法。文学研究由于时间跨度长，地域覆盖广，涉及人数多，读者层次构成复杂，再加上文学作品诉诸人的感性，把握比较困难，所以，研究难度更大。但作为一种研究视角或者研究方法，我们不求面面俱到，或许可以从这样一个角度去重新认识李劼人的"大河小说"及其相关问题。影响力研究，其实质就是对一个作家作品的价值评估的研究。

一、对李劼人的认识和评价是一个复杂的"现象"

首先让我们回顾一下李劼人"大河小说"的出版和发生影响的历史过程，通过对这个历史过程的描述，我们或许可以探索其影响的特征和影响力发散的基本规律。

李劼人大规模的小说创作开始于办纸厂失败，教书失败，开馆子失败，儿子

---

① 《出版前言》，见《巴金选集》，北京：燕山出版社，2006 年。
② 张义奇整理：《流沙河谈李劼人和"大河三部曲"》，见《李劼人研究：2007》，成都：巴蜀书社，2008 年，第 495 页。

被绑架，在轮船公司经营机器修理厂失败之后，可以说李氏立志以小说创作为业，是在人生无数次失败以后走投无路，迫于生计才进行的①。李劼人早就有写小说的经验，只是在他的"大河小说"创作之前，他还没有出版过长篇小说。事实上，李劼人的第一部长篇小说《死水微澜》的创作应是在 1934 年就开始了②。大规模的写作则开始于 1935 年。1936 年 7 月、12 月以及 1937 年初，李劼人的《死水微澜》《暴风雨前》《大波》（上中下三卷）陆续由上海中华书局出版。此时，中日全面战争一触即发，整个社会动荡不安。然而，即使如此，李劼人的长篇小说还是引起了关注。从现在的材料来看，郭沫若是最先评价李劼人长篇小说的。1937 年 6 月，郭沫若在《中国文艺》第一卷第二期上发表了《中国左拉之待望》一文，高度评价了李劼人的长篇系列小说。他称李的小说是"四川大绸"，是"'小说的近代史'，至少是'小说的近代的《华阳国志》'。"③郭沫若是第一个评价和高度赞扬李劼人的人，也是第一个为李劼人没有受到足够关注而首先抱怨的人。他说，"象李劼人这样写实的大众文学家，用着大众语写着相当伟大的作品的作家，却好象很受着一般的冷落。"④事实上当初关注李劼人的还有著名记者，甚至前线的高级将领。他们关注李劼人的大河小说的时间比郭沫若还早，只是在当时没有公开发表文章罢了。那个著名记者就是后来著名的文学评论家曹聚仁。那个高级将领就是驻守上海闸北四行仓库一带的某军军长。曹聚仁后来回忆说，"李氏这几种小说，出版了一年多，我在上海不曾注意过；有一天，那时我已随军到了闸北，住在四行仓库。 位指挥那 线的高级将领，他郑重的对我说：'《大波》下卷已出版，你替我到中华把它买来！'看他那神情，仿佛是军事上的大事件。那晚，我把《大波》带到了军部，我想 S 军长那晚一直看这部小说，没睡过觉。我呢，也就把上、中、下三卷一齐吞了下来，接上去再看《死水微澜》和《暴风雨前》，觉得不错。"⑤至此以后，中国大地战火横飞，直到解放以前，李劼人及其文学作品基本上都处于沉寂状态。

新中国成立后的"十七年"（1949—1976），李劼人一度做了成都市的副市长，全国人大代表。从 1954 年到 1962 年去世之前，他一直奉命修改《死

① 《李劼人自传》，见《李劼人选集》第一卷，成都：四川人民出版社，1980 年，第 7—10 页。

② 《李劼人全集》第十卷，成都：四川文艺出版社，2011 年，第 39 页。

③ 郭沫若：《中国左拉之待望》，《李劼人选集》第一卷，成都：四川人民出版社，1980 年，第 6 页。

④ 郭沫若：《中国左拉之待望》，《李劼人选集》第一卷，成都：四川人民出版社，1980 年，第 6 页。

⑤ 司马长风：《中国新文学史》中卷，香港：昭明出版社有限公司，1976 年，第 54 页。

水微澜》《暴风雨前》和《大波》并陆续再版。然而，奇怪的是，"解放后的十七年中，由于种种原因，李劼人的作品并未引起文艺界的足够重视，甚至受到冷遇，所有的中国现代文学史几乎都没有提到李劼人及其作品，更不用说研究，给予应有的地位和公正的评价了。"① 当然，我们并不是说李劼人在解放后的十七年中丝毫没有人关注他，曾担任过人民文学出版社社长兼总编辑、《文艺报》主编的冯雪峰就曾提议并支持李劼人修改、出版《死水微澜》和《暴风雨前》；偶尔也能在报上看到一两篇文章谈到李劼人的作品，尤其是在 1962 年李劼人去逝以后，陈翔鹤、韦君宜、张秀熟等人还在报上发表过悼念文章。在这段时间里，香港的曹聚仁和司马长风非常关注李劼人。曹聚仁在 20 世纪 50 年代中期出版的《文坛五十年》中盛赞李劼人，"五十万字的巨著《大波》，写辛亥革命时期的成都动态，这是扛鼎的大力作，无论取材、组织以及描写，都非茅盾的《子夜》所能企及；比之巴金的作品，那更高得多。"② 曹聚仁还探讨了李劼人不为人注目的原因。他说，"也正是为有着政治成见的人所不快意的，因之，他的小说，一直不为有着门户之见的文坛所称许。若干政见很深的文艺批评家，不独不曾读李氏的小说，几乎连李劼人的姓氏，也不甚了解呢。"③ 作为文学史家，香港的司马长风也高度重视李劼人的小说。他把李劼人与沈从文、巴金、茅盾、老舍、萧军、陈铨一起，并称为中长篇小说七大家。在评价李劼人时，他说："毫无疑问李氏是三十年代长篇小说大家之一，才华仅次于老舍和沈从文。""李氏的风格沉实，规模宏大，长于结构，而个别人物与景物的描写又极细致生动，有直追福楼拜、托尔斯泰的气魄。"④ 二 世纪六七十年代，李劼人在日本具有很大的影响力。司马长风称李劼人那个时候在日本的影响是"声光四射"，他介绍说，"已故声名卓著的文艺批评家花田清辉盛赞《死水微澜》具有'吸引读者无比的魅力'；将它与日本明治时代大作家岛崎藤村《夜明之前》并论。""日本河出书房出版的《现代中国文学》丛书，计十二大本，六本是二人或多人合辑，如老舍和巴金为第四辑，曹禺和郁达夫为第六辑；独自成辑者仅有李劼人、鲁迅、郭沫若、茅盾、赵树理、曲波六人，可见李氏作品的比重。"⑤ 此外，日本汉学家竹内实，李劼人《死水微澜》、《暴风雨前》最早的日译者，他在 1960 年发表在日本《文学界》五月号上的文章，题目就叫《埋没的作家》。在这篇文章中，他赞扬李

① 伍加伦、王锦厚：《解放以来李劼人研究简介》，载《文谭》，1982(6)，第 40 页。

② 见《李劼人研究：2007》，成都：巴蜀书社，2008 年，第 453 页。

③ 见《李劼人研究：2007》，成都：巴蜀书社，2008 年，第 454 页。

④ 司马长风：《中国新文学史》中卷，香港：昭明出版社有限公司，1976 年，第 54 页。

⑤ 司马长风：《中国新文学史》中卷，香港：昭明出版社有限公司，1976 年，第 53 页。

劫人的"大河小说","乃是这样的实生活，用自己内心保有的深厚的文人教养的眼光去搜集，写出了清朝末期的世相小说。""若就长篇三部作的第一部《死水微澜》，它有着中国版的包法利夫人的趋向。"① 竹内实还分析了李劫人被"埋没"的原因。他说，"我认为原因之一，是由于这些文学史，主要是结合着社会的动态这点来定作品和作家的位置。李劫人登上文坛的 1936 年，正是'国防文学'的论争激烈地进行着，作家正明显地区分为进步与反动的时期。一看这作品，只不过朴素地描写着清朝末年的风俗世态，随着不久爆发的战争，既成文学被冲走了，这作品才终于没有受到重视的评价。""他一直住在四川成都（或者重庆），离开了当时文坛的中心地上海，继续做着孤立的文学活动，这也是为文学史家所忘掉的原因之一吧。"② 另一位日本汉学家，《大波》的日译者海谷宽，他对李劫人也有很高的评价。日本哲学家桑原武夫在中国访问李劫人回国之后，他也对日本国民介绍了李劫人。另外，在法国、美国也有人翻译、介绍李劫人的作品。但在美国，有一位华裔美籍学者夏志清，1961 年由美国耶鲁大学出版社出版了他的著名的《中国现代小说史》一书，但该书并没有介绍李劫人。直到 2004 年 3 月 27 日，夏先生在接受采访时才遗憾地谈到，"最大的遗憾就是几个优秀的作家没有讲，比如李劫人，比如萧红，都没有好好讲。这是全书缺失的方面。我当时一无所凭，什么资料都没有，完全是白手起家啊。"③

　　1977 年以来至今，李劫人的研究和影响也进入了一个新的历史阶段。一个标志性的事件就是周扬在 1979 年全国第四次文代会上所做的报告。在报告中，他充分肯定了李劫人在中国现代文学史上的地位，他说："鲁迅的战斗杂文、散文和其他作品，茅盾的《子夜》等小说，叶绍钧的《倪焕之》，巴金的《家》，曹禺的《雷雨》，老舍的《骆驼祥子》，李劫人的《死水微澜》等，都是脍炙人口的作品。"④ 与此同时，我们看到，在 1979 年出版的几种有代表性的中国现代文学史中，李劫人仍然没有被提到，如林志浩主编的《中国现代文学史》，刘绶松主编的《中国新文学史初稿》，丁易的《中国现代文学史略》，甚至包括 1982 年版王瑶的《中国新文学史稿》等高等院校教材。但仍然有一些高等学校的教材开始了对李劫人的书写。第一次将李劫人写进高校教材的是唐弢 1979 年出版的《中国现代文学史》第二册第十一章第五节"其它作家作品"，其中李

① 见《李劫人研究：2007》，成都：巴蜀书社，2008 年，第 460 页。
② 见《李劫人研究：2007》，成都：巴蜀书社，2008 年，第 459—460 页。
③ 季进：《夏志清先生访谈录》，载《当代作家评论》，2005（4）。
④ 伍加伦、王锦厚：《解放以来李劫人研究简介》，载《文谭》，1982（6），第 41 页。

劼人被介绍了一段，含标点符号共有 696 字。1981 年十四院校本的《中国现代文学史》第六章第五节专节介绍了李劼人，但这个专节介绍的作者，是李劼人的家乡人，成都四川大学的伍加伦和王锦厚。1984 年黄修己主编的《中国现代文学简史》有一个自然段介绍李劼人，连标点符号在内共有 780 字。从此以后，尤其是 1985 年"二十世纪中国文学"概念提出以来，新编的文学史几乎没有敢落下李劼人的，虽然篇幅可能大小不等，如 1998 年钱理群、温儒敏、吴福辉主编的《中国现代文学三十年》，1999 年朱栋霖、丁帆、朱晓进主编的《中国现代文学史》，2010 年严家炎主编的《二十世纪中国文学史》，还包括 2008 年德国汉学家顾彬的《二十世纪中国文学史》，都能够找到介绍李劼人的文字。在这些有代表性的文学史著作中，只有严家炎主编的文学史用了专节介绍李劼人，其他都是在"概述"中提及或介绍京派的时候附带介绍了一下李劼人。然而，研究和出版李劼人相关著述的人是越来越多了，每年发表的论文也逐渐增加了。1978 年香港广角镜出版社出版李劼人的"大河小说"全套，1980 年四川人民出版社出版五卷本《李劼人选集》，1983 年四川成都召开了首届"李劼人创作学术研讨会"，1986 年杨义的《中国现代小说史》对李劼人有仔细的书写，2010 年四川人民出版社出版的《四川通史》第七卷"民国"卷把李劼人作为四川文学本土化的骁将加以专门介绍，2011 年四川出版集团巴蜀书社出版 17 卷的《李劼人全集》，2013 年三联书店出版福建师大教授彭建华《现代中国作家与法国文学》，其中第五章专门写"李劼人的创作与法国文学翻译"，这些都是值得珍视的与李劼人有关的文学研究和出版活动。关注李劼人的人还不止这些，瑞士著名汉学家马悦然，我国著名作家、文学评论家刘心武，以及李劼人家乡的许多学者（如萧崇素、伍加伦、王锦厚、曾智中、王嘉陵、张义奇、李士文、李怡、陈思广、郭志强等），他们都在关注李劼人的研究状况和文学史地位的变化。

　　李劼人的"大河小说"初版已 80 年，在这 80 年的文学历史中，还有一种声音始终存在，那就是对李劼人"大河小说"的负面评价。有的批评是在充分肯定中附带提到的，有的则是在总体上提出不同的意见。1937 年郭沫若在《中国左拉之待望》一文中就说，李劼人"大河小说""唯一的缺点是笔调的'稍嫌旧式'"①。1956 年 10 月 11 日，丁玲在她的日记中写到，"在家把李劼人的《死水微澜》读完第二篇。打消了写一篇读书杂记的念头。《死水微澜》在写作的技巧上是好的，作家对主人公所处的社会，对他所写的对象是非常熟悉的。但这本书我觉得仍有

---

① 郭沫若：《中国左拉之待望》，《李劼人选集》第一卷，成都：四川人民出版社，1980 年，第 6 页。

些问题，是值得研究的；特别是在很多作家都在说好的时候（巴金、沙汀、刘白羽等都有些五体投地的样子）。我以为这本书的主角是罗歪嘴和蔡大嫂，作者是带着非常大的同情去写的，这两个人物的确写得有声有色，很成功。不只写了他们人，也写了他们的恋爱，写他们在爱情、幻想、执着生活中发展他们的个性，完成他们的典型。作者以他们鲜明的个性，强烈的色彩来吸引着读者，使读者不觉堕入作者的彀中，同情他们。但，罗歪嘴是否值得同情呢？我以为是不值得同情的。"①唐弢在 1979 年主编的《中国现代文学史》中，也认为罗歪嘴是貌似行侠仗义，实则"霸占人妻""生活糜烂"②。1986 年杨义在《中国现代小说史》中对《暴风雨前》评价说，"惜乎长篇大论的演讲和争辩虽然能够传达时代思潮汹涌的气势，却在不同程度上冲淡了人物的独特、凝重和扎实，因此它对内地社会的文化心理揭示的深度是不及《死水微澜》的。"③而对《大波》的评价是，"气魄尽管大于《死水微澜》，但它减淡了《死水微澜》由精雕细刻而来的醇醇韵味，因此它是一部离'全德'的境界尚有不短距离的史诗性作品。"④2013 年，福建师大教授彭建华在《现代中国作家与法国文学》一书中对李劼人进行了专章论述。他有这样几个观点。一是"人们称李劼人是'中国的左拉'，显然是一个反讽式的误解。"⑤1937 年郭沫若写了《中国左拉之待望》，但"郭沫若并没有明确说出李劼人是'中国的左拉'"，"郭沫若并没有太多论及左拉及左拉一派的自然主义，并未提出学界所谓'李劼人是中国的左拉'一说。'中国左拉之待望'表明李劼人《死水微澜》《暴风雨前》《大波》等，尚未与左拉相似，并呼唤李劼人写出新的《鲁弓·马卡尔丛书》(Les Rougon-Macqart)。"⑥二是与左拉等作家相比，"在故事的叙述细节方面，现代中国作家显得更随意，更主观化。显然，李劼人极多是采用印象化的私人体验，作者的气质特征显著的表现在他的长篇小说中，虽然是采用第三人称单数的叙述角度，这形成了李劼人长篇小说中一些人物的精神／气质雷同和细节上显著的想象力色调。更为重要的是，李劼人并没有像左拉、巴尔扎克对世纪意识作出深入地观察与分析，怀疑主义的、批判的态度阻碍了李劼人一贯坚持'在现实中求真'，说教的倾向最终压倒了

① 彭建华：《现代中国作家与法国文学》，上海：上海三联书店，2013 年，第 575—576 页。
② 唐弢主编：《中国现代文学史》，北京：人民文学出版社，1979 年，第 277—278 页。
③ 杨义：《中国现代小说史》第二卷，北京：人民文学出版社，1986 年，第 425 页。
④ 杨义：《中国现代小说史》第二卷，北京：人民文学出版社，1986 年，第 427 页。
⑤ 彭建华：《现代中国作家与法国文学》，上海：上海三联书店，2013 年，第 601 页。
⑥ 彭建华：《现代中国作家与法国文学》，上海：上海三联书店，2013 年，第 602 页。

细节……"①第三个观点是，"李劼人的长篇小说只是一种社会研究小说，而不是社会的历史小说，共和国时期，李劼人的重写活动事实上是努力把社会研究的小说改造成社会的历史小说。如果社会的历史小说史力图展示社会历史的广阔的事件，和对事件本身的最大同情，而社会研究的小说只是对一个或者更多的主题现象进行分析，现象的考察作了它的核心目标。对李劼人的小说批评，最大的误区应该在于这一事实的不恰当的混淆，我不能多谈这个论题。"也正因为如此，"李劼人把社会黑暗面作为一种社会研究，一种风俗的研究，事件的原因和过程成为李劼人长篇小说叙述的主要目标。""说理的成分往往与现象的叙述交织在一起"②。2014 年，四川大学教授陈思广在他的《中国现代长篇小说史话》一书中，对李劼人《大波》的"文献体"写作方式提出了自己的看法，他认为《大波》全书引用现成的文献资料太多，缺乏剪裁，影响了《大波》作为历史小说的审美效能。李劼人之所以那样做，一个重要原因是"这与李劼人当时经济状况窘迫欲通过文稿改善生活条件这一重要的创作心理有关"③。

以上简要地勾勒了李劼人"大河小说"的出版和影响发散的基本历程，从这个过程我们或许可以发现李劼人长篇小说产生影响的主要特征及其规律。第一是，李劼人"大河小说"的首次创作和出版，以及 1954 年至 1962 年期间修改《死水微澜》《暴风雨前》甚至基本上重写《大波》，都与特定的政治背景联系在一起的。1935 年至 1937 年，文学的中心在上海，上海的文坛大势正是"两个口号"的论争，文学家往往需要选边站队。李劼人及其小说，人是独立的，小说写的是清末民初四川小镇上的事情，所以与主流和中心自然有一定距离。1954 年至 1962 年正是以阶级斗争为纲的年代，文坛内部也相当紧张。李劼人修改甚至重写他的长篇小说，也就是要进行小说中涉及的历史问题在意识形态上的调整。第二是，中国大陆对李劼人的评价没有香港和日本等地区和国家的高。特别是"十七年"，在中国大陆，李劼人基本上没有进入文学史，同时，研究李劼人的专家也寥寥可数。而在香港和日本对李劼人的介绍和研究，则与大陆形成了一个比较相对的态势。第三，关于对李劼人的认识和评价问题，文学作家和评论家与普通大众的认知似乎刚好相反。力推李劼人的专家对李氏的长篇小说评价很高，如中国香港的曹聚仁，日本的竹内实，中国大陆的郭沫若等。在 1999 年香港《亚洲周刊》组织的"二十世纪中文小说 100 强"活动中，专家评委把李劼人的《死水微澜》排在第 17 位，

① 彭建华：《现代中国作家与法国文学》，上海：上海三联书店，2013 年，第 604 页。
② 彭建华：《现代中国作家与法国文学》，上海：上海三联书店，2013 年，第 615 页。
③ 陈思广：《中国现代长篇小说史话》，武汉：武汉出版社，2014 年，第 204 页。

作为世纪的中文作家来说，这是一个很高的位置了。2005 年北京燕山出版社组织的"世纪文学 60 家"评选活动，李劼人被排在第 23 位，所得专家分数也是相当高的。也就是这次评选活动，民间给李劼人打的分最低，排在 60 家的最后，这也说明李劼人与大众读者之间的隔膜。第四，不同时段的李劼人，其影响力差异明显，但总体趋势是在逐步扩大，与此同时，负面评价也在进一步增加。解放前，只有郭沫若对李劼人有过认真的评价。解放后的"十七年"大陆基本上没有什么影响较大的评价，而在香港和日本则正好相反。1977 年以来，尤其是在 1979 年以后，李劼人无论在政治地位上，文学史地位上，其影响力应该是翻开了新的一页，与此同时，负面评价也逐渐增加，如果李劼人的"大河小说"经得起历史的检验，他的影响力应该还会进一步扩大，历史地位还将进一步提升。第五，关于对李劼人"大河小说"的价值评判，成都地区本土的研究专家与区域外的文学研究专家往往有一定差异。本土研究专家高度肯定的多，抱怨对李劼人的历史评价不公平的多，感性评价的因素多一些；本土以外的专家对李劼人的评价更加理性，肯定和否定的因素都有，甚至整体质疑的也有。以上五点大概就是李劼人"大河小说"影响力的主要特征及其规律。

二、李劼人"大河小说"影响力的几个关键因素及其可能性

从上面的分析我们可以看出，涉及李劼人"大河小说"的影响力有几个关键因素，它们是政治因素、价值观因素、文化因素、时代因素和传播方式因素。这些因素在相当大程度上决定了李劼人小说的影响力，并将继续影响李劼人小说的影响力。这些因素在对影响力所起的作用上绝不是平均的，它们还会随着时间和空间的变化而发挥各自大小不等的作用。我们这里所说的"可能性"就是指那些关涉影响力的诸多因素，它们在未来时空中的某种衍变，或许将会带给李劼人"大河小说"影响力的起伏消长以某种可能性。

二十世纪的中国小说，事实上离开了政治背景来谈是不大可能的，即使是没有任何政治意蕴的文学作品，也往往需要放在当时大的政治背景下也才能看得更清楚。李劼人的"大河小说"，从创作动因上来看就是旨在反映和表现近代一段特殊的中国历史而写的，《死水微澜》《暴风雨前》和《大波》都直接描写了历史事件。如果说，作者所追求的"历史小说"的"历史"，是作者自己对当时"历史"的一种主观记忆，虽然一般作者都在追求所谓"客观"，作为相信现实主义的李劼人更是如此，但真正对历史的认识和评价，不同政治集团及其利益关联者，即使

是同一段历史，他们的理解也往往是有差距的，有时甚至相反。政治往往具有强制性的功能，即使是作为文学活动的小说，它涉及到历史也要服从一定时期政治的需要。李劼人已经作古，其"大河小说"中所描写的历史和政治不可能再改写，那些已经定格的文字只能被动遭遇未来政治的变量从而被激活。因此，如果李劼人"大河小说"中的政治和历史经验与未来政治变量相一致，李劼人的影响力将会在一定程度上递增，否者，还会保持沉寂甚至被人为地遗忘。

我一直在思考一个问题，对李劼人的高度评价早在1937年郭沫若就提出了，郭沫若在鲁迅之后不仅成为了中国新文化的又一面旗帜，而且在解放之后的政治舞台和文化舞台上更是位高权重，为何他如此看重的李劼人的"大河小说"会在"十七年"的文学史上一点地位都没有呢？这就说明李劼人小说中所写的政治和历史，与新的历史时代的政治要求尚有一定的距离，所以，也才可能有对初版"大河小说"那如此规模宏大的修改计划。譬如对《大波》的重写。事实上李劼人于1954年就开始了重写《大波》，前两次都写了十几万字，然后觉得不好就丢了，后来又写了一次，还是觉得不好，又丢了。最后是从1956年7月开始第四次重写才保留下来的。为什么作者要这么反反复复重写呢？原来是要完成写作《大波》的"意图"。那么，作者写作《大波》的意图是什么？"重写《大波》的意图，如前所说，是要纠正旧版的缺点，'深入运动的本质'"①。这个"本质"就是"表现资产阶级旧民主主义革命之难于彻底的真像"②。且不说那一段历史的许多当事人还健在，不同立场的人对李劼人相关作品所涉及的历史有不同的看法，就是当时政治上的硬性要求，也会让李劼人思之再三。由此，我们也就能够更好地理解，李劼人的"大河小说"为什么在解放前影响不大，在"十七年"连文学史上起码的地位也没有。因为与小说相关的政治和历史问题还没有理清楚，所以，没有定性的作品是不好在高校文学史教材中来讲的。因此，我们说，政治因素的认识程度和开放程度，对文学作品的影响应该是直接和深远的，李劼人的作品也不能例外。

对于文学作品来说，价值观问题是一个核心的问题。文学价值观一般会涉及文学作品的思想价值和艺术价值。思想价值并不能等同于政治思想价值，虽然它也包含有政治思想的成分，在一般文学作品中，人们可能更关注作品的道德价值。如果从文学伦理学批评的角度来看，任何文学作品，都是"从起源上把文学看成伦

① 李士文：《李劼人的生平和创作》，成都：四川省社会科学院出版社，1986年，第235页。李劼人：《关于重写〈大波〉》，见《李劼人全集》第九卷，成都：四川文艺出版社，2011年，第252页。
② 李士文：《李劼人的生平和创作》，成都：四川省社会科学院出版社，1986年，第236页。李劼人：《关于重写〈大波〉》，见《李劼人全集》第九卷，成都：四川文艺出版社，2011年，第252页。

理的产物，认为文学的价值就在于它具有教诲功能。只要是文学，无论古代的还是当代的，西方的还是中国的，教诲都是它们的基本功能。"① 另一个方面则是，同样或相近的思想内容，文学表现的技术水平如何，什么样的表现方式更能够让人感动，印象深刻，你的作品给我们的社会提供了什么样的典型，这个典型能够穿透我们的生活、穿透我们的历史，也穿透了我们的内心，这就是文学艺术的价值所在。然而，关于文学作品，尤其是长篇小说价值的认识和评价问题，往往是众说纷纭。不同评价的背后，除了认识水平的差异，其实就是价值观的差异。对于李劼人的"大河小说"，人们更多关注的是它与政治和历史的联系，就连里面的男女爱情也被放到了阶级对立的框架中在考量，而对这些作品做文学伦理学的纯道德评价的往往不多。因此，从文学伦理学的价值要求上来看，《死水微澜》中罗歪嘴与蔡大嫂的所谓爱情，无论古今都是不值得人们仿效的。但如果从反抗封建阶级的角度来看，从政治的功利要求上那完全是可以理解并应该提倡的。因此，不同时代的价值观，可能会对同一部作品产生完全不同的看法。至于作品的艺术价值，现在像古典艺术那样的常青树作品越来越少了，因为艺术评判的价值标准的变化在现代社会也越来越快了，从古典主义、浪漫主义到现实主义、现代主义以及后现代主义，人们对艺术的看法总是在交错往复中徘徊，而哪一部作品更能够打动我们的社会，打动一个时代的人心，谁说得清楚呢？李劼人的"大河小说"，面对今天和以后的人类社会，在价值观上的耦合更能够带给它较大的影响力，如果价值观与时代错位，它的影响力必定会受到一定限制。这当中的情况还比较复杂，一部作品的文学伦理价值和艺术表现价值并不一定是成正比的，它们往往处于交错状态，二者的良好耦合当然是最好的状态，然而一般作品很难做到。李劼人的"大河小说"做到了吗？就目前的情况来看，这肯定还需要历史的检验。

　　文学作品的文化因素是一个复杂的问题，结合李劼人的"大河小说"而言，我们这里的文化因素是指作品所反映的区域文化和阅读者养成的一种接受习惯，这些因素在一定程度上关联着文学作品的影响力。李劼人"大河小说"具有浓厚的巴蜀文化色彩，这不仅体现在小说人物的性格、思维和行动方式上，而且体现在小说所表现的饮食习惯和语言特色等方面。巴蜀文化比起中原文化而言，它应该属于泛儒家文化的边缘地区，作为古代的边鄙之地，它有许多地方都是冲破儒家礼俗规矩的。因此，这儿的人如罗歪嘴似的袍哥，蔡大嫂一样的实用主义女性，黄太太一样的开放麻辣，他们敢想别人所不敢想，做别人所不敢做，这样的人物在

---

① 聂珍钊：《文学伦理学批评导论》，北京：北京大学出版社，2014 年，第 7 页。

其他文化中并不多见。对于其他文化圈的人而言，这可能觉得新鲜、有一定特色，但是否能够在内心接受这样的人物，可能不同的人有不同的看法。尤其在语言特色上，四川话是全国最大的一种最接近普通话的方言，李劼人在小说中也致力于用四川方言表现四川的风土人情。据统计，李劼人的"大河小说"有200多个注释，其中关于四川方言的注释就有195个。方言，一方面增加了作品的地方特色的表现力，另一方面也对其他文化圈的人造成了一种接受障碍。因此，方言的使用是一把双刃剑，度的把握十分重要。我们说，对李劼人的接受既有一种文化（包括语言）的张力和吸引，与此同时，也客观存在一种区域文化的阻隔和语言的含混。如，在2008年人民文学出版社出版的李劼人的《死水微澜》中关于方言的注释就有41个。另一方面，李劼人"大河小说"的表现形式可以说是在新旧之间略偏新一些，他用方言俗语讲述着旧成都的故事，也总是想把故事讲得完整一些。所以，郭沫若说李劼人小说的唯一缺点就是"稍嫌旧式"。同时，李劼人的故事也包含着不合礼俗常规的情感故事，作品中有重大的历史事件，只是少有惊天动地的英雄人物。李劼人小说的表现方式，应该说比较投合国人对文学作品的接受习惯。中国人在长期阅读小说的过程中，逐渐养成了一种由四大名著所培养起来的习惯，他们更喜欢读故事性强一点的小说，喜欢英雄人物、行侠仗义的人物，也喜欢无所不能的神人，喜欢读离经叛道的爱情故事。也许，这就是一个民族长期养成的阅读文化。应当说，对于李劼人"大河小说"的表现形式而言，应该有较大的受众面才对，如果能够突破地域文化的阻隔，普通读者能够将关心英雄的命运转移到关心普通人的命运上，或许李劼人的"大河小说"还会在未来开拓出更大的接受空间。

从李劼人"大河小说"的整个接受过程来看，不同时代其影响力有着鲜明的时代特色，我们大致把读者对李劼人的接受分成三个阶段来看。第一阶段是1936年至1949年，此期是战乱年代，政治环境复杂，所以，李劼人虽然有著名的作家和相关记者、军人等的关注，但没有形成什么影响。第二个阶段是1950年至1976年，此期为历史上典型的"十七年"，是政治挂帅的年代和"文革"动乱的年代，所以，李劼人在文学史上基本上是沉寂无声。第三个阶段是1977年至今，尤其是1979年之后，这是一个开放和包容时代，所以，对李劼人的接受以各种方式迅速展开，李劼人的影响力也迅速提升。时代因素之作用于一个作家作品是直接而有效的。读者对李劼人的接受以及李劼人影响力的变化有这样一个特点，即一个作家处于当代也可能与他所处的时代产生"距离"。这个"距离"也许是源于李劼人所描写的历史及其人物本身。那段历史政治还需要总结，那些人物有的仍然健在，因此，这种"距离"也同样让人产生犹豫和畏惧。那么在这种情况下如何对待李劼人，必定需要时间的沉淀，从而拉开"距离"。时空毕竟不以人的意志为转移，时代的流逝是永恒的。随着时代的推移，也许"距离"会让人们再次"发现"李劼人。那时的时代也许就像今天的时代一样，它的印记也必然会烙刻在李劼人及其作品上。

还有一个因素对李劼人"大河小说"影响力的提升有直接的影响，那就是一个作家作品的传播方式。李劼人从解放前以及"十七年"的"沉寂"到改革开放后得以迅速传播，提升影响力，除了上面所谈的那些因素外，现代传播方式的不断更新也是其中一个重要原因。李劼人的"大河小说"初版时是纸质版，发行量有限，书店销售不一定所有地方都能买到，因此，即使出版了三个月，就是当时住在上海的鲁迅也没有看到。同时，纸质的小说，最多只能供那些认识字的有文化的人阅读，许多人还无法看懂。"十七年"时也大致相同，李劼人在忙于改写或重写自己的作品，通过出版社出版，再到书店销售，速度慢，发行量有限，受众范围狭小，也不利于李劼人"大河小说"的传播。新时期以来，李劼人的《死水微澜》被改编成电影、电视剧，《大波》也被改编成电视剧，其"大河小说"也能查阅电子图书，这些现代化手段极大地提高了李劼人作品的传播速度、传播范围和传播效率，有效地提高了作者的影响力。绝不要低估现代传播技术的重要作用，更不要低估现代传媒对作家的重新塑造所起的巨大作用。因此，在新的历史时期，李劼人影响力的有效提升，一定要充分利用好现代传播手段的功能。现代社会竞争激烈，人们整天处于匆匆忙忙之中，接受文学的时间相对减少或变化；中国以及世界的广大地域，不同文化程度，不同兴趣爱好，不同区域特色的人们，他们都有充分选择自己接受文学的方式和习惯的权利。李劼人要更广泛地走向全国，走向世界，就应该为读者提供多种多样的文化选择的可能性。

在李劼人的研究圈子里，我们经常能够听到抱怨声，说李劼人的实际创作水准和历史地位不相符合，这对李劼人和对我们四川作家都太不公平。听到对李劼人有负面的评价，圈内人士也是"愤愤不平"，在有些人的眼里，好像别人总是不理解李劼人。其实，我们应该理性地对待李劼人影响力的发展问题，更要站在一个高度看待有的研究专家对李劼人的不同看法。事实上，随着李劼人影响力的扩大，可以想象，对李劼人批评和质疑的声音也将会增大，这就与物理学上所讲的作用力与反作用力的关系类似。

从文学史来看，历史上留下来的作家没有一个不是经过历史的反复淘汰和筛选的。在几千年的文学史中，所谓作家何其多也，但真正能够在文学史上留下来，能够被人记住的，能有多少人？所以，包括李劼人在内的所有作家，都必须接受历史的检验，这是一个作家的宿命。如果一个作家害怕批评，害怕被历史检验，那么，这个作家的价值也就值得怀疑。也许，一个作家的真正价值，可能正是在这种反复批评、检验中逐步完善和提升的。作为四川的文学研究者，我们更应该坦诚地与国内外的李劼人研究专家探讨李劼人研究的相关问题，只有这样，李劼人研究才能够不断提高研究水平，李劼人的价值才能被充分挖掘，李劼人的社会影响力也才能不断提升，文学史地位也才可能不断提高清晰。

原载《现代中国文化与文学》2015 年 02 期

论李劼人的"大河小说"三部曲

卢晓蓉[①]

摘　要　李劼人的"大河小说"《死水微澜》《暴风雨前》和《大波》三部曲，以史实为蓝本构建了小说的框架与主脉，开创了全景式描绘时代风云和社会生活的先河，恰当处理了真实人物与虚构人物之间的关系，对人物的心理及性格特征也有非常独到的刻画和富于人性深度的描写。《大波》是迄今为止唯一正面描写辛亥革命在四川的文学巨著，具有相当重要的文学和史学价值，而《死水微澜》和《暴风雨前》则为《大波》做了很好的铺垫。

关键词　李劼人　大河小说　辛亥革命　《大波》

一

　　李劼人（1891—1962）是中国现代文学史上不可绕过的一位重要作家，他在现代作家中最早勤工俭学，由此而阅读、翻译、引进了一批法国重要的作品，并在创作中融入了西方文学的创作经验，使自己的作品成为"从十九世纪初开始的，在中国文学中出现的中西影响相融合的一个范例"[②]。

　　早在二十世纪二十年代，李劼人就打算"把几十年来所生活过，所切感过，所体验过，在我看来意义非常重大，当得起历史转捩点的这一段社会现象，用几部有连续性的长篇小说，一段落一段落地把它反映出来"[③]，这便是他在三十年代中期创作大河小说"三部曲"《死水微澜》《暴风雨前》和《大波》的由来。"三部曲"中的《大波》是现代文学史上第一部历史题材长篇小说，据樊骏回忆，历史学家黎澍在二十世纪六十年代初的一次座谈会上专门指出"李

① 卢晓蓉，当代散文家。
② 温晋仪：《〈死水微澜〉法译本前言》，转引自李旦初：《李劼人评传简编》，《李劼人研究》，成都：四川大学出版社，1996年，第286页。
③ 李劼人：《死水微澜·前记》，《李劼人选集》第一卷，成都：四川人民出版社，1980年，第3页。

劼人的《大波》'三部曲'是不可多得的文学巨著，希望我们的文学史能够给予充分的评价"①。

"三部曲"以成都和四川为背景，写到了自1894年甲午战争到1911年辛亥革命之间的若干次重大历史事件，生动地再现了我国从封建专制迈向现代文明这一历史巨变的艰难过程。对于这场影响深远的世纪之变，鲁迅生前曾遗憾地说："即以前清末年而论，大事件不可谓不多了：鸦片战争，中法战争，中日战争，无需戊戌政变，义和拳变，八国联军，以至民元革命。然而我们没有一部像样的历史的著作，更不必说文学作品了。"②所幸的是，李劼人的"三部曲"填补了这一空白。郭沫若在1937年曾兴奋地称，李劼人的"大河小说"三部曲"整整使他陶醉了四五天"。郭沫若当年的评价，至今读来还相当到位：

> 作者的规模之宏大已经相当地足以惊人，而各个时代的主流及其递禅，地方上的风土气韵，各个阶层的人物之生活样式，心理状态，言语口吻，无论是男的女的老的少的，都亏他研究得那样透辟，描写得那样自然。他那一支令人羡慕的笔，自由自在地，写去写来，写来写去，时而浑厚，时而细腻，时而浩浩荡荡，时而曲曲折折，写人恰如其人，写景恰如其景，不矜持，不炫异，不惜力，不偷巧，以正确的事实为骨干，凭借着各种各样的典型人物，把过去了的时代，活鲜鲜地形象化了出来。③

写作历史小说当然离不开历史事件、历史人物和历史环境这三大要素。李劼人的"三部曲"恰到好处地把这三大要素融合在一起，为我们展现了一幅真实、细腻、动人而又浸润着浓郁地方风土人情的多姿多彩的历史画卷。对此，巴金也曾盛赞："过去的成都活在他（李劼人）笔下"，"也可以说，他是成都的历史家，他的小说岂止是成都的风俗志……"④

---

① 樊骏：《编撰〈中国现代文学史〉的若干背景材料》，载《新文学史料》，2003（2）。按，《大波》由上海中华书局于1937年1月出版上册，4月出版中册，7月出版下册，这三册也被称为"《大波》三部曲"。

② 鲁迅：《且介亭杂文二集·田军作〈八月的乡村〉序》，《鲁迅全集》第六卷，北京：人民文学出版社，2005年，第295页。

③ 郭沫若：《中国左拉之待望》，《李劼人选集》第一卷，成都：四川人民出版社，1980年，第5页。

④ 李致：《故友情深——巴金与李劼人的友谊》，《李劼人研究》，成都：四川大学出版社，1996年，第7—8页。

二

与李劼人同时代的鲁迅、郭沫若、施蛰存等作家，也曾写过历史小说，但是他们并不注重史实本身，多是"只取一点因由，随意点染，铺成一篇"，以突出现代人的体验和认知为主，"对于历史小说，则以为博考文献，言必有据者，纵使有人讥为'教授小说'，其实是很难组织之作。"①李劼人却不畏艰难，力图真实地反映历史。这也是他学习和借鉴巴尔扎克的《人间喜剧》、左拉的《鲁贡·玛卡尔家族》等大河小说的一个大胆而成功的尝试。

在《死水微澜》《暴风雨前》和《大波》"三部曲"中，浓墨重彩正面描写历史事件的当数第三部《大波》。《大波》是迄今为止唯一正面描写辛亥革命在四川的小说作品，它如实记载了1911年前后发生在四川成都的一系列重大事件，其中更以保路运动的由来、发展乃至激化，最后导致辛亥革命的爆发，四川独立及其流产的经过等为全书的主线。而前两部《死水微澜》和《暴风雨前》则为之做了很好的铺垫。李劼人认为，"直接从辛亥革命入手太仓猝了些，这个革命并不是突然而来的，它有历史渊源。历史上积累了很多因素，积之既久才结下这个大瓜。要写，就必须追根溯源，从最早的时候写起"②。三部小说有一个共同点，就是借鉴法国长篇小说的写法，各以一个典型的家庭为叙事的中心，联系和反观纷繁复杂、波谲云诡的历史人物和事件。

《死水微澜》以1894到1901年，即甲午中日战争以后到《辛丑条约》的订定为时代背景，以成都郊外一个小乡镇为主要场景，重现了当时的社会历史状况。正像作品所描写的：当义和团、红灯教、董福祥攻打使馆的消息，潮到成都来时，这座古城不过如清风拂过水面，微微泛起了一点涟漪，做官的照样做官，做生意的照样做生意，居家、行乐、吃鸦片烟的，照样居他的家，行他的乐，吃他的鸦片烟，各处人心依然是微澜以下的死水，没有一点动象。在这部小说中，李劼人塑造了袍哥头目罗歪嘴、小镇妇人蔡大嫂和粮户（即地主）顾天成等有血有肉的人物形象，并以他们三人之间的恩怨情仇作为故事情节，"描写当时之社会生活，洋货势力逐渐浸入，教会之侵掠，人民对西人之盲目，官绅之昏庸腐败，礼教之无聊，哥老之横行，官与民之隔膜，以及民国伟人之出身，咸以侧笔出之，绝不

---

① 鲁迅：《故事新编·序言》，《鲁迅全集》第二卷，北京：人民文学出版社，2005年，第354页。
② 李劼人：《谈创作经验》，《李劼人选集》第五卷，成都：四川文艺出版社，1980年，第539页。

讥讽，亦绝不将现代思想强古人有之"①。小说深刻剖析了封建官僚、地主阶级的代表人物因循守旧，自私保守的本性。可是"树欲静而风不止"，历史的发展当然是出乎他们所料的。

《暴风雨前》的时代背景是 1901 到 1909 年，即《辛丑条约》签订以后，西方科学民主的思潮也随着洋枪、洋炮、洋货、洋药不断涌入，民智渐开，改良主义的维新运动已在内地勃兴，一部分知识分子不再容忍腐败官僚压制，纷纷出国留学，开始睁眼看世界。李劼人以成都一个半官半绅的地主郝达生的家庭为窗口，通过几位"志士"的形成和变化，以及他们之间的相互往来，讲述了内地四川正在萌生的诸多新生事物，如宣扬维新思想的文明合作社的成立，开启民智、纯化民风的申报、沪报到成都落户，东渡日本的留学热潮，咨议局的诞生，川汉铁路的建造，省城第一届运动会以及孙中山等人开展的革命活动等；同时也记述了当时发生在四川郫县三道堰的"打毁教堂，殴毙教民数人"的大案，以及红灯教进城、廖观音被杀、江安事件、逮捕革命党人等史实，预示着暴风雨必然到来。

如果说《死水微澜》《暴风雨前》对李劼人而言，是"写所闻，写所见"，是将历史事件作为故事的背景来叙述，那么《大波》则是写他"身所经历的"事情②，所以他才有了写"《大波》下卷奔腾胸中不能自已"③的冲动。作者以黄澜生这个比较新潮的半官半绅家庭为载体，采取正面描述历史事件的写法，以历史事件发生、发展的律动来构建整个故事。《大波》涉及了保路运动产生的原因、发展的经过以及最后导致辛亥革命爆发等一系列重大历史事件。"这运动的构成，是非常复杂的，就是当时参加这运动的人，也往往蔽于它那光怪陆离的外貌，而不容易说明它的本质"④，"只有用文学作品才能有血有肉的、极尽纤微的、把它极其难测度的所表现出的外貌与隐伏着的错综复杂的内蕴形象化地反映出来"⑤。李劼人做到了这一点。他以自己烂熟于胸的历史知识、刻骨铭心的切身体验和炉火纯青的写作技巧，将这一纷繁复杂的历史事件清晰形象地再现出来，将枯燥沉寂的历史档案加工成曲折跌宕的精彩故事，编制出脍炙人口的龙门阵。

在《大波》第一部中，对于川汉铁路国有化的真实原因，李劼人主要是通过

① 李劼人：《致舒新城信》（1935 年 6 月 14 日），《李劼人研究》，成都：四川大学出版社，1996 年，第 201 页。

② 李劼人：《谈创作经验》，《李劼人选集》第五卷，成都：四川文艺出版社，1986 年，第 539 页。

③ 李劼人：《致舒新城信》（1936 年 5 月 23 日），《李劼人研究》，成都：四川大学出版社，1996 年，第 210 页。

④ 李劼人：《死水微澜·前记》，《李劼人选集》第一卷，成都：四川人民出版社，1980 年，第 5 页。

⑤ 张秀熟：《李劼人选集·序》，《李劼人选集》第一卷，成都：四川人民出版社，1980 年，第 4 页。

人物对话的形式进行回顾和倒叙的。但是保路运动的产生、由小到大的发展，后来的流血冲突、辛亥革命爆发、重庆独立、四川大汉军政府的成立和流产，以及贯穿于全过程的四川总督赵尔丰与"钦差查办大臣"端方之间的角逐较量、明争暗斗，则基本上是按照事件经过的时间顺序诸线并进地正面叙述的。对此，李劼人曾做过这样解释："我在《大波》第一部中，用过一些取巧手法（也可说是偷懒手法），把某种应该描写的比较有关系的事件，或情节，都借用一个人的口，将其扼要叙说一番，便交代过了。这手法，也是一种艺术，偶一为之，未始不可。但我多用了几次，因就引起了朋友的批评。在写《大波》第二部，我已改正了，把有些可以从一个人口中叙述的事情，改为正面描写，例如第七章前三节，陈锦江和一百多名陆军士兵血染三江口一事，就是从头到尾，具体的将其描写出来，而不光借彭家骐的口来说。"①

　　李劼人非常重视原始资料，有时为了查证一句话，他要查阅上百万字的材料，要拜访数十个人。"博考文献，言必有据"，使他的小说具有了史料学价值，以至于《四川保路运动史》都要参考他的作品。公文函电对于研究历史的学者来说，是必不可少的原始材料，在历史著作中照搬引用不足为奇，但是对于文学作品而言，直接引用原文便会有枯燥乏味之虞。李劼人却反其道而行之，不仅在作品中大量引用公文函电，使之成为自己这部"信史"的有力证据，而且还巧妙地利用它们来烘托人物性格，铺设故事悬念，取得了意想不到的效果。据不完全统计，仅《大波》一书所选用的公文函电就近二十宗之多，包括清廷谕旨、官府奏折、电报、公告、宣言、檄文等，其中有不少是全文引述，其中最长的一份有 2500 余字，即革命党人发布的《川人自保商榷书》；最短的一份只有 59 个字，即端方兄弟被处死的告示。难得的是，被李劼人选用的这些公文函电，大都具有个性色彩。比如，清廷起用前任总督岑春煊入川接任赵尔丰总督职务（后来因故未遂），岑在自上海启程前，先给四川城乡发来一张《告蜀民书》，开头是："春煊与吾蜀父老子弟别九年矣，……未知吾蜀父老子弟尚念及春煊与否？春煊则固未尝一日忘吾父老子弟也！"结尾曰："春煊生性拙直，言必由衷，苟有欺饰，神明殛之！……吾父老子弟幸听吾言乎？企予望之！"说是公文，读来却更像一封家书。李劼人在书中通过市民围观阅读和互相传诵的方式，全文转载了这篇看似充满人情味，实为收买人心的告示，这样"无异于在一塘静止的臭腐的水中，投下了一块大石，虽不石破天惊，却也水花四溅"。这也让出场不多的岑春煊令人过目不忘。

① 李劼人:《〈大波〉第三部书后》，《李劼人选集》第二卷，成都：四川人民出版社，1980 年，第 1440 页。

在如何做到"以正确的事实为骨干"，充分利用历史知识、历史文献来创作历史小说方面，李劼人进行了有益的尝试。

三

李劼人曾经说过："你写政治上的变革，你能不写生活上、思想上的变革么？你写生活上、思想上的脉动，你又能不写当时政治、经济的脉动么？必须尽力写出时代的全貌，别人也才能由你的笔，了解到当时历史的真实。"[1]李劼人不仅通过对当地风俗习惯和生活方式的细致描写，交代了小说中诸次历史事件的社会背景，烘托出小说人物的性格命运，而且用"他那一支令人羡慕的笔"，写得有滋有味，有声有色，读来犹如身临其境，无时不沉浸在民俗文化的审美享受中。

成都平原经历了明末张献忠入川屠戮和土著、官军的几番内乱而衰落、破败，但经清朝二百多年的休养生息，到十九世纪后期又走向了繁荣兴盛，逐渐形成了比较稳定、成熟的以地主官宦阶级为代表的封建经济文化色彩，其主要特征就是：消闲、保守，注重享受，攀比奢华，讲究传统规矩程式，并由此而带来因循守旧和腐化落后等。李劼人以下这段文字，相当精准地道出了当时成都社会生活的本质特征，也为小说营造了真实可信的时代氛围：

> 至于成都府属十六州县的人民，顶早都是清朝康熙、雍正时代，从湖北、湖南、江西、广东、福建等处，招募而来。其后凡到四川来做官的，行商的，日子一久，有了钱，陆行有褒、斜之险，水行有三峡之阻，既打断了衣锦还乡之念，而又因成都平原，寒燠适中，风物清华，彼此都是外籍，又无聚族而居的排外恶习，自然不会发生嫉视异乡人的心理。加之，锦城荣乐，且住为佳。只要你买有田地，建有居宅，坟墓再一封树于此，自然就算你是某一县的本籍。还有好处，就是不问你的家世出身，只须你房子造得大，便称公馆，能读几句书，在面子上走动，自然而然就名列缙绅。这种人，又大都是只能做官，而又只以做官为职志，既可以拿钱捐官，不必一定从寒窗苦读而来，那吗，又何乐而不做官呢？于是捐一个倒大不小之官，在官场中走动走动，倒不一定想得差事，想拿印把子，只是能够不失官味，可以夸耀于乡党，也

---

① 李劼人：《〈大波〉第三部书后》，《李劼人选集》第二卷，成都：四川人民出版社，1980年，第953页。

就心满意足地世代相传下去，直至于式微，直至于讨口叫化。①

郝达三这个在《死水微澜》中出现，在《暴风雨前》成为主角的人物，就是这种官宦阶级的代表。他是郝公馆的主人，祖籍扬州，三代之前入川，捐了一个候补同知，初一十五，也去站站香班；各衙门的号房里，也偶尔拿手本去挂个号，辕门抄上偶尔露一露他的官衔名字；官场中也有几个同寅往来……日复一日地打发着死水一潭的日子。浸淫在这样的文化中，渗透入骨髓的便是忠君又怨君无能，喜洋又恐洋惹乱的矛盾心理。当听说端王带领义和团攻打北京外国使馆，他兴奋莫名："洋人可杀，但也不必杀完，只须给他们一个杀着，叫他们知道我们中国还是很不好惹的，以后不准那样横豪！不准传教！不准包庇教民！不准欺压官府！生意哩，只管做，只要有好东西，我们还是公平交易。"②几天之后听说八国联军进了北京，慈禧太后挟光绪皇帝仓皇出逃，郝达三又吓得犹如大祸临头："愚民之愚，令人恨杀！他们难道没有耳朵，一点都不晓得现在是啥子世道吗？拳匪已经把一座锦绣的北京城弄丢了，这般愚民还想把成都城也送给外国人去吗？"③在"三部曲"中，这样一种被动的没落意识，程度不一地渗透到当时的家庭生活和社会风俗之中，包括婚庆、丧葬、祭祀、灯会、集市、博采、节日、农事、工艺、文物、建筑、戏剧、服饰、餐饮和茶馆等领域。在新思潮的冲击下，一切陈腐的东西只能"直至于式微，直至于讨口叫化"；而一切载有文化印记的劳动创造，又随着李劼人的不朽文字走进了历史，为今人所享用。

在《死水微澜》第二部分《在天回镇》一开头，李劼人写了一条从成都出发，经四川广元连接陕西、甘肃等省并与北京相通的川北大道，勾画出当时当地贸易往来的状况，显示出贫富之间的等差，也传递着时代正在发生"渐变"的信息：

路是如此重要，所以每时每刻，无论晴雨，你都可以看见成群的驼畜，载着各种货物，掺杂在四人官轿、三人丁拐轿、二人对班轿，以及载运行李的杠担挑子之间，一连串来，一连串去。在这人流当中，间或一匹瘦马，在项下摇着一串很响的铃铛，载着一个背包袱、跨雨伞的急装少年，飞驰而过，你就知道这是驿站上送文书的人。不过近年因为有了电报，文书已逐渐逐渐

① 李劼人：《死水微澜》，《李劼人全集》第一卷，成都：四川文艺出版社，2011年，第159—160页。
② 李劼人：《死水微澜》，《李劼人全集》第一卷，成都：四川文艺出版社，2011年，第168页。
③ 李劼人：《死水微澜》，《李劼人全集》第一卷，成都：四川文艺出版社，2011年，第182页。

的少了。①

在《死水微澜》第三部分《交流》中，李劼人专辟一节写了天回镇的集市，他对集市中的猪市、米市、家禽市、杂货摊、布市以及妇女们喜爱转游的小商品市场等，都如工笔描画般做了详尽描述。在这个十九世纪末川西农村的集市上，不仅有传统的土特产交流，还有了洋货的交流，更有了人心的交流：

> 而千数的赶场男女，则如群山中的野壑之水样，无数道由四面八方的田塍上，野径上，大路上，灌注到这条长约里许，宽不及丈的长江似的镇街上来。你们尽可以想象到齐场时，是如何的挤！
>
> 赶场是货物的流动，钱的流动，人的流动，同时也是声音的流动。声音，完全是人的，虽然家禽、家畜，也会发声，但在赶场时，你们却一点听不见，所能到耳的，全是人声！……似乎是一片声的水银，无一处不流到。②

这些描写不仅为罗歪嘴和蔡大嫂之间建立"情爱关系"做了环境的铺垫，同时也传出了时代的讯号，透出了"微澜"的声息。《暴风雨前》中的"劝业会"，更显示了现代文明的色彩：

> 劝业会虽然是以前青羊宫神会的后身，但有大大不同的两点。第一点，是全省一百四十多州县，竟有八十几州县的劝工局将货品运来赛会……第二点，是容许女的前来了。若干多的大家闺秀、小家碧玉，在前绝对不许抛头露面的，而在劝业会上，竟可以得到警察和巡兵的弹压保护，而大胆地游玩观赏，并且只在进会场处分了一下男女，一到会场中，便不分了。③

类似这样的对现代集市的细致描绘，在小说中多次出现，如"东门灯会""青羊宫庙会"等，李劼人都写得精彩纷呈，情趣盎然，各具特色，绝不雷同，对再现当时的时代潮流，起到了绝好的辅助作用。

坐茶馆，是成都人特有的一种生活方式，李劼人在小说中多处写到茶馆文化。在《暴风雨前》第一部分《新潮和旧浪》中，有一段对茶馆文化尤其的精彩描述，

① 李劼人：《死水微澜》，《李劼人全集》第一卷，成都：四川文艺出版社，2011年，第14页。
② 李劼人：《死水微澜》，《李劼人全集》第一卷，成都：四川文艺出版社，2011年，第50—51页。
③ 李劼人：《暴风雨前》，《李劼人选集》第一卷，成都：四川人民出版社，1980年，第434页。

写的是被父母命定成婚，几次留学受挫，失意潦倒的郝又三，邂逅旧日讲新学的朋友田伯行，乃邀其到茶馆叙旧的故事。李劼人总结出，茶馆在成都人生活中有三种作用：一是"各业交易的市场"；二是"集会和评理的场所"；三是"普遍地作为中等以下人家的客厅和休息室"。李劼人利用郝又三请田伯行到茶馆喝茶的情节，颇为形象地说明一向过着上等人生活，今天却落到进茶馆会朋友的郝又三及其家庭社会经济地位的"式微"。而李劼人对于成都茶馆文化见解之精辟，恐怕至今也无人能够超越。对四川的饮食文化，李劼人也做了详尽的描述。李劼人本人就是个美食家，常下厨烹饪各种美食佳肴，为了生活所需还开过餐馆"小雅"，曾写过专著《中国人的衣食住行》，其中关于"食"的部分就有37节。"三部曲"中，无论是豪门家宴，还是路边小酌，无不显示着作家对美食文化，特别是川菜研究的浓厚兴趣，读来令人垂涎。例如，在《死水微澜》天回镇赶集一段，李劼人介绍了川西坝子的猪，写道："它的肉，比任何地方的猪肉都要来得嫩些，香些，脆些，假如你将它白煮到刚好，切成薄片，少蘸一点白酱油，放入口中细嚼，你就察得出它带有一种胡桃仁的滋味，因此，你才懂得成都的白片肉何以是独步。"① 李劼人对川菜真是如数家珍般的熟悉和喜爱。

川人的幽默风趣，在"三部曲"中也随处可见，令读者在捧腹嬉笑之中，阅尽人间世事。《暴风雨前》第一部分《新潮和旧浪》中，田伯行动员郝又三投考高等学堂时，批评当时片面求洋求新的考试制度便是一例：

> ……不管啥子题，你只顾说下些大话，搬用些新名词，总之，要做得蓬勃，打着《新民丛报》的调子，开头给他一个：登喜马拉亚最高之顶，蒿目而东望曰：呜呼！噫嘻！悲哉！中间再来几句复笔，比如说：不幸而生于东亚！不幸而生于东亚之中国！不幸而生于东亚今日之中国！不幸而生于东亚今日之中国之啥子！再随便引几句英儒某某有言曰，法儒某某有言曰，哪怕你就不通，就狗屁胡说，也够把看卷子的先生们麻着了！②

李劼人写人物的对话，不止一次地使用省略号，不仅起到精简内容的作用，还能烘托说话人的语气、节奏、心情、表情、动作以及与听话者之间的情绪交流。吴凤梧原本是性格暴躁的一介武夫，在赵尔丰手下落难后回到成都，当他在黄澜生家见到中学生楚用，却假装斯文地极尽阿谀奉承之能事：

① 李劼人：《死水微澜》，《李劼人全集》第一卷，成都：四川文艺出版社，2011年，第48页。
② 李劼人：《暴风雨前》，《李劼人全集》第二卷，成都：四川文艺出版社，2011年，第55页。

久仰，久仰。……兄弟贱姓吴，口天吴。草字凤梧，凤凰的凤，梧桐的梧。……兄弟和黄澜翁是多年知交。……现在么？算是在川滇边务大臣赵大人那里当差，昨天才由关外回省。老哥尊姓楚，是楚霸王的楚字么？那是大姓呀！敢问尊章是哪两个字？……哦！子才！……是的，清楚了，孔夫子的子，三才者的才。……高雅！高雅！现在高就在哪里？……什么？读中学堂？好极了！兄弟早前就说过，做官该做文官，读书该读文学堂。像老哥这盛年就读到中学，毕了业，不是廪贡，也是秀才；若是叙官，不是知县，也是县丞。羡慕！羡慕！

同时，李劼人也是写景的高手，如《大波》第二部写到顾三奶奶进城替受伤的楚用报信，有一段景色描写就特别出色：

今天也是一个难逢难遇的大好晴天。早晨起过一阵蒙蒙薄雾。雾未散尽，一个小斗筐大的太阳便红冬冬的跳了出来。不多一刻，天边虽也生了云，而且朵朵云花虽也像平常一样，总想挤拢来结成一道灰色天幔，把太阳包起来。但今天到底不行，天空中有风。云幔刚一展开，风便把它撕出许多破孔，太阳的发光金箭立即从破孔中射出。早饭之后，到行人上路时，那片千疮百孔的云幔已被微风吹裂成一片片、一缕缕，像棉花，像轻绡的东西。太阳得了势，不惜把半月以来蕴藏在云层上面的热，尽情尽量向川西平原放下来。

就这样，李劼人将历史事件与日常生活有机地结合在一起，"从穿到吃，从行到住，从农至商，从民至官，无一不精确，无一不生动，在那样重大的历史背景上，如此广阔的社会画幅上，口若悬河而不逾矩，任意涂抹而不变色，历半个世纪而不失真，从整体到细部都显示出无比的价值。"[1]

四

李劼人《死水微澜》《暴风雨前》和《大波》"三部曲"全书将近 140 万字，其中"有名有姓的出场人物总计 265 人，此外为交代情节提到姓名但未露面的还有 133 人"[2]，这些人物真是三教九流，无所不包。无论是大人物还是小人物，无论

---

① 张大明：《写出了一部中国近代史》，载《成都晚报》1991 年 6 月 21 日。
② 李旦初：《李劼人评传简编》，《李劼人研究》，成都：四川大学出版社，1996 年，第 284 页。

是主角还是配角，他都写得栩栩如生，呼之欲出。更值得一提的是，在"三部曲"中，还有不少真名真姓的真实人物。从李劼人拟写的《大波》第一章第一节的提纲，就可以看出其中涉及的真实历史人物就有盛宣怀、赵尔巽、赵尔丰、玉昆、周孝怀、蒲伯英、罗梓青、杨沧白等 24 位。以如此大的规模，让真实人物与虚构人物"同台演出"，并且相互配合得惟妙惟肖的小说作品，不仅在中国现代文学史上，即使在世界近现代文学史上也是罕见的。李劼人曾指出，我国许多古典长篇具有"正面描写每一个人的形象与其活动（包括语言、行为、思想、心情等等），而又把他写得活灵活现，而又把他写得恰如其分（尽管夸张，但夸张得也恰如其分）"的优点，为此"对于一个人物与其活动，首先要储备资料，储备丰富的资料；其次研究、探讨、分析、综合，使其如实地复活在脑子里，其人其事，差不多跃跃欲出了，而后加工剪裁，形象化出。这样，写出的人，才是典型人，也才能活，也才能想；每个人也才有每个人的特点，每个人的性格。他们成为作者的伙伴，他们不致成为作者的傀儡。"①他自己的"三部曲"无疑达到了这样的高度的艺术水准。

　　为了处理好真实人物与虚构人物之间的关系，作者可谓用心良苦，如对周善培这个历史人物的描写就独具匠心。周善培是辛亥革命在四川的标志性人物，一方面，他赞同康梁的维新思想，在出任四川商务局总办、劝业道等职期间，开办警察局，移风易俗，整顿社会治安；又引进国外先进技术，推动蚕桑业的发展；经营蜀通轮，开辟重庆至宜昌间的客货轮航线。另一方面，他又左瞻右顾，行事骑墙。在保路运动中，周善培身为四川提法使，一方面支持蒲伯英、罗梓青等人反对铁路收归国有的主张，为他们出谋划策；一方面又与总督赵尔丰往来密切，给他通风报信。结果是赵尔丰骂他"方方讨好，是小人之尤"。端方则向朝廷参奏要罢他的官，老百姓也不满他。由于他害怕端方报复，建议赵尔丰让出权力，以阻止端方进成都，反而导致四川大汉军政府的产生，赵尔丰下台，端方被杀的结局。为写好这样一个多面人，李劼人采用了"分身法"，即用一个塑造人物葛寰中，让他作为真实人物周善培的陪衬和补充角色。葛寰中是贯穿"三部曲"的重要人物，几乎每发生一件重要事情他都在场，"谁也看得出有一部分就是周善培的影子"②。他是郝达三家的座上宾，也是黄澜生的好朋友，还与比他小一辈的郝又三有不少共

---

① 李劼人：《〈大波〉第三部书后》，《李劼人选集》第二卷，成都：四川人民出版社，1980 年，第
　1441 页。
② 李劼人：《〈大波〉第三部书后》，《李劼人选集》第二卷，成都，四川人民出版社，1980 年，第
　1443 页。

同语言。同时他与周善培也往来密切，观点一致，当在众人指责周善培"两面讨好"时，他公开为之辩护。正因为如此，当立宪派人士和端方秘密派来的要员，在郝达三家商量罢免赵尔丰职务的时候，恰恰被葛寰中无意撞见，他泄露给了周善培，这样才有了周善培说服赵尔丰主动让权，阻止端方夺权的历史转捩点。李劼人曾说："我写《大波》，因为一半是真人，真人局限性大，的确不大好写。为了要写得透彻，写得全面，有时必须要创造几个人来，从旁发挥，笔在于此，而意却在于彼，分而观之，是两人或数人，合而观之，固一人也。"①

李劼人笔下的人物不是简单化、脸谱化、符号化，他在人物的个性和心理描写上下了功夫，例如对清末地方重臣赵尔丰和端方两人的刻画便是可圈可点的范例。川滇边务大臣赵尔丰，在保路风潮兴起后被朝廷任命为四川总督，负责平息成都及各地的抗议行动，从而成为被钉上耻辱柱的人物。这位大员刚愎自用、刻薄寡恩、狭隘多疑的复杂性格，在他发出的公文函告中也表露无遗。李劼人在小说中，着意描写了赵尔丰的出场，很富戏剧性。赵尔丰接到调任四川总督的圣旨后，并未立即赶回成都，而是步步为营迟迟不见踪影。直至到了成都附近，才开始分批接见赶到半路上迎接他的官员，做出一副"千呼万唤始出来"的姿态，引致疑团密布，悬念迭出。待他到任之后，这位曾怒斥"民气？什么东西叫民气？民气值几个钱一斤？如其真有什么民气的话，那也不在四川！"的朝廷命官，面对已发展为罢市罢课的保路风潮，摇身一变，给朝廷发了一封由全省文武官员联名签署的支持收回路权的奏电，指称由于邮传部擅定铁路收归国有的政策，带来诸多隐患，因而造成"现在民气甚固，事机危迫万状"，恳请"准予暂归商办"。这样就把四川时局的动荡归罪于邮传部所为。可也正是这个"为民请命"的赵尔丰，时隔不久又亲手制造了农历七月十五日的流血事件，并且逮捕了保路同志会几位为首的士绅。在清王朝摇摇欲坠，下令端方速到四川整肃乱局；岑春煊前往四川，准备接任总督之职时，赵尔丰又向全省发出通告，将责任推到保路人士身上。在《大波》接近尾声，都督蒲伯英举行阅兵式演变成一场暴乱，成立才十二天的大汉军政府名存实亡，军人尹昌衡取代蒲伯英出任新都督之时，赵尔丰以为重新掌权的时机到了，于是又发出一通六言韵示，令所有叛军速到他的制台衙门报到受抚，哪知等待他的将是被处死的命运。

与赵尔丰一样，在四川保路运动中，端方是另一个兴风作浪却"搬起石头砸了自己脚"的人物。大清王朝已风雨飘摇之际，奉命入川的端方还利令智昏地以为，

---

① 李劼人：《〈大波〉第三部书后》，《李劼人选集》第二卷，成都：四川人民出版社，1980年，第1443页。

只要制服了赵尔丰，成都和四川便是他的了。没想到，机关算尽的端方"壮志未酬"，就与他的弟弟端锦一道，被他亲自扶持起来的鄂军将士杀了头。要写好这样一个性格复杂、诡计多端的历史人物，李劼人显示了他过人的才华。他在《〈大波〉第三部书后》里写道："对于那个风云人物端方，我便没有放松过一笔，从他的形象，到他的内心，差不多没有借重另一个人的口，和另一个人的眼，叙述他，描绘他。"①《大波》第二章《端方来了》既借用重庆官员对他的盛大欢迎，道出端方的野心勃勃、不可一世，又利用细腻的心理描写揭示了他内心的极度空虚。李劼人写道：

> 他那圆而红润的脸上，两天来所笼罩的一种忧郁之色，这时显得更浓了些。两道淡得几乎看不清楚的眉毛，在眉心中间蹙成一个八字。平时那么灵活、那么能够使人心安，使人胆怯的眼睛，也变得呆滞了；微微浮起的眼囊似乎更为肿胀，也比往常更带一些青色。而且好几分钟时间，一直垂视着那双青缎的单梁、长靿、厚底、方头靴尖；偶尔抬起头来，把放在帽筒上的一顶大红珊瑚顶戴。并在翡翠翎管中插了一支花翎的大帽瞥一眼，也不大注意的样子。最后，眼光依然落到坐在签押桌侧的他的五弟端锦身上。

"眼睛是心灵的眼睛"，正如抓住端方的眼睛透视他的心灵一样，李劼人也多次利用书中人物的眼睛、眼神来刻画他们的心理状态和性格特征。这方面，特别出色的是描写那些女性角色的眼睛。在初堕情网的罗歪嘴眼中，蔡大嫂的眼睛"与以前顶不同的，就是以前未当妈妈和刚当了妈妈不久时，同你说起话来，只管大方，只管不像一般的乡间妇女，然而总不免带点怯生生的模样；如今，则顾瞻起来，很是大胆，敢于定睛看着你，一眼不眨，并且笑得也有力，眼珠流动时，又自然又有情趣"。在黄澜生眼里，他的太太"两只银杏型的眼睛黑白分明，本来就已呼灵的了，现在叫拱刘海一陪衬，顾盼之间更觉得眼波欲流"，以至于使他甘拜妻子下风，戴了绿帽子还浑然不觉；而在黄太太的"小情人"、中学生楚用看来，"那眼啊，还藏有两枚乌珠似的瞳仁，并且是浸在清水中间的乌珠，并且是滴溜转的乌珠；它能放光，它能说话，它还能笑哩！"因而甘愿被她玩弄于股掌之上而不能自拔。评论界比较普遍的看法是，《死水微澜》中的蔡大嫂是李劼人写得最成功的女性形象；根据这部小说改编的取名为《狂》的电视剧，更使

---

① 李劼人：《〈大波〉第三部书后》，《李劼人选集》第二卷，成都：四川人民出版社，1980年，第1441页。

蔡大嫂成为家喻户晓的人物。其实，在《暴风雨前》亮相、在《大波》中得以充分展现的"黄太太"龙兰君，绝不比蔡大嫂逊色。李劼人对"黄太太"在心理和个性方面的剖析和描写相当成功。"黄太太"是龙家三个姑娘中的老二，长得最漂亮，也最精明能干。嫁给黄澜生当了官太太后，她很快便主持了家中大小事务，待人接客，内政外交，都不让须眉。在传闻同志军攻城和阅兵式引发暴乱的险要关头，她沉着机智，度全家于危难之外。同时她又骄横霸道，风骚刁钻，有着极强的占有欲。一方面，"她认定女人从十四岁到二十岁，算是一朵花，这时节，才应该风流放荡，才应该得到男子的迷恋，和享受男子的奉承。过此到二十八岁，算是花已盛开，只有一些狂蜂浪蝶，偶来照顾，如其女人本身还存什么妄念，那就该鄙薄了。"另一方面，她又使出种种手段引诱一个比她小八岁的夫家侄子楚用，却又令其不能轻易得手，只能"留点余味在口里，有时吮一吮，倒有趣得多"。在楚用收到家信，要他回乡下完婚时，黄太太约他谈话，"她脸上挂着笑。但是从她那肌肉紧张的嘴角偶尔掣动一下的样子，从她那弯幽幽的细眉偶尔紧蹙一处的样子，从她那两片翡翠耳坠摇摇不停的样子，更从她那确似十根春葱的手指在鬓边、在肩头、在身上不住摸来摸去的样子看来，她的笑是装出来的。她心里不惟不想笑，反而比猫儿抓的还难受"。用人物的外在动作来表现其内心活动是李劼人的拿手绝技，更绝的是他也深明人物表里不一的复杂心性。即如面对将要回家成婚的小情人楚用，黄太太心中是既激动又吃醋，可是不管楚用如何信誓旦旦地表示不愿遵从父母之命，不愿与她分离，黄太太却作出一个令人意想不到的决定："你决定明天就请假回去。顺从父母的调摆，到日子，规规矩矩同那姓姚的女娃子拜堂，夜晚上床成亲。"同时又给楚用提出两个条件，一是不许泄露他们之间的秘密，二是必须尽快回到省城她的身边来。这就清楚表明支配黄太太的是占有欲而不是爱情。李劼人在"三部曲"中，多次写到情爱和性爱，甚至还写到了同性恋，但从未有过淫秽、低俗的描写，却同样达到了文学审美的效果，而其挖掘体察人性、人情之深广却远胜于一般作品。

李劼人笔下的人物何以如此鲜活，如此灵动？他在《谈创作经验》一文中有所披露，还提到了蔡大嫂和罗歪嘴这两个典型人物的来历："这两个主角，早在心中构成了，不但闭起眼睛想得到，睁起眼睛也看得到——我看见过这样的人。有这两个人物，小说的架子就立起了，然后通过他们的思想、行为的发展，把故事串连起来。"[1]李劼人的女儿李眉也撰文介绍过《死水微澜》中的罗歪嘴、

---

[1] 李劼人：《谈创作经验》，《李劼人选集》第五卷，成都：四川文艺出版社，1986年，第540页。

蔡大嫂、蔡傻子、刘三金和钟幺嫂等几位人物的原型。

对人性与生活的洞察入微，对文学创作的严肃认真，使李劼人的思考自然地贴近了时代跃动的脉搏和历史发展的规律，因而也就是他的文学作品具有了现代精神和超越时空的魅力。

五

在李劼人的文学作品中，没有简单地把人和事分为绝对的好或绝对的坏。《大波》虽然是五十年代重写的，"极左"路线已经开始干扰文学艺术创作，但他仍然坚持了历史的真实性并达到了很高的艺术水准。在他的笔下，历史和人性都保持了复杂矛盾的本色：出自封建组织的袍哥亦能踊跃参加反封建的同志军；反抗外国侵略势力的红灯教却大搞迷信活动；具有民主意识的保路运动在群情激昂罢市罢课的时候，竟到处祭起先皇牌位；在一片排满声中，满人聚居的满城却安然无恙，并成为汉族官绅富豪的藏身之地；以只想收回铁路路权为目的保路运动，却导致了清王朝的覆灭；争相拉拢保路绅士争取民心的赵尔丰和端方却落了个被砍头的下场。即使是正面人物，也有不可避免的缺点、短处和自相矛盾，比如新一代地主知识分子郝又三，他思想开明，要求进步，加入了保路同志会，不满父亲的封建保守，也曾有过投身革命的冲动，但事到临头又产生动摇："大概也由于缘法未到罢！……缘法未到，不惟下流事干不成，连上流事也干不成！……算了罢，也不下流，也不上流，依然还我的中庸之道好了。"像他这样的人，在当时成都的官宦绅士阶层中很有代表性。革命者尤铁民是李劼人在《暴风雨前》中着笔较多的同盟会在四川的代表人物，他既富于理想，勇于牺牲，顽强执着，但也常有不切实际的幻想："一颗炸弹，把制台衙门炸平，省城就是我们的了。立刻建立起军政府来，招兵买马，延揽豪杰，浩浩荡荡，杀到重庆。重庆已有我们的人，里应外合，取之不费吹灰之力。这下，四川便落在我们掌中……东南半壁，自非满人所有！"这预示着辛亥革命的浮躁、盲动和不彻底性。

袍哥组织亦正亦反的特性，在"三部曲"中有相当充分的展现。袍哥，又称哥老会，是四川的一种民间组织，来自明末顾亭林、黄梨洲、王船山一脉相承的排满复汉的秘密结社，不少都有自己的武装。《死水微澜》的主角之一罗歪嘴便是袍哥组织的一个小头目。同盟会成立后，孙中山考虑到四川比较偏远，同盟会力量比较薄弱，尤其是缺乏武器弹药等，曾表示四川各地的袍哥势力都不小，如果能够联合起来，可以收到事半功倍的效果，这便是同志军中有袍哥成分的由来。在抗击外国侵略势力的斗争中，袍哥确实发挥了积极的作用。但是，其纪律比较涣散，成员也比较复杂，有流寇习气；既有打富济贫、行侠仗义的一面，也有目无法纪、杀人越货的劣行。前文提到的"血染三江口"事件便是其中一例。在保路运动接连发生了流血事件和捕人事件之后，成都及其周边地区的民愤高涨，革命党人伺机进行活动，串联保路同志会成员、袍哥组织以及学生组建了同志军，拿起武器进城声援。陈锦江原是潜伏在陆军中的革命党人，奉命押运武器弹药支援驻守崇庆州城的官军，实际上是准备乘机连人带武器归顺同志军。不料刚到三江口，就碰上袍哥孙泽沛的队伍，孙泽沛无视同志军事先给他打过的招呼，为了把这批武器弹药全部据为己有而野性大发，不仅将一百多位陆军士兵全部干掉，还将五十多名挑夫全部杀绝，甚至连陈锦江也没放过，"一群杀得眼红的弟兄，提着敞刀，蜂拥朝农民家去杀陈锦江时，竟自把飞跑出去的冯继祖，也不由分说，两刀斫死在枕门子边……陈锦江死得很豪爽，一点不拉稀。当他被几个人挽住他两膀时，（可惜把一个土碗打得粉碎！）他毫不抵抗，只是鼓着两只大眼，恶狠狠地瞪着冯时雨叫道：'你们这样对待朋友么！……'"这段故事的血腥残暴，令人读来不寒而栗。

对于辛亥革命的缺乏准备以及封建体制的顽固性，李劼人在书中还有多处写到，安岳县的独立也是一例。革命党人夏之时带领同志军，在开明绅士王孟兰率众反正的配合下，让安岳县不费一枪一弹就和平独立了。但是人们对现状却一片茫然，不知道"什么叫独立？什么叫反正？反正独立之后，本县的事如何办？还纳不纳粮？还上不上税？还做不做生意？还兴不兴打官司？还分不分上下等级？还办不办学，读不读书？最重要的是，从这个时候起，大家该怎样过日子？"就连被大家推选为县司令的王孟兰也是一本糊涂账，"所谓反正，不过是一种新名词，其实官还是官，幕友还是幕友，绅士还是绅士，平民百姓还是平民百姓。一切照旧，只不过把知县改称为司令，不再由藩台札委外省人来充当，而由本地方绅士出来担任而已！"这也就不难理解，四川宣布独立后，费了不少心血成立起来的大汉军政府为什么才十二天就被军人夺了权。但是历史毕竟在波浪似的向前推进，大清帝国的倒台和各省的独立，催生了新生事物的不断成长。真实的历史就是这样复杂，而在揭示历史的复杂真实方面上，李劼人的"三部曲"所到的深度和广度，是迄今仍未被超越的现代文学经典。

写于 2009 年 7 月

原载《中国现代文学研究丛刊》2010 年 2 期

"社会网络分析（SNA）"在现代汉语历史小说研究中的应用

——以李劼人的"大河小说"三部曲为例

赵　薇①

摘　要　在初步回顾、评价了社会网络分析（Social Network Analysis）在小说研究中的应用及其局限性后，本文以李劼人(1891-1962)的历史小说"大河小说"三部曲（《死水微澜》(1936)、《暴风雨前》(1936)、《大波》(1937)、《大波》（重写本））为例，对这四部长篇文本进行了适用性剖析、数据提取、网络特征值计算、绘图及结果阐释的工作，还就加权网络中心性的计算和关键人物的发现及相关叙事学意义进行了较深入的讨论。

关键字　社会网络分析　情节分析　李劼人　"大河小说"三部曲　中心性

一、社会网络分析与小说研究

近年来，在社会学和信息网络科学的强势渗透影响下，社会网分析（Social Network Analysis，下面缩写为 SNA）成为颇受瞩目的一门交叉学科，它的迅猛发展为研究人类社会的组织关系和网络提供了量化、视觉化分析的综合方法，可以伸展的范围相当之广泛。从日常生活中的社交媒体如脸书（Facebook）上人际关系网的绘制到对恐怖行动的侦破，从对好莱坞明星演员与导演的合作关联式资料库的分析到坦桑尼亚自然保护区中农村自然资源自治系统的建立，可以说在社会生活的方方面面都不无用武之地。

社会网络分析将社会关系看作节点（node）和边（tie）组成的网络（netwo

---

① 赵薇，首都师范大学文学院博士后，研究方向为比较文学与二十世纪中国文学、数字人文。该文收录于项洁主编：《数位人文：在过去、现在和未来之间》，《数位人文丛书》（第 6 辑），台北："国立台湾大学"出版中心，2016 年 12 月。

rk）。节点表示网络内的独立行动者（actor），网络则用来表示行动者之间的交往关系（interaction）。行动者主体可以是个体、组织或国家；同样，也可能是人际关系、组织关系与国家关系；从实质来讲，可以是一般意义的血缘、宗亲关系，也可以是经济、政治关系，可以是现实生活中实际存在的社交网络，也可以是虚构想象的拟态世界。"如果说传统回归分析等统计技术关心的是个体层面各类属性的统计技术，那么社会网络分析则致力于分析关系资料"（Tsvetovat Maksim & Kouznetsov Alexander, 2013）通过资料提取、分析和输出图像几个步骤，逐步得出关于网络的结构特征，如中心性、直径、平均度、聚类系数、平均路径长度等方面的社会学指标，继而从数量上和形态上来把握网络的整体特征，找出网络中的关键节点和结构元件。

尽管社会网分析的方法在上述社会科学领域已大展身手，但兴许是由于研究对象的复杂性，它在人文领域特别是文学研究中的应用至今仍处在起步阶段，而为笔者所关心的小说研究，能见到的更属罕见。仅就目前极为有限的视野而言，文学研究中较有代表性的是斯坦福大学 Franco Moretti 所在的语言文学实验室近十年来做过大量试验性研究，研究结果结集为 "Literary Lab Pamphlet" 系列小册子，定期在网络出版。他所提倡的 "远读"(Distant Reading) 概念，与传统文学研究的 "细读"（Close Reading）相对，在欧美文学界已广为人知。而在这一系列研究中，最迷人也最为笔者所注意的是将网络理论（Network Theory）应用于情节分析（Plot Analysis）（Moretti, 2012）的设想。除了 Moretti 团队，芝加哥大学 Richard Jean So 等人正在筹建的语言实验室也致力于以将 SNA 和文学社会学理念结合起来，展开一系列对跨太平洋的文学社团和文学活动方面的研究，此团队发表的关于 1920 年代现代主义诗歌在全球的传播路径的论文，即是成功运用 SNA 进行影响研究的范例（So & Hoyt long, 2013）。此外，一些富有创造性的学者大都从事着散兵游勇或者小团队式的独立探索，比较有代表性的如加拿大麦吉尔大学的 Andrew Piper 等人最近所做的关于侦探小说的研究，及其如何用词频共现的技术发明出半自动的人物网建构工具。[1]

当今时代，数字人文（Digital Humanities）无疑是一门基于大规模资料统计，呼唤跨学科合作才能开展的前卫研究。诚如 Moretti 所言，对于那些个人能量有限的人文学者，大规模的资料分析是困难的，其所最擅长的细读专长便很可能让他在最初回避掉量化分析，而更倾向于选择质化研究成分居多的 "情节分析"（Plot

---

[1] http://txtlab.org/?p=528

Analysis），转向对文本中的空间与时间结构、网络区域、核心角色等等方面的关注。在此，Moretti 实际上涉及了"情节分析"与叙事性文本研究的传统方法的对接之处：一张网络结构图，可以带来情节的视觉化，即把随时间发展的"情节流"用一个二维的符号系统共时性地呈现出来，简化和抽象为本文中诸多图例所示的由边（关系）和节点（人物角色）组成的人物关系网——既是关系网，又是情节结构，就如同 X 光的成像图，让我们可以在瞬间对故事情节一目了然（Moretti, 2012）。

然而，一张图即便包含了文本的全部信息，也并不意味着什么。对于人文学者来说，他们的本职任务更在于分析和解释，很多时候，只有训练有素的专业阅读者才能将工作推向深入和精细化。阐释高手 Moretti 正是从一张《哈姆莱特》的人物关系图出发，看到了所谓悲剧的本质（即"死亡的区域"），再从关键人物 Horatio 的网络空间出发，就莎士比亚悲剧的主题——对封建君权正统性的维护——再次做出精彩诠释，而 Horatio 和经由他所勾连起的市民社会的存在，正提示着以宫廷秘政所代表的王权统治向官僚政体的转化之必然（Moretti, 2012）。在此需要指出的是，Moretti 借助社会网研究中极重要的"中心性"（centrality）概念，申明了人物系统中等级秩序的存在。也就是说，在一场戏中，有的人物是中心人物，有的人物是边缘人物，而在 Moretti 的案例中，中心人物或者说我们称之为"主角"的人物之所以不可或缺，并非因为他有什么本质化的属性或内涵，而是由于他的存在对整个网络结构的稳定具有至关重要的影响。换句话说，他的存在对于网络而言是功能性（functional）的，而他的风格（style），无论是言辞风格还是人格（性格）特征，都关乎文本主题的表现和阐发。应该说，这种解释是令人信服的。也正是从这一意义出发，这些网络理论颠覆并重建了传统人物理论中的等级秩序。Moretti 的很多原创性工作，结合了网络科学大佬 Mark Newman 关于复杂网络结构的经典论文（Newman, 2003），他的分析和阐释为社会网络分析在文学文本中的应用提供了相当成功的范例。

更为可贵的是，Moretti 还将方法延伸到了小说的情节分析中。和戏剧不同，在剧本中，对话行为就是戏剧行为本身。然而在小说中，对话（discourse）却并非内容的全部。但好在言语信息的交流，占据了情节的很大部分，这诱使人们以相同的方式来从中提取信息。例如对古典小说《红楼梦》各章节人物关系网络的绘制，并由此对比中西小说在结构对称性（symmetry structure）方面的巨大差异，而这便涉及了比较文学方面的重要议题。总之，中心人物是 Moretti 借助网络所做的情节 - 体式（plot-style）研究中一以贯之的焦点，这为后来者的研究开启了基本方向。

如果说，Moretti 还仅仅是为小说研究者们提供了初步构想和质化研究的方向，那么，接下来的探索方向之一，则要求人们将各种大胆的想法付诸具体精确的量化实践，这无疑是一项十分诱人却颇具挑战性的工作。其主要难度首先在于如何界定节点（人物）之间有"关系"，也就是说，如何确定两点间可以"连线"，继而，如果两者之间有关系的话，关系的"深浅"又如何？如何衡量加权网络中每条边的权重？这对于小说研究来说意义重大。因为在一部小说的文本空间中，人物关系并不等同于真实的社会关系，即使在最严格的写实作品中，我们也不能把叙述者通过讲述和显示（对话）精心建构出来的人物关系网等同于现实生活中的社交网络，将文本叙述空间等同于社会空间。那么，这便需要先从文本中提取有效资料，确定哪些人物有关系，关系如何等等，进而才谈得上文学社会学和叙事学角度的人物 - 情节 - 体式分析。

目前在英语世界中可以看到的一类研究普遍采取了共现词频（co-occurrence）的统计方法来界定关系。例如，统计两个人物名字出现在同一句子中的频次，多者则关系更"深"。这不失为一种测量手段，但遗憾是人物名字的同时出现，也许仅仅出于偶然，而并非一定产生了我们所需要界定的"关系"。反之，人物和人物相遇或者说产生联系的时候，也不一定会实名出现。此种数据挖掘方式的结果仍然很大程度上囿于自然语言处理（Natural Language Processing）等手段技术的限制。

如果回到汉语文本和中国小说（Chinese Novel）的研究中，必须提到的是台湾大学电机资讯学院网络与多媒体所廖儁凡硕士的毕业论文《中国古典白话小说中的社会网络关系：以〈儒林外史〉为例》（2010）为此类研究开辟出的崭新路径。在该研究中，作者延续了前辈研究者的思路（Mutton，2004）：从网络聊天室使用成员的对话模式得到启示，开发出一种可用于描绘戏剧角色关系网络的会话模式。而廖儁凡则在他的论文中将其用于《儒林外史》人物网络的资料提取和演算，并为这些边设计出一套演算法来计算权重。具体说来，即以"会话"为单元切分小说中所有的对话，如果两个人物角色同时参与一场会话，则可视为"有关系"，而关系的深浅，或者说"频宽"则由对话字数、对话情形（说话者 - 主要听众、说话者 - 次要听众、听众 - 听众）和会话总数来决定赋分情况。这一专门针对汉语长篇小说的演算法设计极具开创性，作者在此基础上不仅做出了以小说中所有对话人物为节点、以对话关系为边的关系网络，还获取了关系最"深"的角色对子排序，找到了网络中的"重要人物"，发现了《儒林外史》的社团分布状况等等。

廖儁凡为小说网络研究贡献出他的专长，一举完成了从资料抓取、演算法开发到最后的网络绘制及主要特征计算等一系列相当精细化的工作，对于先行者来说实属不易，已经足矣。由于这篇论文将关注点放在了用 SNA 建构小说人物关系网之可能性的问题上，几乎毫无前例可本，所以作者的视野和考虑大多还局限在技术层面，而未能就方法的适用性和准确性，以及目前所存在的问题做更深入的探讨和甄别。例如，从适用性方面察之，纵然大规模的写实性作品从明、清二代开始即长盛不衰，但一种颇有代表的观点认为，传统长篇章回体大都结构松散，缺乏一以贯之的主要剧情，也没有贯穿全篇的主角，《儒林外史》中实际出现的角色即达七百多位，人物连续上场，并在退场时带出下一组人物，真可谓是连环短篇，"如集诸碎锦，合为帖子"①，由此建构起来的社会网便可能会存在"不共时"的问题。此外，作者也无意于在结果的文本解释方面下更多功夫，去挖掘和阐发它为小说叙事和文学社会学带来的意义究竟是什么，这便为后来者留下了进一步探索的空间。

二、李劼人"大河小说"三部曲和社会网络分析（SNA）

李劼人（1891—1962）是中国现代文学史上最重要的写实小说家之一，其史诗性的长篇小说"大河小说"三部曲（《死水微澜》（1935）、《暴风雨前》（1936、1956）、《大波》（1937、1957—1962）素有"小说的近代的《华阳国志》"之称，详细叙述了从清末（1894）至辛亥年间（1911）风起云涌的社会运动给川中各阶层民众日常生活带来的深刻影响——从"死水微澜"到终于掀起"轩然大波"；最后一部历史小说《大波》中，由保路破约运动激发的社会舆论不断推动时局变化，成都市民社会崛起，各方势力间矛盾斗争激化，争路风波终至成为辛亥革命的导火索。

一般认为，李劼人"大河小说"式的长篇作品受到了左拉、巴尔扎克和托尔斯泰等法、俄写实派巨擘影响，带有较多现实主义特色，体现了小说家想以"小说"这种形式来"有机地"反映动荡剧变的社会现实和错综复杂的人际关系的雄心，李氏本人也被郭沫若称为"中国的左拉"。这种出现于 1930 年代的多卷本小说洋洋数百万言，具有人物众多（重写版和 1937 年版《大波》中的出场人物皆达到数百个），对话容量丰富，社会场景分布广泛且无所不包，涉及重大历史事件层出不穷等特点。从体量上看，和明末清初兴起的章回体长篇世情小说如《金瓶梅》、《儒

---

① 鲁迅：《清之讽刺小说》，《中国小说史略》，上海：上海古籍出版社，1998 年，第 154 页。

林外史》以及揭击社会时弊的晚清"新小说"可以等观，在结构和人物塑造上又不难看出作者对于写实主义之"典型化"的现代追求。

回顾整个现代中国文学史，李劼人的出现是罕见的，他的历史小说写作在某种程度上模糊了历史和文艺的边界，历史叙述编织在书写世情悲欢的故事脚本中，时而潜成背景，时而走向前台。最后一部《大波》既可以作为小说解读，又可以当作保路运动的历史文献来对待，常被视为"文史互证"的典型。在这一点上，李劼人比茅盾等"社会分析派"小说家走得更远。深究其写作动机，便不难发现他的大多数作品都是服务于社会观察和历史解释的。作为一名对社会生活怀有浓厚兴趣和好奇心的小说家，他始终试图以小说去发觉那些看似无关联的表面事件之间的深层联系，让故事和"个人"成为人们理解历史的关键，恰如司昆仑（Kristin Stapleton）所意识到的："尽管1900年在成都平原上的西方人不会超过50人，但他们同那年夏天攻占北京的八国联军的联系——一种许多传教士希望否定而又无从否定的联系，使得他们能够对那些担心外国军队不会止步于北京的地方官僚们施加影响"[①]。于是乎在《死水微澜》里便有了顾天成、曾师母和罗歪嘴之间的微妙纠葛，便有了顾天成的最终胜出。"假如我们不了解人与人之间的关系，以及人们如何对发生在他们周围的社会变迁做出反应，我们将永远不会理解帝国主义是如何影响中国的，以及革命史如何在四川发生的。对于史学家来说，唯一的办法是去做李劼人所曾做过的事情，即跨出文献记录而开阔对整个社会的视野，去观察它的各个部分是如何相互作用的"[②]。可以说，李劼人始终是以社会学家和历史学家的姿态去观察和写作的，同样的，也正是这一特点，使笔者自然而然想到了用于探究社会联系的社会网络分析。

具体说来，便是要在小说主人公对话的基础上，提炼出四部小说中"虚构人物"的关系网，再借助几种特征性演算法，求取具有最大中心性（Centrality）的角色人物和他们的社群化（Modularity）情况，以便发现小说中的重要角色及其阶层流动性状况，以及这种流动性所对应的空间、群体特征，所提供的叙事功能，和历史事件的关联等等，这便是一个完全经由对话引语建构起来的"文本中的社会空间"。

除此之外，还有更大规模的设想，那便是：用词频共现的手段对活跃于小说人物言谈中的"历史人物"关系做出描绘，最后，再通过对第一种演算法的改造，仍在主人公对话内容的基础上，建立"虚构人物"同"历史人物"之间的社会关

①（美）司昆仑：《李劼人的历史观》，《李劼人小说的史诗追求》，成都：成都出版社，1992年。
②（美）司昆仑：《李劼人的历史观》，《李劼人小说的史诗追求》，成都：成都出版社，1992年。

系网络。从叙事学的角度而言，描绘三种关系网的目的还在于：通过对比虚构人物关系网与历史人物关系网乃至虚构人物与历史人物之间的关系网这三种网络，来发现所谓"历史叙述"的核心究竟是什么？亦即在这些网络中，哪些人物角色的节点共用了"历史"和"虚构"，他们的功能对于现代小说叙事构成怎样意义？一种历史性的"虚构"究竟通过怎样的"讲述关系"达到的？等等一系列卓有意味的问题。通过对这些问题的探讨，还期望能够为现实主义的一些经典问题例如"反映论""典型""环境""结构""史诗性"等开辟出一条量化和视觉化探讨的新路径。

仅就现在看来，整个研究构想只完成了第一步的工作，这主要是由于在第一个网络做出之后，会发现所谓"历史人物"和"虚构人物"已经大量地出现于同一张网中，正如本文最后一部分将要论述到的，在重写版《大波》中，某些历史人物还成为中心节点（图11）。也就是说，尽管李劼人在创作中有意识地区分了所谓"历史人物"（历史上真实存在的人物，亦即"真人"）和纯粹的"虚构人物"（李劼人称之为"实现"），但历史人物也经常在小说中直接开口说话，或者说，成为对话塑造的对象。这样，通过带有强烈个人风格标记的李氏"转述体"来交代"历史人物"行止的段落部分便可忽略不计了。这种为了建构"现实"的幻觉而尽量模糊"真人"和"实现"的状况越到后期越明显，在重写版《大波》中达到了一个"现实主义"手法的顶峰。更重要的，退一步说，就算能够将纯叙述中的人物关系网单独做出，由于提取资料的手段不一，也无法与对话网络进行标准化的比较。从根本上讲，这还是由于所谓"历史人物"既活跃于叙述者的叙述中，也大量作为对话的直接参与者出现，但这两个网络在技术上很难"加和"，所以，无论通过哪种手段建立的网络，都不能代表"历史人物"关系网的全部。那么，便只能暂时放弃后两个网络的设想，而先考虑由对话描写建立起来的关系网络，以此代表小说情节中的全部人物关系网。当然，这样做的依据首先须是：和《儒林外史》相似，李劼人的小说依然要依靠大量的对话描写来推进情节，对话在文本中占有相当大的比重和本质性的地位。这一点从对话字数上不难看出：旧版《大波》对话字数152713，占总字数（545000）的28%；重写版《大波》对话字数316534，占总字数（983000）的32.2%；《暴风雨前》对话63188字，占总字数（190000）的33.3%；《死水微澜》对话39268字，占总字数（164000）的24%，这只是切割掉引语部分的统计。如果加上引语和提示语部分，则新版《大波》为544313字，超过半数；旧版为186034字，超过三分之一……可以说，对话是作者极易倚重的一种重要叙述方式，而实际上这也是清末以来图维新启蒙之功的新小说愿"用少许结构，以对话叙述方式出之"①的传统使然。

引入 SNA 的第二个重要缘由在于小说本身的主题和叙述特点。即如上文所示，对话在各文本中占到半数，这使得李劼人的历史小说成为一部部活在人物对话中的历史。诚如《死水微澜》的点题段落所形容的：

> 当义和团、红灯教、董福祥，攻打使馆的消息，潮到成都来时，这安定得有如死水般的古城，虽然也如清风拂过水面，微微起了一点涟漪，但是官场里首先不惊惶，做生意的仍是做生意，居家、行乐、吃鸦片烟的，仍是居他的家，行他的乐，吃他的鸦片烟，而消息传布，又不很快；所以各处人心依然是微澜以下的死水，没有一点动象。②

这一以"水波"喻"消息"的比喻贯穿整个三部曲，意味着在某种意义上作者所着意描绘的就是新闻和事态经由人们的舆论传播，影响于整个地方社会的过程，这趋势越往后期表现得越明显。如果说在前两部作品中，"故事"还成其为讲述重心，"消息"传布的后果充其量只如死水中泛起波澜，动荡变化的时局仅仅作为背景融于"故事"的叙述之中，构成情节发展的深层动因，那么，到了1937年的《大波》，或者说从《暴风雨前》的后半部开始，作者已开始尝试新的情节连缀方式，亲历者对事件的感知，信息的散播路线及其效果遂成为占据主导的叙述动力。以《大波》的叙述文体为例，按照作者初衷，《大波》讲述的是革命起源的故事，要书写的即"革命"的轩然大波掀起的过程：

> ……但这运动的构成，是非常复杂的，就是当时参加了这运动的人，也往往蔽于它那光怪陆离的外貌，而不容易说明它的本质，我有意要把这一个运动分析综合，形象化地具体写出。③

为了更加透辟具地将本质揭出，李劼人特别把注意力放到了市民社会的兴起和演变上。当帝国主义势力不断入侵，中央集权分崩离析，官僚政体的基础被动摇之际，受近代维新思潮影响，由士绅阶层发起的"保路废约"倡举带动了包括官、绅、军、

---

① 阿英：《晚清小说的繁荣》，《晚清小说史》，南京：江苏文艺出版社，2009 年。
② 李劼人：《死水微澜》，《李劼人全集》第一卷，成都：四川文艺出版社，2011 年，第 171 页。
③ 李劼人：《死水微澜·前记》，《李劼人全集》第九卷，成都：四川文艺出版社，2011 年，第 242 页。

民在内的最大范围的社会动员，然而局面的旋即失控却全然超出立宪派人士的意料，用李劼人自己的话说，"民气"一旦燃起，便如火山炽焰，如滔滔江水般不可遏制。为了表现"民气"不可违逆的大势，信息的产生，信息在公共空间的传布便成为最重要的叙述线索，可以说，整个故事情节的发展几乎都是靠此向前推进的。在旧版《大波》中，散见于叙述中的上谕、告示、传电、奏折文书等等档案交代了历史事件的每一个起承转合，而叙述者除了津津乐道于各种新兴媒体和舆论管道的出现，如报业的影响、茶馆成为市民的议事厅，最常见的叙述模式即所谓"口耳相传"——个人把时局风气告诉给另一个人，再付之以各种议论，情节单元就算完成了，信息流由此流散下去。

在《大波》下卷中，"武昌起义"的发生最初是作为"危机事件"得以在川中传播的。为了写革命党起义在成都各阶层市民中造成的反应，便先用漫不经心的笔调，点出起义的"事实"，然而由于居民从上至下毕竟未曾亲历起义，如许重要的事件在他们生活中，便并未有多么宏大的意义，充其量只是一桩能够帮助人们判断时局风动的市井新闻，一场几经波折，终于传至黄澜生家的关于大臣赵尔丰之死的"虚惊"。上至官场中人如黄澜生、老油条孙雅堂，下至平民掌柜傅隆盛，都时时关注着事态的发展，小说于是泛写街谈巷议，借助于大量的"自由间接叙述语"（转述体）和对人物的直接引语，将赵尔丰遇刺的传言，神形毕肖地带出，各阶层的民心所向遂立显于前。值得注意的是，在这一情节单元中，新闻的传播路径同时也构成了叙述线索：

武昌起义的发生➡官员➡市民（"遇刺"故事）➡黄家（搬家未成）。

黄家既是信息接收的终端，也是"历史"生成的最微观场所，黄澜生夫妇二人一番争执动荡最终却搬家未遂，便是武昌起义这一历史事件在"故事"层面造成的"结局"。在这里，1937年版《大波》的叙述已经表现出与前两部某种程度上的断裂，大量的史实以对话的形式进入故事主角的感受和意识，充塞于人们的日常生活，让人们透过虚构主人公视角去认清"形势"，指点江山——到了重写本《大波》中，则进一步发展为叙述人基本退出，全面依赖对话来完成情节，作者甚至会为了信息传递来专门安插人物。例如，为了将朝中斗争情况传于川中，特别安插了郝达三、葛寰中一线人脉。这样，便将旧版《大波》中道听途说、假语村言的"转述"部分全部情节化，比旧版更显"真实"。如此，故事情节甚至已退居后台，而他们交换的"信息"本身便更引起读者注意。可以看到，《大波》情节中的人物关系网在某种意义上也可以被视为信息网络了。

三、算法说明

（一）方法与步骤概述

具体而言，本研究完成了以下几步工作：

1. 人工提取对话角色

抽取全部对话片段，切分对话节句，手动提取每一节句的说话者、主要听众、次要听众等角色。之所以放弃"词夹子演算法"而采取这种半自动模式，是为了避免抓取听众时候的错误。诚如廖儁凡所意识到的，由于辨认谁是主要听众、谁是次要听众的工作对于研究者本人尚且困难，更不要说机器识别了（廖儁凡，2010）。所以本研究暂且绕过语言学，没有涉及自然语言处理（NLP）的部分。

2. 用 Matlab 计算出人物关系权重

根据权重公式，设计命令，计算出每一对可能有关系的边的权重。在此，按照廖儁凡设计的计算公式，决定两人物节点之间边关系权重的主要是二人的会话情形、对话节句的字数以及会话发生的次数。在三种会话情景中：两者一为说话者、一为主要听众的，赋值最高；其次是一为说话者、一为次要听众；二者同为次要听众时赋值最低。这是因为，在一次多人参与的会话中，"角色和其主要说话听众的关系，要比和次要听众的关系还要深，而且三百个字的发言亦比二十个字的发言还要重要"，而出现在同一会话场景中的次数越多，两人的关系也理应越深。将 Matlab 的计算结果导出，发现四部小说全部的人物关系，其中关系最"深"的前三组为：

表1　三部曲中关系最深的前三对人物

《死水微澜》	人物 1	人物 2	权重
1	罗歪嘴	蔡大嫂	13550
2	罗歪嘴	刘三金	6214
3	顾天成	钟幺嫂	5026
《暴风雨前》	人物 1	人物 2	权重
1	郝又三	尤铁民	19523
2	郝又三	田志士	18691

| 3 | 郝又三 | 郝香芸 | 14995 |

《大波》（1937）	人物 1	人物 2	权重
1	黄澜生	黄太太	77621
2	黄澜生	楚子才	73336
3	楚子才	黄太太	61639

《大波》重写本	人物 1	人物 2	权重
1	黄澜生	黄太太	107815
2	楚用	黄太太	78614
3	楚用	黄澜生	41455

3. 使用 R 语言包 Tnet（R-package Tnet）计算出四个加权网络的各种特征值

这里要说明的是，由于在同一部文本中每一对关系权重的计算结果天差地别（从 1—100000 不等），例如在重写版《大波》中最大的边权重为 107815，而最小的权重仅有 1，所以在后续的特征值计算时，须使用针对加权网络（weighted network）而设计的演算法和软件（Opsahl, Agneessens, & Skvoretz, 2010）。Tore Opsahl 等人在 Gephi 所采用的 Brandes 演算法（Brandes, 2001）基础上对非加权网络的程度中心性（degree centrality）和中介中心性（betweenness centrality）演算法做了改进，为了将边数和边关系的权重对于结果的影响同时考虑进来，他特别添加了一个 α 参数，以便在计算各种中心性指标时，可以自由调节边数和边权重两种影响因数的比例。应该承认，这一步改进对于小说人物关系网络的准确建构来说至关重要，也是廖俦凡关于《儒林外史》的研究（廖俦凡，2010）中未能重视的一点。而经本研究结果验证，这两种演算法的结果的确存在一定偏差，这将在后文的中心性分析中进一步讨论。

再由 Gephi 绘制四个文本的网络图，计算出非加权网的各种特征值加以比较（后详）。

（二）中心性计算与关键人物的发现

在图论和网络分析中，中心性 (Centrality) 是一个由社会网分析发展出来的关键概念 (Freeman, 1978; Bonacich, 1987; Borgatti, 2005; Borgatti et al., 2006)。一

般认为，这是一个个体结构指标，标示着网络中最重要节点的存在，评价个人或组织的影响力，衡量其地位的关键性或特权性，及社会声望等常会采用这一指标（罗家德，2012）。中心性的计算对小说人物网络分析意义重大，因为它关系着关键节点（人物角色）的发现。

中心性的形式可以分为程度中心性（Degree Centrality）、接近中心性（Closeness Centrality）、中介中心性（Betweenness Centrality）以及特征向量中心性（Eigenvector Centrality）等等。就现有的研究先例而言，得到研究者们较多关注的是程度中心性和中介中心性，当然，这并不是说其它中心性就完全不重要。在此，我们首先需要对每一种中心性的概念及其在本例研究中所标示的叙事学含义做一介绍：

1. 程度中心性、接近中心性与小说主人公

在几种中心性中，程度中心性是最基本、最常见的用于衡量谁是社团中心人物的结构指标。社会网中，程度中心性可以理解为就是一个节点的关系数量的总和，一个人连出的边越多，他的程度中心性就越高，对于整个网络来说他也就越重要。可以看到，程度中心性最直观地体现了一个节点"受欢迎"的程度，即拥有最多的直接连结关系的人，通常也会被认为拥有频繁的社交活动，成为网络中拥有最多"粉丝"的明星，也就是说，故事中的他会与最多的人建立起"关系"。在我们的例子中，则是指在不同的对话场景中，与其谋面的人数最多的一位。在某些情况下，人们很可能将这样的人物认作小说的"主角"或者说"主人公"（protagonist）。然而，拥有最多的人际关系，到底只是一个被"叙述"出来的事实而已，还未能将叙述本身的分量加进去，所以这也只是一个客观上能够反映文本世界建构情况的指标。

第二种中心性是接近中心性。这是以距离为概念来计算一个节点的中心程度，通常被认为是"到全部其他节点的距离总和最小的节点"，也就是说，与别人愈近者则中心性愈高，与别人相距远者则中心性低。由于距所有节点的距离都较近，这是一个能够很好地感知整个网络流通状况的位置，即网络中的"八卦传播者"占据的位置。往往程度中心性高的人，接近中心性也高，所以在一些研究中，人们把接近中心性最高的人物当作主人公。例如在前述《哈姆莱特》的例子中，哈姆莱特到所有节点的平均距离是1.45，理所当然成为核心人物。而在对好莱坞系列动漫 Marvel University 的研究中，研究者也将"主角"界定为最大组件中距离其他角色距离最短的角色，在该案例中，这个角色是人们所熟知的美国队长（Captain America）（Alberich, Miro-Julia, & Rossello, 2001）。然而遗憾的是，这个指标对计算的要求却很高，在网络中，必须是完全相连的图形才能计算接近中心性，否则，

"一些人可能到不了别人，没有距离可言，愈是孤立，距离加总值反而愈小"（罗家德，2012）。而事实上，在很多社会网络中，很难发现完全相连的情况，在我们的四个文本中，每个网络都被分成若干个组件（components），从《死水微澜》中的 3 个，到《大波》（1937）中的 98 个，多少不一，因而计算出的接近中心性资料有相当一部分便会失效。

在加权网（weighted network）中，度数中心性的计算需要同时将边的权重考虑进来，所以加权网一般采用的是带权重的度数中心性指标，也可以用加权度数（weighted degree）来近似性地代替。实际上，从所有现有有效指标来看，最能够标示"主人公"特征的中心性，倒应该是加权中心性，或者说加权度数。在本研究的四部作品中，度数和加权度数最高的前三个人物排名分别是：

表2　度数（degree）/加权度（weighted degree）排名前三的人物

文本 度/加权度	《死水微澜》		《暴风雨前》		《大波》（1937）		《大波》（重写本）	
1	顾天成 30	蔡大嫂 29814	郝又三 39	郝又三 94150	楚子才 40	黄澜生 280175	楚子才 67	黄澜生 271030
2	蔡大嫂 26	罗歪嘴 26799	郝香芸 21	尤铁民 40452	王文炳 29	楚子才 227781	郝又三 54	黄太太 251780
3	罗歪嘴 16	顾天成 17445	郝达三 16	田志士 36102	黄澜生 27	黄太太 195474	罗伦 53	楚子才 236411
4	招弟 15	刘三金 16728	吴鸿 15	郝香芸 29880	黄太太 25	吴凤梧 96591	吴凤梧 52	郝又三 93822
5	郝太太 12	蔡傻子 11023	郝香荃 14	郝达三 16127	孙雅堂 22	孙雅堂 82170	黄澜生 45	葛寰中 58189

举例而言，在第一部作品《死水微澜》中，如果不考虑和他人发生会话的具体情形，以及说话的字数、频率，那么可以说顾天成拥有了最多的人物关系。也就是说，从顾天成出发，与其连线的节点是 30 个，亦即与顾天成同时出现在全部会话场景中的人物角色一共有 30 个（图6）。然而，如果将角色在全部会话场景中占据的地位轻重以及说话长短、出现次数权衡进来的话，显然蔡大嫂拥有最高的加权

度数（29814），远高出顾天成的分量（17445）。如果结合阅读感受，加权度数的排序显得更符合我们对故事主角的期待和认定。最能说明这一点的莫过于旧版《大波》。如果刨除一场又一场的政治运动不计，而纯粹从世情叙述的线索来看，《大波》（1937）讲述的是一个偷情的故事，一个侄、婶之间日复一日陷入家庭内部不伦关系的故事。作者花了近一半的笔墨来叙写叔侄论政、婶侄调情，以及夫妇间的龃龉斗嘴，这些随处可见的日常对话使得黄澜生（叔）、楚子才（侄）和黄太太（婶）之间的三角关系成为网络中最醒目的标示（图1）。相比之下，楚子才的同学、供职于保路同志会的王文炳固然在整个保路风潮中充当了"引爆信管"的重要角色，四通八达的社会联系让他成为沟通黄家和罗伦集团乃至军方（吴凤梧）的重要节点，甚至度数在他之下的黄澜生本人还要通过他来得知时同志会的消息——但是我们依然很难将他视为整个故事的"主人公"。这是因为和前三者相比，关于他的笔墨成分还是太少了。

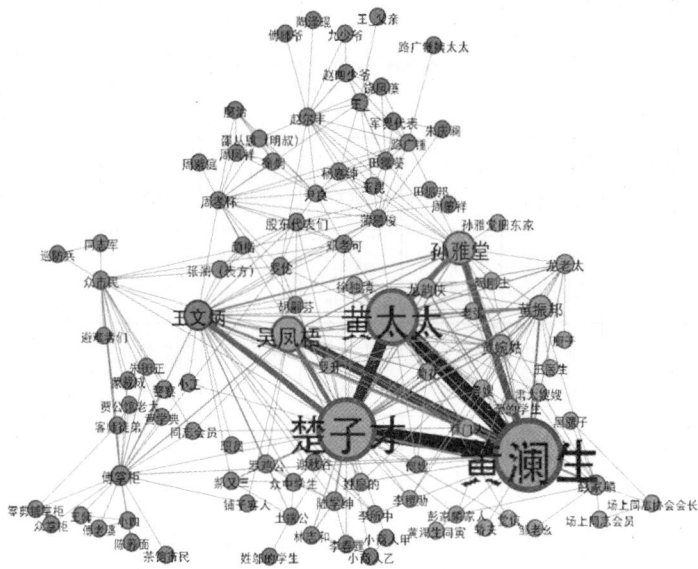

图1　《大波》（1937）中的人物关系网：按加权度排序并作模块化分割

接下来，如果以此指标为参考依据的话，兴许会发现仅凭感觉而来的某些似是而非的成见并不可靠。例如，一种较有代表性的意见认为重写本的主角不再是近在眼前的、着力刻画的平凡人物，那些"直接参与变革历史面貌的人却担任了小说的主角"①，继而得出李劼人的英雄史观主导了重写本《大波》的写作。那么，不妨再来看一下统计结果（表3）。实际上，如果按照加权度数来排序，重写本《大波》中并没有一位真名实姓的历史人物进入了前十，连运动发起者的中坚力量、呼风唤雨的罗伦都排在了第11位（35921），可见历史仍然充当了浓墨重彩的背景。

表3 《大波》（重写本）加权度排名前十的人物

人物	度数	加权度（Weighted Degree）
黄澜生	45	271030
黄太太	33	251780
楚子才	67	236411
郝又三	54	93697
葛寰中	25	58189
周宏道	25	56900
吴凤梧	52	56230
郝达三	33	54660
王文炳	26	45826
孙雅堂	27	37543

当然，也许这种单一论据是缺乏说服力的。从廖儁凡公式来看，很可能是人物对话的字数在我们的计算中起到了绝对作用，从而主导了排序的前几位名次。然而我们知道，尽管如前面所论到的，在重写版《大波》中，谈话的大部分内容已决然转向了政治和时局，指向历史的发生，但是，与旧版《大波》不同的是，历史人物的真实作为不再仅仅充当虚构人物的谈资出现在一段段穿针引线的对话中，而是真正成为了众多会话的直接参与者，融入了这一会话群体中。于是在虚构和写实的边界进一步打破的情况下，"对话字数"这一变数还是有理由说明一些问题，体现出作者在安排人物时的一些基本命意的。

① 张大明：《精细的描写与史诗的概括》，《李劼人小说的史诗追求》，成都：成都出版社，1992年，第18页。

2. 中介中心性与小说关键人物的发现

中介中心性

对小说研究来说，中介中心性（betweenness，介数中心性，居间性）可谓最有意味的一种中介性概念了。中介中心性用于评估一个节点在其他节点之间路径上的分布程度，亦即通过测量一个点有多常出现在其他两点之间，来确定其重要程度。与其他中心性不同，中介中心性并不是为了描述一个节点在网络中的连通状况，它关注的是某点"介于"其他两者之间、筛获两点间信息的"能力"。以信息网络为例，流经最高中介中心性人物角色的消息是最多的。这种角色一般被认为能够控制其他人物之间消息的传递，拥有很强的影响力。他们不一定具有很高的连通度，但他们本身却构成了两个群组之间的重要"桥梁"而显得身价百倍。如（图2）所示，即拥有比图中任何一个节点都重要的地位，这是因为，连接网络左半部和右半部间任意两个节点之间的任何一条路径，都必须经过 D 点。因而，中介中心性最高的位置经常会被视为网络中最"脆弱"的一点，如果少了他们，网络的连通程度便会受到极大影响，变成一个个"孤岛"。如果按社会学的说法，这种人物具有较大的支配权力，通常也能凭藉其结构位置获取相当大的调控权，他们不一定是一部小说的"主人公"，但却十分活跃，在社交行动中扮演类似"交际花"的角色，拥有更多的"社会资本"，是名副其实的"中间人（broker）"（M.E.J.Newman，2014）。值得注意的是，在本研究中，由对话情境为基础计算出的中介中心性所表明的还不是纯粹社会学意义上的交往居间能力，其深意更在于文本的叙事层面，这正是非常值得我们深入探究的部分。

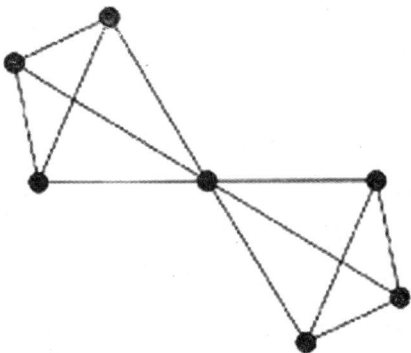

图 2　蝴蝶结网

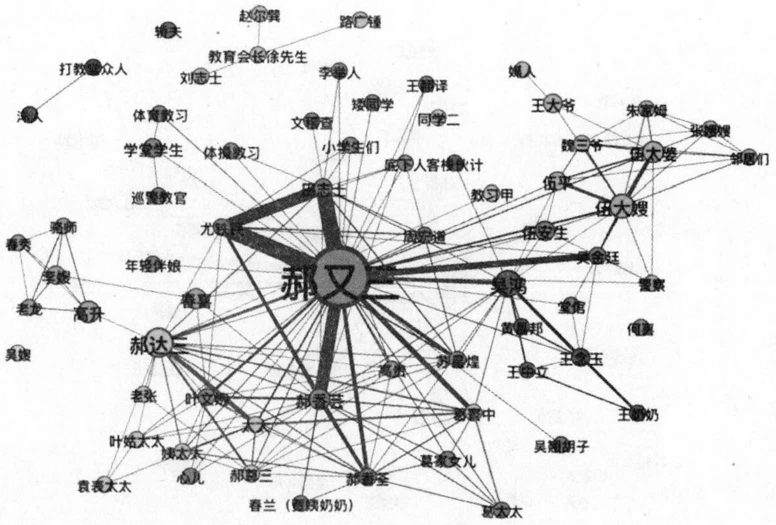

图 3　《暴风雨前》的人物关系网：按中介中心性排序并作模块化分割

如图 4 所示，在第二部《暴风雨前》中，郝又三不仅是故事的主人公，其中介中心性值也名列第一。郝又三之所以重要，不仅因为他出现在所有重要的对话场景中，说了最多的话，拥有最"深"的人际关系总和，更是因为他也位于所有重要节点的中间，是故事中唯一一个将四个社群全部关联起来的人物，而这四个社群正好对应了文本中四种形态各异的阶层空间（经模块化分割后，在上图（图 3）以不同颜色区分不同社群）。小说以他的经历为线索串起了丁未年间种种颇为典型的社会场景：从败落离散，主仆矛盾愈发激化的官绅之家出走，郝又三来到"文明合作社"，结识了一批维新志士，各类潜在的革命分子，却因家庭压力娶了自己不爱的表妹，而只能对"同道"们的出洋前程望洋兴叹，无奈之下在妹妹郝香芸的不断鼓舞下进入崇尚新学、革命风气正盛的高等学堂，顺理成章地受田志士拉拢办起了小学堂，不了了之后却被皮条客吴金廷拉进了伍大嫂生活的下莲池底层社会，最终因其夫伍平的归家与伍大嫂一拍两散，回归了自己的旧处境。就是这样一个没有根底，四处游走，凡事要靠"推手"才能成行的纨绔子弟正好成为网络当之无愧的中心，由他生发出的人际关系近似于一个"星形图"（如图 4 所示）①。

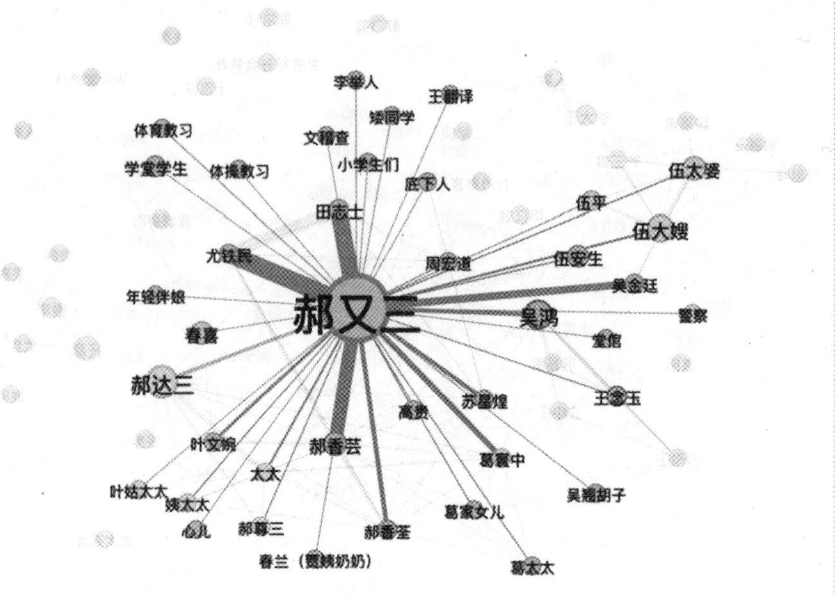

图 4　郝又三的网络：按中介中心性排序

实际上，从表 2 和表 3 的对比中很容易看出，在加权度和中介中心性这两个指标上郝又三都拉开第二名相当的距离，意味着无论从内容还是功能的角度来讲，主人公郝又三在第二部小说《暴风雨前》中的重要性都无人能及，相对集中的人物聚焦使这部小说在情节上紧凑连贯，读起来像是关于主人公的成长小说，这在三部曲中是一个特例。除了这样显而易见的塑造重心之外，小说中还有更多的重要角色需要我们去发现。

3. 两种演算法对中介者角色发现的影响

如果分别以 Opsahl（2010）演算法（简称 O 演算法）和 Brandes（2001）演算法（简称 B 演算法）计算三部曲人物的中介中心性并做排序，会得到以下结果：

表 4　中介中心性最高的前五个人物：分别根据 Brandes（2001）和 Opsahl（2010）（α=0.5）两种演算法

---

① 由于其余最短路径上都会有中心顶点，所以在可能的范围内，星形图的中心节点达到了中介中心性的最大值。

文本 B\O 算法	《死水微澜》		《暴风雨前》		《大波》（1937）		《大波》（重写本）	
	O 算法	B 算法	O 算法	B 算法	O 算法	B 算法	O 算法	B 算法
1	顾天成 1301	顾天成 893	郝又三 1485	郝又三 1047	楚子才 1985	楚子才 1380	楚子才 23709	吴凤梧 13135
2	蔡大嫂 947	蔡大嫂 557	郝达三 316	吴鸿 222	傅掌柜 1596	傅掌柜 940	黄澜生 17099	楚子才 9218
3	招弟（春 秀）841	招弟（春 秀）446	吴鸿 277	郝达三 214	黄澜生 1587	王文炳 771	吴凤梧 12329	朱之洪 6182
4	郝太太 552	郝太太 275	伍大嫂 264	伍大嫂 173	王文炳 1327	孙雅堂 740	郝达三 12300	罗伦 5687
5	罗歪嘴 281	三个混混 240	郝香芸 220	伍太婆 115	吴凤梧 1219	黄澜生 589	张澜 11795	郝又三 5445

需要说明的是，正如前面已经提到的，由于 Opsahl 在专门针对加权网络的演算法中加入了 α 参数，更科学地考虑到了边关系权重对中介中心性的影响（在本个案中，我们将 α 设置为 0.5，即权重和边数的影响因数各占一半，亦即在计算一个人物角色的居间能力时，要将和其发生关系的人物数量，以及这些关系的程度作为两种同等重要的影响因子来考察），我们得出的结果便与 Gephi 软件（已更新至 0.8.2 版本）所采用的 Brandes（2001）演算法略有偏差。但是文本的叙述特点又使得这变化并不至于过大，至少从前三名看来如此。从第一名的情况来看，除了重写本《大波》中由经典演算法（B 算法）算出吴凤梧的中介中心性要高于主人公楚子才外，在其余几个文本中，用 B 算法和 O 算法算出中介中心性最高的人物都是同一个人物，微小的变化更出现于第 2-5 名。而总的说来，这也仅是一定范围内的位序调整而已。在我们用两种演算法分别计算第四个文本《大波》（重写本）之后，第一名变为吴凤梧而不再是郝又三，之所以发生了变化，很可能是由于重写本的字数陡增（全本字数 987300，是 1937 年版的两倍多），主角（如楚用）的对话分量加重，随之边的权重自然变重所导致的。可见对话字数的绝对增加很大程度上影响了 O 演算法的结果，这种趋势在前三个文本结果中也不难见出。但是，

即便在这样的强势影响之下，在第四个文本《大波》（重写本）中，吴凤梧仍然排到了第二名，这说明在重写本中他还是一个相当关键的中介者形象。

事实上，在我们更倾向于选用的针对加权网络的 O 演算法中，如果承认主角的直接对话字数主导了排名结果这一假设，让我们不妨再结合表 2 关于加权度的排序加以比较，并把表 2 中排名前三的人物视为"主角"——那么兴许不难发现：尽管在大多数文本中，这些加权度最高的"主角们"因其享有对话描写上的绝对优势，也普遍会成为最高中介中间性的角色（《暴风雨前》的郝又三、《大波》两个版本中的楚子才），但是不该忽略的是，像吴鸿、吴凤梧、傅掌柜、郝达三、王文炳、朱之洪乃至顾天成这一类并不很引人注意的角色，却无疑成为除主角之外拥有最高居间性的人物。而且在某种程度上，这些人物很可能提供了比主角更大的叙事意义，暗示了文本的叙述逻辑，更值得引起我们的重视。所以，如果我们回到计算中心性时 Gephi 所采取的 B 演算法上，可以看到这种特殊意义被夸大到了极限，因为 Gephi 输出的是完全不考虑边权重差异情况下的结果图示。所以，为了便于更好地发现这一类角色的意义，继而发觉文本的潜在叙事意图下面凡是涉及中介中心性的图，我们都选择用 Gephi 来作。

四 、关键人物的发现及其叙事学意义阐发

（一）中介者形象分析

在解决了中介中心性的算法问题之后，我们看，如果采用较为经典的 Brandes(2001) 演算法，测量出的究竟是一个什么值呢？本研究中，在综合了中介中心性的定义、B 算法公式，以及廖僎凡的关系权重公式的基础上，我们认为，这个指标测量的是一个人物共同出现在其他两个人物的会话场景中的能力，可以说反映的还是在整个叙述时空中，这个人物的流动性和活跃程度。在此，我们把中介中心性较高，但又还算不上"主角"的人物形象暂认为"中介者"，分别选出四个文本《死水微澜》（1935）、《暴风雨前》（1936、1956）、《大波》（1937、1957-1962）中较有代表性的三个中介者形象略作分析，试图发现其所提示的潜在叙事意图。

1. 作为"信使"和"枢纽"的顾天成

从第一个文本《死水微澜》开始，如果比较主角蔡大嫂和具有最高中介中心性的顾天成这两个人物，会发现，虽然身为第一主角的蔡大嫂拥有更高的加权度，她的形象在整个故事中也相当耀眼，但是顾天成的地位仍然特殊，这直观地体现在如果将其拿掉的话可能出现的变化，即图 5 与图 6 的差异。

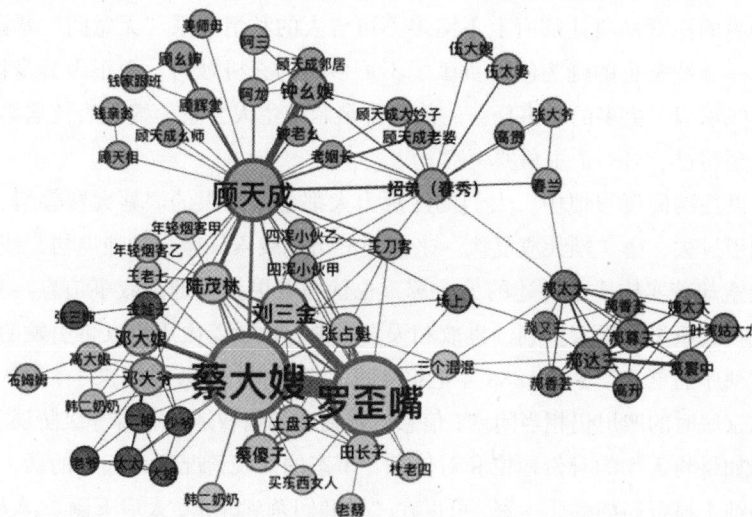

图 5 《死水微澜》的人物关系网络：按加权度排序，模块化分割节点

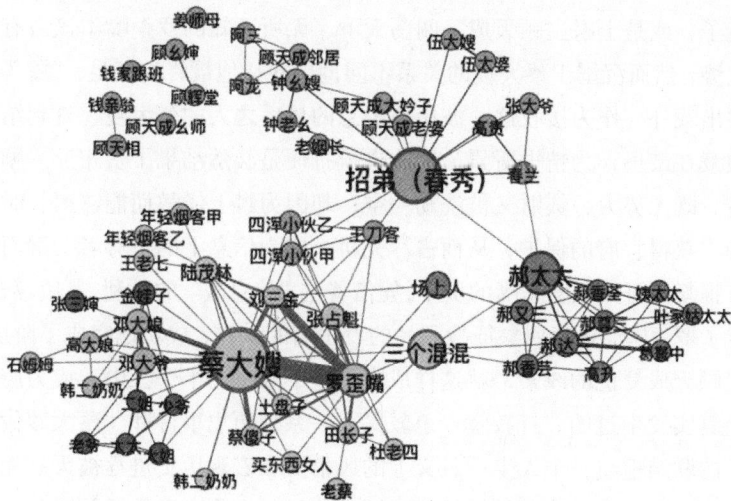

图 6 去掉顾天成的人物关系网：按中介中心性排序，模块化分割节点

　　顾天成的位置之所以重要，乃是因为他的功能更是结构性的。将故事情节和人物关系可视化后可以看到，去掉顾天成的局部网络，几乎变成几个无法相联的部分，顾天成左侧包括曾师母、钟么嫂、顾辉堂在内的亲族群体完全解体，和右侧故事的主要发生地天回镇之间的联系，也只能靠走失的闺女招弟来建立了。在

故事的后半截，走失的招弟被伍大嫂一家卖至郝家，化身郝家下人春秀，天真而近似痴愚的孩童视角让郝府上下诸多不可告人的私情关系"无意间"暴露出来，可见这一脉线索也的确为叙述贡献了不可多得的玄机妙门。而正因其身世多舛，招弟一线承担了更多的叙事任务，故其排名紧随主人公蔡大嫂之后位居第三（表4），甚至超过了另一个主角罗歪嘴。

在以往的阅读习惯中，人们的注意力大都会被抢眼的"蔡大嫂偷情、改嫁"一线吸引过去，由"顾天成复仇"来担当的历史线索好像自动地退居二线了，但这条线索却着实构成了讲述的另一翼，也伏埋着更为关键的叙事信息。实际上，顾天成在故事里象征着实利、世故和天真褪去，预示着由历史大事引发的关系场中权力秩序的更迭。尽管1888年电报就将北京城和外省连接起来了，但八国联军攻打北京城时的四川仍相当闭塞，信息的传播和知情权还是有着等级阶层差异的。在此，如果将人物的身份地位和对信息、事态的知晓情况联系起来的话，会发现当地的绅士显贵们如郝氏一家，可以在"义和团杀到北京，太后下谕杀洋人"、"八国联军逼走了皇太后和皇帝"这样的小道消息"潮到"成都来时，首先从官场和票号中听到风声，历史大事难以惊动一潭死水的效果首先就发生在郝家。本来，比起蔡傻子，或是土财主顾天成，闯荡天下、无所不知的罗歪嘴本该占有信息上的绝对优势，然而沉溺于蔡大嫂的关系不问世事却让他最终失了足，"烫了毛子"，被永远逐出戏外。作为接收这一波历史消息的最后之人的蔡大嫂，直到结局分晓已出还被蒙在鼓里，为情夫所累，为丈夫挨打便是必然结果了。相反，顾天成一介土地主，既无势力，钱财又被洗劫一空，却因为攀上洋教而能够第一时间就知悉洋人必将获得官府的保护，从而占尽先机，成为信息上的得势者，继而才谈得上掌握有报复袍哥头领罗歪嘴的资本，凭借着这"信息战"的胜利，最后诬告成功，不仅赶走了罗歪嘴，还娶回象征战利品的罗歪嘴的女人，成功地完成了阶层跃迁。这个教民顾天成复仇的线索，就这样成就了整个故事的半壁江山，成为庚子年成都平原上真实发生过的"打教堂、杀教民"一系列历史事件和"蔡大嫂偷情、改嫁故事"的联结枢纽，个人生活意义上的风俗史和宏观历史进程被天衣无缝地织进了一个"故事"里。而如果将具体的历史背景与人物命运结局关联起来，可以看到经过一场角逐，中央统治集团内部易位变迁，盛宣怀集团从与慈禧分歧日渐扩大到终于胜出，地方权势格局在这个故事结束的时候也发生了有预言意味的微妙变化和重组。促使这改变发生的重要中介性力量，恰是讯息的传播。

2. 小镇青年吴鸿

在第二个文本《暴风雨前》中，以吴鸿为中心的关系网虽然没有主人公郝又三那么发达，但是却将葛公馆、郝公馆、下莲池和革命士人的世界联系起来。从故事最后一部分起，第三人称内隐的吴鸿视角是一处略带几分猥琐的窥探视角，但是，也只有借助这一双充满觊觎的眼睛，才能发现上层阶级不为人知的隐秘关系。

李劼人认为吴鸿的角色并不重要。这个角色很可能仅仅是作为郝又三的对照和串联线索设置起来的。然而其形象却显现出迥异于郝又三的"能动性"，郝又三从家庭出身中习得的教养、学识、风度等无形的社会和文化资本，在觊觎者吴鸿的眼中看来，有了相当刺激的效果，激发了吴鸿这样出身卑微的乡镇青年"向上爬"的野心。像吴鸿这样出身低微，周旋于达官贵人的门地，费尽心机想成为郝又三、苏星煌那样的人，在三部曲中属于一个系列。在这一意义上，吴鸿充当了第三个文本《大波》中同样毕业于陆军将弁学堂（"速成学堂"）的军人吴凤梧形象的"前身"，也提示了在下一部小说中吴凤梧这样的角色行将登上历史舞台，他们和士绅知识分子的关系，将构成另一股不可小视的张力，由幕后走向台前。

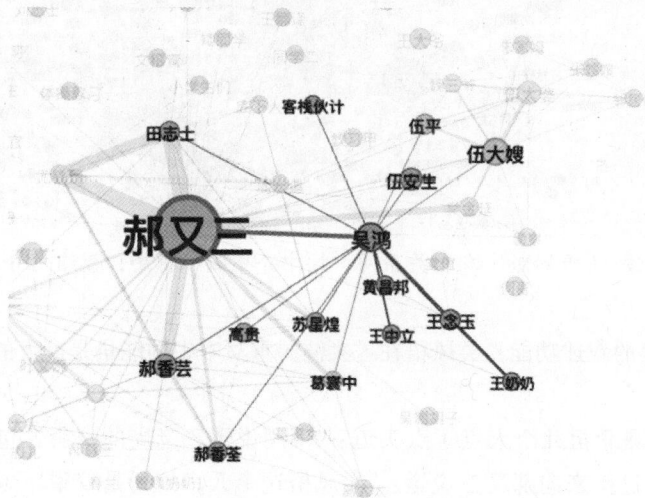

图7 吴鸿的网络：按中介中心性排序

3."交际花"吴凤梧

在《大波》重写本中，吴凤梧的分量超过了旧本中作为中元节惨案见证者的傅掌柜，成为具有最高居间性的人物，他处在和主角楚子才几乎一样四通八达的网络中（图8）。在这部全景式跨阶级再现保路风潮的历史小说中，吴凤梧是来自

（新）军界的代表，一名在革命大潮中随波逐流的投机分子，一个新旧交替时代渴望出头、到处钻营的军管带和旧幕僚。吴凤梧的流动性是惊人的，闯荡江湖的兵痞生涯令他同立宪派头领、革命党人、反正后的蜀军政府头目、市民群众代表以及士绅阶层中的显贵们都保有丰富深入的交情，他性格中的老于世故，左右逢源，都表明这是一个名副其实的"交际花"。值得注意的是，《大波》重写部分加入了一些以这个人物为聚焦的重大历史事件，著名的"龙泉驿兵变"的发生就是在吴凤梧的感知中呈现的。这种将个人化视角更紧密地融入历史叙事的架构方式，也是李劼人改写《大波》的重头戏。

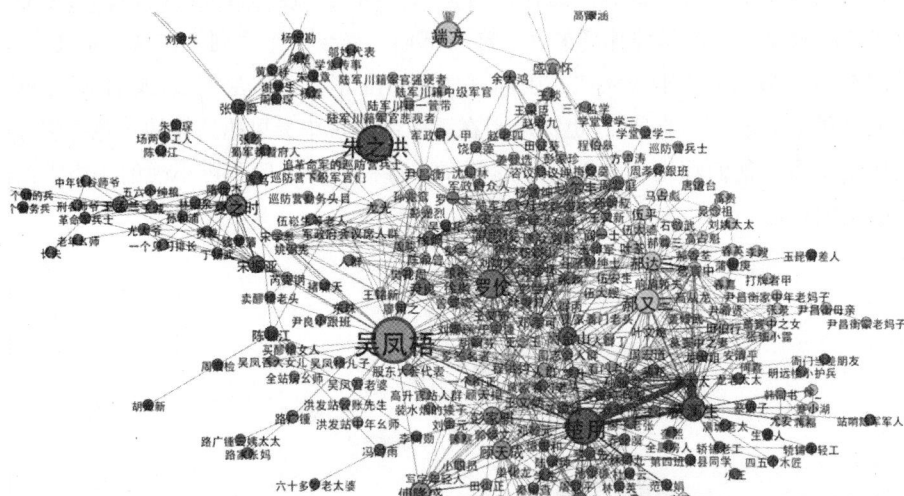

图 8 《大波》（重写版）人物关系网：按中介中心性排序，模组化分割节点

　　除了纯粹的叙述功能，吴凤梧在《大波》重写本中的能量是巨大的，不易为人察觉的：

　　　　伍平向晁念祖几个人点了点头道："不用说了，老周的掉头，包管是他打的条。"又回过头来向郝又三说道："吴凤梧这个人，狡猾是狡猾，可也有些鬼八卦；若他真个同老周搞到一块，我看新津这事可就闹大了，大人准定要发大兵的。"

　　一个吴凤梧，策划了关乎整个事态转变的周鸿勋的"叛变"。他虽无太多文化，却在关键时刻站对了位置，虽然没有什么真正的革命意识，却混成了调领同志军，带队伍的统领，掌有了可以在关键时刻出头的权力和资本。

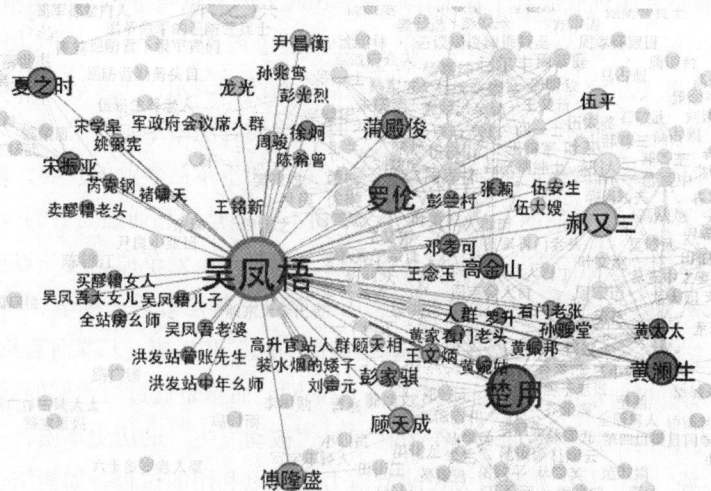

图 9 《大波》重写本中吴凤梧的网络：按中介中心性排序，模块化分割节点

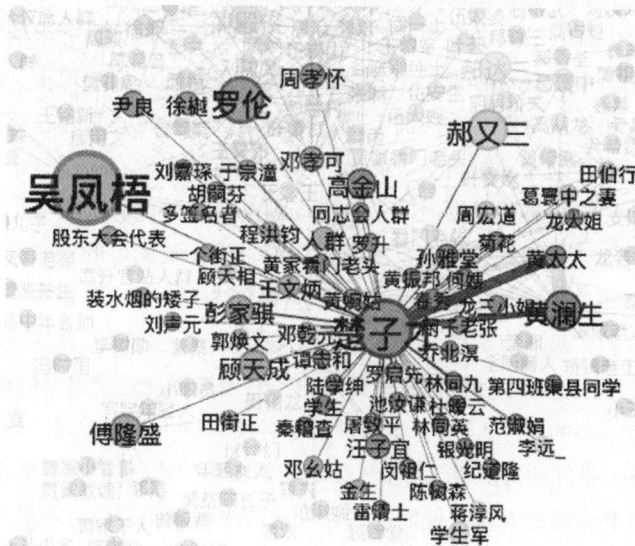

图 10 《大波》重写本中楚子才的网络：按中介中心性排序，模块化分割节点

在此，如果进一步追问下去，李劼人为什么对吴凤梧保持了自始至终的强烈
兴趣，这里涉及到一个对"革命"本质的理解问题。吴凤梧是历史上的四川武备
系军阀孙兆鸾的"陪衬"，这样的"跑滩匠"在反正后的新政府中摇身一变，身居

要津，他在革命中到底起到了什么作用呢？在《大波》重写本和《暴风雨前》中，像吴凤梧这样中介中心性较高的、介于"实现"（虚构）和"真人"（历史人物）之间的"半真人"的"革命者"形象还有很多，诸如朱之洪，王文炳、尤铁民等等，他们的行动机构成了一个重要序列。彼时政治局势阴晴不定，台上立宪派一出大戏，台下革命的暗潮涌动，信息的畅通大大有利于革命事业的发展，地下组织的活跃，离不开信息交通的发达。实际上，革命本身即是信息通达之后的一个结果，它成于信息，也败于信息。而成都人的本性，似乎并不爱革命，这一点正与重庆的情况形成了鲜明对照。所以成都在这几十年间尤其是最后一年辛亥年的变化，正好作一个培养皿，便于社会学家来观察革命的起源和生成。从某种程度上，《大波》重写本更想展示的，正是他们的地下关系网。而正是通过写他们的活动网络，李劼人用小说的形式再现了辛亥革命在四川"被动发生"的历史本质，一个由海外传导而来，对立宪运动和地方民间反清力量加以利用的过程。如能结合他们的网络继续做一些有意义的考证工作，我们兴许会有新的发现。

至此，加权网中中介中心性较高者的叙事学意义是什么？按照此种文本挖掘方式，在古典小说中具有最大中介中间性的人物，可能仅仅是负责"串场"的角色（廖儶凡，2010）。但在现代小说，尤其是带有写实色彩的历史小说中，他可能是一个在性格塑造和叙述功能双重层面上都占重要地位的角色，其存在正提示着文本的深层意图。像楚子才、黄澜生、郝又三这些在行动中延宕摇摆、止步不前的主人公，他们的性格很难说是发展的，从出场到结局，并没有太大变化，而故事情节不过是就他们性格的某一方面反复敷衍而成，诸如黄澜生的软弱犹疑，楚子才的耽溺情欲，郝又三的反复受制于他人……相较之下，无论是捐官不成反失女，为报私仇而奉教，最后竟失而复得的土粮主顾天成，还是机关算尽想要跻身上流的吴鸿，奔走游窜于各个社群之间的吴凤梧，乃至被民众运动启蒙的傅掌柜，他们是小说里为数不多的"小人物"，本该埋没于各类人群中寂寂无闻，却常常担当了隐秘关系和重大事件的目击者。与主人公的庸常人生相比，他们大都极不安分，不甘于自己的处境和命运的安排，他们进阶和升迁的遭际因而显得格外耐人寻味。在某种意义上，李劼人是想以晚清近代小说之笔触，勾勒出动荡社会中这些中间阶层的行迹，以之心、之眼来观察崇高历史的形成。在革命的波澜席卷一切之际，在中国社会由帝制向资本主义转型的短暂进程中，他们的运命浮沉似乎预示着谁将成为历史真正的主角，类似于卢卡契意义上的"平民史诗"，他们的风格更能代表一个即将浮出历史地表，却又终将昙花一现的"市民社会"的本色。

（二）特征向量中心性与立宪派人士的历史角色

在以往的研究中，特征向量中心性（eigenvector centrality）是一个还未引起足够重视的中心性概念。它由度数中心度扩展而来，被认为是诸多中心性概念中最接近前者的一个。它是一个把那些与特定行动者相联结的其他行动者的中心性考虑进来而量度一个行动者中心性的指标。比如，一个其三个朋友都有许多重要联结对象的行动者，与另一个其三个朋友都没有什么联结的行动者相比，前者的特征向量中心性较高。特征向量中心度可以用来找出那些在社交网络中沉默却拥有极大权利的人物，如《教父》中的主人翁柯里昂，SNA 研究者将他们称之为"灰衣主教"（émin encegrise）。他们通过在暗中利用那些同样具备良好社会关系的人来操控信息，进一步推进自己的计划，通常具有超级强大的能量（Tsvetovat & Kouznetsov, 2013）。

在本研究中不难发现，1937 年版《大波》具有最高特征向量中心度的人物仍然是作为主人公的虚构人物楚子才（表 5），而《大波》重写本中的这一角色由保路废约运动的实际领袖、保路同志会的副会长罗伦来担当却并不令人意外（图 11）。这是由于《大波》重写本的书写建立在更翔实、更有把握的史料基础上，作者敢于去对真实的历史人物花费更多笔墨做正面描写。而另一方面，二十年后的作者也形成了相对清晰的历史意识，导致其叙述重心发生了不小的变化。

表5 《大波》（1937）中特征向量中心度最高的十个人物

	人物	特征向量中心度
1	楚子才	1
2	王文炳	0.795
3	黄澜生	0.777
4	黄太太	0.773
5	吴凤梧	0.67
6	孙雅堂	0.669
7	黄振邦	0.606
8	黄婉姑	0.563
9	罗伦	0.437
10	彭家麟	0.404

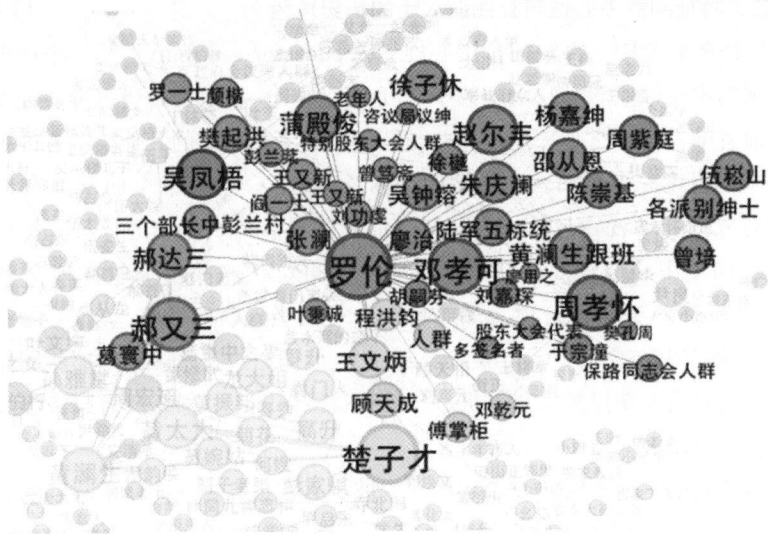

图 11 《大波》（重写本）中罗伦的网络：按特征向量中心度排序，模块化分割节点

　　关于四川立宪派在辛亥年川路风潮中的作用，史家或各有其说，但单就历史小说《大波》来看，已经可以比较明确地感受到身为亲历者同时又是小说家的李劼人的侧重所在。一方面，既为连续三部曲的结穴之作，便暗示了李劼人对封闭的长江中上游地区近代史的理解：辛丑之后，洋人侵入，地方纷乱，维新思想深入人心，日俄战争后，立宪推进，维新志士东渡日本，以革命党人身份归来，其后一波未平一波又起，争路事件愈演愈烈，最终掀起了群众运动的"轩然大波"……看上去完全是一系列合理的、连续性的事件。这便往往容易让人忽视，李劼人在《大波》里面想要处理的，除了革命的暗中酝酿爆发，还有立宪运动的失败和清廷的崩溃，某种程度上后者更是一目了然的叙述中心，两者互为因果。在李劼人的观察中，罗伦和蒲殿俊集团始终主导风潮走势，身为谘议局副议长的罗伦成为每一次行动最重要的幕后大佬，运动的实际策划领导者。可以看到围绕在他周围的历史人物，无论是同盟者还是反对派，也都具有较高的中心度。风潮未起之时，保路同志会副会长罗伦和资议局议长蒲殿俊等人通过隐秘的、非正式的方式操作舆论，煽动民意，当民意完全失控、官绅一体的美梦被击碎后，罗伦一派的决策过程更成为危机事件中对话描写的重心。其后随着罗、蒲内部分化，蒲殿俊保守的一面暴露无遗，革命派因势利导抓住了立宪派人士的软肋。蒲氏大势渐去，沦

为新政权的傀儡，罗伦却于暗中完成了新力量的重组，任新军政府副都督，和新军内部人士保持密切关系，继续处在同各方势力的明争暗斗中。可以说，立宪派和士绅阶层的代表者罗伦是这场运动的灵魂人物。特征向量中心度的发现和《大波》重写本中叙述的侧重点完全吻合，代表了李劼人的一家之言，此指标兴许可为历史小说中的历史人物研究提供一些助益。但总体上说，这仍是一个使用起来应加以严格限定的考察指标，须格外小心才是。

五、结论

"大河小说"三部曲四个文本中人物通讯的社会网络，建立在容量巨大的人物对话基础上。本研究认为，通过计算比较常见的四种中心性，可有助于发现小说叙事中的一些关键性人物角色。例如"加权度数"与通常意义上小说"主人公"的概念更相适合。而在主人公之外，现代小说中具有较高"中介中心性"的人物角色通常暗示了文本潜在的叙事意图，值得引起叙事分析方面的高度重视。在计算这个指标时，应该使用针对加权网络设计的 Opsahl（2010）演算法，而非 Gephi 等软件所采取的 Brandes(2001) 算法，但是在进入具体阐释环节时，还应根据文本理解的需要对结果进行取舍。另外，本文还初步探讨了一个尚未受到足够重视的中心性概念"特征向量中心性"在历史小说研究中的意义，认为这一指标对于发现文本中某一类重要历史人物不无助益。

量化计算基础上的社会网分析与传统的文本细读相结合，是未来长篇写实小说研究可以期待的一个方向。如果能够在最初的文本挖掘阶段引入自然语言处理的手段，采取准确有效的"自动化"的数据提取技术，将能够在短时间内建立起大量同类文本的数据库，做真正"大数据"意义上的"远读（distant reading）"研究，打破孤例无援的局面。例如，不妨将茅盾后期的长篇小说也纳入比较范围，借以发现李劼人的独特性；又或者还可以晚清以来此类长篇小说为样本建立起总体数据库，运用更多统计方法进行宏观分析，发现二十世纪以来长篇体式的发展之规。除此之外，本研究对社会网分析的引入还局限在节点层面（node-level-analysis），也即由中心性所提示的重要人物角色发现这一点上。期待将来可以将应用拓展到群体（group-level analysis）乃至网络整体拓扑结构分析的层面。这些在目前的历史学研究中已有少量先例，例如以聚类分析的方法来辨识网络中的小团体，亦即派系的发现（Chen）。当然，对于文学（小说）文本而言，这里涉及的不仅是一个现有的统计分析方法如何同文学社会学思想进一步对接的问题，更是一个关于怎样看待小说与"现实"之关系的、常谈常新的"终极追问"。

参考文献

［1］Alberich, R., Miro-Julia, J., & Rossello, F. (2002). Marvel Universe looks almost like a real social network. arxiv preprint cond-mat/0202174, 2002 - arxiv.org.

［2］Borgatti, S. P., Carley, K. M., & Krackhardt, D. (2006). On the robustness of centrality measures under conditions of imperfect data. Social networks, 28(2), 124-136.

［3］Borgatti, S. P. (2005). Centrality and network flow. Social networks, 27(1), 55-71.

［4］Bonacich, P. (1987). Power and centrality: A family of measures. American journal of sociology, 1170-1182.

［5］BrandesUlrik. (2001). A faster algorithm for betweennes centrality. The Journal of Mathematical Sociology, 25 (2), 163-177.

［6］Freeman, L. C. (1979). Centrality in social networks conceptual clarification. Social networks, 1(3), 215-239.

［7］Newman, M. E. (2003). The structure and function of complex networks. SIAM review, 45(2), 167-256.

［8］Moretti, Franco. (2012). Network Theory, Plot Analysis. MorettiFranco, Distant Reading. London: Verso.

［9］Mutton, P. (2004, July). Inferring and visualizing social networks on internet relay chat. In Information Visualisation, 2004. IV 2004. Proceedings. Eighth International Conference on (pp. 35-43). IEEE.

［10］Opsahl, T., Agneessens, F., & Skvoretz, J. (2010). Node centrality in weighted networks: Generalizing degree and shortest paths. Social Networks, 32(3), 245-251.

［11］TsvetovatMaksim, & KouznetsovAlexander. (2013). 社会网分析：方法与实践（王薇，王成军，王颖，& 刘璟，翻译）. 北京：机械工业出版社.

［12］So, R. J., & Long, H. (2013). Network Analysis and the Sociology of Modernism. boundary 2, 40(2), 147-182.

［13］罗家德. (2012). 社会网分析讲义（第二版）. 北京：社会科学文献出版社.

［14］廖儒凡.(2010). 中国古典白话小说中的社会网路关系：以《儒林外史》为例 [J]. 台湾大学资讯网络与多媒体研究所.

［15］M.E.J. 纽曼. (2014). 网络科学引论（郭世泽，& 陈哲，翻译）. 北京：电子工业出版社.

致谢

本研究能够最终完成，要感谢现在香港中文大学理学院数学系访问的北京清华大学数学系博士毕业生顾庆松，感谢他为加权网关系权重的计算编写了 Matlab 的命令；清华大学人文学院中文系博士生高静承担了《大波》重写本以及一部分《死水微澜》资料的录入工作，感谢她的无私付出和一如既往的支持；远在爱尔兰都柏林大学从事社会经济学研究的熊航博士为演算法的选择贡献了最宝贵的意见，在他的及时建议下，我找到了更适于加权网络运算的 R 语言包 Tnet，再次感谢他的慷慨相助。

一口反万众　孤意惟在乡

——李劼人"大河三部曲"叙事艺术的自觉及其风格表现

钟思远 [1]

摘　要　李劼人因其小说叙事艺术的自觉而创造了"大河三部曲"独特的叙事风格。这种叙事风格有两种典型的表现形态，一是叙述者姿态的强势和自信，二是"大河三部曲"中世情描写与历史记述之间产生的矛盾张力。前者可视作乡土叙事过程中作者主体意识的高度自觉，后者的成因及效果均十分复杂，也与李劼人的乡土情结发生了微妙纠葛。它们的存在使"大河三部曲"不仅成为了中国现代乡土小说与地方历史小说中的皇皇巨著，同时也勾勒出一条作家创作的隐秘心路。

关键词　李劼人　"大河三部曲"　叙事艺术　叙事风格

一、问题闪现：叙述者的强势开场

"由四川省省会成都，出北门到成都府属的新都县，一般人都说有四十里，其实只有三十多里。"[2] 这是《死水微澜》第二部分《在天回镇》开篇第一句话。以往李劼人作品的研究者们大都未对之多加注目，但此话中隐含的意味颇值细究。

句子里有两种声音明显地交锋："一般人都说有四十里，其实只有三十多里。""一般人"在说话，那个不露面的叙述者也在说话；"一般人"代表着多数，而叙述者相比之下是少数。但偏偏这个"少数"却要将自己的声音居为当下的事实，而将那些"多数"的看法视作过去的差错。于是，问题出现了：即使叙述者有意将自身视角设定为无所不察的全知视角，但读者又凭什么在没见到证明过程的情况下就认同其观点呢？进而言之，即便普通读者由于某种阅读习惯（对全知视角

---

① 钟思远（1982—），男，四川成都人，四川师范大学古代文学博士，商洛学院语言与文化传播学院讲师，成都李劼人研究学会文献采编委员会委员。
② 李劼人：《李劼人选集》第一卷，成都：四川人民出版社，1980年，第22页。

下叙述者观点的"自然"认可），不假思索地将叙述者观点当作正确结论记在脑里，抛弃了他们自身所应归属的"一般人"的群体认识，但这种惯性思维又从何而来呢？

带着这些疑问回到上述所引文字，我们便能发现：叙述者陈述的内容虽貌似平常，但其间投射出的那种不容置疑和辩驳的语气却成了影响我们认识的关键。这是叙述者压向读者的强势姿态，也是藏于叙述者身后的作者对自己叙述的高度自信。由此，我们反思自己阅读时对上述叙述者判断的接受，可见其实际上是一种对于叙述者（或作者）自信的折服。一个擅长写实的作家，为了使自己的作品具有强烈的现实感（无论是当下的还是历史的），必然要尽可能争取读者的心理认同。而当作家个体面对读者大众，如何让居于大多数的"一般人"认可自己的叙述而放弃他们可能与此相异的经验呢？一种自信满满的强势话语姿态成为了优选策略。即便有些审慎多疑的读者对此类话语有意保持距离，那么这些读者也将面对随之而来的逻辑推理、举例譬喻以及作为话语力量渊源的各种知识的说服。虽然知识不见得就是事实，但对一个未尝触碰过相关事实而又缺乏相关知识的人而言，想要"无知"地抵抗那些细致缜密的知识灌输，实在是困难的。

二、洞悉风物：叙事自信的基石

实验心理学研究已经证实：无论是以语言还是文字的形式，叙述者最易使他人直接认同的事实首先是那些在日常生活中可以反复检验的关于客观事物的表述，如：气候、地理、动植物、人造工具、物理及化学现象等。因此，在文学作品中，只要作家有着写实的动机，且着重点又在个人生活之外的广阔社会现状或历史事件的话，其叙述的真实性或可信度往往首先建立在对特定风土、物态、民俗、世情的逼真描摹上。即是说，一个此类的写实主义作家，若能够胸怀万汇，营图指掌，那么他也将笔下千钧，奠定叙事自信的基石。

当我们重返《在天回镇》的第一节，经由作者举重若轻的笔触，跟随着叙述者不徐不急的口吻从容了解着我们以往或许毫不知晓的川西小镇的地理物候、人文交通时，我们很容易就会承认某种正在延展开来的文字力量。作家李劼人凭借自己大量的小说学习及实践体会，为自己蕴藉于心的那些关涉宏大历史事件和社会风貌的长篇小说题材顺利地找到了一个恰如其分的叙写方式——由境及人。虽然许多读者未必会留意到上述那个开篇句子的别致意味，抑或李劼人自己都可能是因创作直觉而欣然命笔不及细察，但随着他在继之而来关于地域风土的层层描绘，这一块坚定的叙事基石便不可阻挡地愈益扎根深稳，且激发着作家创作心态的加倍自信，文辞神气亦就势高涨。

"这一天，又是天回镇赶场的日子。"[①] 根据上述分析，一看到《死水微澜》第三部分《交流》的这个篇首句，我们似乎能预料到作者下面将立即描写集市的场景。作者却在对当日天气、客栈状况略加点染后，笔锋陡转："川西坝——东西二百余里，南北七百余里的成都平原的通俗称呼——出产的黑毛肥猪，起码在四川全省，可算是头一等的好猪。"[②] 将偌大的川西坝与其出产的黑毛肥猪对举，本就奇诡；而后更不收笔，反将此猪作何品种、如何喂养等情况足用了六七百字娓娓道来，直写到："……成都西北道的猪，在川西坝中又要算头等中的头等。它的肉，比任何地方的猪肉都要来得嫩些，香些，脆些，假如你将它白煮到刚好，切成薄片，少蘸一点白酱油，放入口中细嚼，你就察觉得出它带有一种胡桃仁的滋味，因此，你才懂得成都的白片肉何以是独步。"[③] 及此，那看似突兀的闲笔已成精妙入微的文字，但作者意犹未尽，进而转道："因为如此，所以天回镇虽不算大场，然而在闲场时，每天尚须宰二三只猪，一到赶场的日子，猪肉生意自然更其大了。"[④] 接下来，猪市、米市、家禽市、家畜市、大市之外的各种小市摊……飞流直下，气势跌宕。于是，我们即可顿悟出开篇的闲笔不闲，更叹服作者的挥洒成文，圆转如意。众多关乎着川西坝地方的风土民情、寻常日用各应占据怎样的位置，在李劼人心中无不井然有序。其笔下文字中不仅有着细到纤毫的状况呈现，还饱含着深厚的情感和审美的意趣。于是，它们所赢得的也便不只是读者大众理性地颔首，更会使读者融入与作者创作时同样的陶醉和沉迷。

"赶场是货物的流动，钱的流动，人的流动，同时也是声音的流动。声音，完全是人的，虽然家禽、家畜，也会发声，但在赶场时，你们却一点听不见，所能到耳的，全是人声！……而在正午顶高潮时，你差不多分辨不出孰是叫卖，孰是吵骂，你的耳朵只感到轰轰隆隆的一片。要是你没习惯而骤然置身到这声潮中，包你的耳膜一定会震聋半响。……于是，足以证明我们的四川人，尤其是川西坝中的人，尤其是川西坝中的乡下人，他们在声音中，是绝对没有秘密的。"[⑤]

给予密集热闹的市镇场面如此收梢，将前文的层层铺叙推向了一个高潮，由前文对作者创作思路的分析，我们几乎可以断定这该是水到渠成的。然而，那句点

① 李劼人：《李劼人选集》第一卷，成都：四川人民出版社，1980年，第66页。
② 李劼人：《李劼人选集》第一卷，成都：四川人民出版社，1980年，第66页。
③ 李劼人：《李劼人选集》第一卷，成都：四川人民出版社，1980年，第67页。
④ 李劼人：《李劼人选集》第一卷，成都：四川人民出版社，1980年，第67页。
⑤ 李劼人：《李劼人选集》第一卷，成都：四川人民出版社，1980年，第70—71页。

睛式的结语竟又留下了一缕深味："我们的四川人，尤其是川西坝中的人，尤其是川西坝中的乡下人，他们在声音中，是绝对没有秘密的。"叙述者认为那些喧嚣嘈杂的声音中没有秘密，并将此判断推广给一切的读者，但他赋予的理由不过是："他们习惯了要大声说话……所以他们不能够说出不为第三个人听见的悄悄话……"①这又实在是一个过于简单的解释了。事实上，对一个异乡人而言，那些由陌生风土所长养出来的声音，可能无一处不包含着他未尝经验过的新奇讯息。即便是对一个此方风土所孕育出的本地人而言，又有几人敢极认真地把这句判语地加诸己身呢？句中的"秘密"一词分量太重，敢于声称自己对之能彻底洞察，无异于发出了一篇无比自信的智者宣言。或许本地人大都可以明白他们周遭所围绕的乡音中的大意，但其中那些关乎着此方风土"秘密"的话外之音呢？恐怕他们也要临难踟蹰了吧！但他们几乎不会把这种怀疑推及叙述者的身上，因为他们已见证了叙述者将自己对于此方风土的洞悉挥洒到了自由无碍的地步。

三、乡土为证：叙事艺术的自觉

"大河三部曲"开卷之作《死水微澜》就叙事视角而言，大致可分为两部分内容。第一部分是小说的开篇——《序幕》，它相当于整个小说的引言。叙事视角上采用第一人称的视角，叙述了童年时的"我"如何接触到"我"意图讲述的历史故事和其中人物。第二部分包括《在天回镇》及其后的内容，它属于与"我"的经历无关的故事，但形式上仍是由叙事者"我"讲述。因此，可以说正是从《在天回镇》一章起，《死水微澜》的叙事者才实际进入了作者意欲叙述的历史故事。

在"大河三部曲"中，《死水微澜》所涉故事发生的历史时间最早。因此，《在天回镇》也可以视作"大河三部曲"系列叙事的实质性开篇。自《在天回镇》一章开始，作者所采用的叙事方式贯穿了后来的《暴风雨前》和《大波》，指代小说叙事者的第一人称"我"再未出现。也即是说，此后的叙事者均是以全知视角的方式进入历史叙事的场域。于是，《死水微澜·序幕》中的第一人称"我"在"大河三部曲"整体叙事中作为叙事者的地位和作用是值得格外留意的。

《在天回镇》第一节用了整节（约一千五百字）的篇幅来对成都与新都之间的川北路况以及两者间一个名为"天回"的地方小镇风情做出了详细描写。而从此后的情节发展中，我们又明白了天回镇是《死水微澜》中故事发生的主要地缘背景。

---

① 李劼人：《李劼人选集》第一卷，成都：四川人民出版社，1980年，第71页。

于是可见，《死水微澜》所呈现出的叙事方式乃是由风土引出人物，再由人物展开情节。这在传统现实主义创作手法中并不新鲜，但就整个"大河三部曲"的叙述方式而言，与那种对特定历史时代典型环境的建构不同，它似乎更与作家对社会客观真实的语境追求以及内心艺术真实的形象建构密切相关。

纵然我们可以认为现实主义不过是评论家们为了言说文学作品的需要而发明的概念，但我们却不会怀疑如李劼人内心对历史真实、社会真实、人生真实的自觉追求。作为一位选择与自己生活年代相近的重大历史社会题材进行文学表现的作家，李劼人那种极富耐心、不遗余力的地域风土、民俗与世情描写就是展开上述自觉追求的明证。必先有时代风土的真实，才有发生于其上的社会人生的真实，最后才是逼近历史现场的真实——这就是李劼人小说叙事艺术的自觉。

李劼人显然擅长这样的叙事方法，对地方知识的无比熟稔让他自信满满地铺陈演绎着川西坝上的人间戏剧。"大河三部曲"以百万言的巨大体量叙述了成都及其周遭地域的历史风云、世情百态、道德人伦。其中，李劼人描写风土、民俗与日用百科的文字就有十五六万字，足够一本长篇地方风物志的规模。[①]这些穿插于小说各处的章节单独看来无一不是理路明晰、精到细致、韵味悠长，其中内容天文地理无所不包，形式上单勾杂描无所不具。"大河三部曲"中，这些文字构筑起了叙事者如此源源不绝、喷涌而出的叙事气场，将普通读者紧紧包围，使之很难不信任其叙事话语的真实可靠。

所以，当《大波》中的叙事者再次以同样的口气说，"城里人都相信轿行的计算，说出南门到武侯祠有五里路。其实走起来，连三里都不到。"[②]时，读者们便会极其自然地在心里附和："是啊！真的连三里都不到呢！"

四、世情与历史：叙事张力的形成

在"大河三部曲"的整体内容中，描绘川西坝世情人伦的笔墨与对该地革命历史的叙事对立并峙，形成了巨大的张力。这种张力有时因烘托得当而使小说情节发展和人物塑造相辅相成（如《死水微澜》《暴风雨前》）；有时却因作用不均而使小说内容松散、结构懈怠（集中表现在《大波》中），成为了问题。在当代研究

[①] 当代学者将李劼人有关川西地域风土的文字创作集中整理为《李劼人说成都》一书（曾智中、尤德彦编，四川文艺出版社 2001 年版），全书三十二万余字，其中近半内容都源自"大河三部曲"中关于风土的描写。

[②] 李劼人：《大波》（上），北京：人民文学出版社，1997 年，第 165 页。

者对旧版《大波》的述评中，该问题的成因被归结为李劼人"特殊"的创作方式，即将虚构的地方士绅阶层黄澜生一家的家庭生活与以赵尔丰为首的历史真实人物的社会事件交织书写。"这样，黄澜生的家庭生活和保路运动，即艺术情节和社会背景便是两种描写风格，显得游离，几乎可以分成两部分；如果删去黄澜生家庭生活的部分描写，那么，历史事件的描述不仅可以单独成立，还可能是辛亥四川事变的较为忠实的文学报道……"①此处分析较清楚地说明了"大河三部曲"一以贯之的创作方式，即从"家庭视角"出发，以虚构人物牵连社会阶层，以地方历史反映时代变革。分析者同时指出："作者的意图十分清楚，就是把艺术虚构同史实摹写扭结起来，相互交融，通过社会风潮的影响刻画人物形象，以便清晰、鲜明、生动地反映辛亥四川事变的进展情况。"这些论述切中了"大河三部曲"叙事张力成因的表现层面，并对自然延伸出对叙事张力作用效果的比较。②但经由叙事张力作用效果评价而反思其成因的过程中，创作方式之外的创作心态问题还可以作为此张力成因的内在层面加以注目和探讨。

目前，已有学者通过对新旧版《大波》不同创作背景、不同文本内容、不同创作动机、不同影响评价的比较研究，对"大河三部曲"叙事张力的成因做出了更加精辟的阐释。一个标志性的结论即为："新旧两种《大波》不同的艺术结构模式，是处于不同时代背景下的作家对待生活的不同价值取向所决定的。而这两种不同的结构模式又最终决定了两部作品的不同价值取向：以家庭男女生活为主，革命为背景的旧版《大波》，属于'虚构'的文学，所以是一个世情叙事的文本，而以史为主，家庭生活为辅助的新版《大波》，则属于虚实相间的历史文学，是一个历史叙事的文本。"③沿承此观点，结合前文对李劼人小说叙事艺术自觉的相关论述，就还可以辟出一个由创作心态到创作方式之间如何过渡的问题层面，即：风土与世情多为静态的、日常的，即便鲜活流动的方面也可以经由仔细考察而厘清较为真实的面貌；较之展演于其上的那些波云谲诡的历史风云和社会变革，前者显然更容易让人揣摩得体，一旦李劼人将叙述重心放置在后者，就必然遭遇一个个创作上的繁难。具体问题几乎接踵而至：如何用同样的叙事自信来统摄风土之外真实不虚却又动荡不已、纷繁复杂的时代历史？如何以文学的叙述方式驾驭诸如礼教、

① 李士文：《李劼人的生平和创作》，成都：四川省社会科学院出版社，1986年，第210页。
② 李士文：《李劼人的生平和创作》，成都：四川省社会科学院出版社，1986年，第211—212页。
③ 张义奇：《革命由背景向场景转换——〈大波〉的世情叙事与历史叙事》，《李劼人研究：2011》，成都：四川文艺出版社，2011年，第39页。

改良、革命等涉及政治、经济、生活的宏大命题？① 如何以充分的叙事艺术自觉灵活协调世情与历史内容间的矛盾张力？如何在"大河三部曲"中继承并发展《死水微澜》所开启的特色鲜明的叙事风格？如何妥善应对因时代更迭而导致的个人境遇变化在修订、重写旧作过程中对作者心态的巨大影响？……

览阅论述新、旧版《大波》艺术优劣的各种文章后，会发现：研究者们普遍对李劼人解决上述问题的努力表示充分肯定和同情，却也对其最终的艺术成效（尤其是新版《大波》）持不同程度的保留意见。② 而当前研究新中国成立后李劼人修订、重写"大河三部曲"期间创作心态的文章也对上述现象作出了进一步的分析。概言之，自旧版《大波》的创作开始，李劼人就游移在自信和不自信两种创作心态之间，从而陷入了创作困境：由于李劼人对那些纷繁复杂的历史事件、社会状况无法自信自如地进行文学驾驭，使得"大河三部曲"作者惯有的立场、情感与创作风格难以统一，最终导致小说叙事中矛盾张力的难以协调。在创作心态上，这已经显现出作者主体性某种程度上的消退：作家的创作受到了困惑、焦虑、紧张等消极心理因素的侵扰。③ 可以补充说明的是：在创作并完成旧版"大河三部曲"阶段，这种困境尚可通过作家主体较为自由的创作思维和叙述方式（如：家庭男女牵扯映射革命背景的世情叙事）予以适当处理；但重写《大波》时，这种困境则因更多的外部创作环境约束而加剧。

在新中国成立后修订、重写"大河三部曲"的过程中，李劼人舍弃了许多作品初创时期个人化的世情记忆、社会感受和生活体验，掺入了许多非个人化的新时代外部环境影响因素并受到其"要求"。对于此间取舍，李劼人平添了更多的困惑，致使其创作心境与创作实践时时龃龉，创作自信不断动摇。于是，创作心态

---

① 李劼人在谈到《大波》的主题时也曾说："这是一种有着关键性的政治运动，它当然要影响到当时的社会生活和当时的人们思潮。你写政治上的变革，你能不写生活上、思想上的变革么？你写生活上、思想上的脉动，你又能不写当时政治、经济的脉动么？必须尽力写出时代的全貌，别人也才能由你的笔，了解到当时历史的真实。"（李劼人：《〈大波〉第二部书后》，北京：人民文学出版社，1997年，第756页。）可见李劼人意图书写大时代、大历史和其间繁杂世情的创作设想，亦可窥见"大河三部曲"的创作初衷。
② 持此类观点的代表文章有：张义奇《革命由背景向场景转换——〈大波〉的世情叙事与历史叙事》，艾芦《〈大波〉：李劼人的生命之歌》，钟思远《〈大波〉的重写与李劼人的"二次革命"》，陈思广《认同与思辨——1976—2010年李劼人"大河小说"的接受研究》（均收入成都市文联、李劼人研究学会编辑的《李劼人研究：2011》一书）等。著作方面，代表性论述主要见于李士文《李劼人的生平和创作》中的相关章节。
③ 对此，李劼人在重写《大波》时予以了追认。其言："三部小说中，偏以《大波》写得顶糟。……从此在思想上也背上了一个包袱，十几年来随时在想，如何能有一个机会将《大波》重新写过，以赎前愆。"见李劼人：《死水微澜·前记》，《李劼人选集》第一卷，成都：四川人民出版社，1980年，第5页。

上的困境更加严重地制约了创作实践，令"大河三部曲"的修订、重写倍受阻碍，尤其表现在创作新版《大波》时所遭遇的重重困难中。① 正如当今学者所言："在此，我们看到了环境对于作家决定性的制约与影响。"②

但即便如此，李劼人终究还是尽力保持着一个作家的可贵自觉：追求社会客观真实与内心艺术真实的统一。他无比热爱长养了自己的故乡，爱惜笔下鲜活的文字。正是在他那些饱含热情、兢兢业业的书写下，读者们才得以看到当时川西地方历史社会现场的珍贵记录和对风土民俗、世情人伦的真诚描摹。

五、孤心执念：叙事风格与乡土情结

1924 年 8 月，33 岁的留法学子李劼人回到成都，从此以后再未远离川西坝的土地。他对故乡的热爱在"大河三部曲"中表现成"癖"③，那些"诸如衣食住行，工作娱乐，红白民事，过年过节，名胜古迹，公园茶馆，街道寺庙，餐馆小食，交通工具，生活用品……"无不被"娓娓细述，大加渲染"④。的确，李劼人对于故乡的知识、情感、思考都太多，⑤ 一旦有机会便如水瓯破孔，恣意流淌，习惯成"癖"。这就是他无法掩饰的乡土情结。他以"一支令人羡慕的笔"⑥用故乡的语言写透故乡的人和事，把自己所有无羁的情感、思想、怀抱、志趣都深融于故土，用自己毕生的精力赋予其无比的鲜活。这种对地域文化的自觉传承十分动人，无怪乎同为成都人的巴金在李劼人去世后由衷喟叹："只有他才是成都的历史家，过去的成都活在他的笔下。"⑦

---

① 钟思远：《〈大波〉的重写与李劼人的"二次革命"》，《李劼人研究：2011》，成都：四川文艺出版社，2011 年。
② 张义奇：《革命由背景向场景转换——〈大波〉的世情叙事与历史叙事》，《李劼人研究：2011》，成都：四川文艺出版社，2011 年，第 39 页。
③ 李士文：《李劼人小说的乡土文学特色》，《李劼人作品的思想与艺术》，北京：中国文联出版公司，1989 年，第 129 页。
④ 李士文：《李劼人小说的乡土文学特色》，《李劼人作品的思想与艺术》，北京：中国文联出版公司，1989 年，第 129 页。
⑤ 李劼人是一个学者型的作家。他博览群书，视通古今，学贯中西。他对四川地域文化的关注和研究兴趣极浓。他大量收集关于四川的方志杂著，并据此动手进行了历史、文学、风俗等方面认真研究，成果丰厚。对于李劼人作为一个地方历史学家、民俗学家的学术研究，在现有李劼人研究中也占了很大比重。
⑥ 郭沫若：《中国左拉之待望》，《李劼人选集》第一卷，成都：四川人民出版社，1980 年，第 1 页。
⑦ 见于巴金给李劼人女儿李眉的一封回信。转引自艾芦：《"过去的成都活在他的笔下"——李劼人三部曲的地方色彩与生活情调》，见《李劼人作品的思想与艺术》，北京：中国文联出版公司，1989 年，第 134 页。

　　李劼人自 1950 年 7 月被任命为成都市第二副市长以来，极认真地参与过市政建设的方案制订和具体实施纲要的规划工作，提出过不少有益意见，并促进了许多功垂后世的市政工程的改造、兴修和完善。但随着国内政治形势变化和政治运动的兴起，李劼人实际工作中的职权逐渐虚置，当他意图如往昔一样通过回归文学创作求取精神补偿时，却又发现自己始终无法融入一个未曾预料到的"新社会"，李劼人在一个旧时代知识分子跨入新时代所必经的"革命"道路上感到许多的无奈。新环境下，他形成了对以往自我的怀疑和困惑。①也恰在此时，他开始了"大河三部曲"的修订、重写。

　　尽管修订与重写中遭遇了种种环境的约束、内心的煎熬，但"大河三部曲"始终都未"变作"新历史条件下的"应景文学"。纵然是在重定了革命历史主线、凸显了革命历史主题与内容的新版《大波》中，对地方风土民俗与世情人伦的书写也鲜明占据着小说三分之一多的篇幅，李劼人创作心态中的乡土情结依然格外引人注目。

　　如今，通过李劼人那些对川西坝风土、民俗与世情百态工笔细描、孜孜以求的文字，我们仍可以在意识中拟构并留驻一个感同身受的遥远时空，想象那些远离了时代政治复杂形势的山河城池与烟火人间当年是如何庇护着一个在现实政治境遇中手足无措的作者的灵魂。如此而言，"大河三部曲"里不舍不弃、情有独钟的对于风土、民俗与世情百态的书写，是否又是李劼人以文学的方式对自己与故乡那份深刻默契的最后维系呢？答案虽无法确证，但将之视作李劼人乡土情结的特殊表现仍不失为一种较好的研究角度。

　　综观全文对李劼人"大河三部曲"叙事艺术的自觉及其风格表现的种种分析，我们可以作出以下的总结：李劼人因其对叙事艺术的自觉而创造了"大河三部曲"独特的叙事风格。这种叙事风格有两种典型的表现形态：一是源于作者主体意识的高度自觉而产生的叙述者姿态的强势和自信，此自信乃以作者对故乡风土、民俗与世情百态的无比熟稔为基础；二是"大河三部曲"中世情描写与历史记述之间产生的矛盾张力，此张力的成因及效果均十分复杂，深刻影响了后世对"大河三部曲"叙事艺术成就的评价。同时，在"大河三部曲"修订、重写的过程中，作家对此种张力的处理也与自身的乡土情结发生了微妙的纠葛：由巨笔著史的豪迈初衷到耕植乡土的潜修默念，李劼人历经波折却不忘初心，最终在余温尚存的往

---

① 关于对李劼人作为一个旧时代知识分子在跨入新时代过程中，对"新形势"、"新社会"、"新思想"无法完全的接受与融入的问题探究，可参见钟思远：《〈大波〉的重写与李劼人的"二次革命"》，见《李劼人研究：2011》，成都：四川文艺出版社，2011 年。

昔时空中悄然成全了自己赤子般的眷恋。它们使"大河三部曲"不仅成为了中国现代乡土小说与地方历史小说中的皇皇巨著，同时也勾勒出一条作家个人创作的隐秘心路：让故乡川西坝这一承载了不朽记忆和丰饶想象的存在成为了作家自我灵魂永恒的安居之所。

2017 年 5 月 8 日

地域文化视野下的李劼人文学思想

王学东 ①

摘　要　在巴蜀文化视野之下，四川现代作家文学观念的形成，是一个相对缺少的研究领域。区域文学有其独特的地方性，这里从"文学地理学"的视野来思考李劼人的创作，特别是探讨区域文化之下李劼人的文学思想，以及这种文学思想所蕴含的独特价值。

关键词　文学地理学　李劼人　文学思想

　　巴蜀地域文化与四川现代作家的小说创作，已有诸多的研究，产生了丰硕的成果。大多数研究是以四川现代作家与巴蜀文化关系为探讨的切入点，对四川现代作家的独特性进行探讨，特别是从巴蜀文化出发对四川现代文学进行现代阐释，以彰显出四川现代文学的特质，这已成为大部分研究者的研究路径。然而，在巴蜀文化视野之下，四川现代作家文学观念的形成，则是一个相对缺少的研究领域。我们知道，区域文学有其独特的地方性，指导作家进行创作的文学思想又怎么不带有区域色彩呢？

　　李劼人的历史小说被誉为"近代的《华阳国志》"，反映了近代四川社会的历史变迁。同时，他又是成都民俗风情的"画家"，善于从民俗风情的方面去观察社会的变化，注重渲染地方风情的魅力，以别具一格的地方语言，写出了成都人的神韵和特色。这里即从"文学地理学"的视野来思考李劼人的创作，特别是探讨区域文化之下李劼人的文学思想的形成，以及这种文学思想所蕴含的独特价值。

一

　　地理与整个社会的建构与发展有着密切而相当重要的关系，中国古代学者早已

① 王学东（1979—），男，四川乐山人，文学博士，西华大学人文学院副教授，硕士生导师。主要研究：当代新诗、民国文学、巴蜀文化。

注意到，并有重要的建树，清代学者顾祖禹的《读史方舆纪要》就是其中的重要著作之一。该著在《凡例》中说，"天地位而山川奠，山川奠而州域分，形势出于其间矣。是书以一代之方舆，发四千余年之形势，治乱兴亡，于此判焉。其间大经大猷，创守之规，再造之绩，孰合孰分，谁强谁弱，帝王卿相之谟谋，奸雄权术之拟议，以迄师儒韦布之所论列，无不备载。或决于几先，或断于当局，或成于事后，皆可以拓心胸、益神智。"在古代，山川、州域等"地理"，不仅是天下治乱的依据、帝王纵横驰骋的根基，还是个人神智修养的依托。可见，"地理"堪称是影响社会大局、个人精神的重要维度。同样，经历了现代转型的社会，尽管我们是以"时间"维度来定义现代性的，且极为看重"时间"与现代性的复杂关系，但是我们的现代生存之思，与"空间"有着深刻的纠缠。正如1976年福柯在《权力的地理学》中所说的一样，"我们时代的焦虑与空间有着根本的关系，比之时间的关系更甚。"[①]在以"时间"来定义的现代社会乃至现代性等问题上，空间问题、地理问题，是影响着我们精神甚至是决定性影响的重要维度。

地理直接参与到整个社会的建构，也就对文学的发生和发展起着至关重要的影响。特别由于古代社会的交通不便，文学中的地理因素更加凸显，这使得中国古代文学具有了突出的地域文化特色。中国古代文学的两大源头《诗经》与《楚辞》，即是存在着明显的地域差异，而形成的北方文学与南方文学的风格。进入二十世纪，这种文学地域性差异在现代性的同一性追求，意识形态的统一等语境之下，有所弱化。但各地域由于长久的文化积淀，以及作家地域生存中的复杂体验，使得二十世纪中国文学的地域性特色依然十分明显。严家炎就认为，"对于20世纪中国文学来说，区域文化产生有时隐蔽、有时显著然而总体上却非常深刻的影响，不仅影响了作家的性格气质、审美情趣、艺术思维方式和作品的人生内容、艺术风格、表现手法，而且还孕育出了一些特定的文学流派和作家群体。"[②]所以，以"地理视角"来探讨现代文学，是一种极为重要的研究范式，形成了一门独特的学科"文学地理学"。

在文学地理学的知识建构和方法论探讨中，已有大量的学者做出了重要的贡献。梅新林认为，"文学地理学中的'地理'，依次包括：1、作家籍贯地理；2、作家活动地理；3、作品描写地理；4、作品传播地理等四个层序。通过对这四个层

---

① 福柯：《不同空间的正文与上下文》，转引自包亚明主编《后现代性与地理学的政治》，上海：上海教育出版社，2001年，第20页。
② 严家炎：《20世纪中国文学与区域文化丛书·总序》，李怡：《现代四川文学的巴蜀文化阐释》，长沙：湖南教育出版社，1995年。

序动态的、立体的、综合的分析研究，不仅可以使我们更真切地了解文学家的生态环境，复原经过文学家重构的时空场景，揭示隐含于文学家意识深层的心灵图景，而且还可以由此探究文学传播与接受的特殊规律。"① 他不仅提出了文学地理学研究方法的"四个层序说"，同时也指出了明确该研究领域的终极目标即是从"时空场景"到"心灵图景"，以探讨"物质的空间"到"精神的空间"的转化过程。文学地理学的研究，即是探讨"空间场景"如何参与到"精神图景"建构的复杂关系。

二

巴蜀的空间场景，特别是对"蜀空间场景"的再现和刻绘，是李劼人文学的重要特征。

李劼人对他所生存着的这一个"真实的蜀空间场景"是异常感兴趣，并花费大量时间投入于其中。他不但主编过《蜀风》《风土什物》《四川时报·副刊·华阳国志》等"蜀空间场景文化"的刊物，而且还撰写过《旧帐》《漫谈中国人之衣食住行》《说成都》等文章，详细地考察了具体、真实的"蜀空间场景"，特别是成都这个"空间场景"中的城市街道、名胜古迹、历史掌故、风俗人情、地方特产等。

更重要的是，李劼人不仅直接体验、收集、考查、介绍蜀的相关情况，还全身心投入到小说中"蜀空间场景"的描绘和展示。而李劼人的"蜀空间场景"展示，借用宋代黄伯思在《校定楚辞序》中的概括"盖屈宋诸骚，皆书楚语，作楚声，记楚地，名楚物，故可谓之'楚辞'"。也就是说，李劼人"蜀文化空间"，以"蜀语"为形式，以"蜀地"平台，以展示出这个空间中的物、事、人的形态和基本面目。

首先，在李劼人的历史小说中，他大量地使用了"蜀语"即四川方言，以此营构出的"蜀空间场景"独特表现形式。当然，李劼人的"蜀语"本身就是一个复杂的组成，这与蜀地作为一个移民聚居地，以及复杂的社会构成有关。谢应光就以《死水微澜》为例，认为李劼人的小说，"至少有三种话语系统相互交织在一起。一是 20 世纪初的四川方言，大多数至今还在沿用；二是四川的袍哥行话，今天大多已经绝迹；三是当时的官话，即政府和知识分子使用的那些半文半白的口语和

---

① 梅新林：《中国文学地理学导论》，载 2006 年 6 月 1 日《文艺报》。

书面语。"① 在李劼人小说中的"蜀语",两个重要的组成部分是"四川方言"和"袍哥行话"。如他小说的四川方言：耍、估倒、脑壳、巴适、生书、精灵、啥子、丧德、伸抖、端公、默道、做活路、捡魈头、飞疼……他小说中袍哥行话：吃相饭、舵把子、白头帖子、通皮、水涨了、汤毛子……正是通过这一系列的"蜀语",凸显李劼人"蜀空间场景"的独特样态。

其次，在"蜀语"表现形式的基础上，李劼人的历史小说细致而详实地呈现出"蜀空间场景"。这一个"蜀空间场景"就是现实中的成都，涉及成都市区及其郊县的茶馆、公园、街巷、庙宇、赌场、烟馆、教堂、商铺、学校、官邸、商埠，具体如东大街、总府街、湖广会馆、灵官庙、青羊宫、劝业场、满城、皇城、北川大道、天回镇、川西坝等地域，在李劼人的历史小说中多有出现，并且已成为了他历史小说中的不可或缺的重要组成部分。对于这些"空间"，李劼人一方面做了描绘，以他细腻的文学之笔展开了"穷形尽相"的展示，现实了丰富的文学感觉。同时，另一方面，他又追述其历史传统，把这一空间场景拉开，对这一空间地域的缘起发展、兴荣衰败、历史传说、轶闻掌故一一进行介绍，还原出一个一个真实、具体而完整的"蜀空间场景"。对于"蜀空间场景"的历史性展示，几乎成为李劼人小说的一个重要特征。在我看来，李劼人对于"蜀地"的历史性展示兴趣，不亚于其文学性展示的兴趣。

最后，在这样的"空间场景"之中，李劼人除了对"蜀空间场景"本身感兴趣，不遗余力的描写之外，他还进一步以"蜀事""蜀物""蜀人"充溢于期间，形成了一个立体感的"蜀空间场景"。郭沫若早在《中国左拉之待望》就看到了李劼人的小说中，"青羊宫看花会，草堂寺喂鱼，劝业场吃茶，望江楼饮酒，铁路公司听演说流泪，后院讲堂骂土端公……都由他的一支笔替我复活了转来。"② 在这个"蜀空间场景"之中， 填充着诸多有意味和民俗特色的"蜀物"：川人的服饰、室内摆设、节日民俗、货物建筑、花园亭台、交通用具、川菜川戏、蜀锦蜀绣、饮食起居等都编织在"蜀空间场景"中。

这里，李劼人"蜀空间场景"中灌注的"蜀事"、"蜀人"，更显示出别具一格的韵味和价值。他的"大河三部曲"就是"蜀事"，而且是"蜀人的大事"，构成了波澜壮阔的"近代蜀史"。如《死水微澜》以蔡大嫂这一个人物形象为中心，牵

---

① 谢应光：《张力与遮蔽之间——〈死水微澜〉的语言问题》，《李劼人研究：2011》，成都：四川文艺出版社，2011年，第281—282页。

② 郭沫若：《中国左拉之待望》，《李劼人选集》第一卷，成都：四川人民出版社，1980年，第10页。

引出蔡傻子、罗歪嘴、顾天成等人物，由此探析庚子事变前后四川社会历史的重大变迁，也由此透视到整个中国社会的重大变迁。《暴风雨前》则集中在 1901 年—1909 年这一时段，直接以政治性的历史人物为中心，直接展示社会革命力量的酝酿、失败与聚集。而之后的《大波》，再现辛亥时期四川的历史巨澜，涉及保路同志会成立，蒲殿俊等被捕，开红山血案，龙泉驿兵变，重庆反正，赵尔丰假独立，巡防军哗变，洗劫省城，尹昌衡夺权，四川军政府的成立……堪称一幅完整的四川辛亥革命史。在这些"蜀事"中，直接的参与者便是"蜀人"。包括前面所提到的这些蜀人之外，李劼人的历史小说塑造和描绘了大量的"蜀人"，如生活在"蜀空间场景"中袍哥、贫民、教民、粮户、商人、官吏、教师、学生、妓女、士兵，他的历史小说或者说是"近代蜀人史"。当然，更为重要的是，他不仅是经"蜀空间场景"中的"蜀人"描绘出来了，而且还展示出了他们具有"蜀"特征的生活性格和精神灵魂。蔡大嫂、伍大嫂、黄太太等"蜀女性"，便是有胆有识、敢作敢为又追求享受、精明能干的"川辣子"。

总之，在李劼人的历史小说中，他以"蜀语""蜀地""蜀物""蜀事"与"蜀人"，一起构筑出一个丰富的"蜀空间场景"。所以巴金说，"只有他才是成都的历史家，过去的成都活在他的笔下"。[①] 李劼人的小说，不仅追求把"蜀空间场景"刻画出来，而且还复活了一个真实的"空间场景"——成都。

三

李劼人的这种对"蜀空间场景"的关怀，不仅在他的历史小说中得到了淋漓尽致的展现，同时对于揭示李劼人的文学思想，有着重要价值，凸显出了他独特的文学思想。

第一，李劼人的小说充分利用了"蜀语"，深入到"蜀地"，就是要还原一个真实的"蜀空间场景"，在对真实的"蜀空间场景"的刻画和还原的过程中，便形成了他文学观念的"真实旨趣"。

在《〈大波〉第二部书后》中，李劼人就说道，"你写政治上的变革，你能不写生活上、思想上的变革么？你写生活上、思想上的脉动，你又能不写当时政治、经济的脉动么？必须尽力写出时代的全貌，别人也才能由你的笔，了解到当时历

---

① 谢扬青：《巴金同志的一封信》，载 1985 年 5 月 23 日《成都晚报》。

史的真实。"①他谈到创作中的诸种内容，不管是生活上的还是思想上的脉动，还是政治、经济上的脉动，都是为写出"时代的全貌"。他文学中的这种时代全貌的呈现，最终指向的是历史的真实。可以说，在李劼人的小说中，文学的旨趣是在于"时代的真实"、"历史的真实"的展现。

当然李劼人文学思想的"真实旨趣"追求，也极大地影响到他作品的文学价值。如他的"大河三部曲"《死水微澜》《暴风雨前》《大波》，公认为此三部曲艺术水准是逐渐"下滑"的。但是对于李劼人的文学的追求来看，其"真实旨趣"是在不断凸显，并且越来越接近李劼人所认同的文学思想。这样，尽管艺术水准有所下滑，但他还是义无反顾地在文学的"真实"之路上不断地向前推进。

第二，为了实现"历史的真实"的"真实旨趣"，他的文学表达上具有一种"求真意志"，即为了"资料的真实"而展开的多种"实验的方法"。

李劼人非常倾心于左拉派，看重该派的实验的方法。他说，"左拉派的长处，就是他用实验的方法，不顾阅者的心理，不怕社会的非难，敢于把社会底面，赤裸裸揭示出来。"②具体而言，李劼人的"实验的方法"，其表现就是为了"资料的真实"，特别是"蜀语的真实"、"蜀地的真实"、"蜀事的真实"、"蜀物的真实"，他为此进行了无数繁杂辛苦的资料收集、整理的实验。沙汀说道："采访了许多置身事变中心的人物。……此外，他还搜集了不少早年的书画资料，包括一些家族的族谱、祭文，乃至流水账等，以及外国传教士向本国宗教团体介绍四川乡土民情的信件。"③张秀熟也曾谈到："辛亥革命虽然是他的亲身经历，又有直接的闻见，但他为了资料的真实，仍努力收集档案、公牍、报章杂志、府州县志、笔记小说、墓志碑刻和私人诗文。并曾访问过许多人，请客送礼，不吝钱财。每修改一次，又要收集一次，相互核实，对所见所闻，天天还写成笔记，小说的人物，有整理有'人物纪要'。"④也正是在这样细致、深入的"实验的方法"基础上，使得他笔下的"蜀地""蜀物""蜀人""蜀事"更加真实，也使李劼人的文学思想中"真实旨趣"更加明显。

第三，由于他脚踏实地、辛辛苦苦地以各种实验的方法，多方面收集各种原

① 李劼人：《"大波"第二部书后》，《李劼人选集》第二卷，成都：四川人民出版社，1980年，第953页。
② 李劼人：《法兰西自然主义以后的小说及其作家》，《李劼人选集》第五卷，成都：四川人民出版社，1986年，第453—454页。
③ 沙汀：《为川西坝子人民立传的李劼老》，成都市文联编研室编《李劼人作品的思想与艺术》，北京：中国文联出版公司，1989年，第3页。
④ 张秀熟：《李劼人选集·序》第一卷，成都：四川人民出版社，1980年，第5—6页。

始材料，以便将"蜀空间场景"的真实、完整形象展示出来，这就使他的文学思想形成了"博、富、厚"的审美情趣。

李劼人认为，"'一事不知，儒者之耻'，不知道的东西太多了，文学家就不成其为文学家了。当然，样样事情都要文学家去亲身体会，这是不可能的，我们可以借助于书本，从中去获得许多广博知识，这是间接生活。我们有机会还要到生活中实证一下，加以选择。知道的越多，在你写作时才可以选择其中最好的来表现，所谓'博而后能约'。"①在这种"博"的追求之下，对作家自己创作的兴趣来说，就不再仅仅局限于眼前的故事、人物、环境了，作家也就对故事、人物、环境背后的一切也抱以了极大的兴趣。所以在李劼人的小说中，对于"蜀空间场景"中的人、事、物的历史溯源，以及对各种人、事、物精致品评，使得他的文本变得极为"博杂"，形成了一种丰富的文学文本。

而另一方面，在"博"的追求之下，他对"蜀空间场景"中人、事、物的多重展示，便带有了"穷形尽相"的表现铺张、辞藻华丽的特征。所以，他小说中的人、事、物，既是在真实历史的笼罩之下，又有着丰富多层的质感，呈现出了丰富、肥厚的文学形象。当然，这早在司马相如的《子虚赋》《上林赋》《长门赋》《美人赋》以及他"合綦组以成文，列锦绣而为质"的赋学追求中就已经体现出来了。常璩在《华阳国志·蜀志》中就提到蜀"多斑彩文章"。所以，李劼人的小说又并非干瘪的历史叙事，也充溢着丰富的文学情趣。

总之，从"真实旨趣"出发到"实验的方法"，形成一种"博、富、厚"的审美情趣，组建起了李劼人的文学思想。也应该注意到的是，这期间也充满了矛盾悖反。如果说李劼人文学思想中的"真实旨趣"让"历史挡住了人"②，但与此同时，在生存与形而下关注的视野中，他笔下"人"的形象也是极为饱满的，极具文学性的。

四

有着鲜明地域特色的李劼人，以其"蜀空间场景"之下的文学思想构建出重要的"精神图景"，具有重要启示意义。

第一，李劼人文学思想的这种"求真旨趣"追求，在现代四川文学中，特别是与巴金文学思想的"讲真话"具有一致性。而与巴金最大的不同之处在于，李

---

① 李劼人：《谈创作经验》，《李劼人选集》第五卷，成都：四川人民出版社，1986年，第544页。
② 吴兴明：《历史该如何艺术地回首——就李劼人谈历史小说的视角》，《李劼人小说的史诗追求》，成都：成都出版社，1992年，第43—54页。

劫人文学思想的"求真旨趣"是求"蜀文化精神之真"。所以，李劫人文学思想中的"求真"，其实又回溯到"蜀空间场景"，力求展示"蜀之真"。即是通过文学"蜀空间场景"的呈现，以张扬"蜀"独特的文化特色，在现代社会中与蜀文化精神对接。也就是说，李劫人笔下的"蜀空间场景"就直接指向蜀文化精神。因此，李劫人文学中所表现出来的"求真"，并未陷入资料、史实的泥淖之中，而是通过这些史实，更为真切地展出了蜀文化的特征。

我们看到，正是这种意识，使得李劫人的小说成为一种多重意识的织体：一方面是蜀地空间及其历史的理性陈述与表达，另一方面又是时时刻刻投射出蜀文化反叛、多变的追求；一边是蜀空间场景的还原，一边又是世俗人情的繁文缛节；这里是冰冷的、细致的考据和材料，那边又是繁复、色彩斑斓的实用世界。这种多层意识，不仅有他求真理念的闪现，呈现出他独有的蜀文化精神，也使得李劫人的小说具有了丰富的多层空间意蕴。

由此，"文学地理学"视野之下呈现出来的李劫人文学思想，不仅让新时代生活于斯的巴蜀作家更好地继承这些理论并实施于创作中，使古代巴蜀文学优秀传统和鲜明特色进一步发展。同时，他的文学思想，也成为整个巴蜀文艺思想和文学理论的一个重要组成部分。对此深入探讨，有利于巴蜀文化的研究更加丰富、完整。

第二，也更为重要的是，李劫人"真实旨趣"的文学追求，实则是他对"蜀之真"或者"蜀"独特价值的固守。由此，在他的创作中，其表现就是时刻固守着"蜀之真"的最后艺术防线。这样，在整个二十世纪文学发展过程中，他的文学姿态就显得与整个文学的洪流不一致，颇为异样。这种异样，就是郭沫若最先发现的李劫人的"旧"的特征。郭沫若在《中国左拉之待望》中就说，李劫人"表现法虽旧式，但颇亲切有味"，"笔调甚坚实，唯稍嫌旧式"。①

但正是这种"旧式"，以及这种地域性文化的坚守，又使李劫人的文学创作对于世界文学梦想，以及现代性"宏大历史"叙事等文学思想具有批判、反思、抵制的意义。"世界文学"的到来，现代性的主宰，这已是时代发展的宏大的主题。马克思、恩格斯早在《共产党宣言》中就宣告了"世界文学"到来。但是在这样的一个过程，参与到现代性的建构、反思现代性危机，区域文化应该是其中一个有力的省思之境，"这种地域文化的总体特征，实际上是在与中心文化的共时性关系中呈现出来的差异性特征，是功能性而非实体性的。其功能就是质疑和瓦解中心文化的霸权地位，反思和批判大叙事的合法性问题，同时也在这种反思中借

---

① 郭沫若：《中国左拉之待望》，《李劫人选集》第一卷，成都：四川人民出版社，1980 年，第 3 页。

中心文化为参照，完成自身的转换与变化。只有确立这种共时性原则，对话才有共同的场域，才能在对话中放弃各自的独白性霸权地位，走向开放与多元"①。

有意识地保护、继承、发展地方性知识，正是为了人类的精神遗产和精神世界的丰富多彩，满足人们丰富的精神世界的需求。而作为区域性的知识构成之一的文学理论、文艺思想，也就具有了重要的意义。所以，李劼人文学思想的"旧式"，其实就隐含着对于"新式"中心话语霸权的反思和批判。而他小说所追求的地域文化精神，也成为与中心话语对话、交流的重要方式之一，展示了文化发展开放和多元的可能性。

---

① 段从学：《地域文化视角与现代文学研究》，载《广西民族学院学报》，2003（5）。

1894-1911：日本文化在四川的侧影

——以李劼人旧版"大河小说"为中心

蒋林欣　张叹凤[①]

摘 要 长期以来形成的中日文化交流模式在清末民初发生巨大逆转，日本作为西学的中介，成为文化输出方，随着口岸开放、留日热潮、日人来华，其物质、制度等逐渐渗入中国内陆腹地，激起微澜大波。李劼人的"大河小说"三部曲以史诗的"侧笔"，通过对日常生活、社会风俗、重大历史事件的描写，生动、细密、精准地描画出晚清之际日本文化在四川的侧影，如器物文明的渗透、文化教育的镜鉴、城市现代新政改革、社会风尚与文化心理的嬗变等，以其独特的地缘诗学在相对微观的地域性乡土空间里呈现出日本因素在中国现代化进程中的积极性与有限性，将地方边缘与国族问题相连接，这在整个现代文学史上都具有独特的意义。

关键词 日本文化　四川　李劼人　旧版"大河小说"

日本与中国一衣带水，自古文化交流源远流长，视中国为"文化的母国"，其文字、思想、艺术等均渊源于中国。但到了近现代，中日文化关系发生巨大逆转，日本由输入方转变为输出方，其物质、制度、精神……随各大通商口岸的开放、席卷全国的留日热潮、大批日人来华而逐渐渗入，对中国社会产生了广泛而深远的影响。在戊戌变法、清末新政、辛亥革命等中国历史的诸多拐点上，日本文化的影响无处不在，即便在死水般封闭落后的西南边陲也激起了微澜大波。川籍作家李劼人（1891—1962）的"大河小说"三部曲（《死水微澜》《暴风雨前》《大波》）被誉为"小说的近代史"、"小说的'近代华阳国志'"[②]，其时间跨度为 1894 甲午

---

① 蒋林欣，文学博士，四川文化产业职业学院讲师，研究方向为中国现当代文学与文化、文化产业等；张叹凤，四川大学文学与新闻学院教授、博导。
② 郭沫若：《中国左拉之待望》，《李劼人选集》第一卷，成都：四川人民出版社，1980 年，第 6 页。

战争至 1911 辛亥革命①，以宏大规模的全景视角、侧面微观的历史叙事描摹了清末民初的成都社会万象，其中生动、细密地描画了一幅幅日本文化在四川的侧影，在相对微观的地域性乡土空间里展示出日本文化在中国特别是巴蜀地区现代化进程中的重要角色、影响，完成了特殊历史时段日本形象的本土建构，这在现代文学史上具有独特的意义。

一、器物文明的输入与渗透

　　器物文明是国家富强的标志，物质的丰富表征着现代化的程度。鸦片战争之后，一系列不平等条约的签订迫使国门大开，中国成为广袤的商品倾销地，特别是中日《马关条约》（1895）迫使重庆开埠，帝国主义势力长驱直入四川，大量商品物质输入内地，渗透到衣食住行等社会生活的各个领域。作为历史小说家与民俗史家的李劼人在"大河小说"中细致地勾画了"洋货势力逐渐侵入"的动态过程。

　　《死水微澜》所涉洋货名目繁多，仅郝公馆就渗进了五色玻璃坠的大保险洋灯、雪白瓷罩的保险座灯、小座钟、八音琴、留声机、洋葛巾、花露水等来自西洋各国的新奇物品，此时为 1894 年甲午战争至 1901 年《辛丑条约》签订，日货尚未进入四川。到了时间跨度约为 1902 年红灯教起义至 1911 辛亥革命的《暴风雨前》与《大波》，日货迅速登场，后来居上。李劼人笔下点名的日货主要有吴鸿、黄邦昌等赶劝业会坐的"东洋车"，郝家姐妹谈论的日本药品"清快丸"、少城公园"绿天茶馆"柜台摆放的新式"东洋座钟"。其实流入成都市场的日货远甚于此，曾为成都补习学堂的日本教习中野孤山就说，从日本进口的杂货"占据了百分之四十的地盘"，并列举了名古屋座钟和挂钟、大阪伞等二十多种日货。②李劼人提及的 "东洋车"、"东洋座钟" 等在日货中颇具代表性，"东洋车"被中野孤山视为"文明先驱"③，"东洋座钟"被四川高等学堂日文教习山川早水视为"保持相当的势力"的畅销与长销品④。

　　其时，清廷大规模地选派学生和官绅东游留日，川省留日生数量在全国名列

① 李劼人：《死水微澜·前记》，《李劼人全集》第九卷，成都：四川文艺出版社，2011 年，第 242 页。
② 中野孤山著，郭举昆译：《横跨中国大陆——游蜀杂俎》，北京：中华书局，2007 年，第 114 页。
③ 中野孤山著，郭举昆译：《横跨中国大陆——游蜀杂俎》，北京：中华书局，2007 年，第 112 页。
④ 山川早水著，李密等译：《巴蜀旧影——一百年前一个日本人眼中的巴蜀风情》，成都：四川人民出版社，2005 年，第 74—75 页。

前茅①，这使得日本的器物文明更加深入民间，如郭沫若的母亲就"拄着一根五哥由东洋带回来的手杖"②。李劼人着重描写了葛寰中、尤铁民等留日生对日本服饰文化的钦羡。以候补县资格被派赴日本学习警察回来的葛寰中"已蓄了两撇漆黑的仁丹胡子，神采奕奕地穿了件日本和服"，坐在书房新买的洋式椅子上高谈阔论日本的种种情形：

> 说着，还一定要把和服一指道："老侄台，你看，光说这件衣服，多体面，多舒适！我常说，天下衣服只有两种，穿着又方便，看起来又不碍眼；就是一种老实宽大，一种老实窄小。窄小的比如是西洋服，不但窄小，而且甚短，穿起来又有精神，又好做事。宽大的比如日本和服，做事虽不大方便，确是好看而又舒适。只有我们中国衣服，倒不大不小的，又不方便，又不好看。在国内还不觉得，在国外一比起来，真就品斯下矣！所以我常同苏星煌、尤铁民、周宏道等讲到这上头，我们都有一致的主张，主张中国服制，实在有改变的必要。"③

与中国服饰渊源颇深而成为日本民族服饰代表的和服赢得了葛寰中这样的留学官绅的垂青，在与西洋服的双重对比中，不大不小、符合中国文化中庸之道的中国服装就显得既不方便又不好看，以至必须改变中国的服制。从日本回来准备革命的尤铁民更是钟情于日本缝制的洋服："现在穿西洋服，只有在日本穿，料子也好，缝得也好，上海就不行。……革命之后，第一要紧就该变服，把那顶不好的胡服毁了，全换洋装。……一个电报打到日本，叫几百裁缝来，不就成了吗？"④正如"取法泰西，获效最显著者莫如日本"，在服饰方面也体现出日本作为西学中介的重要角色与成功典范。

在《死水微澜》时期，葛寰中、郝达三等虽然"佩服洋人的巧夺天工"，但还是"不满意这些奇技淫巧，以为非大道所关"，此为典型的"中学为体，西学为用"心态。留日后，这种心态逐渐改变。尤铁民认为服饰与民族劣根性相联系，上海的洋服做得不好、街上穿洋服的少是"恶恶而不能去，善善而不能从"。正是在与日本服饰的对比下，葛寰中、尤铁民等更清楚地看到了中国社会、民族

① 王笛：《清末四川留日学生述概》，载《四川大学学报》（哲学社会科学版），1987（3），第81页。
② 郭沫若：《郭沫若自传》，《郭沫若全集》（文学编）第十一卷，北京：人民文学出版社，1992年，第306页。
③ 李劼人：《暴风雨前》，《李劼人全集》第二卷，成都：四川文艺出版社，2011年，第111页。
④ 李劼人：《暴风雨前》，《李劼人全集》第二卷，成都：四川文艺出版社，2011年，第143—145页。

的弊病，从而生发出"革命"与变服的政治诉求，改制服装成了"革命"之后的首要任务。

随着洋货势力的入侵、地方风俗的变迁，人们对待洋货的态度的变化，体现出民族文化心理结构在新旧转型期的演变趋势，特别是日货的影响在四川、成都体现得更为明显。但日货的渗透并非势如破竹，部分与本土习俗不合而遭淘汰，如山川早水提到出现在蜀都的东洋车因车夫和乘客都不习惯而名声没有打响，最后不得不在劝工总会闭幕的同时销声匿迹①；尽管葛寰中如此倾慕日本，但他府上的派头并未日本化，依旧照着点牛油烛的明角风灯；葛寰中、尤铁民、王文炳等虽积极主张改变服制，但革命之后的军政府人员穿着五花八门，并没有实现改变服制的心理预期，和服、洋装也只在留日生与部分革命党身上出现，在新旧杂陈的世界，异域文化的入侵只能是本土的时髦点缀而非主流，这就显示出了"现代"的艰难性。

二、旧浪新潮里的思想文化与新式教育

日本文化渐进四川主要功在留日生，因而日本的影响最为显著地体现在学界。学界风气渐开与日本人经营或在日本创办或由留日学生创办的各种报章杂志密切相关，如《暴风雨前》里的《沪报》《广益丛报》，《大波》里的《蜀报》，其时顶风行的《神州日报》以及《民立报》，以及受《民立报》等影响的《西顾报》《启智画报》，颇能夹叙夹论，无形中给人一些煽动，学堂得风气之先，设有阅报室。谘议局议员中有读书人、维新派和志士，这三种人正是四川民众思想之中枢，而他们凭借的就是当时与官场对抗、与社会绝缘、自以为清高而超越一切的学界，学堂里的监督与教习"能够自重，而与官场以敌体来往……大多数都是极不满意现状，'蒿目时艰，奋发有为'……主张效法日本，不必效法法兰西的有知识的中年人"②。轰轰烈烈的四川保路运动最先就是由绅士与学界先生们闹起来的，随后引起轩然大波，这说明立宪时代言论自由还是较有效用。

学界文风也颇受这些报刊影响，田老兄向郝又三传授做文章的秘诀："不管啥子题，你只顾说下些大话，搬用些新名词，总之，要做得蓬勃，打着《新民丛报》的调子，开头给他一个：登喜玛拉雅最高之顶，蒿目而东望曰：呜呼！噫嘻！

---

① 李劼人：《暴风雨前》，《李劼人全集》第二卷，成都：四川文艺出版社，2011年，第111—112页。
② 李劼人：《大波》，《李劼人全集》第三卷，成都：四川文艺出版社，2011年，第31页。

悲哉！中间再来几句复笔……"① 风气如此！郭沫若说："《蜀报》文字是当时风行一时的半解放的闱墨式章……概不是一起便是'呜呼'，总是一结便是'噫嘻'的……这种文字在当时自然也不失为是带有革命性的一种。"②

由于《民报》等报章杂志的鼓动，革命排满自然流传于学生的唇齿间，各方志士也认为强国正待知识充分，正当国人彷徨于如何救国之际，日本因素成了催化剂：

> 恰那时从日本学了八个月速成师范的先生们也纷纷回来，大声疾呼，逢人便是一篇启发民智论，日本维新发端在于教育说，并且有章程，有讲义。这样内外一夹攻，于是办学堂就成了钱塘的秋潮，举凡书院、庙宇、公所、祠堂、废了的衙署、私人的公馆，都在门口挂出一道粉底黑字吊脚牌，标着各种各级的学堂名称。……我国取法日本，维新图强，若不广办小学，岂不贻笑大方！……于是办小学堂又成了秋潮的潮头，连高等学堂的几个还未卒业的优级师范班学生，也共同开办了一所小学堂。③

由郝达三任监督，田老兄、郝又三任教习，吴金廷任稽查的"广智小学"应运而生。从日本调查学务回来的李举人畅谈日本学堂："光是大门就不同，水磨青砖的柱头，六方木条签栏，漆成青灰色。我回来，也看了些学堂。没一处大门像这样的。大门尚修得不合格，内容之腐败，就可想而知了。我们若是要办学堂，大门是顶紧要的！"④ "广智小学"的校门采取了李举人的心得，做了青砖柱青灰木条签栏的大门，挂着新式学堂招牌。成都学堂的内部组织也大多仿照日本，如高等学堂里有传事、外稽查、内稽查、斋务、教务、总理、监学等，开有物理、化学、体操、算术等新式课程。此外，大批引进日本教员，山川早水认为，"要说四川的新教育是由日本人所移植的也不过分"，侨居成都的日本人的职业主要就是教习，而教员中的日本人占主要部分，远超西洋人，日本教习的势力骤增，有的学堂还请他们作兼职，甚至以日本教习作为招牌吸引学生，"自始至今成都—四川的教育依然

① 李劼人：《暴风雨前》，《李劼人全集》第二卷，成都：四川文艺出版社，2011 年，第 55 页。
② 郭沫若：《郭沫若自传》，《郭沫若全集》（文学编）第十一卷，北京：人民文学出版社，1992 年，第 203 页。
③ 李劼人：《暴风雨前》，《李劼人全集》第二卷，成都：四川文艺出版社，2011 年，第 63 页。
④ 李劼人：《暴风雨前》，《李劼人全集》第二卷，成都：四川文艺出版社，2011 年，第 65 页。

掌握在我们日本人手中"①，言辞间颇有自豪感、优越感。

　　然而，新式教育的镜鉴依然是粗浅的，当办学风潮一过，许多小学纷纷关门，广智小学也就随之解散。中野孤山说成都当时的教育"刚走出长久以来的窘困之境，但眼下还没有立竿见影的起色"②，郭沫若也从体操用的日本口令看出"当时办学人的外行"与"中国人的办事草率"③。

　　与日本相关的新闻报刊无疑是启蒙先锋,四川留日学生创办了《鹃声》《四川》等杂志，但"大河小说"中的办报行动却很不给力。傅樵村思想开放，提倡西学，关心时务，创办《启蒙报》《通俗报》等，并设立两处阅报公所，葛寰中评他能得风气之先，"公心论起来，他不要只想做官，光拿这些事来做幌子，他一定是有成就的。"④曾经意气风发的苏星煌从日本回来后认为办报的事没有多大意思，顶多就是等别人把报办起来了给他们写几篇论说，而他回国的目的是受蒲伯英之邀，以研究政法的出身将辅助蒲伯英在京师资政院的议员工作。可见,办报并非傅樵村、苏星煌等人的抱负，他们的理想还是"做官"，可惜可叹。

三、毁誉参半的城市新政改革

　　近代中国警政的先驱、四川首任巡警道周善培，曾东渡日本考察学校、警校、实业等，在任期间以日本为蓝本，实施了多项成都城市现代化新政改革，时民间戏称为"娼、厂、唱、场、察"。"娼"，就是仿照日本吉原的管理办法，将成都全城的娼妓划定在固定区域，即新化街，公开营业，政府从中抽取花捐；"厂"是制革厂，利用犯人用牛皮制造各种西式皮筐，物美价廉，在四川颇为流行；"唱"是戏园，类似日本的"帝国剧场"，唱的是改良川戏；"场"是劝业场，在成都中心修建了一条半西式的二层楼洋街，提倡新式工商业；"察"即警察，大多采用日本的警察制度。这些日本文化影响下的"德政"处处影响到成都市民的日常生活，李劼人重点写了开办劝业会与警察在市民中引起的各种反响。

　　劝业会定为每年阳春三月召开，为时一月，全省几十州县的劝工局将货品运

---

① 山川早水著，李密等译：《巴蜀旧影——一百年前一个日本人眼中的巴蜀风情》，成都：四川人民出版社，2005年，第89—91页。

② 中野孤山著，郭举昆译：《横跨中国大陆——游蜀杂俎》，北京：中华书局，2007年，第142—147页。

③ 郭沫若：《郭沫若自传》，《郭沫若全集》（文学编）第十一卷，北京：人民文学出版社，1992年，第47页。

④ 李劼人：《暴风雨前》，《李劼人全集》第二卷，成都：四川文艺出版社，2011年，第135页。

来赛会，很是热闹，为成都人的生活增添了不少乐趣。劝业会的开办在带来诸多便利的同时也抬高了物价，大茶铺的茶钱很贵，"起码半角钱一碗"。尤铁民说："国家愈文明，生活程度愈高。我们在日本，一个鸡蛋就值一角钱，一小杯洋酒，值上四角，那里像在中国，尤其在四川，几十文钱就可酒醉饭饱的过上一天。"①同为留日官绅的周善培仿日本而修的劝业场岂能不抬高物价、倡导浮华？而在思想保守的教书匠王立中看来，这是"变得不成世界"②。中野孤山直言批评劝业会，质疑振兴工商业的成绩："场内的店铺和摊点与路边摊别无二致，杂乱无序，缺乏美感，毫无诱人之处，难于令人叹服……该国之老朽现状，从瓷器就可见一斑"，要振兴工商业，"依靠现在的国民是没有多大指望的"，因他认为一个国家的工商业与国民的素质紧密相关③，这的确点到了问题的关键。

相对于劝业会的新奇热闹来说，开办警察干涉市民生活所收到的效应却是怨声载道，并成为周善培"最初被骂为周秃子的第一声"，王奶奶就这样骂道：

> 周秃子，就是周道台，警察局总办，现在成都省里顶不好惹的一员官，随便啥子事他都要管，连屙屎屙尿他都管到了。你在街上不是看见那些刷了石灰浆的茅厕吗？都是才兴的，每间毛厕，要多花一套本钱，做门做门帘，早晨要挑粪的打扫得干干净净，掩上石灰，要打整得没一点儿臭气。天天叫警察去看，若是脏了，挑粪的同开粪塘的，都要着罚。好到是好，再不像从前茅厕，屎尿差不多流到街上来了，也没人管。就只太歪了，不准人乱屙屎屙尿，就是几岁的小娃娃，要屙尿也得站在毛板上，大人屙尿更限定要屙在尿坑里，若不听话，警察兵就把你抓来跪在茅厕门外，任凭大家笑你。……水也不准向街上乱泼，渣滓也不准乱倒，警察兵处处来管你。……④

周善培的各项城市改革与市民长期积习冲突不断，因而招来不少骂名，他公馆门口竟被人钉上"总监视户"的大木牌，坊间竟出现了骂他的诗《秃厮儿二十二首仿唐人本事诗比红儿》。但周善培的旧部下、候补知县黄澜生还是很维护他，认为他并不坏，又能干，只为厉行新政罪了不少人，于是"省城内外凡是一件新奇点的事，与人不甚方便的事，大家说起来，遂一齐归在他一个人的名下"。而葛寰

---

① 李劼人：《暴风雨前》，《李劼人全集》第二卷，成都：四川文艺出版社，2011年，第147页。
② 李劼人：《暴风雨前》，《李劼人全集》第二卷，成都：四川文艺出版社，2011年，第238页。
③ 中野孤山著，郭举昆译：《横跨中国大陆——游蜀杂俎》，北京：中华书局，2007年，第116—117页。
④ 李劼人：《暴风雨前》，《李劼人全集》第二卷，成都：四川文艺出版社，2011年，第120页。

中、尤铁民等留日生则给予全面好评，革命派尤铁民不反对身为满清官吏的周善培，因其能开通风气。葛寰中则认为周善培的新政样样都好，管理娼妓是"警政中的一种良法"，"这办法多文明！"，办乞丐工厂、劝业会、巡警教练所等"都是文明之邦应该办的新政"，老腐败的讥评是"民智不开化。"① 从这些毁誉参半的评价可以看出，在日本影响下的成都城市新政改革收效较为显著，但普通民众难以接受，顽固习俗的改变实属不易，旧中国迈向现代化的路途荆棘丛生，艰难曲折。

四、社会风尚与文化心理的嬗变

随着日本器物文明的渗透、制度文化的镜鉴，加上留日生的归来，四川的社会风尚与文化心理逐渐改变，淋漓尽致地体现在当时的社会日常生活细节上。李劼人"大河小说"中的苏星煌、尤铁民、葛寰中等留日生在日本文化的熏染下，焕发出崭新的人物精神风貌，为地处腹地、历来闭塞的四川带来了新风气。他们在精神风貌上有着共同的特征：朝气蓬勃、维新是尚、言必称日本，毫无"东亚病夫"的病态与老态，颇有"壮哉，我中国少年"的壮美气质。苏星煌是治"新学"的新人物，他在郝公馆满口打着新名词，畅论东洋日本如何强盛，旁若无人地把"官吏腐败论""启发民智论"等"套着新民先生的笔调，加入更多的新名词，洋洋洒洒发挥了半点多钟"，凡事总举日本为证，"即如日本"如何，意气风发、洋洋自得，以致郝达三评他"火气太盛"。② 留日归来的葛寰中俨然一个日本通，"照规矩，不等客开口，就滔滔不绝的讲了一大篇日本，日本的天气，日本的风景，日本的人物，以及日本人的起居"，其言谈涉及政体改革、周善培实施的新政、开办教育等时髦话题，"一直要把听的人听得倦不能支"，"像在日本"成了他的口头禅。尤铁民留学归来畅谈日本女学之勃兴、现代妇女角色的转变、中国妇女的贞操等，处处比照日本，就连与郝香芸的关系发展模式也是他在日本闹女人的心得到中国的试验。李劼人为尤铁民画了一幅形象生动、惟妙惟肖的小照："皮鞋在石板上走得橐橐的，右手的手杖便和着步伐，一起一扬"，"腰肢伸得越直，胸脯挺得越高，腿骭打得越伸，脚步走得越快，手杖抑扬得也越急"，"便是横冲直撞的拱竿三丁拐轿，从后面飞跑来的，也不喊'空手！……'而自然而然会打

---

① 李劼人：《暴风雨前》，《李劼人全集》第二卷，成都：四川文艺出版社，2011 年，第 112—113 页。

② 李劼人：《暴风雨前》，《李劼人全集》第二卷，成都：四川文艺出版社，2011 年，第 5—9 页。

从他身边绕过：从前面来的，也不喊'对面！……'也会暂时让在旁边"。①"有精神"是洋人的标签，尤铁民的装扮时尚，精气神十足，日本文化显然影响到这些留日生的精神气质。普通民众的心理更为有趣，李劼人传神地写出了人们对西人之盲目、对东洋之崇拜。坐"拱竿三丁拐轿"的常是较有地位的官绅们，轿夫常常狗仗人势、横冲直撞，但一遇见"洋人"模样的尤铁民立即就软了。无独有偶，中野孤山也写到沿途城镇的轿夫依仗客人威风横行霸道，"摆出架势，显出一副'老子在侍奉东洋人'的样子大耍威风"。②李劼人描写尤铁民等人逛劝业场洋货铺时的情景甚为可笑：

> 铺家上的伙计徒弟们，首先被他那洋服所摄，心上早横梗了一个这是东洋人，继而听见他语言不对，所答的话，又似乎不大懂得，总要问问同行的人，于是更相信是非东洋人而何？既是东洋人，必有一笔大生意可做，而万不可得罪的。于是便把向来对待买主毫无礼貌，毫不耐烦的举动，完全变得极恭敬极殷勤起来，于每件货物看后，必谦逊的说："这件东西还不是上货。"必要叫人爬高下低的，很劳神费力，将所谓上货取出，摊在尤铁民的眼底。
>
> 尤铁民总是大略看一看，批评一句"不好！"便拖着手杖，昂然直出，而一般劳了大神，费了大力的伙计徒弟们，总要毕恭且敬的送到门外。③

店铺伙计最是善于察言观色的势利眼，对尤铁民极尽恭敬殷勤之能事，最终没有任何消费，也还要"毕恭且敬的送到门外"，对待洋人丝毫马虎不得。崇拜洋人、惧怕洋人是当时一种普遍的社会文化心理，此时国人观照日本的姿态已由过去的俯视变而为仰视。

由于日本文化的影响，最为保守、最为敏感的妇女观也发生了变化。在从前，妇女是家庭的"囚犯"，绝不许抛头露面。但在一切维新时期，公共场所的男女界限已模糊，女学堂一开，风气大变，香芸姐妹可以在街上闲逛，"随处都是年轻妇女，也随处都有年轻男子追着在，可是像从前那种视眈眈而欲逐逐的情形，却没有了"；在劝业场上，妇女也可以在警察和巡兵的保护下大胆地游玩观赏；茶馆、悦来园、可园楼上均设有女宾座，男女同乐的便利既使得吴鸿、黄昌邦等来自成都周边地

---

① 李劼人：《暴风雨前》，《李劼人全集》第二卷，成都：四川文艺出版社，2011年，第144—145页。
② 中野孤山著，郭举昆译：《横跨中国大陆——游蜀杂俎》，成都：四川人民出版社，2005年，第82页。
③ 李劼人：《暴风雨前》，《李劼人全集》第二卷，成都：四川文艺出版社，2011年，第146页。

区的男子可以饱览成都妇女的美色，许多笼鸟般的妇女也得此机会开舒胸臆。婚嫁习俗也大变，郝又三的婚礼按部就班，但到了尹昌衡那里就不同，他亲自到严府报期，这是他自己的主张："日本男女，从没有避面的，我们中国，也该这样开通起来才对。"①可见日本文化已影响到人们的精神和行为的诸多层面，加速了四川社会风尚与文化心理的嬗变。

当然，这种嬗变是缓慢的，也很不彻底，甚至遭到不少腐败守旧分子的排斥。昏庸专横的官吏赵尔丰就说："说到民气，可更令人发笑了！我根本就不懂什么东西叫民气，这不过是康梁等叛逆从日本翻译出来，以骗下民的一个新名词。日本是文明之邦，富强之国，或者有所谓民气。我们中国，可不要这些新东西……"②日本并不是在所有人眼里都是那么神圣，朱街正说："我们中国的事，就坏在样啥都学洋人。……铁路……服装……"③王立中则对妇女开放的风气极其反感："学堂一开，女的自然坏了，讲究的是没廉耻"，如此等等，不胜枚举，可见日本文化仅在留日的知识阶层激起了大波，但对昏庸的官吏和普通民众而言尚是微澜，甚或死水依旧。

五、地缘诗学中别具一格的侧影

纵观李劫人对日本文化在四川影响的书写，呈现出几重独特的"侧影"效果。首先，"大河三部曲"虽是历史小说，史诗追求也是作者的意图所在，但文学有别于史记，以文学作为表现历史事件、变化过程的形式载体，即是一种侧面写作，小说中有周善培、蒲殿俊、邓孝可、尹昌衡等"实名制"的留日生，但写得最为成功的还是苏星煌、尤铁民、葛寰中等虚构人物，日本文化对四川的影响又主要是通过这些虚构人物展示的。关于清末民初日本文化在四川的情形，各种史志均有概述，但在文学中却是凤毛麟角。现代川籍作家群星璀璨，但他们并没回头书写晚清时期的四川成都，更不必说日本文化在四川的影响，如吴虞、张澜、吴玉章、吴芳吉、康白情等历经了这一时代风云的著名人物都很少提及，仅有郭沫若的《自传》多处提到。当然，近现代文学中写到日本的并不罕见，如李伯元《文明小史》、平江不肖生《留东外史》、郭沫若《残春》、郁达夫《沉沦》《银灰色的死》，以及大量涌现的"东游日记"等，这些或出自留日学生之手，或以日本为地域背景，或

---

① 李劫人：《大波》，《李劫人全集》第三卷，成都：四川文艺出版社，2011年，第528页。
② 李劫人：《大波》，《李劫人全集》第三卷，成都：四川文艺出版社，2011年，第105页。
③ 李劫人：《大波》，《李劫人全集》第三卷，成都：四川文艺出版社，2011年，第542页。

为纪实性高于文学性的游记体裁。而李劼人并没有留日的异域体验，"大河小说"也不是异域题材，与留日、游日作家常常以强烈个人情感倾向观照日本的方式和姿态不同，他作为土生土长的成都作家，凭借对社会历史深刻的洞见、对日常生活精微的观察，以相对客观冷静的心态写出了在特定历史时期日本与四川的密切关系，这无论是对于巴蜀乡土来说还是在整个中国近现代文学史上，都具有"补白"的独特意义。

其次，即使是以小说这种文体来再现日本文化，也不同于传统的、主流的宏大历史叙述策略。李劼人规避正面，而以"侧笔"记之，他曾说《死水微澜》"描写当时社会之生活，洋货势力逐渐侵入，教会之侵掠，人民对西人之盲目，官绅之昏庸腐败，……咸以侧笔出之"①，"侧笔"的写作方式是旧版"大河三部曲"一以贯之的风格，即历史的侧面叙事，也即法国学者 Morson 所说的侧影（Sideshadowing）②的叙事策略，并不正面描写历史事件本身，而是通过日常生活叙事来展现历史的宏大结构，以日常的琐碎来写历史的伟大。"大河小说"中随处可见日本的影响，却没有一个正面的日本人形象，这种影响是通过日本人的"影子"——周善培、尤铁民、葛寰中、苏星煌等留日生来完成的，他们就是日本人的侧影。而对于日本文化的种种影响，李劼人所写的依然是侧面之侧面，类似巴蜀文化中"摆龙门阵"式的各色人物的言谈，如葛寰中谈和服、尤铁民谈洋服、李举人谈日本学堂、众人议论周善培等精彩片段，这种史诗的侧笔的历史叙事方式也正是李劼人文学的独到之处，在现代文学中别具一格。

最后，李劼人的"大河小说"是一种地方书写，属于地域乡土文学，形成了凝聚着成都这一地方的地理环境、历史风貌、日常生活、民俗风情、社会事件等质素的"地缘诗学"③，在相对微观的乡土空间中容纳了地方与国族、日常生活与现代性等现代中国的重大课题，使得成都这一历来处于边缘地位的"地方"成为整个国家的侧影。众所周知，在二十世纪中国现代化转型的过程中日本因素至关重要。李劼人的"地缘诗学"充分写出了日本文化与本土传统之间的融合与冲突，融合的一面固然是对留日生的较为成功的熏染，使得他们维新是尚，言必称日本，他们带来的新风气在死水般的成都掀起微澜大波，然而两者的冲突与摩擦又是那么普遍而沉痛，如上文所述的物质文明、社会风尚、文化教育、城市新政等日本

① 李劼人：《致舒新城》，《李劼人全集》第十卷，成都：四川文艺出版社，2011 年，第 39 页。
② 吴国坤：《〈大波〉中的时间性和复调性》，《李劼人研究：2011》，成都：四川文艺出版社，2011 年，第 87 页。
③ Kenny Kwok Kwan Ng, Monumental Fictions: Geopoetics, Li Jieren, and Historical Imagination in Twentieth-Century China, Harvard University, 2004，第 236-252 页。

文化在四川的每一幅侧影都带有转型期的阵痛，对日本的接受主要局限于留日的知识阶层，普通民众大多有一种拒斥心理，一方面异域文化的渗透需经本土文化的选择过滤，适者生存，反之淘汰；另一方面，现代化是一个缓慢的、伴随着疼痛的过程，必然遭到各阶层顽固分子的反对，国民素质如此，"民难与图治"，正如留日七年归来的苏星煌见郝又三跳起来准备打躬作揖、送茶进来的高贵过来请安，哈哈大笑道："天不变，道亦不变，中国的旧风俗也终不会变的！如此而讲新政，无怪闹了十几二十年，还是以前的面目。我自从在上海登岸以来，就生了这种感慨。看来毕竟夔门以外还要文明点，一进夔门，简直如温旧梦了！"①李劼人的笔调是轻松幽默的，如果在鲁迅笔下就会比闰土的那一声"老爷"更为沉重。李劼人以全景视角呈现了现代转型期成都的世态百相，使得边缘"外省"成为整个国族的侧影，通过对清末民初日本文化在四川影响的积极性和有限性的生动描写，为我们管窥日本文化与现代中国的关系提供了文学"侧影"的参照。

原载《现代中国文化与文学》第 15 辑，2014 年第 2 期

---

① 李劼人：《暴风雨前》，《李劼人全集》第二卷，成都：四川文艺出版社，2011 年，第 228—229 页。

新旧版《大波》与成都竹枝词 [①]

谢天开 [②]

摘 要 李劼人著旧版《大波》在相关章节引入成都竹枝词是作为历史小说的一种城市书写方式。成都竹枝词的引用不仅起到了文学的修饰作用，而且使其历史小说呈现出浓郁的成都地域特质与"华阳国志"的意味。而新版《大波》却将成都竹枝词删裁，究其原因可能有三，其一是因与事主的"笔墨官司"；其二，涉及从旧版《大波》到新版《大波》，作者与事主的社会场域发生了种种变化；其三，最重要是在创作新版《大波》时，虽说著者经历了特定历史时期的"思想改造"，其创作观念亦了发生新的变化，但因其长期创作所形成的个人惯习，使新版的《大波》虽说作出一定的文字妥协，却亦成为一种呈现大历史事件中日常生活变化的全景叙事新文本。

关键词 《大波》 成都竹枝词 场域 惯习 文本

一、李劼人著旧版《大波》中成都竹枝词的文本 [③] 意义

成都竹枝词在旧版《大波》中，共集中引用成都竹枝词二次。

在旧版《大波》（中卷）中，成都竹枝词第一次出现在第二部分第十五节，14首；成都竹枝词第二次出现在《大波》（中卷）的第二部分第十八节，旧版《大波》在此处注明22首，实际上"原书仅载二十一首" [④]。

---

① 本文为四川省社会科学重点研究基地、四川省教育厅人文社科重点研究基地西华大学地方文化资源保护与开发研究中心开放项目资助（项目编号：16DFWH008）成果。
② 谢天开（1958— ）男，四川成都人，四川大学锦城学院副教授，研究方向：汉语言文学、民艺学，李劼人研究学会理事。
③ "文本"乃是"任何由书写所固定下来的任何话语"。参见陶远华等译：《解释学与人文科学》，北京：河北人民出版社，1987年，第148页。
④ 林孔翼：《成都竹枝词》（修订本），成都：四川人民出版社，1986年，第155页。

（一）对于成都竹枝词的文本认同

作为中国现代具有世界影响的文学大师李劼人，其历史小说旧版《大波》引用成都竹枝词，是在于对于成都竹枝词这种诗歌样式的文本认同。

成都竹枝词是一种独特的、繁荣的，延续百年的成都城市文化语境。竹枝词"发于楚，盛于蜀"。在风俗方面，是由于在清初百年移民大潮中，湖广移民在各省移民中占居多数，楚俗在四川风俗中也处在"主流"地位。"州人多楚籍，习尚沿之"①，"蜀楚接壤，俗亦近似，今则天下皆然"。②成都为川省省会，其都市民俗亦融合楚俗。

清季民初，成都文化巨变，中西文化的碰撞与融合成为时代的显著现象。新兴的报章杂志不仅将成都竹枝词化为了一种城市市民日常生活的诗学，更是将诗歌的"兴观群怨"的文学功能转型为城市文化的表达与传播功能。学界与官方的如此倡导，加之城市平民文化精英的加盟，让成都竹枝词风行蜀中而成为清季民初成都社会的时尚。独特的城市空间与族群及固有历史文化，是成都竹枝词产生与流行根本所在。因此，清季与民初之际成都竹枝词的全盛流行，亦为城市精英文化与大众文化平衡折中的结果。

保路运动中的成都竹枝词，作为一种既有成都文化传承，转型进入新型的如报纸、期刊纸媒，产生如下效用：

1. 社会纪实

在保路运动中，如成都罢市事件，"大家罢市哭先皇"就通过刊出成都竹枝词广为流传，《启智报》《西顾报》等都曾刊出，③而且传播效果巨大。

2. 宣传扩布

在保路运动中，报纸、期刊上的竹枝词作为社会舆论的文学样式的时评，成为一种社会互动的精神纽结，传播一种同步的信念、热情，使之共享同样的思想或意愿。如《四川保路同志会报告》第二十四号刊出《咏女同志会成立》、《咏小学生组织同志会》的竹枝词。④

---

① 光绪《广安州新志》卷三十四：风俗。
② 道光《隆昌县志》卷三十九：风俗。
③ 戴执礼：《四川保路运动史料汇纂》（全三册），台北："中央研究院"近代史研究所，1994年，第2192页。
④ 戴执礼：《四川保路运动史料汇纂》（全三册），台北："中央研究院"近代史研究所，1994年，第2172页。

（二）凸现历史小说的地域文化①意义

进入《大波》的成都竹枝词，作为一种"有意义的形式"，在历史小说《大波》文本中，有如下功用：

1.地域方言

成都竹枝词使用成都方言俗语，常令乡人读之倍感亲切，使诗句有生活气息。清代的成都竹枝词作者吴好山曾云："知我者，其惟俚言乎；笑我者，其惟俚言乎。"②另外，方言俗语在作为地方性知识，也让成都竹枝词具有明显的"方言俗语融谐趣"③的地域特色。

2.都市民俗

清代王士祯云："《竹枝》泛咏风土，《柳枝》专咏杨柳，此其异也。"竹枝歌词体裁，大抵同于七言绝句，大多率性而出，肆口而成，抒发自由情感，描写风土习俗与生活环境。并且成都竹枝词充满了蜀人特有幽默特色：风土纪实，谐谑百讽。

（三）凸现历史小说的方志学意义

一代方志学大师章学诚提出"志乃史体"④，"志乃史裁"，"志属信史"，"方志乃一方全史"。⑤

被誉为历史小说的"华阳国志"的旧版《大波》，将成都竹枝词作为推动情节与呈现事件的由头，体现出成都竹枝词在历史小说文本中纪实史事的效用，从而让旧版《大波》具有了方志学意义上的文学修辞。

（四）域外文学影响下的修辞

法国自然主义作家左拉认为："我们一样的见到小说家是合着观察与实验家二

---

① "地域文化"，一般说来，地域不仅指山川、土壤、气候等自然现象，还包括与这些自然现象和人类相关的人文现象，它们共同构成了某一地域区别于其他地域的包括自然、风俗、人群性情、价值取向、道德标准、行为方式等独有的文化特色。不同地区之间无论山川水土、自然地理环境，还是风俗、政治、经济、文化方面的人文环境往往迥异，而因其地理风貌、生产方式、生存需要的不同存在着多样的文化"范式"。这种独有的文化"范式"所表征的不同特质的文化形态可以称之为地域文化。

② 吴好山：《成都竹枝辞序》，转引自林孔翼：《成都竹枝词》（增订本），成都：四川人民出版社，1986年，第275页。

③ 谭继和：《竹枝成都》，成都：四川人民出版社，2008年，第4页。

④《章氏遗书》卷十五《答甄秀才论修志第一书》。

⑤ 章学诚：《与石首王明府论志例》，《文史通义校注》（上下册），北京：中华书局，1985年，第861页。

者而成的。他为观察家时，则呈出他所观察的事实，预备下了出发点，并由此建立一个坚固的场所，使'人物'可以转动，现象能够发展。嗣后，实验家的任务来了，他去'组织'实验，换言之，他去各种人物转动于一种特别的史事中，指出事实的连续性，以应合了现象的'确定说'要求。"① 自然主义作家"小说的构成就是，在自然中搜集事实，事实搜集来后考察这些事的种种关系，如情况与环境的变动能生多少影响之类，永不离自然的法则"。②

深受法国自然主义文学的影响，被称为"中国的左拉"的李劼人，在创作《大波》时，亦是受到了"自然主义作家"的影响，进行自己的历史现实主义的文学创作。他本人虽为辛亥成都保路运动的经历者，但是为了《大波》文学创作，他留心收集了大量的历史文献，甚至直接寻访当事人，做口述材料记述，进而在史事的基础上，让"人物"转动起来，从而呈现出历史的连续性。因此，在旧版《大波》中，作者将具有纪实史事意义的成都竹枝词作为修辞，也可以视为著者受域外文学影响所致。

（五）旧版《大波》中的成都竹枝词

旧版《大波》以人物为中心，在相关章节引入成都竹枝词是作为历史小说的一种城市书写方式。作为历史小说整体的一个部分，成都竹枝词的引用强化了其文学的历史修辞，使小说呈现出浓郁的成都地域文化特质，并且，这样的修辞也让旧版《大波》更加具有历史小说记实史事的诗性。同时，在认知上完成了成都竹枝词在小说中的客观意义的重构，有利于读者对于历史小说的领悟。

成都竹枝词作为历史小说的修辞文本，主要功用如下：

1. 人物家庭地位与社会角色的刻画

黄澜生站在堂屋内外檐阶上唤道："子材，来看看这十几首竹枝词，倒还有味。你们四川人搞这些东西，倒还……"

他太太也走出来道："这才是老马不死旧性在啦！又是你们四川来了！"

"得亏夫人教训，下官以后再不敢了。"打着唱戏腔调，把大家都惹笑了。

楚子材将那用信纸抄的竹枝词接了过来道："是那个做的？"

"说是无名氏，送来的是局上朋友的跟班，他自不晓得。"

---

① 左拉著，修勺译：《实验小说论》，台北：美的书店，1949年，第14页。
② 左拉著，修勺译：《实验小说论》，台北：美的书店，1949年，第16页。

黄太太道："念来听听，看我懂得不？"①

在这段对话中，黄澜生"惧内"的家庭地位、黄太太强势的家庭地位，楚子材
的晚辈兼与黄太太的暧昧关系地位，都通过成都竹枝词为题的对话中表现出来了。

楚子材便打起念诗的调子念道："川人始终归会办，须知恶果有原因：铜
元旧账翻新案，惨杀股东会里人。——下面还有注子哩。川督前借铁路股本
铸铜元，许利归公司，后乃攫入边藏，股东争之。"

黄澜生问他太太道："懂不懂得？意思是说赵季鹤因为与铁路公司互争铜
元余利，先结下生死冤家，这一次捉人，是报宿怨。"

楚子材道："这件事，连我都不晓得。"

"你自然不晓得，这是光绪三十三年的事。借股本四百万铸铜元，是赵尔
巽赵次珊做总督时办的，那时赵季鹤正做边务大臣，两弟兄的确有点勾结。
不过股东们闹得并不厉害，这首竹枝词说得过火一点，赵季鹤何尝专为这件事，
和铁路公司的人为难呢？"②

这段对话，又将黄澜生作为官吏、对官场熟悉的社会角色，楚子材作为关心
时局的学生角色，黄太太对外界知之甚少的家庭主妇角色，——刻画出来了。

2. 情节的推动，显示出政治经济事件的复杂性

"第四首是：炮声一响院门开，枉死游魂剧可哀！试问大清行外鬼，可曾
凶扑督辕来？——注子是：有秦街正被官军枪毙大清银行门首。第五首了：
不送神牌万寿官，当场刀劈等屠龙；防军只解尊川督，先帝何曾在眼中！第
六首：也坐愁城说解围，大兵四集是耶非？一般人是何心理，怕听官军得胜
归！……"

因为楚子材越念越大声，两个孩子便飞跑过来，一路叫道："楚表哥在唱
啥子？"

他们的妈妈连忙吆喝住道："楚表哥在念诗，莫烦！好生听！"③

① 李劼人：《大波》（下）［1937 年版本］，成都：四川文艺出版社，2012 年，第 365 页。
② 李劼人：《大波》（下）［1937 年版本］，成都：四川文艺出版社，2012 年，第 366 页。
③ 李劼人：《大波》（下）［1937 年版本］，成都：四川文艺出版社，2012 年，第 367 页。

在这段对话中，在楚子材念竹枝词时，孩子们飞跑过来，又因听不懂又跑了，反衬竹枝词语境中保路运动政治经济事件的复杂性，为一般百姓所搞不清楚的。

3. 不同人物心态的刻画

> 楚子材继续着下面几首："自从冤狱成三字，城上风云接地阴；怨气不消天地转，晴光落日盼西林。……西林，是那个？"
>
> "西林就是岑宫保。的确，自从七月十五日以来，二十几天了，老是这样阴黯黯的。只晴过半天。所以我常说天象与人事是有关的，如今看来，五月间的彗星，不是应了主刀兵吗？彗星是那么凶法，恐怕这世道难得清平了。"
>
> 他太太也道："倒是的，成天耳朵里听的都是些乱糟糟的事，也焦人！像以前太平时候，过起来，觉得日子都要长些，太阳也要多些。"楚子材念到十二首了："平地风潮路债生，合同失败万心惊；川民爱国无他意，为怕瓜分抵死争。关外遥闻帅节来，秃儿巧计早安排；远迎献策清溪县，要把川人尽活埋！——当时，周枭解道，直迎至雅州府清溪县。"
>
> 黄澜生笑道："周大人同四川人民结下的仇怨真深啦！一直到现在，还说他迎到清溪县去献计，陷害股东会同志会；十五以后，更成了舆论，随便他咋个辩白，总没有人信他，并且连十五的事，都栽在他头上，说他是主的谋。所以那天城门洞的假告示，也说只拿赵周。我看周法司真危险，至少也要把官弄除脱的。"①

在这段对话中，作为官吏的黄澜生从竹枝词联想到天象与人事，恐慌世道难得清平了。而作为官眷的黄太太心态则是以前的太平日子太阳也要多些。而作为学生的楚子材则关心这一场政治经济事件中的各色人物的政治博弈。在这段对话中，特别通过黄澜生之口，对保路运动中的核心人物周大人周善培进行议论，既表明当时的舆情，也为以后的情节推动设下了伏笔。

总之，旧版《大波》的史诗性质与世态描写的高度结合，异常突出。对于成都竹枝词的引用，其效用的确可以这样评价："李劼人的长篇，在结构、人物、语言各方面得力于传统与地域文化知识修养的丰足，及对左拉、莫泊桑的借鉴，但

---

① 李劼人：《大波》（下）［1937 年版本］，成都：四川文艺出版社，2012 年，第 368 页。

笔法较为琐屑。"①

二、成都竹枝词引起的"笔墨官司"

（一）事主周善培的"辩解"

1937 年，旧版《大波》发表，周善培于次年"乃展转以得"，读后心绪难平。为了辩解，周善培于戊寅五月即 1938 年，自费出版了《辛亥四川事变之我》"自叙"，认为"但论其记事之涉余者，则舍可徵且存之公牍报章，乃至宣布全省百四十二州县之文字，独引街巷无根修怨之谣言"。为了反击李劼人的"贱事实而尊谣言"，"而以正《大波》若干条附于后"。②

所谓"修怨"是指，1911 年（清宣统三年）春，布政使王人文护理四川总督，调周善培署提法使。适法官养成所已开学，学员少数在成都招考，多数由州县保送，计约一千二百余人。县保送者大半是各州县的士绅土豪，年龄大都在三四十岁以上，多品质卑劣。周善培重加甄别，淘汰千人，退黜者百端毁谤。③很显然，在周善培看来那些恶毒攻击漫骂性的竹枝词的作者可能是当初被甄别淘汰的人。

新中国成立后，周善培在亦参加过保路运动的张澜催促下，于 1956 年 11 月又撰写了《辛亥四川争路亲历记》，"以尽我两人参加当时争路的责任"。此书在细节上虽与前著略有出入，但同样肯定了自己在四川争路和独立中的关键作用。历史学家戴执礼编《四川保路运动史料汇纂》（上）节录该书，并批注道："一九五七年重庆人民出版社出版。盖回忆之作，事实稍有误记，且为自己辩解。"④

总之，周善培批评李劼人"损害我名誉"，敦促其"修改"小说内容⑤，这便旧版《大波》引起的"笔墨官司"的缘起。

（二）著者李劼人的观点

新中国成立后，为了"必须尽力写出时代的全貌，别人也才能由你的笔，

① 钱理群、温儒敏、吴福辉：《中国现代文学三十年》（修订本），北京：北京大学出版社，1998 年，第 247 页。
② 周善培：《辛亥四川事变之我》，《近代中国史料丛刊续编》（第二十六辑），台北：台湾文海出版社，1978 年，第 6 页。
③ 张海山：《周善培与晚清警察与补述》，《文史杂志》，2009(4)。
④ 戴执礼：《四川保路运动史料汇纂》（全三册），台北："中央研究院"近代史研究所，1994 年，第 69 页。
⑤ 杨雄威、徐进：《西川豪杰？诱捕主谋？——周善培在辛亥"川乱"中的是是非非》，《文史知识》，2011(10)。

了解到当时历史的真实"，在旧版的基础上，李劼人的确"修改"了《大波》，其中"对周秃子的描写"虽不如新中国成立前版本那样"淋漓尽致"，但对周善培的角色定位并未改变。如此，为何新版《大波》仍然要删裁成都竹枝词?!

三、新版《大波》删裁成都竹枝词的原因

删，还是不删，这是一个关乎一场笔墨官司的问题；删后，又如何修改，这是一个关乎历史与文学的问题。于笔墨官司的问题，李劼人似乎不太怕打一场官司。而于历史与文学的问题却"经国之大事"。李劼人自 1956 年始，"全年集中精力重写《大波》"。①而这之前在 1949 年新中国成立后，其间社会时局发生巨变。从社会学的视野观察，作者与事主同时转进了一种社会学意义上新的场域②，双方的社会地位与身份都发生种种变化。

（一）事主与作者的身份与变化

1.事主身份

（1）作为历史人物的事主

光绪三十四年(1908)，四川设通省劝业道。后由在戊戌变法后流亡日本、具有维新思想的周善培主持经办劝工总局，统筹川省农工商矿诸事。"其时各省提倡工业，川省各属均筹设劝工局，故设此局以资改进，且综核各属劝工之成绩。"③

（2）作为现实人物的事主

1911 年秋，周善培离开四川，初侨居上海，后在北京、天津小住。在上海，周善培与卢作孚过往较密，做过民生公司董事。新中国成立后，周善培成为人民政治协商会议第一届特邀委员，后又任上海市文史研究馆馆员。

（3）事主的社会资本

周善培的社会资本（主要体现为社会关系网络尤其是社会头衔）异常复杂、

---

① 李眉：《李劼人年谱》，《李劼人与菱窠》，成都：四川文艺出版社，1999 年，第 73 页。

② "场域"，一个场域可以被定义为在各种位置之间存在的客观关系的一个网络，或一个构型。正是这些位置的存在和它们强加于占据特定位置的行动者或机构之上的因素中，这些位置得到客观的界定，其依据是这些位置在不同类型的权力（或资本）——占有这些权力就意味着把持了在这一场域中利害攸关的专门利润的得益权——的分配结构中实际的和潜在的处境，以及它们与其他场域之间的客观关系（支配关系、屈从关系、结构上的对应关系，等等）"。场域的基本特征是争斗性、历史性，以及由此而来的不确定性。

③ （清）周询：《蜀海丛谈》，成都：巴蜀书社，1986 年，第 139 页。

丰富。仅在民国，周善培的朋友圈就有黎元洪、段祺瑞、孙中山、溥仪、刘湘、孔祥熙等军政领袖，亦有张謇、康有为、梁启超、卢作孚等商界、学界领袖。周善培在民国"与政学系、皖系、奉系、孙系、宗社党、白俄、关东军、四川军阀也都联络过感情，当然不会忽视日益壮大的中共"。①

2. 著者身份

1949 年后，李劼人的社会角色已由一位从事过教育、写作与实业的自由知识分子，变为新中国成都政府公职人员。1950 年，59 岁的李劼人在本年"7 月被委任为成都市人民政府第二副市长"，1953 年"9 月被选为中国文联全国委员会委员"，1954 年"9 月四川省人代会选举为全国人民代表大会代表"②，这表明新中国成立后，李劼人个人的社会角色的发生了重大转变，进入新政府高级公职人员序列，这在旧中国作家中是较罕见的。从 1950 年 7 月到 1954 年 9 月，李劼人的主要精力是放在所担任的社会职务及相关的事务性工作上的。从 1954 年 9 月到 1962 年 12 月辞世，李劼人又将很大部分时间进行文学创作。③

（1）作为公职的著者

在新中国始初，著者李劼人的社会角色已成为成都市主管文化教育的副市长。然而在几年后，李劼人所面临的社会场域愈来愈具有争斗性、历史性与不确定性。在 1957 年经过了"整风反右"，李劼人受到了政治教育，并曾公开发表个人检讨《我已走到泥坑的边缘》④、《我要坚决爬出泥坑，转变我的立场》⑤。因此可以推断，经过思想改造后的李劼人，在新版《大波》的创作中，主动删裁竹枝词是因为在著者作为公职人员的潜意识中不愿意再"惹是生非"了。

作为副市长的李劼人在处理相关周善培的事情上，也是格外小心的。如在致吴汉家函⑥中，也可以看出这种相当微妙复杂的心理：

> 汉家局长：
>
> 　　昨日在省人委座谈会上，向仙樵先生言，接上海友人信，云：周孝怀先生前寄来"草堂"二字照片，闻已照样模砌墙面；又，周先生新近所写之"草堂别馆"四字，闻已摄有影片。此二者，周先生亟欲亲目一睹。希即日将墙

① 章立凡：《"国号"系铃人周善培》，《凤凰周刊》，2006(15)。
② 李眉：《李劼人年谱》，《李劼人与菱窠》，成都：四川文艺出版社，1999 年，第 69 页。
③ 雷兵：《"改行的作家"：市长李劼人角色认同的困窘，1950—1962》，《历史研究》，2005(2)。
④ 载 1957 年 8 月 30 日《四川日报》。
⑤ 载 1957 年 9 月 15 日《成都日报》。
⑥ 王嘉陵：《李劼人晚年书信集》（增补本），成都：四川大学出版社，2012 年，第 49 页。

面上已模出之"草堂"二字照一像片，"草堂别馆"四字之照片重洗一张，俱函送向仙樵先生处，俾使转寄上海云云。周孝怀先生年过八旬，汲汲于身后名，此可理解也。盼速为之，以了此老心愿为要。此致

敬礼！

李劼人

（一九五五年）十月十八日

（2）作为作家的著者

李劼人曾说："我对政治学习是用了功的。"实际上《人民日报》《红旗》是李劼人必看的报刊，然而他的"思想改造"终究是困难的，甚至可以说是无法进行彻头彻尾改造的。李劼人对于政治学习应当是只吸收自己认为有用的和自己愿意的内容。

1961年3月23日，李劼人在致刘白羽信中说："关于创作规划，我原有一种妄想，拟六十年来之社会生活（包括政治、经济和思想生活，在各阶级、各阶层中之变化），以历史唯物观点，凭自身经历研究所得，用形象化手法，使其一一反映于文字。"[①]这表明，新中国成立后，李劼人已将历史唯物观念作为自己的文学创作的指导思想了。这也是从旧版《大波》以人物为中心，改变为新版《大波》以事件为中心，刻画其中的各阶层人物之日常生活变化最根本的缘由所在：观念决定内容，内容决定构思，构思决定形式。

由于此时李劼人虽说因其面临种种场域的争斗、博弈，著者个人亦从担任公职处理日常公务为主的社会角色，从重新回归作为作家的身份，以文学创作为主了。这时李劼人最难能可贵之处是，他的文学创作并没有成为"文艺服务政治主题"的工具，让自己笔下的人物塑造为政治服务的"高大全"形象，而是在探索尝试与旧版《大波》不同的重写。探索尝试一种新的"历史书写"，即在还原重大历史事件时，将社会民众的日常生活呈现出来。或者说，以社会民众的日常生活连续性变化，来进行宏大的历史叙事。

究其原因，这是因为李劼人在长期、大量的文学创作与翻译中，早已形成了他自己的书写"惯习"[②]。无论是李劼人大量阅读与翻译法国自然主义作家的作品，

---

① 王嘉陵：《李劼人晚年书信集》（增补本），成都：四川大学出版社，2012年，第244页。

② 法国社会学家布迪厄指出："我所说的惯习（habitus），而不是习惯（habit），就是说，深刻地存在性情倾向系统中的、作为一种技艺（art）存在的生成性（即使不说是创造性）能力，是完完全全从实践操持的意义上来讲的，尤其是把它看作某种创造性艺术。"（法）布迪厄、（美）华德康：《实践与反思：反思社会学导引》，北京：中央编译出版社，1997年，第151页。

探析《法兰西自然主义以后的小说及其作家》，还是自1937年创作发表"大河小说"系列以来；无论其文学创作理念，还是其创作实践都在形塑了他个人的"文学惯习"。虽说在新中国成立后所面临的种种社会场域发生的巨变，由于李劼人的个人人格禀性所在，他的文学创作的史传情结并没有发生根本改变，只是在已有的观念上加载了新的，并在创作上进行新的尝试与探索。

内容决定形式。由于小说结构与叙事的中心改变了，这可能也是新版《大波》删裁了竹枝词又一原因。

（二）个人记忆、集体记忆与历史记忆

周善培的回忆为一种自传记忆，可以说它与历史记忆的真实相互渗透，然而它是属于一种个人记忆的。而李劼人作为辛亥成都保路运动的少年学生参与者，又作为反映呈现这场运动的历史小说家，他对于这一历史事件的观察与记忆，可以说属于他自己那个阶层的集体记忆。因此，对于辛亥成都保路事件的印象与回忆，周善培的自传回忆必然会与李劼人集体记忆发生矛盾。

由于"历史是一系变化的图像，当然——从它的角度看——社会是在不断变化的。因为它着眼于整体，而几乎每年这个整体的某个地方会发生某些改变。"①

李劼人在新版《大波》中删裁了成都竹枝词，应当是出于作为"历史整体"的考量的历史记忆的结果。据李劼人的书信记述，在修改《大波》期间，他不但看了周善培的回忆文字，还在历史学家戴执礼所编《四川保路运动史料汇纂》一书出版之前借阅了该书的全部手稿；②并且查阅了许多相关的史实资料，走访了亲历者。

新版《大波》关注的重点转移到了以历史事件为中心，与旧版《大波》相比，尤其注意历史发生的连续性与日常生活性，从而建构了在描述风格上宏大而细微，并有文学抒情隐喻性、兼具史诗性与文学诗性的新文本。如旧版《大波》的开头，描述成都皮影戏；新版《大波》则是详细描述了拖负着木头构造两层仓船的蒸汽机船"蜀通"轮船在三峡汹涌激流中奋进的场景，而凸现了深刻的历史文化隐喻。③

（三）文学人物与现实人物

作为历史人物，周善培对所经历的辛亥保路运动的自述与自辩具有"事实的

---

① （法）莫里斯.哈布瓦赫：《集体记忆与历史记忆》，（德）阿斯特莉特·埃尔、冯亚琳主编《文化记忆理论读本》，北京：北京大学出版社，2012年，第90页。
② 王嘉陵：《李劼人晚年书信集》（增补本），成都：四川大学出版社，2012年，第47页。
③ 谢天开：《作为"信史"的〈大波〉与辛亥四川交通近代化》，《中华文化论坛》，2013(2)。

真实"，其在成都辛亥保路运动前后表现的复杂性与多面性，众说纷纭，莫衷一是，并且周善培本人也进行了反复的自我辩解，这成为李劼人创作新版《大波》时需要考虑的事情。

无论在新、旧版《大波》中，一方面，周善培都是作为文学人物，出现在著者的历史小说文本中，塑造人物当然是为了追求"本质的真实"。然而，因为事主作为现实人物，周善培在新中国成立后所处的政治地位以及社会时代环境的改变，又使之具有了特殊性。另一方面，由于著者本人作为现实人物，面临社会场域的种种变化并身临各种政治风波，因此，李劼人对于周善培现实的评判与文学的塑造应当说是有双重标准的。在现实的评判中，李劼人可以说保持前后一致的态度；而在文学的塑造中，李劼人却在新版《大波》中是有所顾虑的，不再具有原来的犀利讽刺了，而是采取了一种省略、回避的写作策略。

（四）作为历史的时段

《大波》所呈现历史，距离历史事件的发生无疑是一个"超短时段"，故对于人物处理可能出现评判"盲区"。再则，作为辛亥革命组成部分的成都辛亥保路运动，是一场中国社会从古代走向近代的巨变事件；而1949年时局的改变，又标志着从近现代走向现当代的巨变。因此，在双重巨变下，在新版《大波》删裁成都竹枝词，既为一种历史考量，亦为一种现实考量。李劼人在1961年2月6日致黄仲苏信中道："拙著《大波》一、二两部，不知已否誊及？自谓经数年政治教育，思想学习，反观从前，迥异畴昔，构思落墨，固自不同。"[①]

在旧版《大波》中，在反映四川保路会临时大会场面里，多半通过市民口气与眼睛刻画周善培："全会场都拍起掌来，并有大喊着：'周大人到底明白！到底知道下情！'可是也有喊周秃子的，大概是忘了形而非恶意。"而在新版《大波》中，李劼人放弃了旧版从市民视角、市民语言描述周善培，改为从历史角度叙述了。这里需要指出的是，为了保持历史小说的文学文本性质，其中"对周秃子的描写"虽不如新中国前版本那样"淋漓尽致"，但对周善培的角色定位并未改变。不过，新版《大波》删裁了相关周善培所有的成都竹枝词，不能不说是一种折中的创作手法；换而言之，亦可视为著者经过"政治思想改造"后做出的一种有所牺牲的文学妥协。

值得庆幸的是，由于李劼人的个人"惯习"所决定，无论新版、旧版《大波》，

---

① 王嘉陵：《李劼人晚年书信集》（增补本），成都：四川大学出版社，2012年，第231页。

虽在一片众声喧哗中莫衷一是，然而作为波澜壮阔的历史小说，其各领千秋的文学价值，俱为呈现。

四、新版《大波》删裁成都竹枝词后

（一）删裁成都竹枝词后的通信

法国文学巨匠巴尔扎克曾说："'典型'这个概念应该具有这样的意义，'典型'指的人物，在这个人物身上，包括着所有那些在某种程度跟它相似的人们最鲜明的性格特征典型的类的样本。因此，在这种或者那种典型和他的许许多多同时代人之间随时随地都可以找出一些共同点。"①

由于李劼人的留法背景，使他笔下的文学人物塑造也认可这样的"典型论"，因此，作为历史小说中的"文学人物周善培"，应当是那一类人物的集合体，而区别于作为历史人物或现实人物的周善培。

李劼人在与其好友张颐的通信中说："但《大波》非历史记载，又本文艺必须高于事实原则，只要能概括当日情况，而又未违史迹演变过程，则亦已矣！"②李劼人毫不掩饰地说：《大波》第三部挖掘成都假独立之根源，使掩饰五十余年真面目之周秃子，暴其丑恶于光天化日之下，（此人幸而早死一年，否则又将同我大打笔墨官司，或者如王朗之羞死，亦在可能之中。）此真正史章也，我翁何不一找？幸有以教我！"③这表明，在新版《大波》中，虽说删裁了成都竹枝词，却并没有放弃对于作为"文学人物周善培"的揭露与鞭笞。

（二）删裁成都竹枝词后的新版《大波》

对于新版《大波》为何要删去成都竹枝词，不仅仅只是因为作者本人与周善培的"笔墨官司"相关，更重要的是与作者重写《大波》的种种"想法"相关。

1955年6月，李劼人在《死水微澜·前记》（修订版）中说："《大波》是专写一九一一年即辛亥，四川争路事件。……但这运动的构成，是非常复杂的，就是当时参加这运动的人，也往往蔽于它那光怪陆离的外貌，而不容易说明它的本质。我有意要把这一个运动分析综合，形象化地具体写出。但在三部小说中，偏以《大

---

① 巴尔扎克：《〈一桩无头公案〉初版序言》，《古典文艺理论译丛》，北京：人民文学出版社，1965年，第137页。
② 王嘉陵：《李劼人晚年书信集》（增补本），成都：四川大学出版社，2012年，第236页。
③ 王嘉陵：《李劼人晚年书信集》（增补本），成都：四川大学出版社，2012年，第235页。

波》写得顶糟。……十几年来，随时在想，如何能有一个机会将《大波》重新写过，以赎前愆。"①

在新版《大波》构思上这样的考虑：

> 制台衙门流血……还只算是四川乱事的开始，必到川西坝民众起来了，同志军因利乘势，与赵尔丰的军队不断冲突，使得清朝统治阶级手忙足乱，不能不派遣端方统率一标湖北新军入川，又不能不叫瑞澂多调劲旅到川鄂边布防，以致武昌空虚，革命党人振臂一呼，而于十月十日打出革命第一枪，这才算得"轩然大波"，也才是《大波》的主题。这是一种有关键性的政治运动，它当然要影响到当时的社会生活和当时的人们的思潮。你写政治上的变革，你能不写生活上、思想上的变革么？你写生活上、思想上的脉动，你又能不写当时政治、经济的脉动么？必须尽力写出时代的全貌，别人也才能由你的笔，了解到当时历史的真实。②

由此可以解析，新版《大波》并不是不为当时"文艺为政治服务"所动，而是尽力探索一种全景式的"历史书写"，书写历史大事件下社会民众与社会日常生活在方方面面的变化，试图让新版《大波》更具有史诗性，或者说更具史传性。新版《大波》加强了历史性，对于真实的历史事件也连续性与情节化了，纠正了旧版的某些史实失误，弥补了一些史实疏漏。

由于旧版《大波》为世情叙事，而新版《大波》是历史叙事；在前者，革命为背景，在后者，革命为场景，③因此，在新版《大波》中，历史的叙事重于文学的叙事，对于历史人物转化为文学人物更加偏重于接近历史的"真实"，并更加注重历史人物在历史中的作用。特别以历史人物周善培为例，讨论当其转化为小说中的文学人物时应有的面目：

> 例如在第七章、第八章、第九章中，写周善培这个人与其活动，便感到有些欠缺，虽然也还了他一副本来面目。因为对于辛亥年成都假独立，周善

---

① 李劼人：《死水微澜·前记》，《死水微澜》（修订版），北京：人民文学出版社，1995年，第2页。

② 李劼人：《〈大波〉第二部书后》，《大波》（全三册），北京：人民文学出版社，2009年，第367页。

③ 张义奇：《革命由背景向场景转换——〈大波〉的世情叙事与历史叙事》，《李劼人研究：2011》，成都：四川文艺出版社，2011年，第29页。

培辑自以为有大功可居，我的确为他表了功，比他自己在一九五六年写的《辛亥四川争路我所亲历之重要事实》，似乎还真实些罢？可惜由于我艺术水平低，不免糟踏这样题材，要是高手来写，准定能够继承我国古典长篇的优点而发扬光大之的！①

当周善培从现实人物，转化为历史人物，再转化为文学人物时，作为文学虚构的成分不断增加，而作为纪实的竹枝词的存在意义就有了被删裁的必要。何以此言，这是因为作为历史小说家的李劼人，在面对人物的典型与历史的事件时，一方面要联系着小说的虚构，另一方面则要联系着历史的真实，同时还要考量在现实社会场域存在的种种争斗性与历史性。因此在数难之间，难免有些"琐屑"。如此，新版《大波》删裁那些成都竹枝词就似乎成为了一种必然，并且亦是让作者深引为文学"憾事"的一种必然。

如果说旧版《大波》是世情的叙述，是以人物为中心，那么新版《大波》则是以事件为中心。作为"大河小说"的一个组成部分，新版《大波》对于历史重大事件为连续性的呈现，亦为社会各阶层日常生活全景式的呈现，这样方式的呈现可视为一种历史小说探索性的新文本。

原载《中华文化论坛》2017年第4期

---

① 李劼人：《〈大波〉第二部书后》，《大波》（全三册），北京：人民文学出版社，2009年，第373页。

巴蜀特色的"包法利夫人"陈莉华

——以《天魔舞》为例

谢　君①

摘　要　本文从比较文学角度研究李劼人小说将法国文学中国化的过程，以其长篇小说《天魔舞》和法国作家福楼拜《包法利夫人》中的主要女性形象包法利夫人艾玛进行比较阅读，从女性形象的外貌、性格、交往、思想等方面的分析为基础，重点运用"文学他国化"的理论研究巴蜀特色"包法利夫人"陈莉华的文学形象，进一步得出"包法利夫人"中国化的重要意义。

关键词　《天魔舞》　巴蜀特色　包法利夫人　陈莉华

一、运用文学他国化理论分析巴蜀特色"包法利夫人"陈莉华

"文学的他国化"是指一国文学在传播到他国后，经过文化过滤、译介、接受之后发生的一种更为深层次的变异，这种变异主要体现在传播国文学本身的文化规则和文学话语已经在根本上被他国——接受国所同化，从而成为他国文学和文化的一部分。②

李劼人创作的一部反映解放前夕历史风暴的长篇小说《天魔舞》中，陈莉华这一女性形象则是法国文学中"包法利夫人"中国化后形成的具有巴蜀特色的"包法利夫人"形象。

（一）"包法利夫人"形象中国化的现实性和可能性

1.李劼人游学法国的经历及影响

---

① 谢君（1993—），女，四川泸州人，四川大学文学与新闻学院 2012 级汉语言专业，研究方向：中国现代文学。
② 曹顺庆：《比较文学教程》，北京：高等教育出版社，2010 年，第 14 页。

民族与国家间文学的交流是民族文化兴盛的必要条件，李劼人作为"五四"作家的先锋，更是成功借鉴法国文学的典范。

李劼人在成都高等学堂分设中学读书时，就表现出了对文学的热爱，成天手不释卷，吃饭、刷牙、上厕所都在看书，如饥似渴地阅读了大量的小说，特别是外国小说。郭沫若这样说过："中学时代的精公（指李劼人）已经是嗜好小说的。当时凡是可以命名小说的而到手的东西，无论新旧，无论文白，无论著译，他似乎是没有不读的。"①通过阅读，李劼人发现了外国文学的优点，并开始自己创作白话文小说。

1919 年李劼人远赴法国留学，更加全面深入地了解了法国文学。留学期间他的经济来源是靠给报纸写文章以及翻译法国文学名著来维持，其中翻译了福楼拜的《包法利夫人》、莫泊桑的《羊脂球》、都德的《小东西》等二十余部作品。李劼人重回故国时，带回的也是八大箱的法文书籍，在西欧接触的"民主""自由"思想对他文学创作有裨益。

李劼人在法国深受自然主义作家的影响，强调小说创造时细节的描写和外部的逼真，李劼人将这原则用到自己的小说创作中：在刻画人物时注重生活样式、心理活动、风土气韵等；在描写环境时则把握住时代与地方特色，真实地摹写现实。在众多作品中，他喜爱《包法利夫人》，他说："在百年左右读之，亦复醇醇有味，虽百回不厌。"②更是欣赏其艺术技巧，认为福楼拜对于艾玛这个形象是十分严谨认真的。

李劼人游学法国，对法国文学深刻的研习是"包法利夫人"中国化的前提。

2. 中国文学的内需

二十世纪初期是中国现代文学启蒙的重要时期，中国的章回体小说拘泥于固定的格式，并不利于中国现代文学的发展。中国不仅要在政治、思想上向西方取经，文学上向西方学习同样是时代潮流，实现文学的新变必须借助于外来的文学观念。新文学作家们积极研究和借鉴西方写作的方法，特别是李劼人，他研习西方文学的写实与革新，其历史长篇小说更是弥补了中国现代文学史上"有巨大历史，可无作品出现"③的缺陷。

---

① 郭沫若：《中国左拉之待望》，《李劼人选集》第一卷，成都：四川人民出版社，1980 年，第50 页。
② 李劼人：《〈马丹波娃利〉校改后记》，《李劼人选集》第五卷，成都：四川人民出版社，1980 年，第39 页。
③ 郭沫若：《中国左拉之待望》，《李劼人选集》第五卷，成都：四川人民出版社，1980 年，第87 页。

现代文学需要注重以文学反映社会的现实。李劼人的历史小说正是刻画十九世纪末二十世纪初自己身处的社会，以维新变法、辛亥革命、抗日战争等中国的革命大事件作为背景，描写成都平原上伴着历史前进的社会生活图景。李劼人的历史小说不仅反映了真实的事件，更是艺术上的精华，具有深刻的历史和文学价值，为历史研究提供了宝贵的材料。《天魔舞》不仅展现了陈莉华等个体在当时的社会状态，刻画了社会错综复杂但不失真实的人性，透过这些现象与人物揭露了抗日战争时期后方国统区"群魔乱舞"的社会真实。

新思想传入时，中国人的思想也在悄然发生变化，过去旧俗如婚后夫妻感情不和而发生婚外情必须接受的惩罚等已经被取缔，女性的独立自由意识也渐渐唤醒，不再受封建礼教束缚。所以现代文学不仅要实现器物的现代，更要实现思想层面的现代。

3."包法利形象"的过滤和误读

"文化过滤"是研究跨异质文明下的文学文本事实上的把握与接收方式，它是促成文学文本发生变异的关键。文化过滤指文学交流中接受者的不同的文化背景和文化传统对交流信息的选择、改造、移植、渗透的作用。也是一种文化对另一种文化发生影响时，由于接收方的创造性接受而形成的对影响的反作用。[1]

法国文学作为他国文学在中国传播首先经历的是语言过滤和翻译过程的过滤，这些都与译者的思维和人格特质有密切关系。作为首先引入外来文学的翻译家李劼人并没有受生活与中国社会封建传统的思想影响而排斥"文学流传物""包法利夫人"这一女性的婚外情行为，相反，他"尊重真实的爱情，反对世俗无爱情而结合的婚姻，反对结婚后两方爱情已发生变化为仍为法律、风俗所约束而同居的苦恼"，同时他也认为"离婚也是真正爱情的保证"。[2]所以作为接受者，李劼人的个体文化心理和生活观、文化观并没有反对"包法利夫人"这一形象，而是接纳的心态。

李劼人所处的现实语境与中国的传统文化要求对包法利夫人这一婚外情女性形象进行选择。福楼拜对包法利夫人这一形象没有贬损，甚至对她的遭遇存有一丝同情。但作品传入中国后，中国读者不会理解作品中的出轨女性，因为中国处于男权社会，传统的伦理道德对女性权益的压抑形成了制度，比如在古代男女通奸、

---

[1] 曹顺庆：《比较文学教程》，北京：高等教育出版社，2010年，第98页。
[2] 李劼人：《〈离婚之后〉后记》，《李劼人选集》第五卷，成都：四川人民出版社，1980年，第71页。

婚外情等要受到家族处罚乃至社会处罚，如"浸猪笼"等，《水浒传》里的潘金莲就是勇敢地与自己心爱的西门庆通奸而沦为历史上臭名昭著的"荡妇"。即使中国人思想得到解放后，根深蒂固的封建思想依然不能使人们全然理解包法利夫人这一行为，对作品中的女性形象产生误读。所以，李劼人在对待包法利夫人这一形象时，是根据中国社会的现实进行过滤和选择的。

（二）"包法利夫人"中国化实现的进程

1. 李劼人对中国古典文学的传承

作家要从外来文学中吸取养分充实自己的创作，关键的是要看自身内在的根基，李劼人创作的过程坚持了自己民族的性格。李劼人的小说虽然学习西方文学的创作手法，改变了传统章回体小说的套路，但是在其小说中依然能够窥见章回体小说的影子。例如，章回体小说中每章结尾会有"欲知详情，请听下回分解"，此典型话语往往出现在情节高潮处，旨在吸引读者往下读。在李劼人的《天魔舞》中第八章"幽静的院落"介绍了"八达号"内院的情形，聚会前各个人物的状态及饭前准备，在末尾引了句话："啊，快了，四点一刻了！不晓得今天有几个客？……"[1]客人们陆续来到"八达号"吃饭，有人问到吃饭人数，但并没有回答，只以一个疑问收尾，颇有"欲知详情，请听下回分解"的意味，读者们就饶有兴趣地继续阅读下一章"一顿便饭"了。

中国古典小说中喜爱塑造浪漫主义色彩的英雄人物，就像《水浒传》中的梁山好汉，李劼人虽然在创作中力求表现真实，其作品中依然可以看到英雄人物。《天魔舞》中有一个叫作白知时的中学教员，他"不嫖，不赌，不酗酒，不爱钱，行为正派，又不乱交朋友。学校名誉又好，又守本份"[2]。他热忱于国家命运，民族兴亡，一心希望为国家培养人才，在宽裕时给国家捐钱买飞机，支持学生扭打杀人的士兵，他是战乱时混乱社会中难得赤诚的英雄式人物。李劼人创作中的英雄主义情结起源于闲暇时阅读的经典著作，使他的作品中保留了中国的传统文学话语。

2. 李劼人对四川方言的运用

李劼人的小说中大量运用四川方言，包括俗语、谚语、口头语。例如《天魔舞》中"别片嘴"是只口头上的不认输，夸口的意思；"经由"意思是服侍、照料的意思；"该歪"意谓好凶，有惊叹之意；"小划子"是大生意带的小生意；"苕气"意思是土气；"苏气"是洋气，等等。这些方言带有浓浓的川味儿，而"陈莉华"

---

① 李劼人：《天魔舞》，成都：四川文艺出版社，2012 年，第 91 页。
② 李劼人：《天魔舞》，成都：四川文艺出版社，2012 年，第 245 页。

作为土生土长的成都人，满嘴也都是又麻又辣的四川话，这样不仅让四川人读起来亲切，非四川读者阅读更是觉得新颖独特，浓重民族色彩使李劼人历史小说充满艺术魅力。

　　3. 李劼人对四川风土民情的介绍

　　李劼人的历史小说里涵盖了成都当时社会的大小事情，不论是礼仪章典、告示公文，还是人们日常的衣食住行和婚嫁丧娶，在社会活动的时间、空间及环境中（茶馆、饭馆）一一展现，例如《天魔舞》中"陈莉华"还是"庞太太"身份时请陈登云吃饭时就选择去少城公园的饭馆，并且对好几家饭馆的特色菜肴进行对点评，这一细节就表现了当时的城里有钱人对于美食的追求和生活的享受，白知时和唐寡妇的婚礼虽然并没有铺张，但在过程中也展现了当时成都结婚的礼仪，挂红、登报、行礼等，这些都是成都独特的民俗。另外，在衣着上"陈莉华"喜欢旗袍，不管是在躲警报时那身白底蓝花印度绸长旗袍，还是在山庄会客时身穿的浅蓝花绸宽领短袖旗袍都颇具中国特色。当时的城里太太的别致打扮作者也多次描写：电烫头发、无袖无领的衣衫、乳罩、三角裤等，陈莉华就是这样打扮精致，出行乘坐马车的摩登太太。

（三）"包法利夫人"形象的本土化改造

　　1.《天魔舞》中的女主人公对《包法利夫人》的传承

　　《天魔舞》中的陈莉华形象是具有巴蜀特色的包法利夫人，是包法利夫人中国化后的女性形象，陈莉华与福楼拜笔下的包法利夫人有多处相似，且李劼人在创作手法上对福楼拜有一定借鉴，作品在揭露社会本质方面也有一致。

　　（1）女主人公经历的相似

　　陈莉华与包法利夫人艾玛，两位都有婚外情事实的女主人公在生活和婚姻经历方面有多处相似，陈莉华身上有许多艾玛的特质。

　　陈莉华与艾玛两人都是农家女出身，长相俊俏，身材婀娜，行为大方得体，并没有乡下女人的粗俗；都嫁给了一位懦弱、在气场上不能震慑自己的丈夫，不能给予感情上的慰藉，成为两位女性发生婚外情的诱因之一。二人都是住在大城镇，与社会的资产阶级生活圈子社交，沾染的都是些奢华富贵的生活风气，而且易于接触和接受新鲜事物，这会让人特别是女人的虚荣心膨胀，向往着不论是物质还在精神都能被满足的生活。二人都机灵能干，艾玛能将家里大小事务处理得井井有条，而陈莉华亦能将交际宴会安排得妥妥帖帖；对于自身的幸福，她们勇敢追求，艾玛勇敢地追求心中理想的爱情，陈莉华直白地向陈登云摆明自己女性中心论的立场，她们都不安于现状，最终成为世俗社会的叛逆者。

（2）现实主义创作手法的借鉴

李劼人的现实主义创作风格受福楼拜影响很大。中国文学青年们提出现代文学应真实反映人民生活现状，而作为首批传播法国现实主义的作家，李劼人对现实主义创作更有自己独到的见解。

《天魔舞》按照生活本来的样子，描绘了抗战时期大后方的大众生活，通过对人物日常生活的描写，没有激烈的冲突和奇异的故事，都是大后方生动真实的历史真相。这是李劼人对福楼拜的借鉴，不管是环境的描写还是人物细节的刻画，都是生动、形象的。《包法利夫人》中福楼拜把典型事件和典型人物展示出来，忠实地展现出现实生活，如"农业评比会"时，作者描绘了评比会的准备、过程、场面以及各种人物的表现，其间并没有发表一句评论，全凭读者透过原本的样子去体会，而作者只是展现真实。作者的着眼点是现实的生活，描写艾玛的活动、遭遇和命运。而李劼人塑造陈莉华时也并没有刻意交代社会背景、时代背景等，而是通过描绘人物现实的活动让读者体味。例如《天魔舞》第一章中描写的群众在隐蔽郊外躲避警报时，就展现了各个阶层各色的人物形象，不管是大伙聚在一起讨论炸弹轰炸地点时表现出来的各色性格特点，还是陈莉华与陈登云在享受野餐时的奢侈与后文中农家小院的破败形成的强烈对比，这些都是当时成都真实的社会生活写照。值得一提的是，两部小说创作的时代背景都是两位作者所经历过的，而艾玛与陈莉华两位女性的经历也是在他们的生活经历中真实存在的，所以李劼人创作小说时将遵从现实这一原则把握得非常到位。

（3）社会的再现及批判

《天魔舞》和《包法利夫人》都具有强烈的批判性，这一点在两部小说的书名就可看出，《包法利夫人》的副标题叫作"外省风俗"，通过艾玛的生活经历还提供了一幅鲜明的形形色色的外省资产者群丑图：欺世盗名的药店老板、浅薄可笑的本堂神甫、公饱私囊的公证人……这些都是外省乡镇上看似有头有脸的人物，全是蝇营狗苟。外省一隅尚且如此，可想而知整个社会是个什么景象。《包法利夫人》故事发生的背景是"七月王朝"，但它所揭露的主要是第二帝国的社会丑恶现实。而《天魔舞》的书名则一目了然，通过阅读小说中真实的成都历史故事，就能体味出作者深刻的批判意图。虽然作者立场始终是冷静旁观，但从陈莉华及她的社交圈子中的小资产阶级者们的奢靡生活及不法敛财的活动很明显能反映出当时社会的混乱，即抗战期间国统区的群魔乱舞状，作者鞭挞的就是抗战时期的"四大家族"。

2. 具有巴蜀特色的"包法利夫人"陈莉华

两部作品中的女性艾玛与陈莉华虽然多很多相似点，但巴蜀地区当时的社会状况、巴蜀人的生活方式、巴蜀人的性格特造就了陈莉华与法国的包法利夫人不同的结局。这也是作者李劼人对福楼拜创作创造性的接受，是法国的包法利夫人形象中国化后成了具有巴蜀本土特色的"包法利夫人"——陈莉华。

陈莉华和包法利夫人在性格和爱情观是截然不同的。艾玛喜爱的是浮光掠影的爱情，被憧憬和欲望蒙蔽了看清现实的双眼。这样的性格让她日后出轨与情人们的相处中一直处于被动地位，只要这些男人披上浪漫的外衣，稍微投其所好，艾玛就会沦陷，为其倾尽能力与激情，这是资本主义社会环境和思想腐蚀了艾玛。陈莉华不同，性格直爽干脆，敢于反抗，但重视现实生活。她敢于宣称自己女性中心论者的立场，而她在情场关系中也始终处于主动地位，她不愿被婚姻束缚，所以她不顾自己与庞兴国的夫妻之名公然与陈登云同居，而且陈登云多次提出结婚无果而终。陈莉华敢于在发现丈夫出轨后震怒出走，争取同等追求幸福的权利，也不惧社会舆论和陈登云无夫妻之名而同居，并且在陈登云出走后又能安顿好自己的下一去处。她一直牢牢地把握着每一个男人，使他们甘心拜倒在她这位现代女性的石榴裙下。这一点正是李劼人学习福楼拜，沿袭了典型环境塑造典型人物的创作原则。陈莉华的性格与巴蜀文化有关联，巴蜀在地理上是四面环山、中间为沃野良田的盆地地形，远离北方的地理位置又使巴蜀地区少受儒家文化影响。物产富庶使巴蜀人民桀骜不驯，有着一股张扬向上的生命意识，陈莉华就是典型的火辣辣的川妹子性格。

性格的不同也导致了两位女性的结局相差甚远，包法利夫人因为不堪因偷情欠下的高利贷巨债而服毒身亡，而陈莉华在陈登云借口离开后也收拾行李回到庞兴国身边做回"庞太太"。同样都是美丽的出轨女人，结局却大相径庭，这就是这样一个巴蜀特色的"包法利夫人"——陈莉华。另一位稳稳贴着"巴蜀特色包法利夫人"标签的蔡大嫂的性格却又有不同，她与罗歪嘴的情感中，对方不仅能给她带来肉体上的愉悦，还能带来权势和好吃好玩的生活。蔡大嫂的追求是与她的生活环境相关的，蔡大嫂是典型的村姑形象，她出轨的出发点就与陈莉华、包法利夫人是不同的。陈莉华是一直生活在城市，作为摩登太太的她，物质方面是优渥的，所以她出轨的目的更多源于精神上的需求。

二、《天魔舞》中陈莉华与包法利夫人的形象比较

	环境	出身	外貌	生活经历	爱情观	与其他人物
包法利夫人	成长于法国七月王朝时期外省富裕的农场，社会阶层分化。成长环境中所接触的贵族教育，婚后接触到贵族阶层。	出自农村家庭，面容俊俏，受过修道院的贵族式教育，自我感觉各方面都比农村姑娘优秀。	身材窈窕，行动起来绝不似乡下女人；喜毛绒制品的着装，还有花式各异的礼服。	与三个男人有过感情纠葛：与平庸的包法利医生结婚；与莱昂的第一段婚外情；与地主罗多尔夫的第二段婚外情。	多愁善感，一直向往着在月下和俊朗的情人拥抱，过着轻松愉快的生活。	交际圈中的角色，是艾玛滋生堕落的温床，构成了一幅外省资产者的群丑图。
陈莉华	中国抗日战争的混乱时期，社会阶层贫富悬殊。	出阁前无父无母，跟寡妇姨妈过，十八岁后嫁给了比他大十六岁的庞兴国作填房。	叫男子一见了，就会感到"原来我爱的就是这个"的眼睛；喜穿象征中国女性传统的旗袍，婀娜妖娆。	与两个男人有感情纠葛：与税官庞兴国结婚；与纨绔子弟陈登云婚外恋。	女性中心论者，只有男人将就自己，自己不能将就人。在情感的选择上她拥有绝对的自由。	交际圈的人是抗战时期国统区小资产知识分子的代表，再现了整个抗战大后方群魔乱舞的景象。

三、塑造巴蜀特色"包法利夫人"陈莉华的意义

（一）李劫人小说现实主义美学观念的形成

李劫人对法国现实主义的创作手法的学习，并非一味模仿。他说过："文学上某种主义之产生，绝不是仅有一二人的私意，说我要创造一种什么主义，便可凭空创造出来；必定在这主义酝酿之前，他四周的空气已是不同，社会的思潮已是倾注在某一方面，文学不过利用这个时机，把种种已经断定的事实收集起来，恰与这时的思潮相合，生活相合，自然而然那带特殊性的主义便建树起来了。"①20世纪二三十年代的中国正是需要揭露社会现实来唤醒民族的文学作品，从法国引进的现实主义美学观念真实符合社会的需要。"李劫人受福楼拜影响，把看似啼笑皆非和皆大欢喜的结局作为结尾，细细揣摩，留给人深深的悲凉的印象。"②李劫人作品按照现实主义创作原则，从生活本身出发，用历史或者生活的原型或者耳濡目染的事件进行创作，所以比为了创作小说而编造的情节人物更加生动、个性鲜明，且更有力量。李劫人的小说记录真实的生活以追求小说叙述的客观性，小说中人物随着社会环境的改变而改变，小说也反映历史社会现象，在对外学习和自身创作的过程中形成了追求真实客观的美学观念。

（二）塑造巴蜀文化特色的典型人物形象

李劫人作品中的人物非常有特色，特别是女性形象。李劫人翻译过的法国小说中多半描绘女性生活，加上法国写实派作家的影响，李劫人的小说人物都具有巴蜀特色，热情火辣、放浪不羁，勇于追求自己的幸福。比如伍大嫂、蔡大嫂、陈莉华，都是追求婚外情的女性，她们能够掌握自己命运，富有巴蜀人民的属性，既不同于法国的女性，又不同于中国传统女性，是在当时社会背景下真实存在的巴蜀女性，使李劫人作品的本土性凸显。且李劫人小说中的人和事皆为亲眼所见：李劫人喜欢和路边的理发匠聊天、爱和临近担水的农民拉家常、每周进城办公又可以了解上层社会状况，李劫人小说中表现的巴蜀特色的风物以及生动活泼的语言都来自李劫人的生活积累，使其小说兼具历史性和文学性。

---

① 李劫人：《法兰西自然主义以后的小说及其作家》，《李劫人选集》第五卷，成都：四川人民出版社，1986年，第461页。
② 李斯：《论李劫人对法国批判现实主义文学的接受和再创造——以〈死水微澜〉和〈包法利夫人〉为例》，《襄阳职业技术学院学报》，2013年（2），第69—71页。

（三）创作具有民族风格的文学作品

李劼人在向法国文学吸取营养的同时，采取鉴别的态度，坚守着民族的根基。虽然他积极学习外国文学中对黑暗的揭露，但始终把握着本民族的现实。对于社会的丑恶，李劼人的笔触虽是嘲讽，但没有悲观；也有婚外情，但不提倡。陈莉华这一人物形象的塑造充分体现了巴蜀妇女的率真，李劼人没有在字里行间透露对陈莉华出轨行为的负面评价，陈莉华的命运结局也是作者为了体现个体生命而进行的选择，未圆满也不悲观。李劼人抱着描写当时现实社会的本来面目，保障了他作品的民族性与健全性，创作出具有民族风格的作品。

结　语

本文由小及大，从女性形象入手，发掘出李劼人作品的深层次意义。李劼人将法国文学中的女性形象中国化，塑造出了巴蜀特色的"包法利夫人"——陈莉华。从小的方面来说，是借鉴学习西方先进的小说创作手法，引进现实主义创作手法，充实了中国文学。从大的方面讲，李劼人创作的巴蜀本土特色的小说，形成了民族的特色，也为世界文学的多元化做了贡献。

《天魔舞》书写的战时成都道路、交通

杨　倩[①]

　　1947 年 5 月 9 日，李劼人在成都《新民报》副刊《天府》上开始连载小说《天魔舞》，1948 年 3 月 18 日连载完毕。这是李劼人在抗战时期创作的一重要文学作品，反映了战时成都的世态百相。与他的"大河小说"一样，《天魔舞》勾勒了战时成都的"风俗画"、"风情画"，成为"风土志"式的小说，具"档案化"的史料价值。在抗战这个特定的历史时期，重庆成为陪都，四川成为大后方，在交通领域呈现出"全民总动员"的建设热潮。《天魔舞》叙写的成都的交通枢纽地位、城市道路建设、交通管理、交通工具等，反映出战时成都及周边地区的交通状况及发展变化，反映出成都在战时发挥的交通功能及其为抗战所作的贡献。这是人们还不曾注意到的《天魔舞》的特殊价值，值得深入探讨，笔者愿在此作一初探。

一、大后方重要的交通枢纽及水、陆、空运大扩展

　　抗战时期，因得天独厚的地理位置和环境条件，四川成为大后方基地，物资转运，人员来往，军队补给都在这里进行。繁忙、繁重的运输需求，加上沦陷区大量涌入后方的汽车，使四川的运输业得到较快的发展。省会成都的水、陆、空交通运输快速发展，形成一个完备的交通网络，辐射全川、西南乃至全国，成都成为大后方重要的交通枢纽。《天魔舞》中书写的交通状况反映了成都的交通枢纽地位。

　　多山多河流的四川水上交通自古有之，密集的河网，功能各异的船只，使陆路交通不便的地区有了交流和沟通。成都凭借岷江、沱江、长江通达的水路交通，与战时陪都重庆紧密相连，并将川军和军需物资外运出川。古时随着郫江、检江的

① 作者为成都大学图书馆讲师；本文是国家社科基金项目"巴蜀交通与巴蜀文学的关系研究"（项目编号 11XZW017）的研究成果。

开通，成都的客货就频繁地从"峡路"进出，与其他地区进行经济、文化的交流。作为南丝路的起点，成都的府河上曾经可以通行大木船和大竹筏，这些交通工具能由成都直达下游的乐山、宜宾，驶入长江。川西川北的物资也从府河顺流而下，运达成都。府河、南河起着物资供应和周转的重要作用，是成都通向外州县甚至外省的重要水上通道，使成都"成为西南地区重要的水陆枢纽和国际贸易中心"。①

成都航道在民国时，除了传统的木船竹筏，还开行过机动船。据《成都市交通史》载："民国时期每年洪水期间，偶有'水火轮'、'汽划子'之类的机动船上溯成都航道。"②这些内河小型机动船，在滩多浪急的岷江上，比传统木船的航速快、载量大、安全性能高，对交通运输起了很大的作用。抗战期间，长江中下游被日军侵占，大量人员机构内迁，川军川粮和物资出川，军需民用的运输量加大，由成都到重庆的内河航运肩负着更重大的责任。轮船和木船数量增加，当时民生公司的"民法""民教""民殷""民宁"等号，以及其他一些轮船公司，都参与到从成都到乐山至宜宾、重庆的客货运输。民生轮船公司依靠川江，成为大后方水上运输的主力。

《天魔舞》中写道，当重庆遭到日机轰炸，陈登云从重庆逃难成都，是溯江而上，从重庆到宜宾，再泸州至乐山，到乐山后坐汽车到成都。当时许多人都是这样由惨遭轰炸的重庆逃难到了相对平静的成都。由此可见，这是战时人们的"生命线"。李劼人书写了这条交通线的具体情况：天断黑时从朝天门磨儿石码头出发，两天后的傍晚过了泸县，船停泊在蓝田坝码头，从蓝田坝到宜宾又是两天的水程。"一到宜宾，'民武'轮的乘客是即刻就换上了民生公司另一艘小得坐上百把人便无插脚余地的汽划子。"③过了两天，船泊乐山的竹根滩。这里距离乐山只有四十华里。但是驻军和税警要检查，又耽误一天。最终在拥挤脏乱紧张酷热中，到达乐山。虽然如此，这条水路却凭它的畅通成熟成为成渝及沿线的交通要道。但由于战争的缘故，这一路行程并不顺畅。轮船大大超载，舱内无比混乱。"民生公司一只中型新船，大概叫'民武'罢，搭客是超过了规定的。陈登云所住的那间房舱内外，全打上了地铺，从架子床伸脚下来，要到门外栏杆边去撒一泡尿，都得从人们的肩头边踩过去。"④

水运仅仅是成都交通的一个方面，还有四通八达的公路。1920年代，成都开

① 许蓉生：《水与成都——成都城市水文化》，成都：巴蜀书社，2006年，第212页。
② 成都市交通局等编《成都市交通史》，成都：四川人民出版社，1994年，第290页。
③ 李劼人：《天魔舞》，成都：四川文艺出版社，1985年，第217页。
④ 李劼人：《天魔舞》，成都：四川文艺出版社，1985年，第215—216页。

始修马路，省内各地也广泛修筑公路，使"省垣遂得四通八达之便"。[①]李劼人写到修路所用的材料，是几寸厚的碎石，蘸饱黄泥浆，上面盖三合土。但是没有压路机的滚压，刚修好时路面光滑，不久"被载重汽车的轮子一碾，便显出了凭眼睛估量也看得出来的凹凸不平"。战时成都，车辆来往频繁，载重汽车尤多，路面坑洼不平是常态。城里的路坏了还会修修补补，城外的路坏了基本上就没有人管，因此路况极差。

从重庆到成都的四百五十公里的成渝公路的路况，令人担忧。李劼人写道："东门外的公路上，确乎有很多很多的十轮大军车，成队的来，成队的去。每辆车都载得那么重沉沉的，马路的皮早已被碾成了细粉末，马路的骨全变成了咬人咬车轮的牙齿。"[②]成渝公路上的情形是这样，成都南门外到新津机场的马路也是如此。尽管这条路上跑的汽车不多，都是小汽车、吉普车和客货车，载重量都不大，"然而马路的皮，还是在半年当中就被碾成了细粉末，汽车一跑过，黄色尘埃便随着车轮飞起来，总有丈把高，像透明的幕样，把马路上什么都遮完了。"[③]这一段三十八公里的路，常常要行驶两三个小时，原因就是路面太窄、太坏，路基弯道太多。

除了糟糕的路况，李劼人还写到了成都混乱的交通秩序。当时公共汽车多以省会成都为出发点和目的地，省公路局有十几辆破烂不堪的汽车，"行驶在这段顶要紧的成渝公路上，只管规定一车载四十二人，但是天晓得那数目字，而且车票很难买，又还没有公开的黑市可钻。"[④]所以普通百姓能坐上这样的汽车是非常困难的。从乐山到成都的公共汽车也是如此。人们坐船到了乐山，须乘汽车走一百六十二公里到成都，买车票就是一件难事。"凭着庞兴国的势力，居然弄得了三张木炭卡车车票。"[⑤]一路上的超载、颠簸、蜗行还不算，还有"斜挂一只手枪的好汉，率领几个他已收过钱负过责的人，非令车子停下，拼命挤上去不可。"[⑥]五痨七伤的木炭卡车从上午七点半钟开始出发，"它一路气喘，一路挣扎"，[⑦]摇摇晃晃地经过了眉山、彭山，渡过新津河，走过双流，用了十五个小时，到夜间十点过，才爬到成都南门车站。行程可谓艰辛之至。虽然如此，当时四川省公路局和民营

---

① 向克谐：《本市交通问题之商榷》，《成都市政周刊》，1928（26），第1—2页。
② 李劼人：《天魔舞》，成都：四川文艺出版社，1985年，第43页。
③ 李劼人：《天魔舞》，成都：四川文艺出版社，1985年，第43页。
④ 李劼人：《天魔舞》，成都：四川文艺出版社，1985年，第215页。
⑤ 李劼人：《天魔舞》，成都：四川文艺出版社，1985年，第219页。
⑥ 李劼人：《天魔舞》，成都：四川文艺出版社，1985年，第219页。
⑦ 李劼人：《天魔舞》，成都：四川文艺出版社，1985年，第219页。

汽车公司经营的客运，仍然开通了省内主要城市之间的直达班车，成灌、成津、成彭这些线路已非常成熟，还发展了省际联运，从成都至西康省的雅安、西昌，还有到贵州以及陕西的客货运都有，方便了川内与周边省市的交流沟通。这些描写反映了成都的交通枢纽地位。

抗战时期成都交通压力大，内外运输任务重，自从美国空军把四川作为他们对日的轰炸战略基地后，战机、轰炸机、运输机起降频繁，机场的兴建迫在眉睫。在新津的旧县，也就是有名的五津渡，"由盟邦美国的要求，才又征购民田，才又把新津河中上下流几里的鹅卵石掏尽，凭大家的少许经验，公然名副其实的又修成了这个大飞机场。"①李劼人从自己的视角对抗战时期抢修完成对新津机场作了一番描写，新津机场作为四川的第二个军用大基地，在抗战中发挥了巨大的作用。"飞机场是那么大，差不多有十华里长。一条主要的宽大的跑道，也是有那么长。还有好些跑道，长的短的、竖的横的、宽的窄的。跑道外面，是平坦的空地，有的没一根草，有的仍然有草，只管露结为霜了，那铲不尽除不完的小东西，还那么青郁郁的。此外则是急就成章，中国式的改良房子……啊！辽阔，辽阔，想不到全是川西坝的人民一手一脚平出来修出来的！因此你也就不会惊诧场上的大小吉普车，和大小卡车，何以会跑来跑去的那么多，多得比成都市内的还多！"②李劼人在文字中发出由衷的赞叹，这个阔大而忙碌的机场，是在时间紧迫、劳动条件简陋、工具简单原始的情况下修建完成的，机场的浩大和繁忙，是轰炸日机，打击日军的又一项工程保障，它也使成都的空运又多了一处硬件建设！这更提升和彰显了成都的交通枢纽地位。

"已经快入夜了，但是飞机场上仍无静止的征象，尤其是天空，不断有飞机降下来，也不断有飞机腾起，也不断有飞机在上空盘旋，光听马达声音，已经使你感到昏晕。司令塔台畔的照明灯，已像扫帚星样，放出了强烈的白光，一转一转的向各方跑道射去，一射几里，时而这，时而那，还有很多红的绿的灯闪耀着；拖飞机和载人的吉普车，窜鲦鱼似的在灯光中溜来溜去，接运军火和物品的大卡车，几乎是成列的在兜圈子，光是这种动和光，也会令你感到昏晕。"③在李劼人的眼中，夜幕下的机场，没有一丝安宁，马达的轰鸣，塔台的灯光，穿梭不停的吉普车和大卡车，使机场沸腾不已。这反映出前线战事吃紧，战斗激烈，后方刻不容缓的运输支援的繁忙景象。这里也是向前线输送兵源的地方，几十辆大卡车满载

---

① 李劼人：《天魔舞》，成都：四川文艺出版社，1985 年，第 283 页。
② 李劼人：《天魔舞》，成都：四川文艺出版社，1985 年，第 280—281 页。
③ 李劼人：《天魔舞》，成都：四川文艺出版社，1985 年，第 281—282 页。

着踊跃从军的知识青年，由北门、东门进，南门出，从城门洞起，成都的街道热闹喧天，爆竹声声，歌声嘹亮，欢呼阵阵。四川的青年从成都城区出发到新津机场，再坐飞机远征滇缅作战。成都的交通枢纽地位由此可见一斑。

李劼人用生动形象的语言，纪录片式的表述形式，真实地记录了大后方紧迫的交通情形。在看似繁华实则忙乱的氛围中，折射出战时成都紧张的交通运输情况及其发挥的重要作用，凸显出成都作为水运、陆运和空运交通枢纽的地位。

二、成都的市区交通与街道、马路分级扩建

李劼人在《死水微澜》《暴风雨前》和《大波》里曾详尽地描写川西坝子的石板路，这是适合马车、轿子、鸡公车的道路。随着时代的发展，石板路已不适应新式交通工具——黄包车和汽车的通行。民国十三年，成都市刚刚成立市政组织时，即陆续开展成都街道、马路的修建。李劼人叙写了成都修建街道、马路的情况。当时市民将临街商铺和居住的房屋拆锯几尺，退让出来修马路。把丈把宽的石板街道修成了两丈来宽的三合土路面。这项工程起初遭到各方人士的强烈反对。"'我们不要交通！''我们不信修了街就会出生意！''三丁拐轿子品排走得过的，为啥要修得那么宽？'"各种各样反对的理由，"都抵不住政府一句引用《圣经》的话：'凡民不可与图始。'而且威信所在，也不容轻予变更，政府即已说过'办新政必从城中心办起'，再不对，总之就是法律。"① 所以商铺和住宅还是退了。连续退让到第四次时，居民们由开始的反对抵触到"懂得敷衍场面的技巧"，李劼人做了细致地描写：将房屋草草修成一种怪模样，能够应付目前就行了！路面坑坑洼洼，沿街店面锯齿样排列，"青灰泥墙上划些白粉条痕，硬叫人相信是砖石所砌，刨过锯过的材料上，抹一些颜色，涂一层光油，看起来硬像漆过一样"。② 面子功夫做得很到位，路况却日趋破烂不堪，街面也显得很破败。持续的抗战，更把人们的生活、意识、计划都打乱了。"被日本飞机炸毁烧光的房屋、店铺、街道狼藉一片。修不修，怎样修，大家茫然无措"③，结果到处可见"破落街"！这样的街道，有碍观瞻，影响行驶，车辆的损毁程度也严重，妨碍交通。

成都是大后方的重要城市，街道破烂逼窄，但热闹依旧。总府街、商业场、春熙路几条中心街道，每天车水马龙，拥挤喧闹。满大街的人和满大街的车，把这

---

① 李劼人：《天魔舞》，成都：四川文艺出版社，1985年，第86—87页。
② 李劼人：《天魔舞》，成都：四川文艺出版社，1985年，第88页。
③ 李劼人：《天魔舞》，成都：四川文艺出版社，1985年，第89页。

些街道堵得水泄不通。黄包车到这里，左冲右突，师傅们大声武气地吼着："'撞着！''左手！''右手！''少来！'"①把车铃踏得一片响。街上的悠闲的行人只管踱着方步，东张西望地看热闹。

抗战时期，由于美国空军入驻成都及周边机场，展开对日轰炸和作战，大量美军车辆加入成都的道路交通。在街上横冲直撞，不听从交警指挥的美军吉普车最显眼。李劼人在《天魔舞》中再现了那种场景："陈登云的车子刚好拉到商业场门口放下，他也刚好下车时，一辆吉普车忽从东头驰来，活像艨艟大舰样，把一条活的人流，冲成两大片。这大舰上载了四个年轻的水手，也可说就是美国兵，只一个戴了顶黄咔叽船形帽，三个都戴的是中式青缎瓜皮帽，准是才在福兴街买来的。一路闹着唱着，同人浪里的哗笑，和一片几乎听不清楚的'密斯特，顶好！'的声音，溶成了一股响亮的激流。"②他们无视交警的指挥，在街头任意妄为，使本来就拥堵的大街，更加堵得水泄不通。"从四条热闹的街上走来的人啦车啦，也像朝宗于海的江淮河汉四渎，把十字街口挤成了一道潮样的墙。呼叫和哗笑的声音，确也像潮音，刚沉下去，又沸涌起来。"③人力车夫用手推用车杠撞，还是闯不出一条可以通行的路！这种由美军主演的街头闹剧不时上演，使原本就闹热的成都街道高潮迭起，成为战时成都交通的奇景，反映了现代交通工具的"优势"和盟军的"优越感"。

抗战时期，成都作为大后方重要的省会级城市，汽车数量增加，迫使旧式街道必须进行大的改造和建设。由于战争的影响，财政困难，1943年后的恶性通货膨胀，使成都市的修路费、养路费大大缩水，道路建设的推进缓慢，规划中的街道建设也停滞不前，加之遭受日机多次的狂轰滥炸，城内到处都是"破落街"。大街上乱跑的载重卡车，更是把主要为了小车通行修建的石灰三合土马路辗得粉碎。"满街坑坑包包，碾碎了的泥渣石子，使穿薄底鞋和草鞋的脚板很为吃苦，而私包车的胶皮外带也像在磨石上磨似的。"④残破不堪的街道，车行人走都很不方便。虽然拆卸退让了几次，但是成绩不显著。除了后来陆续建成了车道宽15米的四条干道外，其余的甲、乙、丙三个等级的街道，它们的车道宽度分别是10米、9米、6米，所以在闹市拥堵也是常事。

《天魔舞》描写的成都近现代的街道、马路建设，战时的发展变化以及街道的

---

① 李劼人：《天魔舞》，成都：四川文艺出版社，1985年，第89页。
② 李劼人：《天魔舞》，成都：四川文艺出版社，1985年，第126页。
③ 李劼人：《天魔舞》，成都：四川文艺出版社，1985年，第127页。
④ 李劼人：《天魔舞》，成都：四川文艺出版社，1985年，第85—86页。

交通状况，是成都交通历史的真实记录和反映，成为研究成都社会发展的重要文献。

三、战时成都的交通管理

民国以后，成都市开始设置交通管理机构，对城市道路、交通进行规范化管理，拟定了一系列的交通法规。《天魔舞》描写了战时成都的交通管理情况。抗战爆发后，为了统一管理，成都市将人力车、畜力车也纳入管理范围。规定在警报期间，人力车、畜力车不许在街上走，包括城外的街道，近郊的马路，都不许走。直到警报解除，方可行走。"理由是紧急警报之后，不管日本飞机来不来，我们的城乡间是不许暴露半个人影，半件物资；而人力车也是物资之一。"①遇到警察、宪兵、保安队、防护团在巡逻、放哨时，拉车的人如果不听从他们的指挥，就不准通过，甚至拳打脚踢，或者弄坏车带、零件，叫车夫受点意外损失，耽搁生意。这种借政府的规定行使自己的"管理权力"，是战时的"特权"，交通执法的另类体现。

李劼人对成都市区机动车的交通管理措施，按照不同的时期和情况，做了具体真实的记录。战前的市区街道，对机动车的进入做了严格的规定："为保护路面，卡车不准在市内行驶！"②当时市区的街道主要是三合土，禁不起重车碾压。战时对需要进入市区的卡车也拟定了管理措施："为整饬市容，卡车不准停留市内！""无论任何机关之卡车，必须听从宪警，不准在指定地区以外随意停放！""卡车停放市街，不得逾一小时！"③从一开始不准在市内停车，到划定明确停车的区域，建设停车场，规定停车时间，是为了符合战时的需求。自汽车在市区行驶以来，不断有市民受到汽车伤害，所以对车速提出要求："为保障市民安全，卡车在市区内行驶不得超过每小时十公里之规定！"④出于对市民健康的关注，还规定了卡车的附加装置："为预防疾病，凡无洒水设备之卡车，不准进入市区！"⑤交通管理措施一步一步完善，成都城市交通越来越规范，满足了城市发展的需求。《天魔舞》的"档案性"价值由此可见一斑。

战时日机空袭难料，成都还增加了相关交通管理措施，李劼人在小说中明确

---

① 李劼人：《天魔舞》，成都：四川文艺出版社，1985年，第48页。
② 李劼人：《天魔舞》，成都：四川文艺出版社，1985年，第90页。
③ 李劼人：《天魔舞》，成都：四川文艺出版社，1985年，第90页。
④ 李劼人：《天魔舞》，成都：四川文艺出版社，1985年，第90页。
⑤ 李劼人：《天魔舞》，成都：四川文艺出版社，1985年，第90页。

写出："空袭堪虞，卡车卸载后，应立即开出市区，不准停留街面，增加敌机投弹目标！""预行警报后，卡车从速开出市区；空袭警报后，卡车不准行驶；解除警报十分钟后，卡车始准开入市区！"①每条禁令既针对卡车的安全，又从不能暴露空袭目标的要求来拟定，考虑得很周全。李劼人的叙写与当时的市政规定是一致的，可以相互印证。1939年12月四川省建设厅颁布《四川省政府建设厅修正取缔市区内停放汽车办法》，对汽车停放市区做了限制："无论军用民用大汽车一律须于市区以外疏散停放并加以掩蔽；……卡车入城卸货完竣即须立刻出城；空袭时绝对不许卡车入城"。②由此可见，《天魔舞》的描写是相当真实、准确的，是历史的实录，反映了战时成都特别的交通管理情形，具有很高的认识价值。

成都市街上的行人也不能为所欲为地乱走。这个交通秩序市政府也作了管理。李劼人在《天魔舞》里进行了饶有趣味的叙述。最初是这样的："成都市街上行道的秩序，自清朝办警察时起，就训练着'行人车辆靠右走！'二三十岁的人早已有此素习了的。"③后来国民党推行"新生活运动"，强迫改为"行人车辆靠左走！"④说是必须如此才能救国，也才是新生活。大家响应号召，好不容易渐渐养成了习惯。战时美国盟友来到成都，政府便又要改回来，说是要将就盟友驾驶汽车的方便，仍然"行人车辆靠右走"了，⑤人们又按新的要求去做。李劼人还写到了一个奇葩的说法：让车辆靠右走，行人靠左走，彼此看得明白，便不会相互冲撞了。一会"左走"，一会"右行"。行道秩序从混乱到有序，真实地反映了成都在进行交通管理时的一段历史进程。由清政府开始，到民国的发展，再到战时的改变，时代和战争影响着人们的秩序和观念的变化！可以说李劼人是在重现历史，复活历史场景。

四、抗战时期成都的交通工具及战时空运

抗战时期，成都是大后方的重要城市，交通工具五花八门：机动车、非机动车、轮船、火车及飞机等都有。市区的公共交通有新式的木箱式的马车，长途车式的公共汽车，还有数量庞大的黄包车。抗战全面爆发，大批机关、学校、

① 李劼人：《天魔舞》，成都：四川文艺出版社，1985年，第90页。
② 民国《四川省政府建设厅修正取缔市区内停放汽车办法》，成都市档案馆档案，第38全宗，12目录，384卷。
③ 李劼人：《天魔舞》，成都：四川文艺出版社，1985年，第126页。
④ 李劼人：《天魔舞》，成都：四川文艺出版社，1985年，第126页。
⑤ 李劼人：《天魔舞》，成都：四川文艺出版社，1985年，第126页。

工厂迁到四川，人口急剧增长，"在抗战爆发之初的 1937 年，成都市人口约为463154 人。到 1944 年，成都市区人口已经增至 562838 人。到 1945 年更猛增到 742118 人。"① 马车和公共汽车数量少，出行的线路又非常有限，不能满足人们的需要，人力车的市场空间得到极大的发展。"到 1945 年时，成都市已有人力车车行 700 余家，人力车 11260 辆，车工约 3 万人。"② 人力车是成都最方便的交通工具，也是《天魔舞》着墨最多的地方。

在警报频繁的时期，人们的需求暴涨，人力车的价格随之飙升，十倍、五十倍、甚至一百倍地涨起来。李劼人在《天魔舞》中做了客观详实地记录。面对恐怖的空袭，民众的心理是"人到买命时，是不计算钱的。"③ 而人力车夫通常的报酬是："设若一天能拉上一全班，几乎可以抵个大学里的穷教书先生，也比什么衙门里的有些科长都强。顿顿见荤开饭下班后还要喝个四两酒。"④ 这是当时的实情。人力车行业门槛极低，收入又可观，所以各色人等都挤进来。下力的人太多，"连当过排长以及断了一只膀膊的伤兵，甚至挟过皮包穿过长衫的师爷们，都挤了来。"⑤ 虽然成都的街巷很多，名字复杂，一般外地的车夫不拉上三年是弄不清的，车夫们为此也会吃不少的亏，但是比在老家种田强，还是坚持长久地拉下去。

《天魔舞》中也对人力车夫的分类做了叙写。同样是人力车，还有拉私包车和拉街车的区分。虽然二者挣的钱差不多，但拉私包车更清闲更体面，主人家还管吃住，不再受警察的气。"警察对于黑得透亮的私包车，早就敬畏三分"，⑥ 因此，拉私包车比拉街车高级，要有专门的人引荐才行。从交通工具上折射出社会的等级，反映了人们的等级观念。

在成都城郊城乡结合的地方，交通不大方便，载人运物的实心胶轮的人力车被改装得越来越不像样了。人力车行走城郊道路，李劼人描写得很具体而有时代感，他写道，城外乡下"这条只有二尺来宽的泥路，幸而是黑沙泥路，路底子是在民国二十六年春，建设风气达到高潮时，由本保保长提议，响应建设乡村道路，得到一般农户的赞成，曾自动的出钱出力，铺过一层碎石，并借了公路局一只废而不用的小石磙压了压，所以还相当硬；虽然得力于路面不宽，而又依着两面田沟曲曲折折，免了汽车黄包车和载重板车的糟蹋，但是叽咕车和水牛的蹄子，

---

① 张学军、张莉红：《成都城市史》，成都：成都出版社，1993 年，第 232 页。
② 邓显金：《成都黄包车的兴起与衰亡》，《成都志通讯》，1986（1）。
③ 李劼人：《天魔舞》，成都：四川文艺出版社，1985 年，第 47 页。
④ 李劼人：《天魔舞》，成都：四川文艺出版社，1985 年，第 45 页。
⑤ 李劼人：《天魔舞》，成都：四川文艺出版社，1985 年，第 45 页。
⑥ 李劼人：《天魔舞》，成都：四川文艺出版社，1985 年，第 49 页。

还是有破坏能力，路面是早不成名堂"。①"酱糊"（今作"糨糊"）样的路况，也不妨碍叽咕车的通行。"叽咕车"又称"鸡公车"，是独轮车。车轮用生铁圈子包着，推车人分开两臂，紧握着车把，在路上一步一步向前推，车的木轴承也就一路"叽叽咕咕地"响着。这种简易便捷而省力的车辆，传说是三国时期诸葛亮发明的，一直使用到现在，是四川农村重要的传统运输工具和代步工具。战时，城里的机关、学校、居民很多疏散到乡下，狭窄的土路没有其他的交通工具，主要就靠它。在《天魔舞》中，每逢下雨天，白知时到城外一所疏散中学上课和下课回城时，就雇老徐的叽咕车代步。

大后方的成都，货物运输量很大，川流不息的大小汽车在公路上来来去去。运输的主要力量是十个大车轮载得极重的载重大卡车，算是路上的巨无霸。这些车子新，用的是汽油，又大都是美国兵在驾驶，他们胆子大，跑得飞快。本地跑运输的也是进口的卡车，但因为路况条件太差，跑的里程太多，一般都是破烂的"老爷车"。李劼人在《天魔舞》中这样写道："两辆卡车都是一九四〇年雪佛兰牌子。滇缅中断前一顷时，最后抢运进口的一批东西。在目前的大后方，除了军车、吉普车外，还算是顶合用的，虽然全身零件已换得差不多，虽然计程表、计时表、以及油表都已废而无用，到底比别的许多商运车，和一般公路局的车好得多，第一，难得抛锚；第二哩，每小时准可跑三十公里。"②尽管破烂，却是本地跑货运最好最有价值的车，一些实力雄厚的大货栈如"八达通"才有，用来倒运货物，发国难财。此外还有客运的酒精车、木炭车，它们虽然如老牛拉破车般的迟缓，但是长途客运非它莫属！

抗战时期的成都，运货的主要工具是用木头制造的人力货运车。这种车有两种，运笨重货物的叫"板板车"，搬运少量物品的叫"架架车"。战时成都作为大后方，需要运输的物资多，所以，主要使用板板车。这种车车架粗、宽、笨，使用汽车轮胎，载货量大，拉动费力，需要主力和副手配合协调，齐心协力才能拖动。在马路上的机动车流中，就有一支胶轮大板车的队伍，缓慢地行进着。李劼人在《天魔舞》中，用近乎悲壮的语气叙述着："又碰见十几架载柴、载枫炭、载肥猪、载木材的胶轮大板车。每一车总有两吨多重，七八个并非壮汉的劳工，——英语字典上叫苦力的！——老的有六十以上，少的则在十五岁以下，也有几个适龄汉子，多半五痨七伤、柔筋脆骨的兵渣；各人尽着全力，像拉船纤似的，一步一步的拉

① 李劼人：《天魔舞》，成都：四川文艺出版社，1985年，第143—144页。
② 李劼人：《天魔舞》，成都：四川文艺出版社，1985年，第271页。

动着那重荷。"① 车上载的是维持成都市七十多万人生存的日常生活必需品。这笨重的车队，令人肃然起敬。他们瘦弱的双肩，承载着成都人民生活的重担。当时川军三百万到前方抗日，这些老弱病残在后方，贡献着他们残喘的力量。李劼人把他们刻画得犹如雕塑一般，永远定格在历史的记忆中。

成都上空隆隆作响的飞机，作为客运的较少，主要是用作运输和作战，各种飞机在空中穿梭来往，一刻不停。在《天魔舞》中李劼人对此做了叙写："近月来常常出动的盟军飞机，不管是四个发动机而机身细长的 B-29 重轰炸机，亦或是机身粗短的运输机，已为大家看熟了，毫不惊诧……"② 飞赴印度去参战的青年学生，就是在新津机场坐美军的运输机远征的。深居内陆的成都人，平日难得看到飞机，现在却习以为常，可以想象成都上空每天起飞降落的飞机架次有多么频繁。

作为战时大后方的成都，形成巨大的人员和物资流动，一边接纳一边输出，水、陆、空各种交通工具络绎不绝，织成繁忙的交通网。"据统计，从 1938 年至抗战结束，四川省完成客运量约 900 万人次"，③ 仅 1942 年，四川就为全国提供军粮和公粮达 1600 万石，为前方输送 300 万川军，成为抗战最坚强的后盾。这一切，反映了战时成都交通的特别贡献！

李劼人在《天魔舞》中书写的战时成都交通，是难得的历史记录。作为一位忠实于现实的作家，一位熟悉并深爱地域文化的作家，一位接受了中国文学"史传"传统和法国"大河小说"创作观念双重影响的作家，他以"史家"的笔法，现实主义的文学手法，生动、具体、细致地记录和展现了抗战时期成都的交通状况和巨大变化，并反映了新式交通工具的出现带给成都人的冲击以及思想观念的转变。民国时期成都道路、交通的变化，尤其是抗战时期的非常发展，不仅为抗战的胜利发挥了重要作用，而且巨大、深刻地改变和推动了成都、四川地区的道路、交通发展，进而触动、拓展和改变了人们对道路、交通的认识，这些变化，都在李劼人的笔下鲜活起来，有力而永恒。

① 李劼人：《天魔舞》，成都：四川文艺出版社，1985 年，第 273 页。
② 李劼人：《天魔舞》，成都：四川文艺出版社，1985 年，第 118—119 页。
③ 杨实：《抗战时期西南的交通》，昆明：云南人民出版社，1992 年，第 147—148。

郭沫若与李劼人早期小说审美意识比较

王 菱①

摘 要 郭沫若和李劼人早期有相似的求学经历，也有共同的对文学的热爱和相近的知识素养。二者早期创作的小说在审美意识上既有相近之处，亦有迥异之点，它们的文学意义和审美价值都没有得到充分的认识。本文从发现"人"的角度比较二者早期小说中的相似之处，并从"表现"和"写实"，"悲剧性"和"喜剧性"的角度分析二者早期小说呈现出的不同审美趣味和审美理想。

关键词 郭沫若 李劼人 早期小说 审美意识

从现代小说的创作实际出发，1912 年，当李劼人还是一个中学毕业生时，他就在成都《晨钟报》上发表了长达万言的第一篇白话小说《游园会》②，这篇小说较之被现代文学史公认的第一篇白话小说《狂人日记》早了六年时间。到 1918 年 5 月《狂人日记》发表，李劼人已发表了包括《游园会》在内的七篇白话小说，大大地充实了中国古典小说向现代小说过渡期间的空白，与鲁迅的开山之作《狂人日记》作为现代小说纪念碑无可置疑的地位相比，因为现代文学史断代的缘故，李劼人早期的白话小说在现代小说发轫期的意义并未得到公允的评价。

"五四"以前和二十年代中期，是李劼人早期小说创作时期。"五四"以前他的小说作品忧愤深广，富于表现力，尤其善于剖析生活断面，形象地展示人在大时代的际遇，深刻地揭露了社会矛盾的根源。"五四"以后李劼人的小说创作紧跟"五四"时期"人"的发现与觉醒的社会文化演进主题，创作的落脚点主要放在反封建文化制度上，特别是反对旧的婚姻观方面。他的创作所呈现出来的女性主体意识的觉醒，自由追求情爱的诉求与细腻的情感刻画等，使其早期小说的文化内涵丰富而深厚，并形成了独特的审美意蕴，即：细腻逼真的心理描写、朴实生动的地方语言、诙谐讽刺的白描笔法以及浓郁的地方特色等，正是这些审美意蕴令李劼人的小说具

---

① 王菱，四川省作家协会副研究员。
② 李劼人在中学时期便因能讲小说而获得"精公"的绰号，闻名于中学堂。

有鲜明的现代性色彩。"'五四'运动和留学法国，使李劼人这个白话小说的优秀的早行者的创作素质，发生了重大变化。"①"作品对中西文化心理的比较和人际间人道主义情感的执着追求，反映了作家新的意识取向和民族反省。"②

相较而言，作为现代小说开拓者之一，郭沫若的现代小说创作活动要晚于李劼人，他在 1919 年 11 月才在《新中国》月刊第 1 卷第 7 期上正式发表了形式独特、构思完整的短篇小说《牧羊哀话》，据他自己说该小说创作完成于 1918 年二三月间。可见，与李劼人一样，郭沫若在创作第一篇现代小说时也未受到《狂人日记》的启发与影响。此外，据郭沫若回忆录记载，他在发表《牧羊哀话》前还有一篇《骷髅》，讲述一个怪异变态的爱情故事：主人公苦苦追寻爱情，以至于达到了爱人死了还要和他的尸身在一起生活的瘆人程度；纵使是自己死了，骷髅也要去追索爱人的刺像，大叫"还我的爱人来"。从这两篇其最早的小说创作来看，对充满诗意的理想爱情追而不得的幻美感，是郭沫若早期进行小说创作时一个重要的感奋点。

郭沫若的小说创作活动前后延续了近 30 年，以写于 1927 年的《一只手》为界，他的小说创作可粗略地分为前后两个时期。早期 25 篇小说约占总数的五分之三，这阶段的小说以抒写身边点滴、表现个体性自我为主，具有"主情主义"的美学追求。这种"主情主义"的小说美学样式，在中国现代小说史上是一个全新的样式，也是对传统小说观念的一个新发展。③鲁迅在 30 年代与斯诺的谈话中，曾把郭沫若列为 1917 年新文学运动以来出现的"最优秀的短篇小说家"之一。严家炎在谈及郭沫若小说的实验探索性价值时，曾如此评价《残春》："这也许是中国最早的意识流小说之一，它本是一种实验，一种新的探索与创造"。④这些评价主要都是针对他早期的小说创作而言的。

一、审美意识的共同自觉：发现了"人"

"五四"以后到二十年代中期这段时间，作为现代小说的发轫期，一方面，民族、国家的前途与命运始终萦绕在创作者的心怀，为民族与国家献身成为他们挥之不去的一种情结；另一方面，对于个体的人的价值，中国现代作家们始终怀有坚定的信仰。在文学观念上，郭沫若和李劼人面对的语境无疑都是相同的：一

① 杨义：《中国现代小说史》，北京：人民文学出版，2001 年，第 426 页。
② 杨义：《中国现代小说史》，北京：人民文学出版，2001 年，第 428—429 页。
③ 钱理群、温儒敏、吴福辉等：《中国现代文学三十年》，北京：北京大学出版社，1998 年，第 56 页。
④ 严家炎：《走出百慕大三角区——谈 20 世纪文艺批评的一点教训》，《文学自由谈》，1989（3）。

方面期待文学真实地再现社会人生，另一方面又期待文学真实地表现"自我"。"自我"无疑是"五四"文学中一个显眼的关键词，人的自我信任、自我表现和自我扩张的欲望，都在当时的语境中因时代的要求而凸显出来。处于转型期的"五四"时代的中国，正在使自己摆脱封建社会的种种缰锁，新文化运动又让中国现代思想运动先驱们，竭力呼唤出一个新的、更人性化、现代化的"自我"，并试图找到一种自我解脱和自我实现的解决方式，进而实现自我超越。李大钊的"宇宙无尽，即青春无尽，即自我无尽"①；鲁迅的"立人"主张以及"五四"时"平民文学"、"人的文学"等口号都是这一呼声的表现，两种要求是二而一的。周作人《人的文学》一文代表性地表达了新文学对于人生的正视。"我认为中国新文学的传统，即是'人的文学'，即是用'人道主义为本'，对中国社会、个人诸问题，加以记录研究的文学。"②郭沫若在日本留学期间，接受了荷兰哲学家斯宾若沙的泛神论思想，并以此作为理论武器抨击旧制度、旧传统，张扬个性，倡导"人"的觉醒，这种思想直接影响了他早期小说的创作。斯宾诺莎的泛神论思想关于自我的扩张，反抗一切的哲学主张暗合了郭沫若当时的情感需求——"我即是神"、"神即是我"等一系列虚妄的话语，不仅反映了郭沫若在早期创作中试图摆脱因民族自卑而产生的压抑与苦闷的努力，同时也昭示了他竭力在精神领域获得民族主义胜利的企图。因此，郭沫若在提出有关"人"的启蒙命题时，其最后底线仍然是民族主义，即他把民族主义作为自己启蒙行动的最终归宿和根本出发点。郭沫若等留日学生对"人"的命题的提出与倡导，与当时国内如火如荼的启蒙运动遥相呼应。这个命题的提出，并非源于本民族固有的文化，也非中国现代化进程的必然结果，而是从民族危机的发展中爆发出来的，一切"人"的话语都来自于对民族生存问题的思考。就此而言，"个性解放""自我意识"等启蒙命题对郭沫若来说并不具备尼采那样完整的学理意义，没有统一的方法论基础，亦无合乎逻辑的思想体系，它只是一种立场或者"态度"。当自我意识与个性意识、民族意识和时代意识紧密联系在一起，郭沫若早期的小说便充分展现了他热情奔放的诗人气质，这种冲动性的气质，是他胸中的"自我火焰"，喷射时虽略有浮躁，但行文间的激情始终在炙染着读者，使读者能从中感受到国家民族的情绪和时代脉搏。

　　相对于传统小说，郭沫若早期小说往往注重挖掘人的内心世界，重视主观情感抒发，并熟练运用联想、梦境、心理分析等西方的艺术手法来立体呈现主人公的内心世界，将属于心理范围的情态、心绪、心境及潜意识活动作为小说叙事展

① 李大钊：《青春》，《新青年》，1916（2）。
② 夏志清：《人的文学》，上海：复旦大学出版社，2005年，第181页。

开的线索。在现代文学发展史上，郭沫若的早期小说真正开始拥有了抒情功能，其"主情主义"小说在审美上不仅具有有别于传统小说的结构模式，而且具有发现"人"的特殊审美情感和审美心理的独到之处。

郭沫若的早期小说往往淡化小说结构中的故事性因素，强化人物的情感性特征。如《残春》《月蚀》等小说中，小说的结构主体不再是基于时间顺序和因果关系而形成的完整事件，而是主人公的情感体验和情绪心态的抒发。这种主体结构的安排削弱了小说的情节叙事，放弃了小说对故事及人物性格塑造的叙事追求。《残春》和《月蚀》只在小说主人公主观情绪的抒发中联缀和穿插了一些零碎回忆、生活片段等非常微弱的叙事元素，正如他自己所说："我那篇《残春》着力点并不是注重在事实的进行，我是注重心理的描写。我描写的心理是潜在意识的一种流动。"①在《残春》的梦境中，小说主人公的妻子意外出现，成为了"我"追求爱情、婚外情的障碍，这非常符合弗洛伊德的现实原则理论。在《日蚀》中作者的自我面目呈现得更加直接，小说完整记录了作者在现实生活中的本来样态。"如今地球上生活着的灵长，不都是成了黑蹄和马纳瓜母，不仅在吞噬日月，还在互相啮杀么？"郭沫若对潜意识的描绘。无论是人物的内心冲突、情绪的宣泄，还是人格分裂的描写，最终都是为了一吐心中的积郁和悲愤。小说人物的潜意识由作者通过表现直觉、梦境、幻觉、变形等场面在小说中转化成了读者可通过想象触摸到的具体形象，从而更加有力地揭示了人物的心路历程。小说《叶罗提之墓》讲述了一个叔嫂相恋的爱情悲剧，主人公叶罗提身上带有敏感早熟的郭沫若青春期心灵遭际的印记。郭沫若在回忆文章《少年时代》中说自己是以"追怀的怅惘"来写作《叶罗提之墓》的。独特的情感体验和虚幻的故事情节相与扭结，使整篇小说如真似幻，具有一种异样的神韵。《叶罗堤之墓》在描写儿童的性欲望和性心理上也有非常典型的潜意识的特征，而且正是用"叶罗堤"的性心理的发展作为推动故事的情节发展。郭沫若早期小说中大胆的爱情和性心理描写地潜在抨击对象是封建宗法制度和旧礼教。

郭沫若早期的"主情主义"小说是"借文学来鸣我的存在"，常以作家自我为描写对象。其小说在人物塑造上所进行的自我表现，不仅建立起具有鲜明风格特征的自叙体小说，而且为中国现代小说的叙事模式的发展也做了积极有益的探索。以第一人称、第三人称开展的内聚焦限制叙事，即小说叙述者关注的表现对象不再是外在的事件过程和人物关系，而是事件、人物在叙述者内心所引起的心灵感

---

① 郭沫若：《批评与梦》，《沫若文集》第十卷，北京：人民文学出版社，1958 年，第 165 页。

受和情感反应，充分表达了叙述者的心灵和普通观念之间的关系，以及人物在沉默状态中的内心独自。小说由此突出了创作主体、叙述主体和对象主体的同在性、同一性，呈现三位一体特征。这种叙事模式令读者站在一种超然的位置上，能足够客观冷静地对待小说中的人物与故事。事实上，郭沫若早期小说中的内容，绝大部分都能在其自传里找到现实的根据，如《叶罗堤之墓》、《漂流三部曲》等作品，就是直接取材于作者本人的生活经历和情感经验，甚至未经过多的艺术加工，这种直白与坦率在当时的文坛上也颇为罕见。

由于在小说结构处理上的情感化，和叙事视角的"内聚焦"，郭沫若的早期小说呈现出明显的诗化审美倾向。在其早期的小说中，无论对于事件的叙述、人物的描写和环境的描绘，都带有叙事者强烈的主观感情色彩，在形象表现上，往往具有诗歌的主观变形特征。在语言运用上，常常是依据情绪的流动性而呈现出更多的跳跃和内转，缺乏一般叙事小说语言的那种周延性和逻辑性，如《喀尔美萝姑娘》写瑞华的丈夫在梦境中寻觅喀尔美萝姑娘时对周遭的感受时，便大量采用了诗化的语言，如："瑞华的面貌，你是知道的，就好象梦中的人物一样，笼着一层幽邃的白光，而她的好象是在镁线光中照耀着的一般夺目；瑞华的表情就好象雨后的秋山一样，是很静穆的，而她的是玫瑰色的春郊的晴霭；更说具体些时，瑞华是中世纪的圣画，而她是古代希腊的雕刻上加了近代的色彩。我抱着圣母的塑像驰骋着爱欲的梦想，啊，我的自我的分裂，我的二重生活的表现，便从此开始了！"①

1925 年，郭沫若在《文学本质》中曾试图阐释诗直接作为了文学本质的重要性："空间艺术的发生是后于时间艺术的"，他认为诗之所以属于时间艺术，在于它是情绪自身的表现；是文学的本质，"文学的本质是有节奏的情绪的世界"。②

与郭沫若孜孜不倦地在早期小说中表现"人"的内在"自我"相比，李劼人在早期小说创作中对"人的发现"，主要集中于他自觉的历史和社会意识上，他充分感受到时代巨变所带来的冲击和困顿，故在小说中将人物如放在显微镜下一般进行客观描绘和剖析，着力呈现出时代脉络中的"人"的整体形象，由"人"而"人群"、"社会"。李劼人的早期小说更多地展示了他在与社会打交道时的初体验，即一张白纸样的纯洁青春倒影下来的沉疴社会的斑斑印记。他的生花之笔婉转着墨于"人"的客观描绘，但并不介入文本作主观评价，这使人物形象内涵更为丰富，作为文化个体的存在更能反映历史的本真，"人"在李劼人的早期小说里不再是模

---

① 郭沫若：《喀尔美萝姑娘》，《沫若文集》第五卷，北京：人民文学出版社，1957 年，第 92 页。
② 郭沫若：《文学本质》，《郭沫若全集》第十五卷，北京，人民文学出版社，1990 年，第 352 页。

糊的面目，而有了生动真切的面容。

李劼人的早期小说里有大量四川土匪、军阀和袍哥的群像。与传统小说不同的是，这些社会底层的人物不再像出现在《水浒》等小说中那样，作为"失语的众生"，仅仅是一干英雄好汉的陪衬。李劼人的早期小说恰恰将一直在历史进程中"失语"的人物，花大力气精致地写了出来，并着力在匪的"人的本质"的发现和表现，令"匪""兵""袍哥"呈现出更圆融的性格特征。虽然李劼人的"匪"既不传奇，也不侠义，更不浪漫，丝毫没有劫富济贫的民间正义。然而作为"为人生而艺术"的现实主义创作，他的"匪"形象系列素描严肃而具有批判性，其表现完全是时代的反映、文学的自觉。李劼人在 1924 年—1926 年间所发表的《强盗真诠》《失运以后的兵》《兵大伯陈振武的月谱》等中短篇小说，形象描绘了军阀混战时期，传统社会兵匪横行的现实，通过多层矛盾的交相冲突，再现兵匪一家的戏剧性结局，对得势者的自大、猖狂和无耻，穷民百姓、乡绅商贾手无寸铁的无奈和悲苦都有充分的笔墨停留。在《强盗真诠》中李劼人用生动的人物语言和滑稽的故事情节，演绎了强盗逻辑和自然界的生物链法则。"中国的兵与匪差不多是不容易分离的，正式军队被击败了的时候兵就是匪，匪遇招安时匪又变成了兵，兵与匪同时又都是一些过剩的人口——年富力强的贫民——破产的农村中农民的化身。"[1]对底层社会的细腻表现和全景再现的努力，是李劼人力图通过普通"人"的命运表达对时代的一种追思与追问——"人"应该生活在怎样的社会里？如何可能生活得更好？

作为一名有充分现代意识的作家，李劼人的早期小说相当关注女性自身主体意识的觉醒。在现代文学史上，李劼人应该算是最擅长描写女性、塑造女性形象的作家。他塑造的众多人物形象，女性给人们留下的印象最为深刻。他后来的"大河小说"中所出现的风情万种的邓幺姑、放荡不羁的黄太太等活色生香的角色，其实在他早期的小说创作中已经出现端倪。只不过与后来侧重于表现女性的情欲世界所不同的是，早期小说中的女性角色更多地呈现出一种自身主体意识的觉醒。《大防》中的淑贞小姐到仇人公馆求救时侃侃而谈，通过把握大军爷微妙的心理变化，掌握先软后硬的谈话节奏，巧妙地逼迫其签字盖章放出自己的父亲，还令大军爷动了心思，差点想把她娶回来做第九房太太。这个智勇情三全的角色是旧社会的女性所无法胜任的。

在早期小说中，李劼人通过"人"的发现，充分注意到写女人的"罪恶"与"堕

---

[1] 柯象峰：《中国贫穷问题》，北京：正中书局，1935 年，第 203 页。

落"应把握的分寸和人道主义情怀，从人的基本权利出发，他发现"失语"的
人群，不仅是底层的小人物，还有一整群"女人"！"这是一个妇人的罪恶，抑
或是一般妇人的罪恶？是妇人内心发生的罪恶，抑是环境酿成的罪恶？堕在黑暗
中的妇人是可恨还是可怜，是一往堕落下去，还是有迁善的机会？他们总有善的
一方？在何处？"①他认为"人性自有善恶嗜好，不是纯粹用礼法环境改变得了
的"②。与郭沫若相同的是，李劼人写男女私情也是用来抨击"吃人"的旧礼教的。
李劼人的小说往往在荒诞无稽的现实描写中暗含着对社会公正和秩序的一种期待，
与此同时也有一种对封建制度"存天理、灭人欲"的嘲讽和对传统礼教"男女授
受不亲"的反抗。在发现"人"的同时，他首先要解放的"人"就是女人，因为
女人在中国几千年的历史进程中被压抑和禁锢得最深。他主张"独立解放亦是一
种习惯，尤如其它之事，必久而久之，始能安而习之也……若乎进化？则为一种
永远学习而无毕业之期之事！"③《棒的故事》中何老太嫉妒儿媳，对其心怀恨意之
后，专门写信给远方求学的儿子，添油加醋地搬弄儿媳外遇的事迹，没想到儿子
回信却不以为然："渠倘能为我守肉体之贞，是渠修养到家，是我意外之幸，不能，
亦寻常事耳！……亦望母亲体谅斯意，勿持世俗不公之见，……"④正是这样的审
美理想，让李劼人在女性身上倾注了大量的心血，在早期小说中从不同角度费不
同笔墨刻画了系列女性形象之后，他心目中的经典人物蔡大嫂才逐渐丰满起来。

二、审美趣味的差异：浪漫地"表现"与理想地"写实"

　　郭沫若与李劼人作为在"五四"前即开始进行小说创作实践的现代作家，自
身是接受过"新教育"的青年学生，同时又都有着国外的留学经历，均具备娴熟
的外语技巧和丰富的人文科学知识。自身素养的变化，促成了他们自我意识的深化，
自然也就拥有伴随着自己的人生历程所形成的个性解放的要求，他们对自己和世
界的复杂性也才有更深刻的体会。但在具体的创作道路上，郭沫若与李劼人的审
美旨趣却不尽相同。
　　郭沫若早期的小说创作同他的诗歌创作一样，以大胆地自我暴露和赤裸裸的
心理描写在中国现代小说史上独树一帜。在他早期的小说里，自我的全方位呈现

① 李劼人：《〈斜阳人语〉译后附识》，《小说月报》，第 13 卷，12 期，1922。
② 李劼人：《李劼人选集》第五卷，成都：四川人民出版社，1980 年，第 603—604 页。
③ 李劼人：《李劼人选集》第五卷，成都：四川人民出版社，1980 年，第 603—604 页。
④ 李劼人：《棒的故事》，《李劼人全集》第六卷，成都：四川文艺出版社，2011 年，第 277 页。

基本上是通过对不顾世俗规范和个人利害的理想爱情的追求实现的。无论是《骷髅》里变态的爱情故事，还是《残春》里梦中的浪漫爱情，都揭示了郭沫若本人的精神世界与理想化的爱情的某种关联。"自我"作为现代中国作家重中之重的写作诉求之一，与西方文学作品在18世纪末、19世纪初大量进入中国有很大的关系。当时对域外著作的翻译，文学作品占了相当大的比重，西方文学中的观念与手法，在这一过程中逐渐地渗透进了现代汉语之中。

这种渗透和影响，在郭沫若发表于1920年的第二篇小说《他》里便可见一斑：《他》是一个百字短篇，郭沫若在题记中写道："近来欧西文艺界中，短篇小说很流行，有短至十二三行的，不知道我这一篇也有小说的价值么？"①可见这是一篇受西方小说启发而作实验的作品。

郭沫若在借鉴西方的艺术手法时十分赞赏德国的表现主义。郭沫若是德国文学早期在中国最重要的介绍者，他翻译的歌德《少年维特之烦恼》和施笃姆《茵梦湖》都获得了空前的成功，影响了整整一代青年人的情感生活。冯至晚年曾回忆说："'五四'以后外国文学源源不断地介绍到中国来，我渐渐读到莫泊桑、都德、屠格涅夫、契诃夫、显可微支、施托姆等人的小说，其中个别篇章至今记忆犹新。但我反复诵读，对我发生较大影响的是郭沫若译的歌德的《少年维特之烦恼》。这部小说，现在可能很少有人阅读了，可是20年代初期它在中国青年读者群中的流行超过同时代其他外国文学译品。其轰动的原因是'五四'时期一部分觉醒而找不到出路的青年与德国18世纪70年代狂飙突进运动中的人物有不少共同点，他们在小说中得到共鸣。我那时读这部小说，像是读同时代人的作品。"②德国十八世纪哲学家康德的美学理论对郭沫若也产生过巨大影响：康德审美判断的主要内容不是概念而是情感，作为一种"不计较利害的自由的快感"，康德美学中重直觉、自由创造、自然流露，反对束缚等思想，都被郭沫若加以吸收。除此之外，尼采的超人哲学也对郭沫若的美学思想产生过重大影响。

在当时的语境下，郭沫若推崇表现主义主要有以下几个原因：一是表现主义重视心灵、崇尚主观的倾向与郭沫若关于文艺本质的理解是一致的。二是表现主义所主张的"动"的精神与其叛逆精神、创造意识也非常一致。在《论中德文化书》中，郭沫若就一再强调要把中国古代传统中"动的文化精神恢复转来，以谋积极的人

---

① 郭沫若：《浪漫抒情小说大师》，《郭沫若小说全集》，北京：中国文联出版社，1995年，第12页。
② 冯至：《冯至全集》第五卷，石家庄：河北教育出版社，1999年，第247页。

生之圆满"①。三是表现主义坚持对丑陋现实的抗争行为与其当时强烈要求改革现状的意识相一致。总而言之，对于主张最大限度的释放人的内在原生力量，体现生命的多样性和丰富性的郭沫若而言，表现主义是最能体现他审美理想的文学选择。

郭沫若早期小说所运用的象征表现手法明显受到表现主义影响。如：他抱着的"柴"象征残酷的现实，街上"二八的月娥"则象征作者渴慕的那种美好难求的理想，"炎阳"象征日本帝国主义，奔腾不息的江水象征坎坷而又光明的人生之路等等。此外，《牧羊哀话》中的羊，《叶罗提之墓》中的顶针，《Lobenicht 的塔》中的塔，《残春》中的白羊、大海、夕阳，《喀尔美萝姑娘》中的 N 公园等都是典型的象征意象。

综观郭沫若 1927 年以前的文学主张，他对"表现主义"推崇有加，曾在上世纪二十年代初期，先后发表了《文艺上的节产》《我们的新文艺运动》《印象与表现》等近十篇宣扬表现主义的文章。1923 年，他还专门强调："19 世纪的文艺是'受动'的文艺，像自然派、象征派、印象派、未来派，都是'摹仿'的文艺，都还没达到'创造'的阶段"。在郭沫若看来，似乎只有表现主义流派能符合他的美学创造要求。所以他激动地慨叹道："德意志的新兴艺术表现主义哟！我对于你们的将来寄以无穷的希望。"②

郭沫若在大胆吸收表现主义的创作手法，为我所用的同时，却并不像表现主义那样追求无逻辑的支离破碎的表现风格，而是创造性地运用了表现主义的创造手法，形成了他创作中泛表现主义的特征。例如：表现主义总是致力于人的深层心理的直观再现，为了揭示主人公的种种心理状态和灵魂搏击，常常对自我进行多层次复杂结构的分析。在郭沫若作品中，常常是对自我分裂进行分析，着重刻画主人公的二重人格。

"漂流三部曲"（包括《歧路》《炼狱》和《十字架》三个连续性的短篇）和《行路难》是作者走到"人生的歧路"之际的生活记录，其中的主人公"爱牟"是作者自己的化身。前一部写爱牟从日本回国后的颠沛之路：奋斗受挫，理想破灭，心灵受苦；后一部则是承续着写爱牟在日本的贫困生活和弱国子民的屈辱。这类以作者自身为描写对象的作品不同于前一类的地方，在于它不是表现对理想层面

---

① 郭沫若：《论中德文化书——致宗白华兄》，《郭沫若全集》第十五卷，北京：人民文学出版社，1990 年，第 155 页。
② 郭沫若：《自然与艺术——对于表现主义的共感》，《郭沫若全集》第十五卷，北京：人民文学出版社，1990 年，第 215 页。

的幻美的追寻以及由之而来的苦闷，而是摹写源于现实生活中的烦忧之心和不平之气，它是那个时代一类知识分子的活写真。"我把妻子送走之后，写了那《歧路三部曲》，尽情地把以往披在身上的甲胄通通剥脱了。人到下了决心，唯物地说时，人到了不要面孔，那的确是一种可怕的力量。读了我那《三部曲》的人听说有好些人为我流了眼泪。"①《炼狱》中，主人公爱牟对于自己的生活现状非常不满，因生活所迫，将妻儿送回日本后，一直郁郁寡欢，处于深深的自责情绪当中，并发誓要振作和抗争，努力为妻儿创造更美好的生活。在自责的同时，他又未对未来做出实质性的谋划，除了沉浸在自己痛苦的诗意之中外，无所作为，枉自沉沦，无法自拔。这种矛盾的性格，在其早期作品中常被作者反复渲染。与西方文学作品中的表现主义艺术手法不同的是，郭沫若对小说人物多重性格的刻画，大都是通过对其意识活动不遗余力地揭示，具有非常清晰并可辨识的社会内容；而西方的表现主义则主要从潜意识刻画人物，因而造成主人公多重自我的原因是扑朔迷离的，常常不易用理性来把握。

　　1924 年末，郭沫若调查江浙战祸的宜兴之行，引发对资本主义进入中国后社会现状的认真思考和理性分析。沿途所见经济凋敝、民生艰难的情况，激发起郭沫若对中国社会政治革命的强烈渴望，他开始由追求文学的主观性、纯美性转向强调社会革命中文学的现实主义精神。于是，其小说艺术题材开始跳出自我性限制，向社会现实拓展，随后诞生了《一个疑问》《没有撒尿的机会》《四个铜板》《两种人情的滋味》等具有现实主义风格的短篇，或揭国民陋俗，关注民生民性，客观写实中不乏现实讽刺之力；或写下层社会生活、人生况味，表达对底层劳动者的同情。小说运用细节描写、情节勾勒等写实手法，在以小见大中，逐渐呈现一种自然朴实的现实主义风貌。遗憾的是，这一有价值的尝试性的实践在郭沫若的文学生涯中仅仅昙花一现。

　　在早期西方经典翻译成中文的过程中，西方文学中许多具有明显写实风格的因素，也被移植到了现代汉语中，不仅对现代文学，而且对现代汉语发生了重要的影响。1920 年，《新青年》七卷三号上曾发表周作人翻译的波兰作家 Stefan Zeromski 的小说《诱惑》。这是一篇迥异于中国古典小说样式的短篇小说，情节极其简单，纯粹的景物描写就占去了篇幅大约三分之一的长度。小说采取了严格的内聚焦叙述，外在的环境及小说中其他两个人物的行为都是以"客观"的方式"呈现"在主人公眼前的。这种以"客观"的方式"呈现"的写实手法，实际上在

---

① 郭沫若：《创造十年》，《沫若文集》第七卷，北京：人民文学出版社，1957 年，第 166 页。

李劼人于此之前创作的早期短篇小说中已初见端倪，在后来的代表作《死水微澜》《暴风雨前》《大波》等大河小说中更是随处可见。李劼人早期小说《湖中旧画》中，寄泊在船上的"我"在风暴来临之前在舱门口望一望：

> 果然好大的风！遍湖都是排山般的大浪，浪头打在沙洲上，激起的水花总共四五尺高。沙洲上的残芦，昨天傍晚看见时，有八九尺高，然而此刻只能望得见一点儿叶杪，并且浪头一来，它们便随势倾倒，直待浪过了许多久方软软地翻起；第二第三的浪又接连而来，所以它们便老是那样一起一伏，得力它们没有劲健的力量，所以才能那样的一起一伏。①

这样的文字，正是胡适等人在中国古典文学中寻觅而不得的一种文字：建立在"实地的观察与个人的经验"基础上的对外在世界的细致、客观的描写。

作为现代小说的早行者，李劼人创作的另一部小说《盗志》共四十余篇，于1916年初夏起，分次刊载于《群报》。在谈及这部小说的创作起因时，李劼人曾自述："我知道官场的情况，比李伯元的《官场现形记》还多。看了辛亥革命后的新官场中的许多怪事，又读了林琴南译的《旅行述异》②，这部书对我影响很大，我就学习他的写法，把我所见的社会生活，写成一些短篇，总的篇名叫《盗志》，揭露官场黑暗。"③可见，尚未出国留学的李劼人在早期小说中已自觉地从西方文学中汲取养料，中学为体，西学为用地开始创作了。李劼人通过"林译小说"认识了西洋文学，领略了外国小说高超的思想底蕴和写作技巧，从而大胆地吸收西洋小说中有用的东西，逐渐把西洋小说的艺术手法和中国传统经验结合起来，打破旧小说章回体的"记账式"叙述，着力增强环境和人物心理活动的描写，采用插叙、倒叙、补叙手法，不仅有意学习狄更斯的俏皮和夸张，也故意模仿《旅行述异》作者华盛顿·欧文的趣笔，致力于将小说写得真切生动，妙趣横生。

1919年底至1924年8月，李劼人在巴黎和蒙彼利埃等地刻苦钻研法国古典和近代文学，"读千赋而后作赋，阅千剑而后谈剑"④，其对法国文学精神的择取，注重的是其"真实的观察"、"客观的描写"的现实主义和自然主义精神。

① 李劼人：《湖中旧画》，《李劼人全集》第六卷，成都：四川文艺出版社，2011年，第252页。
② 《旅行述异》即 *Tales of a Traveller*，美国作家华盛顿·欧文著。
③ 李劼人：《李劼人谈创作经验》，《草地》，1957（4）。
④ 李劼人：《法兰西自然主义以后的小说及其作家》，《李劼人全集》第九卷，成都：四川文艺出版社，2011年。

在李劫人看来，这种现实主义精神不仅在自然主义、写实主义①领袖左拉那里表现得十分突出；在福楼拜等其他大师那里，也有令人非常叹服的表现："福氏写法，都能认真严肃，不过分，也不偷工减料，恰如一位高手画师之描写一个活人的肖像一般"②。他认为福氏的《包法利夫人》"不啻在法国文学史上，占一个重要地位，以成就与影响而论，且过于巴尔扎克、乔治桑，即与同时并驾的左拉、龚古尔、都德诸氏，亦有不及之处"。③也因此他一改再改，精益求精地将福氏这部杰作移植到了中国。此外，李劫人还翻译了莫泊桑的《人心》、都德的《小物件》和《达哈士孔的狒狒》、卜勒浮斯特的《妇人书简》。对于这些翻译，他同样秉持着现实主义的择取标准，如他译保尔·马尔格利特的作品，是因为马尔格利特"虽是偏重在哲理一方，注意的是生命的意识，然而他仍赞成写实派'观察实际'的科学方法。他并不抛弃现实主义向壁去冥想，只不过把外表现象吸入脑里再加以主观的判断，然后写出"④，加以心理的解剖、意识的分析。他推重拉魏党，是因为他的作品是"风俗讽刺画"，善于揭露、批判"法国——尤其是巴黎——各种社会——尤其是众人艳称的高等社会的罪恶，而一面又显示出人生可以遵循的道德"，使人感到"一种光明的诚实的精神"。⑤

在这个向法国文学汲取养料的过程中，李劫人的写作风格深刻地受到了西方写实主义传统的影响。这种现实主义的写作风格追求细节的高度真实与准确，成为文学追求，他们认为，世界上没有任何两个人或事物是完全相同的，作家在描写一个人或一件物时，必须将其细部特征如实地呈现出来，其效果应当如同一幅高度写实主义的油画。1924 年，从法国回到成都的李劫人创作的短篇小说《大防》中对人物的描写和刻画便流露出这种典型的现实主义的风格，小说中描写"大军爷"接见求救的两个女人时的观感时这样写道：

> 身材都不算高大，也不怎么矮小，也不怎么瘦弱。打扮得很素净：蓝洋布上衣，短短的袖口，露出四条微黄的手臂；青绸短裙，可以看见膝盖以下的两对浑圆的不很粗壮的小腿，麻纱袜子全是青色，高跟皮鞋也是青的。乍

---

① 李劫人早期所说的自然主义、写实主义是现实主义的一种"泛化"表述。他说，自然主义、写实主义，"两个词现在简直不能分论"。(见《李劫人选集》第五卷，453 页)
② 李劫人：《李劫人选集》第五卷，成都：四川人民出版社，1980 年，第 582 页。
③ 李劫人：《李劫人选集》第五卷，成都：四川人民出版社，1980 年，第 582 页。
④ 李劫人：《李劫人选集》第五卷，成都：四川人民出版社，1980 年，第 567 页。
⑤ 李劫人：《李劫人选集》第五卷，成都：四川人民出版社，1980 年，第 549 页。

看去，很像一对孪生姐妹。……①

　　小说在叙述时的这种基本不留空白，将所有的细节都砸实敲定，力图将读者的想象引向语言所描绘的场面本身的文学追求，跳脱出了中国古典小说传统，明显受到了法国现实主义小说文体的影响。

　　1922 年，文学研究会展开了一场关于自然主义的讨论，使自然主义思潮在中国文坛产生了广泛的效应。在这场长达十个月之久的讨论中，大量自然主义的译著和理论文章、评价文章蜂拥而至，这是上个世纪初以来关于自然主义创作方法仅有的一次讨论。其间,李劼人从法国寄回《法兰西自然主义以后的小说及其作品》的文学评论，发表在 1922 年 5 月出版的《少年中国》第三卷十期上。在这篇论文中，李劼人以丰富的第一手资料琢磨法国文学"来踪去迹"，比较系统地论析了法国自然主义文学的出现、发展与衰落的过程，并着力评论和介绍了弥补自然主义缺失的法国后继作家和作品。与茅盾借助《小说月报》主编和文学研究会倡导者的身份，建立起较为系统和完整的自然主义文学观念体系不同，李劼人对于自然主义的理论研究，通过作品创作，进一步修正了自己的文学观。李劼人认为："左拉学派之所以成功，自是全赖实验科学的方法，所以写成一个钱商，亦必躬入市场，置身市侩之中持筹幄算，然后下笔。而左拉学派之所以失败，其大弊也正在此。因为他只重实际的经验，忽视心灵的力量，描写人生，固能凭其巨胆，凭其观察所得，毫无顾忌，将重重黑幕，尽力的揭破。然而他只是着力在黑暗的正面，只管火辣辣的描写出来，对于被粉饰的社会诚不免要发生许多的影响；毕竟何处是光明的所在？怎样才是走向光明的道路？论到这层，左拉学派就不管了，犹之医生诊病，所说的病象诚是，却不列方案。其次便是纯客观的描写，只是把实质的对象一丝不走的写下来，仿佛编演了一段不加说明的活动电影，而心灵的对象却不涉及。"②

　　因此，李劼人对现实主义的继承，显然是去芜存菁，提倡"理想主义的写实"，即保留"真实的观察"的精神，注进"心灵的力量"和理想的力量，这也便是他热心翻译、介绍罗曼·罗兰和卜勒浮斯特等注重心理剖析和理想描写的作家原因之所在。

　　从深入文学的写实性追求这一角度，李劼人在早期小说中对于方言的自如运

① 李劼人：《大防》，《李劼人全集》第六卷，成都：四川文艺出版社，2011 年，第 194 页。
② 李劼人：《法兰西自然主义以后的小说及其作家》，《李劼人全集》第九卷，成都：四川文艺出版社，2011 年，第 152 页。

用，也增添了他小说的独特风情，更为他在后来的大河小说中游刃有余地使用方言来表现人物性格、地域风俗奠定了良好的基础。《棒的故事》中，何老太因嫉妒而生成的对媳妇的谩骂，便大量使用四川方言中骂人的粗话和"怪话"，大量的谩骂性语言让何老太这个没有见识的、狭隘的乡村老太婆的粗鄙形象跃然纸上。方言成为了李劼人早期小说中的生花妙笔。小说要做到对人物语言尽可能的"再现"，最真实的方式就是方言的形式。如果不能全用方言的话，方言词汇的使用至少可以在修辞效果上给人以"真实感"；与此同时，在小说的叙述语言中，即使不为了突出叙述人的方言特征，但从叙述语言对客观现实的表现力上讲，许多时候，尤其在叙述一方水土的风俗人情，勾勒地域指认性时，方言往往比规范语言更具优势。在世界文学史上，以方言的使用来达到一种现实主义的修辞效果，是一种普遍被采用的方式；在中国现代文学史的发轫期，李劼人早期小说中的现实主义色彩，很大程度上也与他对方言的有效使用有直接的关系。

三、审美理想的差异：悲剧性与喜剧性

作为中国现代悲剧理论和悲剧创作的倡导者和实践者，郭沫若曾谈道："我对悲剧的理解是这样的：比如方生的力量起来了，但还不够强大，而未死的力量，还很强大，未死的力量压倒方生的力量，这是有历史的必然性的，这就是悲剧。"[①] 在郭沫若看来，悲剧是"方生力量"在同"将死力量"的斗争中遭遇失败、被压倒，其起因则是"拖延社会发展的将死的力量"。与鲁迅比较宽泛的悲剧观不同的是，郭沫若的悲剧观只突出了悲剧的一种特质，即"方生力量"的毁灭，这带有鲜明的阶级规定性和局限性。郭沫若的悲剧观与他文艺思想中的革命浪漫主义精神有关，他的审美理想是追求一种崇高的英雄格调，这成就了他小说中壮烈美的美感来源，也是造成他创作的悲剧人物往往具有单一性的根源。"但丁不是描写过地狱，歌德不是描写过恶魔，鲍特莱尔不是做出了《恶之华》，罗丹不是雕出了《没鼻子的人》吗？而依然是'诗'，依然是'美'。大概，'诗'和'美'的范畴相当多，不是那么单纯的问题。"[②] 应该说郭沫若的悲剧观具有强烈的英雄主义精神。就悲剧的两种风格——悲哀和悲壮而言，郭沫若虽然提倡悲壮的风格，却并不一般地反对悲哀，他认为："爱尔兰人有哀愁的文学，而也富于民族解放的英勇精神，谁能说两者之间

---

① 郭沫若：《郭沫若全集》第十七卷，北京：人民文学出版社，1989年，第257页。
② 郭沫若：《"墓地"走向"十字街头"》，《沫若文集》第二十一卷，北京：人民文学出版社，1957年，第88—89页。

没有关系呢？"①哀愁的心里依然可以孕育"真切的救世的情绪"，这种"蕴热"，依然可以赋予人憎恨恶，同情善的力量。事实上，郭沫若早期的小说作品就非常具体地体现出由"哀愁"而"蕴热"的力量。

从创作主体心理的角度看，悲剧感来源于人类生命的痛感及对痛感的省思，它是人们在实践中与各种超人类的强大的否定力量发生的剧烈冲突在人们心理结构中的积淀。1923 年，郭沫若由日本九州帝国大学医科专业学成后携妻子归国回到了上海。

在学医期间他就写成了《女神》，并开始了创造社的文学活动，这时更是全身心地投入文学工作。继《创造季刊》之后，他又创办了《创造周报》和《创造日》，使创造社的影响力全面攀升至顶峰。在生活上，他却忍受着经济生活的极度窘迫和自己思想矛盾的极度困惑。他为书店编写杂志虽已成为他的"职业"，但却不正式，也没有稳定的收入，刚踏入社会的郭沫若因此尝到了"人生的苦味之杯"，不得不将妻儿送回日本去生活。"二七"大罢工后国内阶级斗争形势的发展，使郭沫若痛感旧的思想武器的软弱无力。"所谓个性的发展、所谓自由、所谓表现，无形无影之内遭了清算"，而他对马克思列宁主义"并没有明确的认识"，只是"感受着一种憧憬"②。作者当时难堪的生活处境和彷徨的思想状况便鲜明地体现在《歧路》中。

《歧路》之催人泪下，一个重要的原因就是作品所渲染浓郁的悲剧气氛。这种悲剧气氛主要由小说主人公悲沉的生命体验生成，从而导致了一种自觉的内在的悲剧性的情绪。小说中主人公从去码头送别妻儿开始，到孤独地回到寓所，他郁结心中的各种悲伤的情感便跌宕起伏，对儿子们琐碎往事的回忆，引起他"凄切孤单"的"讴吟"："娇小的儿们呀，这正是我们的征象，我们是失却了巢穴，漂泊在这异乡，这冷酷的人寰，终不是我们的住所，为逃避人类的弓弹，该往哪儿躲？""啊，如今连我自己的爱妻，连我自己的爱儿也不能供养，要让他们自己去寻生活去了。啊，啊。我还有什么颜面自欺欺人，忝居在这人世上呢？丑哟！丑哟！庸人的奇丑，庸人的悲哀哟！……"作者将悲剧主人公身上的"美"、潜藏的"价值"揭示出来，同时表现这个人物在丑恶的社会制度的压迫下所遭受的痛苦、不幸和摧残，产生了强烈的悲剧力量。

《歧路》的悲剧性同时也表现在作品主人公报国济民的美好理想的幻灭上。小说中的"他"在日本十年寒窗学成回来，国内却政局混乱，社会腐败。他不愿开

① 郭沫若:《创造十年》,《沫若文集》第七卷, 北京: 人民文学出版社, 1957 年, 第 166 页。
② 郭沫若:《创造十年》,《沫若文集》第七卷, 北京: 人民文学出版社, 1957 年, 第 166 页。

业行医，因为觉得医学并不能从根本上解决贫苦大众的现实问题，对于不平等的社会制度的改革更是无济于事。"医学有什么！能够杀得死寄生虫，能够杀得死微生物，但是能够把培养这些东西的社会制度灭得掉吗？有钱人多吃了两碗饭替他调健胃散；没钱人被汽车轧破了大腿率性替他砍断；有枪有械的魔鬼们杀伤了整千整万的同胞，走去替他们调点膏药，加点裹缠……这就是做医生们的天大本领！博爱？人道？不乱想钱就够了，这种幌子我不愿意打！……"于是他抱着文学"可以转移社会"的目的，弃医从文。但在这"文学不值一钱的中国"，物质生活的极端匮乏，社会上"攻击他的文章"、"苛刻的言论"，都使他遭受打击、压抑而不可避免地显得苦闷，径自自暴自弃到否定自己过去全部的创作成绩，甚至企图自杀。他昔日宏大的文学抱负，似乎如同"一粒种子落在石田，完全没有生根苗叶的希望"，"理想的不能实行，实行的不是理想"。①

和《歧路》的主人公相似的是，《未央》中的爱牟虽才学超群，却遭受欺压，甚至无力保护自己三岁的稚子，仅仅因为他是中国人。《月蚀》中的爱牟，看到自己的同胞在自己国家的土地上却被侵略者当狗对待，无比凄苦与愤懑！他借天狗食月的传说，怒斥帝国主义对中华民族的奴役；又借高楼建在白骨上的梦境，揭露西方列强侵略中国的罪恶本质。爱牟的愤怒是民族和人民的愤怒，它孕育着时代的觉醒，也酝酿着民族解放和人民革命的巨大力量。

《漂流三部曲》及其续篇《行路难》通过小说主人公困厄的命运，揭露社会的病态，又通过描写其精神的压抑与苦闷，揭露旧社会"官绅本位"的文化和资本主义社会"金钱本位"的文化对人情的压榨和对人性的摧残，更通过其澎湃的心理活动和酣畅淋漓的咒骂，凸显出一位爱国者的民族气节和独立的青春人格。

郭沫若早期小说中折射出的现代生命悲剧意识，除了映照出现实社会的污秽与黑暗外，还承接着启蒙时代的光辉，这正如朱光潜所说："悲剧和悲剧性的小说所以崇高，并不在描写黑幕，而在达到艺术上一种极难的成就，于最困逆的情境见出人性的尊严，于最黑暗的方面反映出世相的壮丽。"②在郭沫若的早期小说里，"人性的尊严"是主人公历经困苦而矢志不改的青春人格，深受欺压而不失高洁的人生志向。以爱牟为代表的小说主人公们是"五四"时期并不孤立的一群。

与郭沫若早期小说中饱含忧愤情绪和悲剧氛围所不同的是，李劼人的早期小说更多地呈现出喜剧元素和戏剧化的人物描绘手法，并通过人物的语言和情节的

---

① 郭沫若：《歧路》，《沫若文集》第五卷，北京：人民文学出版社，1957年，第118—126页。
② 朱光潜：《谈文学》，《朱光潜美学文集》第二卷，上海：上海文艺出版社，1982年，第264页。

荒诞营造出一种滑稽的审美氛围。对于自己小说中表现的人物，李劼人的笔触似乎是带着一种智慧的微笑，在审美上嘲笑它们，并通过这种喜剧意味的笑来否定、揭露丑恶的脆弱，从而达到对美的肯定。李劼人早期小说中的乐观主义精神实质是他对自己力量和尊严的充分自信。

在中国现代小说创作舞台中，李劼人的现实幽默感独树一帜。他拥有一双敏锐的眼睛和一颗凡心，更热衷于平凡琐碎的事物，并一眼就能看出其中隐藏的喜剧性，从而调动一切滑稽可笑的因素令人捧腹大笑。他非常善于感知事物"隐藏着的喜剧性"，从创作哲学的层面上说，李劼人是入世、平易的，他的目光指向琐屑的凡俗人生，引导人们珍惜现世人生，积极乐观地去享受人生的欢乐和痛苦。在他自己的创作生涯中，他总是能荣辱不惊地从容面对纷至沓来的荣誉与冷遇。他小说中的许多重要人物身上也都若隐若现着这种人生的机智与文化的智慧。与郭沫若"以文学转移社会"经世致用的目的不同，对于文学创作，李劼人更多的是一种天然的热爱与兴趣之所在，这不仅体现在他有与郭沫若同学时，常常故意提前跑到学校，在同学间绘声绘色地"说书"，将其所读妙文闲趣欢乐地与众分享的爱好，还体现在他日后创作时的无目的的审美心态上。在谈及自己的创作经验时，李劼人曾谈到其代表作《死水微澜》的出炉过程："这部小说有二十五万字，我用二十几天就写成功了。为什么这样容易呢？因为这些事在心里积蓄了很久，考虑不下十年，人物故事早就熟悉，提笔时只是做些安排，所以能一气呵成。写完后，疲乏不堪，自己完全没有精力看第二遍，就请我的朋友周太玄先生帮我斟酌一下，看拿不拿得出手。据他说，他特别找了个清净地方看了两天，认为可以，有些段落，还使他流泪了。可以就可以，我就把稿纸寄了出去。书出版了，给我寄了四百元版税。我看这件事干得，就想当专业作家。这一想就拐了，以后反而写不出来了。"至于大河小说的第二部《暴风雨前》也如此这般炮制，"写好又拿给周太玄看。周太玄说，'也可以。'也可以吗就也可以，我又寄出去，也出版了，又有钱用了。"①对于《死水微澜》的成功，李劼人也相当不以为然，谈及郭沫若对他所作的"中国左拉之待望"的极高评价，他在短篇小说集《好人家》自序里曾低调地回应过："因为都是中学同学，又不曾伤过感情，又都到了中年，都有了一点世故，提起笔来，谁肯红口白牙的得罪人？自然乐得多说几句恭维话。

---

① 李劼人：《谈创作经验》,《李劼人全集》第九卷，成都：四川文艺出版社，2011 年，第247—248 页。

不过迹近标榜，受之有愧，无法摒拒，只好一总在此称谢了，称谢了！"①仅此两处，就足以看出李劼人无利害的创作心态，这种审美的心态才带着他的作品往独特的艺术感染力奔去。

李劼人的第一篇小说《游园会》就运用了他后来惯常采用的喜剧白描手法。"我写了一个自作聪明的小市民，一个刚进城的乡下人，两人游园，一路走一路批评，一路闹笑话。通过两个人的对话，以讽刺当时政治。"②随后的小说，李劼人便以自己在泸州、雅安办教育所了解的生活以及实际生活中所遭遇的人情冷暖作为早期短篇小说创作的素材来源，这些小说辛辣讽刺，形象生动，读后即便掩卷也难以摆脱这些从作者生活里提炼出来的各种人物形象。

然而，李劼人又不光是要让读者发笑，他通过漫画、讽刺、幽默等手段塑造的人物与故事情节无疑是要给人以启迪和思索的。阅读他的作品时随时可能遭遇的捧腹大笑，往往伴随着深思和彻悟。人们在轻松、幽默的文字里感受到的启迪，往往妙不可言。

在1918年与《狂人日记》几乎同时发表的短篇小说《强盗真诠》里，司令的官兵在乡场上进行了所谓的清匪后立即变脸，对着团总勒索钱财酒肉，随后"凡是军队中素具的烧、杀、淫、掠四字特性，司令的部下因受了兵官教导，仅实行了第三、第四两个字，并且时间也具短促。"后来，团长的兵来到城内清缴了司令的部队后也立即翻脸，同样对着一城知事、局长、绅商变相勒索巨额财富，催款军人"枪虽打得没有准头，然而子弹却不吝惜，并且又舍得喉咙，一个人可以喊出三个人的声音，末了无论胜败如何，而烧、杀、淫、掠四个字，却件件认真。"③可见军阀的级别越高，干的恶事就越多，最大的军阀就是最大的匪！对于这种社会现实的揭露，李劼人只用了两句类似的话就惟妙惟肖地把这些兵匪一家的军阀们的丑恶嘴脸勾勒了出来。《强盗真诠》对当时的社会现实的揭露是非常深刻的，但小说的笔触并没有直接流露出愤怒与鞭笞的情绪，而是采用艺术的手法，以虚构的小兵剿匪，变匪后大兵又来剿小兵（新匪）的主线故事，不仅套叠出层层的社会矛盾，还将一众团总、知事、局长、乡绅、绅商一网打尽地白描了一遍，嘲弄了一气，笔虽辛辣却不刻薄，力虽遒劲却不恣意，可见李劼人当时的短篇写作技巧就已臻成熟，能够统筹小说的故事情节，又兼顾人物塑造与语言设计，而

---

① 李劼人：《短篇小说集〈好人家〉自序》，《李劼人全集》第九卷，成都：四川文艺出版社，2011年，第239页。
② 李劼人：《谈创作经验》，《李劼人全集》第九卷，成都：四川文艺出版社，2011年，第245页。
③ 李劼人：《强盗真诠》，《李劼人全集》第六卷，成都：四川文艺出版社，2011年，第172、第178页。

且行文一路幽默与讽刺，令人忍俊不禁。

小说《大防》大军爷的形象塑造更是充满了喜感。"只准州官放火，不许百姓点灯"的军爷身上禀赋了"新""旧"两种人格：讲新文化，却娶了八房太太，后看上第八房太太的同班同学后，欲纳成第九房而不得。本以为即将得手，却遭遇了美人失踪的军爷恼羞成怒，力推"新道德建设论"，以令"防"男女授受不亲，在男女之间建立起"大防"。这个略带荒诞色彩的故事，以所谓的"新""旧"文化的对比，营造出既喜又怪的一个个人物，活像一出当时社会的"浮世绘"。

无论是郭沫若还是李劼人的早期小说创作，其审美理想和艺术追求均已充分显现，这些小说作品至今仍保持着独特的艺术感染力。一个作家早期的文学创作对其一生的艺术风范都具有重要的引领意义，他们后期成熟的艺术风格也均发端于其早期作品所表现出的美学追求。先后来到现代小说实验场的李劼人和郭沫若，被杨义在《中国现代小说史》中分别称为"白话小说优秀的早行者"与"四川的首席作家"，他们在各自的艺术精神领域进行着互不相扰的探索。这种探索既有利于推动中国现代小说的成长，也促成了作者对于自身才情的清晰认识，为他们日后走向更高的文学领地提供了自觉意识。

卢作孚与李劼人

项锦熙 [1]

爱国实业家卢作孚先生一生事业中有交往并有合作的人许许多多，而在早期活动中所交往过的四川作家李劼人先生即是其中之一。一个作家，一个实业家，二人的交往并有事业上的共事，成为早期卢作孚先生所交往朋友中一个典型。本文试谈卢作孚与李劼人的几次交往。

一

1916 年春，四川省反对袁世凯复辟帝制的运动刚结束，而社会经济局面一片凋敝，军阀割据刚刚形成，23 岁的卢作孚满怀探索救国理想从上海回到四川老家合川，看到此种局面心急如焚。但他并未消沉，在没有受聘新的工作前，仍不断地给《上海时报》写通讯，勉强度日。合川福音堂小学校长刘子光十分钦佩卢作孚在学习上的造诣，不久，临时聘卢作孚为该校教师，教小学生们的算术。但是好景不长，突然一个意想不到的事件结束了一切。

事件的原委是这样的：当时成都有一家名叫《四川群报》的报纸，是作家李劼人先生主办的。而卢作孚的哥哥卢志林是该报在合川的特约通讯员。就在此时，合川发生了一起轰动全县的人命案，在审此案件的过程中，合川县田县长由于收受了罪犯家属的贿赂，竟亲自出面包庇杀人凶手。然而此事终于暴露出来了，全县舆论一片哗然。卢志林出于记者的良知和责任感，如实将这事件在《四川群报》上发表出来了。其实，在这篇文章里并未对田县长指名道姓，只是影射了他违法受贿，包庇凶手的丑行。田县长知道了这件事，怀恨在心，伺机报复，决意置卢作孚兄弟于死地。

一天，卢作孚和哥哥卢志林与一个叫胡伯雄的好友久别重逢，很是高兴。卢

---

① 项锦熙，重庆《卢作孚研究》编辑部主任。

氏兄弟即在家中招待胡伯雄。正在吃饭的时候，忽然一群士兵冲进来，不由分说地将卢作孚、卢志林及好友胡伯雄抓走，押到县监狱里关起来，诬陷卢作孚及卢志林私通"土匪"，与湖北的匪道熊某有往来。这完全是滑天下之大稽的罪名，第一他所指的所谓的湖北"土匪"，实际上矛头是指向反对袁世凯篡国称帝的护国军；第二，胡伯雄本人并非来自于湖北；第三，无论是卢作孚和卢志林，或者是胡伯雄，都根本不知道有熊某某人，哪里还谈得上有往来？原来这位"聪明"的田县长是有意把"胡伯雄"混淆为"湖北"的"熊"某，罗织罪名，诬陷卢作孚兄弟与之有联系，把他们抓起来，以图达到陷害的目的。这件事发生在 1916 年 3 月。

卢作孚在县监狱里通过狱卒的帮助，弄来笔墨纸砚，挥笔疾书了一封告全县各界人士的信，申述自己的冤屈，并通过狱卒将信送出去，交给了他的小学老师陈伯遵。

这封信很快传遍了整个合川县。读到这封信的人无不称奇，都为卢作孚的文笔感到吃惊，认为合川县有如此人才，竟蒙不白之冤，陷于囹圄之中，绝不能坐视不救。于是以耿布诚、李佐成为首的全县士绅联名作保，将卢作孚兄弟以及胡伯雄先后从狱中救了出来，从此卢作孚的名声传遍了合川县。

卢作孚出狱之后，感到不能再在合川待下去，便通过卢志林的一位友人力荐到成都《四川群报》去担任记者兼编辑，月薪 14 元，仅够全家人艰难度日。

卢作孚身世坎坷，有强烈的爱国心、正义感和敏锐的政治头脑，加上他挥洒自如的文笔，因此当了记者的他，把对社会的观察，对人民的疾苦，对国家的忧患，都在《四川群报》中展现出来。他在《四川群报》上发表的《各省教育厅之设立》中说："教育为救国不二之法门"，提出"教育经费之宜谋优裕，教育权限之宜谋扩张，教育人才之宜谋独立"。[1] 9 月 29—30 日，卢作孚又在《四川群报》上发表《告反对戴勘诸君》一文，认为有上千人参加的公民大会的意见，并不能代表公民全体的赞成与否，他举出袁世凯复辟帝制时的所谓讨论为例，谓其"所谓讨论者，自讨自论；赞成者，自赞自成；表决者，自表自决；请愿者，自请自愿……"[2]。他的这些文章大受读者欢迎，自然引起反动当局的憎恶。《四川群报》以其新文化的视野和激进的观点，以及对政治腐败的深刻揭露，成为成都最有影响的报纸，但也预示着它不可避免地被当局查封的结局。果然，不久，《四川群报》被查封。

---

① 载 1916 年 9 月 17 日、18 日《四川群报》，转引自凌耀伦、熊甫编《卢作孚文集》（增订本），北京：北京大学出版社，2012，第 1 页。

② 载 1916 年 9 月 29 日—30 日《四川群报》，转引自罗中福主编《卢作孚文选》，成都：西南师范大学出版社，1989 年，第 5 页。

李劼人充分起用卢作孚，而卢作孚也能利用报纸鲜明地表明自己对社会时局的爱憎观点，这是《四川群报》能成为广大读者欢迎的原因之一。《四川群报》能办成当时最有影响的报纸，也是李劼人与卢作孚第一次交往之成果。

二

1919 年，中国进入新的历史阶段，世界各种思潮流入中国社会，人们为中国的出路而进行各种讨论，各路知识分子也纷纷成立学会、社团，为摆脱国家积贫积弱而探寻各种道路。李劼人、卢作孚等人就是这个时期为国家前途而忧国忧民的先进知识分子之一。

1920 年，对于 27 岁的卢作孚来说，是他人生中十分重要的一年。因为在这一年，他由陈愚生介绍，加入了当时在全国青年中极具感召力的进步社团——少年中国学会。

少年中国学会成立于 1919 年 7 月 1 日，同月，李劼人在成都设立少年中国学会成都分会。学会的宗旨是："本科学的精神，为社会的运动，以创造'少年中国'。"其信条是："奋斗、实践、坚忍、简朴"。[①]这样宽泛的理想主义宗旨和信条包蕴着反对封建保守，崇尚科学进步，重视探索创新，严格自律自重，改造建设中国等内容，这对当时追求进步、富有理想的青年具有很大感召力。因此，入会的会员大多数人都是当时勇于思考探索，富有抱负雄心，才华横溢，个性鲜明的青年。蔡元培当时就认为虽然这一时期新生的社团众多，但"我觉得最有希望的是少年中国学会。因为它的言论，他的举动，都质实得很，没有一点浮夸与夸张的态度"[②]。

少年中国学会前后只存在了 7 年，全部会员也只有 110 多名，但它的会员几乎都是当时的青年精英。如李大钊、毛泽东、邓中夏、张闻天、恽代英、萧楚女、王光祈、曾琦、赵世炎、许德珩、宗白华、张申府、左舜生、周晓和、黄日葵、李劼人、杨贤江、高君宇、李璜、王德熙、沈泽民、刘仁静、朱自清、杨钟健、穆济波、康伯情、舒新城、吴俊生、余家菊、陈启天、方东美、魏时珍等。这些人中，有的日后成为坚定的革命家或共产党的领导人，有的成为中国政治、经济、军事、科学、教育、文化等领域的佼佼者。难怪早在 20 世纪 40 年代就有人在审视了少年中国

① 张允侯：《五四时期的社团》（一），北京：生活·读书·新知三联书店，1979 年，第 225 页。
② 蔡元培：《工学互助的大希望》，转引自沈云龙主编《中国史料丛刊》，第 94 卷：《蔡孑民（元培）先生言行录》，台湾：文海出版社出版，1973 年，第 169 页。

学会会员现状后感叹说:"当今中国,已成'少年中国学会'的天下。"①可见少年中国学会在中国社会发展中的影响力是多么大了。

卢作孚的一生,深受少年中国学会崇尚科学与民主,为改造、建设中国而奋斗的思想影响,他一生都在为中国的现代化,为中国的富强而努力拼搏。

1925年10月25日,卢作孚在《少年中国学会改组委员会调查表》中的"对于目前内忧外患交迫的中国究抱何种主义"一栏中写道:

> 1.彻底的改革教育,以"青年的行为"为教育中心;
>
> 2.以教育方法训练民众,为种种组织、种种经营,以改革政治,绝不利用已成之一部分势力推倒他一部分势力,但谋所以全融化之或全消灭之;
>
> 3.以政治手腕逐渐限制资本之盈利及产业之继承,并提高工作之待遇,减少其时间,增加工作之人,直到凡人皆必工作而后已。②

实际上,卢作孚在填此表时,他创办的民生公司已成立近半个月,从他确立的公司宗旨"服务社会,便利人群,开发产业,富强国家"中可以看到少年中国学会的宗旨,正是他努力实践的理想和目标,而且为此奋斗了终生。而少年中国学会的信条"奋斗、实践、坚忍、简朴",可以说早已深入到卢作孚的骨髓之中,在他一生中都时时刻刻体现出来。

卢作孚在青年时代,就加入了同盟会少年中国学会,参加了保路运动、辛亥革命和五四运动。此时的李劼人作为一个作家、报人,同样地加入了轰轰烈烈的新文化运动和五四运动中,他们的共同志向及理想使他们再次走到一起,凭着他们那股强烈的爱国热情,敏锐的政治头脑,犀利的文笔加入到新文化运动及"五四"爱国运动中来。

1919年春,由李劼人任社长的成都一家民间报纸《川报》专函聘请卢作孚去担任编辑、记者和主笔。

这家报纸,工作人员总共只有30人,但其影响在四川的新闻界,占有一定的地位。卢作孚认为在这样一家报社里工作,在社会上所起的教育作用显然比在一个中学里教育少数学生更大,更能达到唤醒民众的目的,于是他接受了这一聘请,于1919年春到成都去就职。卢作孚的妻子和年仅14岁的四弟卢子英也随同他一

---

① 吴小龙:《毛泽东与少年中国学会》,《炎黄春秋》,2002(7)。
② 张允侯:《五四时期的社团》(一),北京:生活·读书·新知三联书店,1979年,第522—523页。

道去成都。恰在这个时候，北京爆发了五四运动。

成都各校的学生很快行动起来，响应北京学生反对卖国条约"二十一条"的斗争。这些学校的学生，以成都高等师范学校为首，开始罢课，走上街头，举行示威游行，从而在四川各地开始了反对卖国投降的爱国运动。

卢作孚为这一次波澜壮阔的爱国运动感到由衷的高兴和激动，立即满怀热情地投入到爱国运动的洪流中。

作为《川报》的编辑、记者和主笔，卢作孚在《川报》上发表了许多反对帝国主义、反对卖国政府的社论和专文，详细报道了全国各地学生罢课，工人罢工，商人罢市的消息。那个时代是人人穿长袍的时代，卢作孚却穿着一身灰麻色的学生服，与学生、青年们一起上街游行、宣传。正如张秀熟说的那样："他本身就是学生，青年。"① 当时张秀熟是成都高等师范学校学生运动的领导人。卢作孚和张秀熟就是在五四运动中，一起从事爱国运动中认识的。据张秀熟讲，《川报》是成都唯一一份替学生说话的报纸。1919 年秋，李劼人去法国留学，由于李劼人对卢作孚的信任及共同的观点，他郑重地把《川报》社长一职委托给卢作孚接任。卢作孚以此为阵地，继续以满腔的热情，利用《川报》进行爱国运动和新文化运动的宣传，在《川报》上刊登了许多文章，提倡新思想、新道德、新文化，反对旧思想、旧道德、旧文化，并首先在《川报》上以白话文替代文言文。

卢作孚还在《川报》上开辟了《省议会旁听录》专栏。作为一个记者，当省议会开会的时候，他常去列席采访。在省议会的讨论中，他特别关心教育问题和财政经济问题。白天只是用耳听，晚上方整理成文，次日在《省议会旁听录》专栏中刊出来，采用各种形式，对省议会提出批评和建议；对省议会提出的一切违背民众意愿，损害民众利益的行政措施和议会提案，都著文予以批评。

三

1933 年 4 月，军阀刘湘从重庆派人秘密到成都找李劼人，说是为了四川的和平统一，请他到阆中去说服军阀田颂尧合作。李劼人认为这是好事，遂辞退教职到重庆面晤刘湘。到重庆后才知道这是一个圈套，刘湘是想利用李劼人的名声展开军阀之间的斗争。于是，李劼人婉转推辞脱身，并立即应民生公司总经理卢作孚之邀，出任民生实业公司民生机器厂厂长。"这时，卢作孚正在重庆任私营民生

---

① 卢国纪：《我的父亲卢作孚》，成都：四川人民出版社，2003 年，第 33 页。

实业公司总经理，他很同意我的意见，就留我到民生公司工作。他提出两个职务由我选择：一是民生公司总务经理，一是民生机器修理厂厂长。我觉得后者有意思，因为我感到四川工业太不发达，我打算用民生机器修理厂为基础，以三年工夫充实扩充为一个制造工厂，以便能制造川江行驶的中型轮船，能一次修理两艘大型轮船，能制造小型抽水机和制配木炭汽车。当时，我并没有明显感到一九三七年抗日战争的必然性，只是隐隐看出国际局势之不妙，感到长江一有阻碍，一切依赖汉口、上海的机器工业必然无法生存。卢作孚开始非常同意我的见解，甚至我们还共同订出三年完成的计划，连在重庆青草坝建筑船坞的计划都作好了，一总计算需五十万元。"①而此时，民生公司正在与英国太古轮船公司谈判购买沉没的"万流轮"合同一事。

说起万流轮，这还需要介绍一下。万流轮，英商太古轮船公司的主力船舶。它全长 206 英尺，主机动力 2776 匹马力，载重 1197 吨，总造价 60 万两白银，该船也是万县"九五"惨案的制造者。1926 年，北伐战争在广东国民革命军势如破竹之攻势下，在长江流域、江浙战场取得重大胜利，帝国主义特别是英帝国主义在中国的势力受到沉重打击，为了巩固他们在长江流域的势力，更加紧了干涉中国革命的步伐。其中之一就是利用其商轮在中国内河横冲直撞，制造血案。8 月 29 日，这万流轮在长江云阳段浪沉中国木船 3 艘，驻万县的杨森部连长 1 人、排长 1 人、士兵 56 人被淹死，损失枪支 56 支，子弹 5500 发、饷款 85000 元。这一血案激起了四川人民的极大愤慨。但蛮横的英帝国主义不但无视中方提出的"惩祸首、赔损失"的正当要求，反而派军舰炮轰万县两岸居民，造成居民死亡 604 人，伤残 398 人的骇人听闻的惨案。可以说万流也是一条沾满中国人民鲜血的罪恶之船。但该轮竟然于 1933 年初下水航行到长寿柴盘子时触礁沉没。万流轮沉没江底，太古公司和保险公司都非常慌张，急忙委托打捞公司的权威——上海打捞公司前来打捞，未果。

后由民生公司以五千银洋购买了英国太古轮船公司沉没在长寿县附近的千吨级的万流轮船，在设备极端简陋的条件下，奇迹般地将该轮船打捞起来，拖回民生机器厂进行改造。民生机器厂职工将该轮拦腰截断，接长 14 英尺，共长达 220 英尺，马力 3200 匹，改造成航速达 17 海里的新船。新船名命名为"民权"，寓意收回国家内河航行权。次年，民权轮经在上海舾装后，驶回重庆，沿途民生公司进行了充分的宣传活动，并在停经南京、武汉、宜昌、重庆后，欢迎沿江城市有关人士、

---

① 《李劼人自传》，转引自《中国现代作家传略》第五辑，南京：徐州师范学院，1980 年，第 79—80 页。

群众参观，引起了巨大的轰动，极大地助长了中国人的爱国热情。

李劼人在民生实业公司民生机器厂任厂长两年，由于改装万流轮时投入一些资金，受到股东的责难。"公司中十分之九的资方攻击我，说我有意使公司损失。我同他们争执了半年，还是无效。于是，在一九三五年五月我坚决辞职回成都，并立誓以写小说为业。"①值得一提的是，打捞和改造万流轮是民生公司在长江上创造的三大奇迹之一。万流轮在打捞、改造过程中，充分体现出卢作孚及民生公司职工敢干敢为和创新精神，同时也极大地震动了外国轮船公司，他们怎么也没有想到卢作孚所领导的民生公司会有如此巨大的能耐。而时任民生机器厂厂长的李劼人功不可没，也可说是卢作孚信任李劼人的结果，这是他们在事业上配合良好而结出的成果。虽然李劼人离开民生公司，但这不能抹杀李劼人与卢作孚的友谊及其在事业中的成就。

四

李劼人虽然离开重庆，离开了民生公司，但卢作孚与李劼人的友情，卢作孚对李劼人的信任一直未改。1935 年，李劼人又被请回四川嘉乐纸厂任董事长，而民生公司也是嘉乐纸厂一个重要的投资方。1937 年起，李劼人又应时任四川省公署建设厅厅长的卢作孚之邀，担任《建设月刊》总编辑，目的是通过《建设月刊》来宣传卢作孚在四川建设大后方基地的思想及计划，直到 1939 的年底，李劼人因四川嘉乐纸厂的繁重业务而终止了这一任职。

由于史料的限制，本文只简述卢作孚与李劼人交往中的四个时期。虽然几个时期卢作孚、李劼人交往共同工作的时间不长，但也可说明他们那一代的知识分子中崇高的民主、科学、奋斗、实践的爱国主义精神和实业救国理想，以及他们之间真挚的友情。从他们交往的历史来看，前期以接受孙中山民主革命思想，利用报纸传播民主革命理论，投入新文化运动中，摸索旧中国走出贫穷落后的出路；后期则以创办实业为主，走实业救国之路，并在各自的事业中为国家做出了不可磨灭的贡献。

---

①《李劼人自传》，转引自《中国现代作家传略》第五辑，南京：徐州师范学院，1980 年，第 80 页。

一部传记对学术研究的误导

——谈韩素音笔下虚构的李劼人

张义奇 ①

摘 要 韩素音自传《伤残的树》第十六章和第十七章分别以李劼人的讲述和回忆录摘选的方式讲述辛亥革命时期四川保路运动的历史，但书中的李劼人与新文学史上真实的作家李劼人完全不同。韩素音以自传作品闻名于世的作家，其作品中涉及的人和事，常常被学者们作为学术研究的第一手材料。殊不知，她笔下的"李劼人"恰恰给李劼人研究造成了混乱。

关键词 韩素音 《伤残的树》 虚构 李劼人 误导

2013 年 3 月 15 日，收到香港学者吴国坤博士给笔者发来的电子邮件，对韩素音自传《伤残的树》中写到的李劼人提出疑问。无独有偶，我忽然想起之前看过两个青年学者的学术论文，也曾将韩素音作品中有关李劼人的文字，当成了研究李劼人的第一手材料。因此，吴博士的邮件不能不进一步引起我注意。于是立即将韩素音自传《伤残的树》细读了一遍。我阅读的是上海人民出版社出版的董乐山、孟军的译本，而吴国坤读的是中国华侨出版社出版的祝珏、周谟智、周蓝的译本。两个译本虽然在语言风格上有些差异，但内容都是一致的。在韩素音笔下，"李劼人"无所不能，一人兼具了学生、革命家、袍哥、旧官吏、作家等多种身份，完全不是人们熟知的新文学史上那个大作家李劼人，而更像是小说中人。

几经思索后，我给吴博士回信提出了对《伤残的树》的看法：韩素音写李劼人，要么是她的记忆出了问题，不过这个可能性很小；要么她压根儿就是仅仅在写小说而已，不过是借用一下李劼人之名虚构一个历史人物罢了；还有一种可能是韩素音看到的"李劼人"是李劼人废弃了的小说中的"我"。吴国坤回信同意我的分析，并将此意见写进了他后来在英国出版的研究专著中。如今我将当时的

---

① 作者系李劼人研究学会秘书长。

想法再次梳理出来，旨在进一步澄清韩素音给学者们在李劼人研究中造成的诸多误导。

著名英国华裔女作家韩素音，祖籍四川郫县。这位以自传体小说《瑰宝》享誉国际文坛的女作家，之后又相继创作了五部自传作品，即：《伤残的树》《凋谢的花朵》《无鸟的夏天》《吾宅双门》《凤凰的收获》，以家族叙事的方式折射出20世纪中国社会的巨大变迁。在西方人的眼中，韩素音除了作家的身份外，还无疑地被视为中国的现当代史家。许多学者将她的自传作为珍贵的信史材料在研究中加以引用。

那么，韩素音自传所写的是信史吗？我们以《伤残的树》上卷为例，从她笔下的李劼人说起。

《伤残的树》上卷写的便是清末民初四川的历史风云变幻。作为自传体作品，韩素音叙事灵活多变，时而自述，时而以当事人的口吻叙述。这种采取共时与历时交错的叙事方式，可以虚构一种叙事时空的零距离，从而达到貌似身临其境的艺术效果。然而，真实的历史镜像，首先得取决于叙事者自身的真实和叙述的准确。否则，再显得生动的"历史事实"都可能成为伪历史，或者说仅仅只能叫小说，而绝非真实的史实。

《伤残的树》所讲述的李劼人，以及由"李劼人"之口讲述的四川保路运动的故事，就是被彻底小说化了的历史。因为这里的李劼人已经不是现实中的李劼人。而作为小说中的李劼人，他讲述的保路运动也失去了基本的历史可信度。该书第十六和第十七章，以所谓"李劼人的回忆"叙述了1911年发生在四川的保路运动始末。首先作者在叙述中称："我所见到的最可靠的材料是作家李劼人写的。他被誉为中国的莫泊桑……"随即作者又介绍李劼人："在法国和日本生活了十五年后回到四川，写了多本小说。他年轻时参加过辛亥革命。他精通法语，也酷爱法国文学，他的作品在1949年革命胜利以前广受欢迎，一印再印……"李劼人的确从1919年12月至1924年在法国留学并学习法国文学，却从来没去过日本，根本谈不上在日本生活，更遑论先后去国达十五年。不知作者根据什么说李劼人去过日本生活的？李劼人的作品在1949年以前广受欢迎也的确不假，但在"革命胜利前"一印再印则不是事实。由于中国长时间处于战争年代，李劼人著名的"大河三部曲"中最长的一部作品《大波》，在三四十年代由中华书局相继出版后便从未再印；而他"五四"前后在报刊上所发表的诸多短篇小说，也仅仅只有1946年中华书局出版的薄薄一本选集《好人家》，何来"一印再印"之说？韩素音哪怕是稍微认真研读一下李劼人，大概都不会写出这样极易误导后人的文字。

　　韩素音又继续介绍自己与李劼人的交往："李劼人为我费了不少时间，给我看了他的笔记，跟我谈了他能想起来的所有事情……我们一连谈了好几天，他说我记。他人长得短小精悍，双目炯炯有神，脸型瘦削，总是穿一件丝绸长袍，看上去比他实际年龄年轻多了。他于 1963 年去世……他去世时已经七十五岁了，模样却像只有四十五岁，令人难以置信。"此处对李劼人的外貌描写倒还比较准确，但对李劼人的去世时间和他的年龄记述却是错误的。李劼人生于 1891 年 6 月 20 日，卒于 1962 年 12 月 24 日，享年"71 岁零 6 个月又 4 天"（李眉《李劼人年谱》）。也就是说，李劼人去世时距离满 75 岁还相差三年多时间，是韩素音记忆错了还是写小说的随意而为？再看作者所谓与李劼人交谈的这段文字，既无时间记载又没有地点交待，很难让人确信他们之间曾经见过面，而且还"谈了好几天。"中华人民共和国成立后，韩素音首次回国的时间是 1956 年，此时的李劼人刚修改完《死水微澜》《暴风雨前》，正准备重写《大波》。韩、李两位作家是有可能见面并讨论四川保路运动问题的，但没有任何记载说明这期间他们会见过。1962 年，韩素音再次回国，准备以铁路为线索写一部长篇小说，以此反映中国的巨大变化。这次韩素音首先采访到了沙汀，双方会谈了一小时，重点谈的是四川哥老会和防区制问题。据当年 8 月 4 日《沙汀日记》载，采访结束后，沙汀向韩素音"推荐李劼人、蓝田老人和刘沧浪在明天为她座谈一次"，并且"下午给劼人通了电话，要他明天准时去旅行社"。[1]从沙汀的记载看，韩素音的确有可能采访了李劼人，但奇怪的是，对于这场重要会面，在《李劼人年谱》和李劼人的晚年书信均无只字提及。因此，两人谈了些什么问题，谈了多长时间等等，都只有韩素音的一面之词。像李劼人这样精细到"每天用一分钱，他也要亲自上账，而且都有注脚"[2]的作家，对于与外国作家的一次重要会见，竟然没有只言片语记载，实在是很罕见的。李劼人与国内作家的交往都有记载，而与外国作家，如日本作家桑原武夫、竹内实的交流更是有文字可查；唯独与韩素音的交流，除了《伤残的树》之外，没有其他文献可以佐证。如此，韩素音是否到访过菱窠，甚至是否真采访到李劼人已经成了问题。尽管笔者不敢断然否认这一问题，但仅仅韩素音单方面留下的文字看，实在只能说是一种虚构的小说而已。

　　更令人费解的则是，书中以当事人李劼人的视角和口吻叙事、包括三个部分——保路运动；躁动不安的成都；孟兰节大屠杀的所谓"李劼人的回忆"，这三部分文字均用第一人称写成，给人感觉完全是李劼人的回忆。可是略知李劼人

---

① 王争战：《沙汀日记中的李劼人》，《李劼人研究：2007》，成都：巴蜀书社，2008 年，第 235 页。
② 王争战：《沙汀日记中的李劼人》，《李劼人研究：2007》，成都：巴蜀书社，2008 年，第 235 页。

生平的读者都会看出，书中的叙事者李劼人已经不是人们熟悉的那位历史叙事者的真实的李劼人，而是经过小说家臆想"合成"的李劼人。对于保路运动，且看书中"李劼人"的回忆："1911年春，我跟一些学生一起由日本回国。当时我已经胡乱学了五年法律和新闻……大批像我一样从日本归国的留学生才会相信革命，加入了孙中山领导的革命党……我在日本剪了辫子。回到上海我又买了一条假辫子接在帽子上。我买了一张统舱票，乘一艘英国轮船溯长江而上，来到汉口。"此处的"李劼人"像是在日本学习法政的吴虞等海归，又像是鲁迅笔下的"假洋鬼子"。1911年，真实的李劼人还是四川高等学堂分设中学堂的在读生，怎么会跑到日本去，而且已经学了五年法律和新闻，更不可能跑到日本去参加了孙中山的革命党。显然，这个"李劼人"是虚构的李劼人，他不仅年龄增大了，而且还是个激进的革命者。照此推算，如果李劼人像作者所说是在1963年去世，才会只有75岁吗？如果韩素音能从李劼人作品中真正理解他对待革命的态度，大概不会把他写成一个激进革命者。

紧接着书中"李劼人"又说："1907年，有两名留学生自日本归国，在成都发动了一次起义。起义失败了，为首的两个人被砍了头。他们都是我的朋友，但人民并不是麻木不仁的……两名学生被砍掉脑袋后，判他们刑的官员辞职加入了革命党。"1907年，成都确实差点发生起义，同盟会员杨维、张治祥欲借慈禧太后之机起事。不料事泄，成都知县王棪逮捕了6人，史称"丁未六君子"。王棪鉴于清王朝摇摇欲坠的趋势，并未敢杀掉造反者，而是将其关在狱中并加以优待。这就是《大波》中写到的"烧冷灶"。这原本是地方官员的一种政治投机行为，并不是韩素音所说的参加革命党。这一年才李劼人16岁，原是华阳中学学生，因替同学抱不平，被学校降级到华阳小学。李劼人于是愤而退学，遂于次年考入四川高等学堂附属中学丁班。此时的李劼人哪里有可能与发动起义的革命党人成为朋友？

在韩素音笔下，李劼人非但是革命党人，而且似乎还是袍哥成员。书中的"李劼人"介绍蜀通轮上的情况："船上这二百多名乘客当中混有秘密帮会哥老会的成员，我打了几下持茶杯的手势，便有两个哥老会的人过来和我说话。日本也有不少他们的人，我轻轻眨了几下眼皮，彼此就成兄弟了。我感到舒心、安心，知道哥老会会帮助我这样从日本归国的留学生。"此处的"李劼人"真是有些呼风唤雨的本事！很谙熟袍哥的礼节暗语，仅仅眨下眼皮，打几下持茶杯的手势就把大事搞定了。不过，"眨眼皮"就能接上头这样的细节，李劼人是写不出来的；"茶碗阵"确实是袍哥接头的暗语，但也是一个复杂的过程，不是"打几下持茶杯手势"就能解决的。1907年的李劼人还不懂得袍哥语言。李劼人小说中虽然对袍哥多有描写，但他自己从未加入过袍哥组织。他如此了解袍哥，是有一个特殊缘由。1931年，李劼人的儿子李远岑遭土匪绑架，为了救赎儿子，他四处托人。此时一绰号"邝瞎子"的袍哥大爷主动出面斡旋。李劼人女儿李眉说："为了答谢邝瞎子，李劼人之子认邝为干爹，邝因此与李家过从。李劼人从邝口中得知他本人的经历和袍哥界中情况。这些故事后来构成了长篇小说《死水微澜》的框架，邝瞎子成了小说男主人公罗歪嘴的原型。"可见，李劼人对袍哥的深刻了解已经是1930年代的事，距离辛亥革命前已过了20多年。

《伤残的树》第十六章"躁动不安"一节，以"李劼人"的口吻写他对保路运动的感受。先写他母亲的反应，李母竟然"谈起火车来也头头是道，并且声称：'我要自己走路去北京，向他们请愿。'"李劼人的母亲是位典型的家庭妇女，并且右足残疾，决然说不出如此激昂言语的。此处的李母显然又是作者臆想和艺术加工的人物。随后，书中这位"李劼人"又与人们一起参加川汉铁路公司董事会第一次大会，说龙鸣剑是"我的朋友"；还介绍了其他不少人物，并且慷慨激昂地说："大多数留学生都像我一样受到法国大革命的启迪，以意大利爱国者加利波为楷模。孙中山在日本建立的同盟会弥合了各派革命主张的分歧，但没有能拿出明确具体的行动方案。我们只能在革命中学习革命。我们当中也会出内奸、叛徒，这是任何革命避免不了的，我们已经做好了准备。靡不有初，鲜克有终。但后继者会源源不断地补充进来，人民中间会涌现出新的战士。革命的领导者不能停止对这些堕落者、动摇者、变节者的清理。"这位"李劼人"不仅仅是激进的革命党人，而且简直就是"激进的革命领导者"。

在"盂兰节大屠杀"这一节，"李劼人"又以"政要显宦"的身份出现了："我见过赵尔丰两次。一次是在他抵达成都的时候，本地的政要显宦都到城门迎候……"这一年李劼人仅是个20岁的中学生，当然不可能是政要；李家又早已家道中落，也不可能是显宦。因此他是没有资格到城门迎候总督大人的，更不可能见到赵尔丰。这种没有发生过的事，根本不可能在李劼人的文字中出现。再看书中"李劼人"对赵尔丰的描述："赵尔丰长得三大五粗，差不多可以称得上是个胖子。四四方方一张脸，不苟言笑，略有几颗麻点儿。他缓缓地迈着方步，好显出他的派头了。"韩素音大概是看中国的传统戏剧看多了，以为官员出场都是这派头的；要么就是将肥胖的端方当成了赵尔丰。可是，这种概念化的描写，绝不会出自李劼人手笔。李劼人《大波》中描写的赵尔丰是个精瘦的老头："长方形的脸比起三年前确实苍老了一些，只有一双圆彪彪眼睛还不像六十岁老人，顾盼起来，简直像是吴凤梧所说，有一股杀气。"两相对照，李劼人《大波》突出的是赵尔丰眼睛中的杀气，而韩素音书中"李劼人"描述的赵尔丰是漫画式的，文字优劣高低一目了然。

更离奇的是，书中"李劼人"几乎参加了保路运动的所有活动，成为大小事件的见证人。他时而在铁路公司，时而在大街上（书中写的"书店街"，显然是错的，应该是书院街。不知是翻译的缘故，还是原作的问题），时而又在总督衙门前。运动的各个角落都有"李劼人"的身影。到赵尔丰大屠杀后，"李劼人"又与吴玉章、龙鸣剑相聚在一家木材店制作发送"水电报"向全川求救。真正的史实是，血案发生后，龙鸣剑缒城而出，在南门外农事试验场，与同盟会成员曹笃、朱国琛一起制作发送了"水电报"。根本没吴玉章在场，更与李劼人无关，地点也不是什么木材店。离谱的是，"李劼人"又向韩素音叙述道："我花钱行贿出了城。我有个堂兄在新军部队当军官，我就是找他办成了这事儿。我去了郫县，就是你的老家。你的祖坟、宗庙地都在那儿。"既然李劼人已经出城参与了制作"水电报"，又哪里还需要行贿出城呢？李劼人的父亲是独子，那么李劼人何来当军官的堂兄？韩素音笔下的"李劼人"完全像《大波》中行走于袍哥与投机于革命之间的"跑滩匠"吴凤梧的角色。韩素音的想象真是太丰富了！

还有离谱的是，"李劼人"在郫县联络哥老会，其中有三个姓张的头领，一个是灌县的龙头老大张喜，一个是成都几所学校的学监兼大烟鬼，另一个是郫县开当铺的首富。李劼人在《大波》中写到的各路袍哥头领，均是有名有姓的历史人物，完全不是韩素音书中的样子。不知韩素音是从哪里弄来的这些材料，而且还硬要用"李劼人口述"。最令人不解的是，"李劼人"竟然被三个袍哥头子的阵势唬住了："三位张姓老大请我过去一叙，我竟然股栗起来，就像蒙皇上召见似的。因为他们的的确确是权势煊赫的人物，的确比我这种在哥老会英勇的弟兄们面前心里发虚的人有胆量。"这会儿的"李劼人"何止是吴凤梧，简直连吴凤梧都不如，见到袍哥头子竟然"股栗起来"，害怕得两腿发抖了。这是历史的李劼人，还是韩素音的"李劼人"？

《伤残的树》中不仅李劼人的生平事迹被篡改得面目全非，而且涉及的其他人与事，也和历史事实相距甚远。《大波》中的清军统制朱庆澜，在韩素音笔下成了陈总兵，夏之时发动的龙泉驿兵变成了重庆武装起义有计划的步骤。

对以上用"李劼人"口吻所讲述的故事，韩素音为了进一步强调其真实性，在第十七章开头又说："我和李劼人等几位目睹乃至参加过辛亥革命的人花了几天时间，复原了革命那几年的情形……"前面写作者访问李劼人，"我们一连谈了好几天，他说我记"，似乎没有其他人参加，到此处却增加了"几位目睹乃至参加过辛亥革命的人"，读者实在难以弄清是谁在帮韩素音"复原"革命的情形。如果说这种编天方夜谭似的叙事也叫"复原"的话，那么像李劼人这样严谨对待历史的作家只好沉默无语了。

在第十七章中，韩素音还煞有介事地列出了一段李劼人引文，很容易引起读者，尤其是文学研究者的误会。书中用楷体排出，称这是"作家李劼人回忆录的最后一段"：

1911 年的辛亥革命失败了，却为 1949 年的革命腾出了生长空间。森林也是这样，老树会妨碍幼树的生长，直到雷电将其劈到，风暴将其击倒。

革命的失败使众多年轻学子远走高飞；还有些人痛苦地放弃了革命理想，变得玩世不恭；还有些人被袁世凯杀害了。1913 年，袁世凯安排了一名军人到四川当省长，目的就是追剿革命党。继袁世凯上台的军阀们又追杀起有共产党嫌疑的人，抓到后或枪毙或砍头甚至就在大街上行刑，连说一个辩护的字的时间也不给他们。

当年还是个革命学生的吴玉章曾与龙鸣剑一起在荣县揭起了共和大旗，荣县因此而成为全国第一个宣布脱离清政府的地区。到 1912 年，吴玉章已经看清了袁世凯是个什么样的人。他去拜访孙中山，提醒他不要相信袁世凯，但不起什么作用。于是他就回到了四川。

革命党那时建立了一个组织，名为留法勤工俭学会。为什么会选择法兰西呢？因为法国的几位官员在武昌和上海为革命党运送过武器，传授过军事技术。法兰西人发动的法国大革命也是青年学子们深为敬仰的一场革命。该组织的计划是为年轻人提供一份工作，这样他们就可以去法国边打工边学习。

1914 年第一次世界大战爆发后，法国等国的人力资源极为短缺，中国的劳工占据了那些在前线打仗或丧命的法国人的位置。成千上万的中国劳工和学生因此来到法国，他们当中有如今的中国总理周恩来、外交部长陈毅元帅，以及在今天的中国政府中身居要职的邓小平、李富春和聂荣臻。许多赴法学生和劳工在 1919 年和 1920 年回到国内。他们不仅带回了法国大革命的思想，也带回了共产主义的思想。

出国的队伍和由毛泽东、朱德等人组成的留在国内的队伍会合了。他们共同完成了孙中山所开创的革命事业。这已经是 1949 年的事了。

这篇所谓的李劼人回忆录，笔者查遍了目前所掌握的所有李劼人写作的文字均未发现。再细看行文风格，有点语无伦次，根本不像李劼人所写。除去其中因翻译缘故所造成的用词、语气与李劼人文风迥异外，内容大谈与辛亥革命无关的事，也不是李劼人的文笔。更何况曾作为留法归来的学生，李劼人不至于犯下常识性错误："出国的队伍和由毛泽东、朱德等人组成的留在国内的队伍会合了。"谁都知道，朱德曾是留德的学生。写一句话都可能查阅二十万字资料的李劼人，不可能这样笼而统之地述说这样的历史事件。

初读韩素音《伤残的树》，如果不是十分熟悉李劼人生平的读者，极有可能会被视为记录李劼人的真实材料。事实上，韩素音的自传的确被许多研究历史的学者当成真实资料，甚至直接引用其文字。如果书中的"李劼人回忆录"被人当成辛亥革命的研究史料加以使用，还指望它能够还原历史真相吗？韩素音书中的"李劼人回忆"不过是作者假托李劼人之名的伪作。因为韩素音的"李劼人"与真实李劼人相距实在太远了！然而，由于韩素音是知名的以自传记录历史的作家，便很轻易地给读者造成以假乱真的错觉。

如今回头细想，韩素音是否深入采访过李劼人，的确成问题了。1962年之后，当韩素音再次回国时，李劼人已经作古，她已不可能再有机会访问李劼人。《伤残的树》写作是在1964年，如果韩素音当年真访问过李劼人，据此时不过两年光景，而这一年，韩素音才49岁，无论从哪个角度看都不可能是记忆问题，更何况她自称是记了笔记的。于是，我们可以这样说，假若韩素音真是访问过李劼人，却又把李劼人写成书中这样，那么她的自传便只能是彻头彻尾的小说，而小说是不能视为历史真实的；如果韩素音没有访问过李劼人，却在书中以"李劼人回忆"的形式示人，那就难免她是要借李劼人的叙述来表现自己作品的真实价值；还有一种可能就是，韩素音采访到了李劼人，而李劼人也确实如韩素音所说的"一个作家对另一个作家的慷慨无过于此"[1]给她看了他的笔记，那么，韩素音看到的会不会是李劼人重写《大波》废弃的草稿？因为李劼人重写本《大波》，曾写过30万字废弃了。

韩素音与李劼人都是著名作家。李劼人以历史小说见长，韩素音以自传闻名，实际上也是通过自己家族的视角写历史。可是，尽管都在写历史，韩素音却在最应该体现真实的自传中虚构了历史，而李劼人却恰恰在原本可以任意虚构的小说中提供了信史。两相比较，本该最可信的历史成为最不可信，而原本不可信的小说则包含了最可信历史。这就是韩素音与李劼人的根本区别。

---

[1] 韩素音著，董乐山、孟军译：《伤残的树》，上海：上海人民出版社，2011年，第215页。

2016 年 4 月 25 日于成都府河畔

附录： 吴国坤博士致张义奇的信

义奇兄：

　　韩素音《自传》中提及访谈李劼人先生，里面有许多第一人称的目击者记录。

　　想向你请教，里面哪些是劼人先生的亲身经历，或者有许多是他记录下的旁人见证？

　　里面的叙述，跟他小说中情节有很多相似之处，可作参考。

　　祝春好，谢谢！

国坤 香港
2013 年 3 月 15 日

"一经品题，便作佳士"

——英语世界的李劼人研究成果与现象 ①

蒋林欣　张叹凤

摘　要　近30年来，李劼人作品在英语世界的传播、接受与研究已取得初步成就，《中国文学》杂志及"熊猫丛书"丛书是最早的译介者，司昆仑、陈小眉、吴国坤等学者对李劼人的历史观、异域体验、地缘诗学等做了宏观视域里的精微阐释，司昆仑、王笛、路康乐、戴英聪等"以诗证史"，将李劼人笔下的晚清成都社会万象作为史料文献征引入学术专著；马悦然、英丽华、王德威等将李劼人作品编入中国文学"手册"、"辞典"和"文学史"。地方色彩、历史叙事、社会史料等是汉学家特别关注的重点，因跨文化、跨学科的学术背景，这些英语世界中的李劼人研究学术视野开阔，立论高远，解读精细、科学，自成一派。在今天多元共生的文学评价环境里，李劼人文学地方书写的价值日益凸显，相关研究渐行丰富，必将呈现出新气象、新格局。

关键词　李劼人　英语世界　地缘诗学　"以诗证史"　边缘认同

一、作品译介：从《中国文学》走向英语世界

川派乡土作家李劼人（1891—1962）的文学创作起步很早，在"五四"前夜就发表了《游园会》、《儿时影》、《盗志》等白话短篇小说，是中国现代白话文学史上的先行者之一，其代表作"大河小说"三部曲（《死水微澜》《暴风雨前》《大波》）均写作、初版于三十年代，但他的作品在国外的译介、传播与研究却迟滞了近半个世纪。姗姗来迟并不等于低估其价值，有多种原因，方土语言方面的障碍无疑为传译困难之一。于今，《死水微澜》已有英、法、日三种译本，《暴

---

① 本论文为教育部哲学社会科学重大课题攻关项目"英语世界中国文学的译介与研究"（项目批准号：12JZD016）阶段性成果之一。

风雨前》有日译本①，英译本出现较晚，直到 1981 年底，李劼人才从《中国文学》（英文版）杂志走向英语世界，为英语读者所认识。

《中国文学》（英文版）②是新中国文学外译的奠基石与主要阵地，是海外中国文学研究者、爱好者的重要读物，其翻译介绍的篇目以中国现当代文学作品为主，兼及中国古典文学与文艺评论，七十年代末由杨宪益主持编辑。1981 年第 11 期、12 期刊出了《死水微澜》节选，即原著的《死水微澜》《余波》两章③，情节从农历新年顾天成、罗歪嘴、蔡大嫂等人逛成都东大街酿成"耍刀"风波开始，直到文本末尾蔡大嫂改嫁顾天成结束，译者为著名翻译家胡志挥，并配有 9 幅连环画风格的黑白插图。在两期的小说标题 "*Ripples Across Stagnant Water*" 之后、正文之前都有编者按，概述整个小说以及未译载的前几章的主旨大意，以便读者了解更多的背景信息，并称："这篇小说细致地描绘了那个时代社会生活的丰富细节，具有浓厚的地方色彩"④。同时，第 11 期还以《李劼人和他的长篇小说》为题刊出了国内最早对李劼人做出评价的郭沫若（他是李劼人的中学同窗）《中国左拉之待望》一文的精简版，译者为王明杰。第 12 期又刊出了李劼人长女李眉的文章《我的父亲李劼人》⑤，译者为沈真。这两期《中国文学》杂志是李劼人作品英译的最早媒介，杨宪益、胡志挥、王明杰、沈真等翻译家为之做出了最初的精心的贡献。

也就在 1981 年，主编杨宪益倡议出版"熊猫"丛书，将杂志上已译载但尚未出书的作品结集出版，以单行本的形式系统地对国外介绍中国文学经典作品。"熊猫丛书"作为《中国文学》杂志的副产品，是对外传播中国文学事业的重要组成部分，几乎涵盖了所有中国现当代重要作家的经典之作，在海外产生了广泛影响，

---

① 李劼人著，（日）竹内实译：《死水微澜》（日译本）、《暴风雨前》（日译本），收入"现代中国文学丛书"第七卷，日本：河出书房新社，1970 年；李劼人著，温晋仪译：《死水微澜》（法译本），法国巴黎：Gallimard 出版社，1981 年。

② 从 1951 年创刊到 2001 年停刊，历时 50 载，共出版 590 期，介绍作家、艺术家 2000 多人次，译载文学作品 3200 篇。参见徐慎贵：《〈中国文学〉对外传播的历史贡献》，《对外传播》，2007（8）。

③ 第 11 期刊出的是第五章的第 1—10 节，第 12 期刊出的是第五章的第 11—16 节以及第六章《余波》。

④ *Chinese Literature*，*November*，1981，p3，笔者译。

⑤ 即 "*Reminiscences of My Father*"，附在本期后的 "《中国文学》一九八一年总目录"将该文的题目称为"我的父亲李劼人"，*Chinese Literature*，*December*，1981，p137；而收入成都市文学艺术界联合会、李劼人研究学会编的《李劼人研究：2011》（四川文艺出版社，2011，第 388 页）时，该篇的中文题目是《回忆我的父亲》。

如古华等不少作家借此获得了国际性声誉。①《死水微澜》也被纳入"熊猫丛书"，1990 年由中国文学出版社初版。此为全译本，译者仍为胡志挥②，扉页有李劼人的生平简介，并说："他最重要的作品是《死水微澜》、《大波》和短篇小说集《好人家》，还翻译了莫泊桑、福楼拜、普勒斯特等人的作品"③；前言则是节选自第 11 期刊出的郭沫若《中国左拉之待望》的第二、三部分，随后是第 12 期刊出的李眉《我的父亲李劼人》，去掉了各节小标题；封底有一幅李劼人的小照和评语："《死水微澜》是三卷本小说的第一部，这一系列小说以成都及周边为背景，时间跨度四五十年，描写了辛亥革命之前死水般的时代。作者李劼人……熟悉社会各界人物的生活，农民、掌柜、妓女、地主、土匪……他的人物生动、现实，真实地描绘了那一时期成都平原的社会，抨击、讽刺了导致国家落后的各种无知、保守、腐败等现象，坚信中国将会迎来更好的时代。如今众多封建传统又在复现，这本小说有着重要意义。"④这是目前已经出版的《死水微澜》唯一的英译本。⑤

    以译介经典作家作品、弘扬中华文化为要务的《中国文学》（英文版）杂志及其"熊猫丛书"隆重推出李劼人，译介作品及刊载重要评论、亲友回忆文章，简介作家生平、创作经历，加之简短肯綮之论，为李劼人在英语世界的传播奠定了初步的基础，节选本和单行本都成了不少海外专家学者的参考书目，如后文提到的路康乐（Edward J.M. Rhoads）、司昆仑（Kristin Stapleton）、吴国坤（Kenny Kwok Kwan Ng）、戴英聪（Yingcong Dai）等专家学者在他们的论著中都参考、引用了该译本。⑥但李劼人作品的译介还远远不够，英译的仅有《死水微澜》，这

---

① 金介甫著，查明建译：《〈中国文学〉（一九四九——一九九九）的英译本出版情况述评》，《当代作家评论》，2006（3）。

② 《中国文学》（英文版）刊出胡志挥译的《死水微澜》下半部之后，深受好评，准备出单印本，便写信邀请美国著名翻译家、汉学家葛浩文（Howard Goldblatt）续译此书的上半部，但葛浩文婉拒了，理由是"已经有很好的译者"，因而上半部仍然由胡志挥译出，被誉为中国现当代文学"首席翻译家"的葛浩文就此与李劼人文学作品英译失之交臂。参见胡志挥：《从弱小到强大——汉译英的六十年发展之路》，2009 年 9 月 22 日《文艺报》（第二版）。

③ *Ripples Across Stagnant Water*，*Chinese Literature press*，1990，笔者译。

④ *Ripples Across Stagnant Water*，*Chinese Literature press*，1990，笔者译。

⑤ 夏威夷大学出版社将推出《死水微澜》的另一个英译本，但尚未出版，在此暂不论。通过 Google 可以搜索到该书的简单信息：Ripple on Stagnant Water：A Novel of Sichuan in the Age of Treaty Ports，Liu Jieren，University of Hawaii Press，2013，共 350 页，但没有提供译者信息。

⑥ Edward J. M. Rhoads, Manchus and Han: Ethnic Relations and Political Power in Late Qing and Early Republican China, 1861–1928, University of Washington Press, 2000, p361；Kristin Stapleton, Civilizing Chengdu, Chinese Urban Reform, 1895-1937, Harvard University Asia Center, 2000, p313；Kenny Kwok Kwan Ng, Monumental Fictions: Geopoetics, Li Jieren, and Historical Imagination in Twentieth-Century China, Harvard University, 2004, p244；Yingcong Dai, The Sichuan Frontier and Tibet: Imperial Strategy in the Early Qing, University of Washington Press, 2009, p301.

固然是李劼人最优秀的代表小说，但"大河小说"三部曲是一个连续的整体，只有将这三部作品放在一起考察，才能更清晰地展现李劼人创作的艺术特色，也才能更好地透视他笔下清末民初成都的社会历史万象。因而，《暴风雨前》《大波》的译介迫在眉睫。此外，李劼人还有为数不少的优秀作品，如在中国现代文学史上具有重要意义的早期白话短篇小说《儿时影》《盗志》，五四时期异域题材的中篇小说《同情》，属于抗战文学的长篇小说《天魔舞》等，都值得关注。这些作品在国内学界已经取得相当程度的研究与推崇，在英语世界尚处于垦荒与萌芽阶段，但可以相信，这些作品的推介必将走出国门，在海外汉学界形成气势。毕竟李劼人作品的译介需要更加专业、全面、贴切、系统，这还有一段很长的路要走。

二、专家专论：宏观视域里的精微阐释

虽然李劼人的作品译介到英语世界已有三十多年，关于他的研究专论却屈指可数，迄今为止，公开发表、出版的英文文献主要有美国肯塔基大学历史系司昆仑教授的《李劼人的历史观》（1992）[1]、美国加州大学戴维斯校区东亚语文系陈小眉教授（Xiaomei Chen）在《西方主义：中国后毛泽东时代的反话语理论》（2002，以下简称《西方主义》）中对李劼人中篇小说《同情》的解读[2]和香港科技大学人文学部吴国坤教授的哈佛大学博士学位论文《小说的丰碑：李劼人的地缘诗学与二十世纪中国历史想象》（2004，以下简称《小说的丰碑》）[3]等，篇目不多，但却各有精辟的创见与发微。

司昆仑的《李劼人的历史观》应是英语世界首篇专论李劼人的学术文章，也是国内学界所熟悉的一篇文献。司昆仑首先举出历史学界两种截然相反的历史观，即社会历史进程不以个人意志为转移与伟人创造历史说，两者的论争似永无休止，有些历史学家为避开这一难题仅开列历史事件清单而不作主观判断，但四川作家李劼人采取了一种较为有趣的做法，即描述社会不同阶层的人如何受到历史大势力如帝国主义与革命的影响，以帮助读者理解个人与历史的关系。《死水微澜》对

---

[1] 该文能找到的只有中文版，见成都市文联、成都市文化局编《李劼人小说的史诗追求》，成都：成都出版社，1992年，第91—96页。

[2] Xiaomei Chen, Occidentalism: A Theory of Counter-Discourse in Post-Mao China, Rowman & Littlefield, 2002, p147-150. 这是修订版，第一版由牛津大学出版社1995出版，尚未出版中文版，此处书名为笔者译。严格地说这并非李劼人专论，而是其他主题下的一个证例，但它对作品进行了解读，不同于史料引证，故将其放在这里论述。

[3] Kenny Kwok Kwan Ng, Monumental Fictions : Geopoetics, Li Jieren, and Historical Imagination in Twentieth-century China, Harvard University, 2004。此题目为笔者译。

帝国主义这一命题采取了十分巧妙的处置方式，没有正面描写外国人，而是通过集中描述当地人的生活揭示外国势力的广泛深入影响；《大波》描述了革命以及人们为何参与革命，但他们很少清醒地知道行动的目的，如楚用、黄澜生等并不是革命者，但朝廷的垮台仍有他们的功劳，赵尔丰的个人举动是理解历史事件的关键，英雄行为经常发生于计划之外[1]，属于一种集体无意识的行为。

"李劼人的小说却很有说服力地阐明，假如我们不了解人与人之间的关系，以及人们如何对发生在他们周围的社会变迁做出反应，我们将永远不会理解帝国主义是如何影响中国的，以及革命是如何在四川发生的。对于史学家来说，唯一的办法是去做李劼人所曾做过的事情，即跨出文献记录而开阔对整个社会的视野，去观察它的各个部分是如何相互作用的……在我看来，李劼人在他的历史小说中对社会学方法的运用是十分成功和有效的。"[2]

很显然，司昆仑是从历史学家的角度阐释李劼人的小说，表达他认为更为合宜的历史观，寻找更好地书写历史的方式，李劼人的方法是"一种本文作者认为史学家们应该更多地使用的方法"[3]。

陈小眉的《西方主义》第二版增补了《中国写作回顾：阅读中国人的离散故事》一章[4]，重点关注中国作家讲述自身的"西方体验"，如郁达夫《沉沦》、郭沫若《残春》、蒋光慈《鸭绿江上》、张闻天《旅途》等，对李劼人的《同情》也做了较为细致的解读。她认为《同情》讲述了一个朴实的经验，表现了作者对现代法国社会与自身中国传统的含混态度：在中国寻找同情多年而不得，到法国十个月后就找到了，"东亚病夫"在平民医院得到了悉心的照顾而非弱国小民的歧视，因而感到很幸运，这体现了明晰的反传统精神。但这是一个离乡而敏感的以自身文化传统而自豪的知识分子的立场，因叙述者对法国文化也存有疑虑，如对待中西不同的婚恋观，他解释是欧洲人强在肉体而中国人高在精神，中国人在精神上优于法国人，这就支持了国家主义立场，同时又可能因自身的反传统立场转而倡导一种来自政治权力与社会普世价值的"强大"主题，回应五四"救救孩子"的情绪，关注中国未来一代，竟宣称因男女择偶观的差异，法国人种族天生就优于中国人。[5]

"偏爱法国人，是一种自我强加的种族观，说明作者在寻求一种在西方引领

---

[1] 此段为笔者对司昆仑文章大意的概括。
[2] 司昆仑：《李劼人的历史观》，《李劼人小说的史诗追求》，成都：成都出版社，1992年，第96页。
[3] 司昆仑：《李劼人的历史观》，《李劼人小说的史诗追求》，成都：成都出版社，1992年，第92页。
[4] 题目为笔者译。
[5] 此为笔者对原文大意的翻译。

下的更好的社会发展模式，当他描述法国黑种男人与白种女人之间所谓的平等时，这一姿态更成问题。如叙述者在医院里遇见一个妖艳的白种女人看望一个中年黑人，他们显然深爱着，但他说法国人看见黑种男人与白种女人手挽手逛街习以为常，像他这样的远东人则不。在李劼人笔下，法国人对待黑人就比中国人更少偏见？或者他建构的中国民族身份立即就次于法国人而优于黑人？或许他建构这一系列矛盾的形象反映出他对待自我文化与异国文化的矛盾态度？依我看，可以通过考察李劼人的写作环境来解释这个故事中的反传统与国家主义之间的具有讽刺意味的紧张关系。"①

陈小眉认为这一方面是李劼人病中观察到的法国社会平等给他留下了深刻的印象，影响到他的种族观，他从国内文化精英到国外穷学生这一地位的跌落又可能影响到他对法国种族、国家问题的感知，以及亲历死亡经验后所建构的"法国平民的精神"；另一方面，阶级与种族相互交织的观点普遍存在同时期知识分子的文本中，法国作为一个社会平等的地方形象可以追溯到"五四"，如陈独秀曾将法国文明看作是鼓舞人心的中国未来模式，法国留学潮就是对欧洲文明中心的向往，因而可以说叙述者对法国正面而又质疑的描述折射出作者对尚未出现的、与西方对等的理想中国的寻求，这一理想的模式在他想象中的西方已经实现。②

陈小眉解读《同情》这样的二十年代中国人的离散故事，从属于她整个论著对"东方主义"中西方霸权的解构主题，通过阅读作家"自我"的讲述，回应跨文化挪用中可能对"他者"产生的错误感知，这些关于"西方"的叙事与他们的本土环境和异域体验相互交织，从而建构自我身份认同与对西方他者的想象，《同情》在陈小眉那里成了一个不错的例证。

吴国坤的《小说的丰碑》是境外第一部专论李劼人的博士学位论文③，其前半部分以《李劼人"大河小说"中的地缘诗学与历史想象》为题收入樊善标等人编的《墨痕深处：文学、历史、记忆论集》，又以《城与小说：李劼人"大河小说"中的成都历史记忆与想象》为题收入姜进等主编的《近代中国城市与大众文化》，后半部分即第五章和结语以《〈大波〉中的时间性和复调性》为题收入《李劼人研

① Xiaomei Chen, *Occidentalism: A Theory of Counter-Discourse in Post-Mao China*, Rowman & Littlefield, 2002, P148-149。此为笔者译。
② 此为笔者对原文大意的翻译。
③ 该论文与国内第一篇专论李劼人的博士论文，即雷兵的《改行的作家：市长李劼人角色认同的困窘，1950—1962》出现在同一年。

究 2011》①，与英文原文相比，中文版有不少删节、调整的地方，但大意相同。该文旨在追寻二十世纪中国文学现代性过程中地缘诗学、地方性、历史想象的形成，探讨空间性、地方性和日常生活等概念在"现代史诗"建构里如何被构想，小说又在多大程度上容纳了地方与国家、平凡与伟大、部分与整体等问题，而李劼人的"大河小说"提供了一种路径，他重新发掘晚清通俗小说的潜能，借鉴西方"大河小说"开阔的体式，专注于乡土空间叙事，将地方性作为"历史空间"在小说中构成"地域诗学"，充分展现地方独特的地理、历史风貌和日常生活片段，将其作为现代性的轨迹，用复调性的文本叙述出新与旧、地方与国家等历史转型期的复杂性，挑战了五四时期将现代性简化为乡村与城市、传统与现代对抗的历史决定论的宏大话语②。

吴国坤把李劼人放在晚清至"五四"这一历史语境下来凸显"大河小说"出现的重要意义：晚清李伯元的小说有了部分变革，新的"国家"空间、思考时间与历史的方式都在悄然孕育，但形式上仍囿于传统白话小说；五四文学革命的现代性修辞并没建构起具有民族风格的现代长篇小说形式，进化论等线性时间历史观没有抓住地理/空间这一小说叙事中历史想象的关键元素；茅盾的《子夜》首次关注城市现代性与革命，试图写出从农村到城市的空间进程，但它是叙事学与意识形态上的败笔，未能整合乡村叙事展现国家建构与现代性，短于描述历史的鲜活性和现实的凝练性，小说如何容纳国家与地方、当下与未来？③而这些叙事尴尬在李劼人整合乡土日常存在状态的"大河小说"中都得以成功解决：

> 李氏小说却另辟蹊径，采用'大河小说'的开放格局，以历史时间为经，乡土地域为纬，以一城一地的微观角度，辐射作家心目中的历史宏园（panorama）。李氏对现代历史小说形式及其内涵的探索和创制，尝试以西方小说的结构和体制为乡土小说注入恢宏的视野和时间向度，又辅以细密的笔法勾勒出一幅幅富有地方色彩的民俗风情画；在这样的书写策略中，作者将其对故乡的追忆演化为对地域性（locality）的偏执，其作品的乡土风味进

---

① 樊善标、危令敦、黄念欣：《墨痕深处：文学、历史、记忆论集》，香港：牛津大学出版社，2008年，第329—349页；姜进、李德英：《近代中国城市与大众文化》，北京：新星出版社，2008年，第121—140页；成都市文学艺术界联合会、李劼人研究学会编：《李劼人研究：2011》，成都：四川文艺出版社，2011年，第67—88页。

② 此为笔者对其主旨的概述，参见该论文的"Abstract"部分。

③ 此为笔者对该论文"Introduction""Chapter One""Chapter two""Chapter Three"的概要。

而与小说的形式格局和历史时间的进程层层紧扣,构成互动、复杂的关系。①

    吴国坤用如此富于理性与诗性的语言称赞李劼人,在他看来,李氏的独到之处在于历史叙事策略,并以《死水微澜》《大波》等全景式写作文本为考察对象,做了细致的分析:一是"大河小说"的美学实验,融合中西文学传统为现代历史小说找到了恰当而独特的体式,它赋予作者较大的弹性和自由,通过千变万化的历史塑形提供人物与环境的复杂社会视角;二是空间叙事,将历史事件空间化,着力描绘一个相对微观的乡土空间,《死水微澜》的情节都是围绕商人家庭、私人赌场、洋人教堂、乡间集市、灯会庙会等生活空间而推移,如小说开首所写的成都到天回镇及周边的道路网络,将孤立的乡镇与更大的政治、社会领域相联系,令昔日偏远落后的天回镇以至成都卷入了政治洪流,其"地理—历史"话语创造了一种新的历史小说范式;三是侧影叙事,偏离意识形态的驱动,不写典型人物的英雄情结,不写历史断点处个体的觉醒,而写日常生活的片段,人物并没站在历史的最前面,也没采取任何明确的行动,个体欲望支配着行为,如黄表婶与侄子楚用的情欲与政治相互牵扯的关系,人物的主观世界和历史环境分裂,这种写法不同于卢卡奇而近乎托尔斯泰;四是叙事的当下感与复调性,《大波》纳入多层次话语写出人物对一系列潜在和突发事件的感知,营造出连续的变化无常的印象,让事件面向未知的将来,在对历史场景的回归中展示出人物的真实感觉,把"当下感"带入历史的写作策略异丁任何在单一语境中寻求历史发展秩序和意义的主导性历史话语,而表面上的客观叙事、人物的见证和叙事人评论声音的偶尔穿插三者并行,构成了小说的复调话语,等等②。吴国坤认为,正是李劼人与众不同的历史叙事话语让他的作品疏离了他的时代:

    李劼人的历史小说通过辛勤的研究和对社会生活细节的揭示恢复了一个已逝去年代的'灵氛'(aura),让我们目睹了在文学写作面对不断提高的政治和意识形态需求时,一位全情投入的作家为创作自由付出的抵抗和努力。自20世纪30年代以来,《大波》生发出很多阅读和阐释上的问题,这不仅仅因为它的篇幅之巨,更因为作品本身包含了诸多争议、相互颉颃的声音,这些

---

① 吴国坤:《城与小说:李劼人"大河小说"中的成都历史记忆与想象》,《近代中国城市与大众文化》,北京:新星出版社,2008年,第121页。
② 此为笔者对其大意的整理、归纳。

声音同强加于小说形式上的政治和现实主义需求展开交涉。①

李劼人的坚持和努力表明他急迫地想要在新世纪到来之前描写出陈旧、贫乏的旧社会，他不朽的小说和地域诗学为我们开启了诸多思考空间，如历史书写中的空间性与虚构、日常生活与现代性、地方性与边缘性、文学史的经典化、小说与国族之间的复杂关系等。②

吴国坤在论述中把李劼人与李伯元、茅盾、鲁迅、巴尔扎克、卢卡奇、托尔斯泰、福楼拜、左拉等中外大家、名家进行比较研究，进而确立李劼人历史小说的重要地位，并引入莫惹提（F.Moretti）的"地理环境"、莫森（G. S.Morson）的"侧影"叙事概念、巴赫金（M.M.Bakhtin）的复调理论等西方文艺理论，视野开阔，立论新颖，阐释精微。吴国坤师承李欧梵，他的论述角度明显带有李欧梵关于现代性阐述的痕迹。李欧梵曾说："我熟悉李劼人的许多著作。我在哈佛大学执教时期，鼓励学生吴国坤专攻李劼人，他完成的研究李劼人的博士论文，我评价较高……他可能是当时美国唯一一个研究李劼人的学者，这也体现出美国学界对李劼人的文学成就缺乏了解。我认为，李劼人绝对是一流的文学大师，他深受法国文学影响，是一种严肃的写实主义，展示宏大历史的细部结构。他是非常独特的历史小说家，《死水微澜》、《大波》等在现代文学史上具有举足轻重的地位。"③可见吴国坤的李劼人研究深受李欧梵的鼓励与启发，也代表了李欧梵的部分思考和立场。

纵观上述三家专论，均属于某个宏观主题下的精微阐释，司昆仑抓住独特的历史观，审视李劼人书写中的"历史与个人"、"《死水微澜》与帝国主义"、"《大波》与革命"，陈小眉则从解构"东方主义"的目的出发解读《同情》等五四时期中国作家的离散故事，而吴国坤又从现代性、国家民族等角度深入阐释李劼人"大河小说"的地缘诗学。立论虽异，个中观点却也不乏同调，如吴国坤所说的"侧影"叙事策略与司昆仑所认为的李劼人独特的历史观颇为相似，他们在论述中均援引小说细节进行文本细读，阐述精微，发掘深刻，颇具说服力，代表了海外英语世界李劼人研究的学术水平。

---

① 吴国坤：《〈大波〉中的时间性和复调性》《李劼人研究：2011》，成都：四川文艺出版社，2011年，第67页。
② 此为笔者对他博士论文结语的概述。
③《招传统文化之精魂，需创造性和想象》，2011年10月10日《成都日报》。

三、"以诗证史"：作为社会史料文献的百科全书

除了文学方面的学术专论，李劼人的作品更多地作为社会文献史料出现在一些研究晚清历史、社会文化、民族政治的专著中。"大河"三部曲早就被郭沫若称为"小说的近代史"、"小说的'近代华阳国志'"①，史诗追求已成为学界的共识；李劼人又是民俗史家，他的作品是"民俗的百科全书"②，巴金说"过去的成都活在他的笔下"③。李劼人对晚清成都社会万象的精细描摹，对诸多历史细节的忠诚，对川西平原民俗风情的生动展现，使得他的作品不仅具有独特的文学审美风格，还是当时社会的百科全书，具有重要的文献史料价值。近年来，国外研究中国晚清社会历史的著作涌现，成都在此时段的城市、社会、民族等问题都得到关注，李劼人的小说无疑成为重要参考的社会文献。如司昆仑的《成都文明，中国现代城市的形成，1895—1937》（以下简称《成都文明》）④，王笛（Di Wang）的《街头文化：成都公共空间、下层民众与地方政治，1870—1930》（以下简称《街头文化》）和《茶馆：成都的公共生活和微观世界 1900—1950》（以下简称《茶馆》）⑤，路康乐的《满与汉：清末民初的族群关系与政治权力(1861—1928)》（以下简称《满与汉》）⑥，戴英聪的《四川边境与西藏：清初的帝国战略》（以下简称《四川边境与西藏》）⑦等，多处征引李劼人作品，以近乎信史的眼光看待小说，可称"以诗证史"。

在李劼人研究中，这种"以诗证史"的方式依然是司昆仑开风气之先，她的历史著作《成都文明》勾勒了成都在早期现代化进程中的独特历史发展轨迹，讲

① 郭沫若：《中国左拉之待望》，《中国文艺》，1937（2）。

② 陈玉琳：《语言的瑰丽宝库 民俗的百科全书》，《李劼人作品的思想和艺术》，北京，中国文联出版公司，1989 年。

③ 巴金：《巴金致李眉信》，载《郭沫若学刊》，2011（4）。

④ Kristin Stapleton, *Civilizing Chengdu*, *Chinese Urban Reform*, 1895-1937, Harvard University Asia Center, 2000。未见中译本，此书名为笔者译。

⑤ Di Wang, *Street Culture in Chengdu: Public Space Urban Commoners and Local Politics*, 1870-1930, Stanford University Press, 2003, 李德英、谢继华、邓丽译：《街头文化：成都公共空间、下层民众与地方政治，1870-1930》，北京，中国人民大学出版社，2006；Di Wang, *The Teahouse: Small Business*, *Everyday Culture*, *and Public Politics in Chengdu*, 1900-1950, Stanford University Press, 2008, 王笛著译：《茶馆：成都的公共生活和微观世界 1900-1950》，北京，社会科学文献出版社，2010 年。

⑥ Edward J. M. Rhoads, *Manchus and Han: Ethnic Relations and Political Power in Late Qing and Early Republican China*, 1861–1928, University of Washington Press, 2000。王琴、刘润堂译，李恭忠审校：《满与汉：清末民初的族群关系与政治权力(1861—1928)》，北京，中国人民大学出版社，2010。

⑦ Yingcong Dai, *The Sichuan Frontier and Tibet: Imperial Strategy in the Early Qing*, University of Washington Press, 2009。未见中译本，此书名为笔者译。

述成都的历史沿革、地理环境、城墙街道、风俗民情，特别是清末民初以周善培、杨森等为代表的城市新政改革。该书的扉页有题词："献给姜梦弼，纪念李劼人"，可见李劼人对于此书的重要性。书中以李劼人的小说来论证晚清的社会历史，多达十余处提及李著[①]，涉及李劼人对成都人文地理环境的描写，大运动会上警察与学生的冲突，周善培办警察署对茶馆文化的影响，保路运动中成都罢市期间的日常生活，各街坊塑立光绪牌位进行抵抗，军阀混战时期的社会黑暗，四川哥老会组织，以及创办少年中国学会成都分会，办报，办实业，拒绝加入杨森政府等等事件[②]，参考的作品有《死水微澜》《暴风雨前》《大波》《战地在屋顶山》《好人家》等。例如，在介绍成都的"警察和街正"时，司昆仑写到："尽管不能说街正怎样履行了他们的职责，扮演他们作为警察眼线、调解者、公众申诉者甚至税款收集人等角色，李劼人在《大波》中为我们虚构了这样一个人物形象，《大波》是他的长篇小说，写的是辛亥革命之前他青少年时代的成都。他写的街正没有特别的社会地位，但脾气好、受尊重，他是邻居的期望，人们时常友好地围着他摆龙门阵，仅想知道这个城市正在发生的事。……通过他，可以窥见到除官场和科技之外的整个国家的所有情状"[③]。李劼人的作品为司昆仑的成都文明史提供了参考，即便是傅隆盛这样的虚构人物也能说明当时的社会情形。

出生于成都的旅美学者、得克萨斯 A&M 大学历史系王笛教授的两部著作《街头文化》和《茶馆》也多次提及或引用李劼人《暴风雨前》《大波》及短篇小说集《好人家》。其中，《街头文化》共有 15 处[④]，内容涉及李劼人所写的公共空间茶馆、街民苦力挑水夫、街头妇女与娱乐、满汉间的族群冲突与社会排斥，周善培办警察、四川保路同志会、街头搭建先皇台、成都惨案等，原文引用的有两处，

---

① Kristin Stapleton, *Civilizing Chengdu*, *Chinese Urban Reform*, 1895-1937, Harvard University Asia Center, 2000。具体页码为 34, 95, 98-99, 100, 110, 174, 191-192, 193, 200, 201, 237, 238。

② 周锡瑞编的论文集《重建中国城市：现代性与国家认同，1900—1950》中收录了司昆仑的论文《杨森在成都：内地城市规划》(*Yang Sen in Chengdu：Urban Planning in the Interior*)，其中也提到李劼人、孙少荆等创立的少年中国学会成都分会，李劼人拒绝参与杨森政府等。Joseph W.Esherick, *Remaking the Chinese City: Modernity and National Identity*, 1900—1950, 2002, P99—100, p235。

③ Joseph W.Esherick, *Remaking the Chinese City: Modernity and National Identity*, 1900-1950, 2002, p98-99，笔者译。

④ 王迪著，李德英、谢继华、邓丽译：《街头文化：成都公共空间、下层民众与地方政治，1870—1930》，北京：中国人民大学出版社，2006；中译本提及李劼人的具体页码为：59, 109, 128, 134, 139, 141, 223, 228, 251, 310, 315-317, 330-331。

即市民"吃讲茶"和市民自卫街头守夜的情景①,其他都属间接引用。《茶馆》引用《暴风雨前》、《大波》多达20处②,涉及茶铺布局、茶水来源、坐茶馆、喊茶钱、吃讲茶,茶馆里的阶级分野、秘密政治、性别歧视、经营管理,以及市民对茶馆的依靠、手艺高超的补碗匠等,且多为直接引用、抄录(共16处)。如在第四章《群体——阶级与性别》中引了《暴风雨前》中的一段作为题记,并说:"作为一个本土作家,李劼人十分了解成都,发现茶馆不仅是一个放松和娱乐之地,而且具有市场、聚会、客厅等多功能的公共场所"③。

与纯粹的文献引用不同,王笛在征引的同时还对李劼人的小说特色、写作立场和心态作了精彩点评。例如,《街头文化》写到成都街民"吃讲茶"时,王笛说,"李劼人以讽刺的语调描述了成都茶馆讲理的情景",并认为他是以一种"嘲弄"的心态在写,如果茶馆发生打斗茶铺便可发横财,茶馆老板因此欢迎人们前来"讲理"以赚茶钱。"李劼人对茶馆欢迎'吃讲茶'的理由未免太牵强,作为一个新知识分子,他对这个活动显然是持批判态度的"④。在《茶馆》中又说:"从20世纪初开始,当现代化的精英在描述这个活动时,在西方和官方话语的影响下,多持讽刺或批评的口吻。"⑤再如,写到由于茶具较贵,下等茶馆尽量延长使用期限,"按照李劼人带有讥讽的描述,茶碗'一百个之中,或许有十个是完整的,其余都是千巴万补的碎磁'"⑥。王笛认为李劼人对"吃讲茶"以及"千巴万补"的茶碗的描写带有一种讽刺、批评的态度,并冠以"新知识分子""现代文化精英""西方和官方话语"之名。不过笔者认为这种看法有待商榷,李劼人诚然是"新知识分子"和"现代文化精英",也受到了"西方和官方话语"的影响,但他的本色还是在于乡土风味、市井气息,悉知成都市民的衣食住行,他自己也是其中的一位,他更多是以一种欣赏、津津乐道的心态在写这些日常生活场景,至多也是客观再现社会情状,并

---

① 王迪著,李德英、谢继华、邓丽译:《街头文化:成都公共空间、下层民众与地方政治,1870—1930》,北京:中国人民大学出版社,2006年,第141、330页。

② 王笛著译:《茶馆:成都的公共生活和微观世界1900—1950》,北京:社会科学文献出版社,2010;中译本提及李劼人的具体页码为:11、17、36—37、40—41、55、63—65、76、77、83—84、88、93、156、171、176—177、182、214—216、228、341、387—390。

③ 王笛著译:《茶馆:成都的公共生活和微观世界1900—1950》,北京:社会科学文献出版社,2010年,第156页。

④ 王迪著,李德英、谢继华、邓丽译:《街头文化:成都公共空间、下层民众与地方政治 1870—1930》,北京:中国人民大学出版社,2006年,第141—142页。

⑤ 王笛著译:《茶馆:成都的公共生活和微观世界 1900—1950》,北京:社会科学文献出版社,2010年,第341页。

⑥ 王笛著译:《茶馆:成都的公共生活和微观世界 1900—1950》,北京:社会科学文献出版社,2010年,第88页。

没有一种自命清高的俯视、批评、讽刺、鄙薄大众文化的精英姿态。当然，在同情、怜爱中有着批判的成分，这是当时许多乡土作家比较共通的思想特点。

其他如美国德克萨斯大学历史系路康乐教授在《满与汉》的第一章《隔离与不平等》中介绍晚清时期的满、汉隔离状态，包括行政体制、职业、居住地、社会生活等方面，写到满、汉因居住地而隔离的情况，成都的满城也在李劼人笔下，认为"《死水微澜》中有很生动的描述"，并原文引用一段李劼人对少城的描写①。美国新泽西州威廉帕特森大学历史系戴英聪教授在《四川边境与西藏》的"尾声"里说到成都在晚清时期的城市发展状况，包括城市街道、布局、人口等，认为李劼人"生动描写了世纪之交成都旗人的隔绝过时的生活"，说到晚清成都的军事精英衰落而士绅阶层崛起的状况，又在注释里说，"李劼人的三部曲（《死水微澜》、《暴风雨前》、《大波》）又一次成了很好的注脚"②，并简述了李劼人所写的外省移民官员后裔定居成都的原因和生活状态。

在这些颇有分量的论著中如此频频地征引李劼人作品描述作为他们论述的注脚，充分说明李劼人作品的丰富性，不仅具有文学美学价值，而且是社会文献史料的百科全书，能补史家之阙，与方志有同行效力。王笛就说："虽然《暴风雨前》和《大波》是历史小说，但是根据亲身经历，李劼人对成都的面貌、地名、社会习俗、主要事件、历史人物等的描写，都是以事实为依据的。……正是这种'记事本末'或'记事文'的风格，对于社会和文化历史学者来说，则成为了解已经消失的成都日常生活的一些细节的有用记录"，但他也看到了以小说证明历史的危险性，须持谨慎态度，"以小说作为史料时，必须区别历史记录与作家创作之间的不同"③。但总的来说，这种"以诗证史"的方法拓展了李劼人研究的空间，充分利用了李劼人作品的资源，使之走向跨学科领域，得出丰富成果。

四、遴选入史：从"手册""辞典"到"文学史"

由于政治意识形态、一元文学史观等各种复杂原因，文学大家李劼人近几十年来备受冷落，在中国现代文学史上长期处于缺席与边缘状态，被各种权威史著

---

① 路康乐著，王琴、刘润堂译，李恭忠审校：《满与汉：清末民初的族群关系与政治权力 (1861-1928)》，北京：中国人民大学出版社，2010年，第36—37页。
② Yingcong Dai, The Sichuan Frontier and Tibet: Imperial Strategy in the Early Qing, University of Washington Press, 2009, p230-P231, P301. 此为笔者译。
③ 王笛著译：《茶馆：成都的公共生活和微观世界　1900—1950》，北京：社会科学文献出版社，2010年，第40—41页。

刻意遗忘①，而他在英语世界的入史问题又因汉学家的资料匮乏、语言障碍、个人喜好等因素而成为憾事。如夏志清（C.T.Hsia）那本被誉为"中国现代小说批评的拓荒巨著"的《中国现代小说史》②依然遗漏了李劼人，时隔四十多年，夏志清在接受大陆学者访谈时专门说到自己的疏漏："最大的遗憾就是有几个优秀的作家没有讲，比如李劼人，比如萧红，都没有好好讲"③。几年后夏志清又在记者的采访中说："除了萧红，我在书里李劼人也没有讲，这也很遗憾"④。可见没有将李劼人写进文学史成了半个世纪来的遗憾。所幸的是，在夏志清之后，李劼人在英语世界的史记中并非杳无踪迹，而是从二十世纪八十年代的文学"手册"走进了新世纪的文学"辞典"和"文学史"。

最早在史册中写进李劼人的应该是瑞典著名汉学家、欧洲汉学会主席、诺贝尔奖终身评委马悦然（Nils Göran David Malmqvist）主持编写的《中国文学手册：1900-1949》（1988）⑤。其中的"中长篇小说卷"收录了李劼人，对其生平、《死水微澜》、《大波》等都有介绍，采录的是华人戏剧家、小说家马森（Ma Sen）的评论，篇幅虽不长，但涉及作品的语言、人物、中外文学影响关系、创作优长得失等。马森认为：《死水微澜》用方言增加了人物的可信度和生命力，作者处理两性情感关系的能力十分显著，较少关注理想，而着力对周边环境的观察，比同时代的许多作家更能驾驭中国语言，更具有中国传统小说底蕴，没使用当时流行的欧化语言，有意识地发掘现实细节，写作方法与法国现实主义、自然主义作家类似，这部小说证明了李劼人恰当运用中西文学传统的娴熟技巧，并赞同曹聚仁"其成就还在茅盾、巴金之上"的看法；《大波》则是一部文献史料性的小说，远离标准评判与哲学阐释，可信度能被同时代的其他文献证明，作者努力忠于历史事件，尽量保持客观态度，既是历史小说又是自然主义小说，写出了黄太太这一异于中国古典小说的女性形象，"可能是中国文学中首次用一种同情而非自以为是的道德标准去描写放荡的妇女"，但它并非完美的伟作，"太拘泥于历史事件，无暇顾及人物个

① 如王瑶《新文学史稿》、刘绶松《中国新文学史初稿》、丁易《中国现代文学史略》、林志浩《中国现代文学史》等都"遗忘"了李劼人及其"大河小说"，直到唐弢《中国现代文学史》才在"其他作家作品"一节中，用短短600余字介绍了李劼人、《死水微澜》和《大波》。
② C.T.Hsia，*A History of Modern Chinese Fiction*，Yale University Press，1961.
③ 季进：《对优美作品的发现与批评，永远是我的首要工作——夏志清先生访谈录》，载《当代作家评论》，2005（4）。
④ 石剑峰：《夏志清散谈现代文学》，《东方早报》，2011年10月23日。
⑤ Nils Göran David Malmqvist：*Selective Guide to Chinese Literature* 1900-1949，E.J. Brill，1988.
这套手册共四卷，第一卷为中、长篇小说，第二卷为短篇小说，第三卷为诗歌，第四卷为戏剧，旨在促进对中国文学的研究，为读者提供所选作品的基本信息，包括作家简介、作品收藏与版本情况、内容梗概、赏析评论和参考书目，其内容基于来自各国汉学家的独立研究。

性的发展变化和深层心理分析，无论主角的社会身份多么真实，他们都是破碎的、不完整的，且缺乏主动性，只能对外部事件做出反应。如果小说的人物重于事件，人物的成长变化可与情节一样引人入胜，但李劼人并没取得二者的平衡，牺牲人物屈就史事"。①

《中国文学手册：1900—1949》"短篇小说"卷又收入李劼人的短篇小说集《好人家》，还是马森的赏评：《好人家》的有趣之处主要在于它那种少有的沿着晚清小说发展线索的叙述风格，有着刘鹗《老残游记》、曾朴《孽海花》等晚清白话小说的痕迹，有别于鲁迅《狂人日记》等中国现代小说在西方强势影响下的文学形式、技巧、主题和语言，如此风格就像张恨水，在那些崇尚西方文化的读者眼中显得过时；该集里的故事多数构思残缺粗浅，很多都是叙述者在讲述而没有任何人物对话及行为的描写，作者似乎没有明确意识到是在写短篇小说还是长篇小说的片段，其中只有两篇《兵大伯陈振武的月谱》《对门》相对完整，或许社会价值高于文学价值，"我虽不能说李劼人有任何预言的洞察力，但作为一个敏感的作家、一个敏锐的观察者，他毫无疑问抓住了中国社会历史潮流的某些本质"②。马森的这些观点应该说是很中肯的。

在此，马悦然虽没直接评价李劼人，但作为主编，他的态度立场已体现在对作品的编选过程中，本套"手册"对入选作品要求很严格，必须是中国现代文学中的经典，在文学史上具有一定的代表性，既要满足研究专家的需要，又要适合中国文学、比较文学以及现代中国思想史等专业的学生，李劼人作品的入选，本身就是对其成就的肯定。更何况马悦然曾多次公开称赞李劼人，将其与鲁迅、沈从文相提并论，"足可登上世界文坛"，三部曲"刻意使用写实主义的手法，对女性角色回忆片断的呈现充满同情，这和莫泊桑的风格十分类似"，与鲁迅的《呐喊》、闻一多的《死水》、沈从文的《边城》和《长河》、巴金的《寒夜》等"质量已达世界文学顶尖水平的作品"，"坚定地泊靠着当时的社会环境，从而带出了他们的中国特色"③。

美国巴德学院的英丽华（Li-hua Ying）教授编写的《中国现代文学历史辞典》（2010年）也收入了李劼人，对其生平、早期白话小说写作、报人生涯等做了概述，

---

① volume1, The Novel, p116-120, 此为笔者对马森评论大意的意译。
② volume2, The Short Story, p99-101, 此为笔者对马森评论大意的意译。
③ 向阳：《文学、翻译和台湾——诗人向阳VS瑞典学院院士马悦然》，载台湾1998年10月9—10日《自由时报》副刊，收入向阳《浮世星空新故乡——台湾文学传播议题析论》，台北：三民出版社，2004年，第109—123页；马悦然《答〈南方周末〉记者问》，《当代作家评论》，2004（5）。

不但借用了"中国的左拉""东方的福楼拜"等通用评语,而且还说,"与他的同伴、四川作家沙汀一样,广泛使用本土方言,获得了成都编年史家的声誉",并对"大河三部曲"作了介绍和评价:"由于宏大的规模、复杂的艺术性、成功地刻画人物,以及创造性地使用富于地方色彩的语言,《死水微澜》可以说是最好的中国现代小说","李劼人在描写丰富社会生活的同时努力穿插历史事件,因他意识到历史变革与人们活动、国家大事与私人生活之间的紧密联系,尽管深谙西方文学,但他并没有如鲁迅等同时代作品中的欧化倾向,他的作品与欧洲小说之间的各样类似都在合理层面,他的人物都是典型的中国人。他的小说是中西传统的完美结合,形成了一种整体的、独特的艺术风格"①。这与马森的看法很相似。

更令人欣慰的是,新近出版的《剑桥中国文学史》(2010 年)没再遗忘李劼人。该书由耶鲁大学孙康宜(Kang-i Sun Chang)教授与哈佛大学斯蒂芬·欧文(Stephen Owen)教授共同主编,撰写者均为来自美、英的专家学者,旨在让英语国家的普通读者了解中国文学及其发展历史。本书下册的第六章《中国文学 1841—1937》由王德威(David Der-Wei Wang)执笔,他在论述五四乡土作家时对李劼人做了简介,认为他"通过描写家乡四川成都这一城市空间中正在发生变化的道德行为,引入了一种不同的本土想象模式","三部曲编年史般记载了清末民初的社会政治动荡,从官僚腐败到帮会暴动,从宪法改革到共和革命,而令人尤为深刻的是对成都日常生活精细而感性的描写。李劼人将感官素材与独特的地方色彩相融合,试图使他的三部曲成为成都古城的小说民族志"。②与前两本著作不同的是,王德威还写到了李劼人的翻译成就,称他"以《马丹波娃利》等出色的翻译小说而闻名",当介绍到五四时期的翻译文学时,在瞿秋白、郑振铎、耿济之、冯至、傅雷等人之后,又写道:"然而,福楼拜的忠实引介者当属李劼人,他在 1925 年翻译的《马丹波娃利》依然是从欧洲文学翻译到中国来的最有影响力的作品之一。"③由于本书重在介绍经典作家作品,评论阐释较少,仅用精简的话概括出一个作家的特色,属于普及知识性的文学史,每位作家所占的篇幅都有限,像鲁迅、郭沫若、沈从文等重要作家也是如此,所以关于李劼人也只有短短几百字,但意义更重在收录。

① Li-hua Ying, Historical Dictionary of Modern Chinese Literature, Scarecrow Press, 2010, p98-100, 笔者译。

② Kang-i Sun Chang/Stephen Owen: The Cambridge History of Chinese Literature volume Ⅱ, Cambridge University Press, 2010, p511, 笔者译。该书的中译本大概近年可以出版,目前正在翻译中。

③ Kang-i Sun Chang/Stephen Owen: The Cambridge History of Chinese Literature volume Ⅱ, Cambridge University Press, 2010, p511, 笔者译。该书的中译本大概近年可以出版,目前正在翻译中。

这应当是英语世界第一次以"文学史"的名义写入李劼人，而王德威又是夏志清最欣赏的后辈、最得意的接班人，这次李劼人的入史可能在一定程度上弥补了夏志清的遗憾，具有里程碑意义。

在这些史册中写入李劼人具有重要意义，虽然学术研究具有独立性，但海外汉学一度是国内学界的风向标，如20世纪80年代以来钱钟书、沈从文、张爱玲等曾经被忽略和屏蔽的作家得以重新发现，相关研究在国内迅速升温而成为显学，就与夏志清在《中国现代小说史》中的品评紧密关切，颇有"一经品题，便作佳士"（李白《与韩荆州书》）的味道，如果当年夏志清没有遗漏李劼人，李劼人在国内学界的地位可能早已上升到与之文学成就相匹配的程度。如今这些文学史册的"补遗"，"矫枉"，是一个良好的开端。

五、得失镜鉴：在"他者"与"自我"的互动中前行

从上述译介、专论、征引、入史等四类文献的梳理和分析可以看出，近三十年来李劼人及其文学作品在英语世界的传播、接受与研究已取得了初步成就，他作品的价值正在引起诸多海外汉学家的关注与认同。他们谈论的重点在于三个方面：一是浓郁的地方色彩，从《中国文学》（英文版）推介性的评语开始，这一标签就成了专著、史册、言论中介绍、解读、评论李劼人的关键词，如马森"用方言增加了人物的可信度和生命力"、马悦然"带出了他们的中国特色"、英丽华"创造性地使用富于地方色彩的语言"、王德威"将感官素材与独特的地方色彩相融合"、吴国坤"地缘诗学"等。二是独特的历史观，李劼人的三部曲属于历史小说，而他的历史叙事策略与主流写作方式迥异，这一点在游离于中国意识形态之外的汉学家那里十分显眼，将其作为李劼人小说最为独到之处，对之做了详细、深入的论述。如司昆仑认为李劼人的历史观介于"伟人创造历史"与"社会历史发展不以个人意志为转移"两个极端之间，他的方法正是历史学家应当采用的方法；吴国坤则认为李劼人将历史叙事空间化、侧影化形成了独有的风格，是对主流历史叙事的颠覆。三是作为社会史料文献，在相关城市、历史、社会、种族的论著进行征引，如司昆仑、王笛、路康乐、戴英聪等，李劼人笔下的成都地理环境、保路运动、茶馆文化、少城公园等都是他们多次引用的段落。毋庸置疑，这些都是李劼人的重要特色和独特风格，海外汉学家们在为数不多的著述中切中肯綮，把握了一个作家的灵魂。

当然，李劼人研究的这几个方面并非海外汉学家的新发现，国内的论著早已有所涉及，但由于海外学者的世界背景、特殊身份，主要是身处欧美或为华裔学者，

所具有主流话语意义，以及上述跨学科的学术背景、学术思想与方法，皆有领军意义与动向性，故而成就特别引人瞩目。文本解读的精细化、科学化是海外学者比较共通的学术风格。李劼人"大河小说"的地域性在国内学界就是一个常论常新的话题，如以"巴蜀文化""川西风情""川味文学"、"川味叙事"等为关键词的研究颇多，也很有深度，①但这些说法总体上没有走出"巴蜀"苑囿，属于"自我评价"体系。而海外学者吴国坤却另辟蹊径，用"地缘诗学"将李劼人凝聚了成都这一地方的地理环境、历史风貌、日常生活、民俗风情、社会事件等质素的"地方色彩"提升到了更为理性的层面，赋予了世界诗学的意义，将其置于二十世纪中国国家建构、民族想象、现代性追求等宏大主题中去考察，将地方色彩与国族问题相联系，这就在更为广阔的视域里展示与丰富了李劼人对"地方"书写的意义。再如，李劼人从前在国内文坛长期被埋没，自"郭沫若之问"②始，如何解释李劼人受冷遇的现象、怎样评价定位李劼人的文学成就，就成了困扰学术界的"李劼人难题"，对其原因众说纷纭，如他为人作风属于离群索居无党无派，历史题材与时代环境错位，传播范围限于闭塞的西南边缘而远离北京、上海等文学中心，与"启蒙""革命"相左的市民文化精神等③，都不无道理。吴国坤则认为李劼人作品本身所包含的诸多争议、相互颉颃的复调声音引发了阅读和阐释上的难题，其历史文献、自然主义写作方式违背当时的文学欣赏习惯，描写历史事件的婉转方式偏离意识形态，与共产主义战争小说审美有所不符合。吴国坤站在"他者"的角度看待一个独立于当时文学主流之外的作家，直白地表达出李劼人接受困境的原因，而无须内地学者因李劼人"思想上说不清楚"遮遮掩掩避而不谈，这就更能一针见血，洞见问题的实质。又如，李劼人作品的社会、民俗价值也是国内学者有目共睹的，对他笔下的美食、茶馆、礼仪习俗等都有散篇论述④，但基本上都停留在文学领域；而司昆仑、路康乐、王笛等学者大多数分属于历史学、社会学领域，他们把李劼人

① 这方面的主要论著有邓经武《论李劼人创作的巴蜀文化因子》(《四川师范大学学报》(社会科学版)，1994年第4期)；秦弓《李劼人历史小说与川味叙事的独创性》(载《西南师范大学学报》(人文社会科学版)，2002年第1期)；李怡《现代四川文学的巴蜀文化阐释》(长沙：湖南教育出版社，1997)；张建锋《川味的凸现：现代巴蜀的文学风景》(北京：中国戏剧出版社，2007)等。
② 郭沫若在《中国左拉之待望》一文中说："然而，事情却有点奇怪。中国的文坛上，喊着写实主义，喊着大众文学，喊着大众语运动，喊着伟大的作品已经有好几年，像李劼人这样写实的大众文学家，用着大众语写着相当伟大的作品的作家，却好像很受着一般的冷落。"(《中国文艺》，1937[2])。
③ 白浩：《"然而，事情却有点奇怪"——李劼人小说的市民文化精神与接受之谜》，《当代文坛》，2011(5)。
④ 刘宁：《李劼人笔下的成都茶馆》，《李劼人小说的史诗追求》，成都：成都出版社，1992年；车辐：《李劼人与食道》，《采访人生》，北京：中国文联出版公司，1995年。

的文学描写作为重要的史料文献采信与论据化，客观上提升了李劼人小说的经典意义。海外汉学家的治学传统是精细、科学、深入、专注，往往"穷尽"一生做某一课题，以求在所属领域有发言权与代表性，这在司昆仑、陈小眉、吴国坤的写作中就有所充分体现。虽然汉学家的研究主要面向西方学界，以西方的读者为拟想的传播、交流、接受对象，但在当今世界更加一体化、学术资源共享互文的动能中，海外成果作为我们本土研究的"他者"参照与优势互补，无疑都具有重要的意义。

当然，我们在研读海外成果时，也要看到其中的问题和不足，有些甚至是显而易见的，正如有学者所说："他们的关注和认同仍然是一种来自边缘的声音和评价，而非文学中心的认可。"①边缘性是最严重、最显著的现象。温儒敏曾说："汉学在国外学术界处于边缘的位置，并不是主流的学术，而现当代文学研究又是边缘的边缘。"②在这"边缘的边缘"中，研究得较多的又当数鲁迅、郭沫若、张爱玲等，像李劼人这样的在国内就备受冷落的作家在英语世界也尚未得到更充分的研究，虽然夏志清、马悦然、李欧梵等著名汉学家早已看到李劼人的独特价值，但仍像空谷跫音。如对照郭沫若，其作品译介不仅篇目多，而且很多名篇都有不同译本，博士论文十二部，具有代表性的学术期刊论文二十多篇，并形成了文本研究、比较文学研究、实证性研究、心理分析、意识形态分析等研究范式。③而与郭沫若相提并论的"四川现代文学史上的'双子星座'"④李劼人，相关研究文献数量却相去甚远，博士论文仅有一部，学术期刊论文寥寥无几，所涉行文多散见于其他主题的论著中，比较单薄。更重要的是，欧美汉学界并没有形成一支相对稳定的研究李劼人的专家学者队伍，仅有吴国坤专攻李劼人。⑤按李欧梵的说法，十年前仅有吴国坤，十年后也尚未出现第二位，司昆仑、陈小眉等都是偶有涉及，可见，李劼人研究在英语世界与在国内学界一样，直到今天都仍还处于比较边缘的位置。

幸运的是，越来越多的汉学家对李劼人生发了浓厚的兴趣，如马悦然、李欧梵等大家对其评价都很高，德国著名汉学家冯铁（Raoul David Findeisen）也认为："中

① 向荣：《李劼人被低估的文学大师》，2011年10月4日《四川日报》。
② 温儒敏：《文学研究中的"汉学心态"》，《文艺争鸣》，2007（7）。
③ 此系笔者根据杨玉英的论著统计，《英语世界的郭沫若研究》，上海：复旦大学出版社，2011。
④ 付金艳、董华：《郭沫若与李劼人：四川现代文学史上的"双子星座"》，《青海师范大学学报》（哲学社会科学版），2004（10）。
⑤ 吴国坤的研究成果除上文提到的之外，还有正在准备出版的专著：*Lost Geopoetic Horizon：Li Jieren and the Crisis of Writing the Locality in Revolutionary China*，可译为《失落的地缘诗学：李劼人地方书写的危机》。

国文学中李劼人是无法回避的"①。"越是民族的，越是世界的"，在当今中国重写文学史的浪潮中，过去那种政治高于审美的一元文学史观已经瓦解，呈现出多元共生的文学评价环境，"中心"渐趋没落，"边缘"正在崛起，"外省"的意义日益凸显，像李劼人这样极力书写地方的文学的价值得以重新发现，作为国家、民族、地方独特风格的代表。加之《李劼人全集》近年业已出版，过去被视为稀缺资源的旧版大河三部曲都为广大读者和学者便利获得，为李劼人文学的传播和研究提供了基础条件。"桃李无言，下自成蹊"，李劼人的文学成就终究不会被遗忘，正在海内外的学界中浮出历史地表，英语世界中的李劼人研究虽然姗姗来迟，但亦颇有"后来居上"的苗头与趋势，其研究前景可以预料。

原载《中外文化与文论》第 24 辑，2013 年

---

① 2005 年 3 月 17 日《华西都市报》。

法国李劼人研究述略

赵治平 ①

摘　要　近三十多年来李劼人及其文学作品在法国的传播与研究取得了一定的进展。1981 年《死水微澜》法译本的出版引起了不小的关注，但很快就沉寂了。近年来，随着法国对中国研究的不断深入和中国本土学生、学者数量的剧增，李劼人研究前进了一大步。但这些研究主要集中在《死水微澜》与《包法利夫人》的对比以及对《死水微澜》中妇女形象的分析方面。总体而言，李劼人的独特价值并没有得到大多数汉学家与学者的关注和认同，相关研究非常少且处于边缘状态。本论文梳理了李劼人及其文学作品在法国的传播与研究成果和现象，概括研究者的主要观点并分析这些研究的不同关注点。

关键词　李劼人　法国　传播　研究

李劼人作为新文学史重要作家却长期被忽视，关于他的研究在 80 年代之前一直很沉寂，到了 80 年代之后，大陆的李劼人研究才开始升温。在大陆之外，李劼人引起了不小的关注，《死水微澜》有英、法、日三种译本，《暴风雨前》有英译本和日译本。1981 年《死水微澜》法译本在巴黎的出版虽然没能让李劼人研究立即火起来，但仍引起了一些关注，法国《新文学报》、《世界报》等先后刊登评论文章。之后，李劼人研究缓慢发展。近十年以来，相继出现了相关的专论和文章，李劼人的文学贡献和作品的价值开始受到更多学者专家的关注和认同。

---

① 赵治平（1992—），女，西南交通大学外国语学院研究生，法语语言文学专业。

一、作品译介：从 Gallimard 走向法国

李劼人最优秀的代表作《死水微澜》发表于 1936 年，但是直到 1981 年 12 月其法译本 *Rides sur les eaux dormantes* 才由巴黎 Gallimard 出版社出版，译者为温晋仪。温女士于 1985 年获得巴黎大学博士学位，长期生活工作在法国，她将小说中的四川方言全部翻译为法语标准语和口语，译文自然流畅，语言通俗易懂。

温晋仪在法译本的《前言》中详细介绍了《死水微澜》故事发生的历史背景：清政府没落，中国内忧外患，义和团运动爆发，帝国主义入侵；在四川，哥老会和基督教势力相击相荡。李劼人的"三部曲"正是以此为背景，描绘了社会的变化发展和各阶层人民的生存状态。她认为"小说中的人物来自于社会各个阶层，并带有各自的社会含义。但是，毫无疑问，这些人物中最令人感兴趣的就是以女主人公蔡大嫂为代表的女性人物。李劼人翻译的法语文学作品中，超过一半都是关于妇女生活的：福楼拜的《包法利夫人》和《萨朗波》，莫泊桑的《我们的心》，龚古尔兄弟的《少女艾丽莎》和马塞尔·普雷沃斯特的《妇人书简》。这并不是偶然的巧合，李劼人总是对妇女问题非常感兴趣"。此外，温晋仪提出"不同于中国古典小说口语叙事的形式……这部作品使用的小说技巧受到了西方小说的影响……有时我们甚至相信在蔡大嫂身上看到了包法利夫人的影子。但是，总体而言，不论是她们的性格还是行为，小说中的人物都有着其中国特色。蔡大嫂让人想到了《水浒传》中伤风败俗的潘金莲"。她还如此评价道："除了其社会历史价值，这本小说还是中西影响相融合的一个范例。"①

这是已知的李劼人作品在法国的首次传播。作为法国出版巨头，伽利玛（Gallimard）出版社以文学出版物为主②，也正是在 1981 年，该出版社出版了《红楼梦》的法文版，填补了该著作法语版的空白。《死水微澜》法译本一经出版便引起了不小的关注，随后法国《新文学报》（*Les Nouvelles littéraires*）、《世界报》（*Le monde*）和《千字文报》（*Mille mots*）相继刊登了评论文章。

1982 年 4 月 1 日，在《死水微澜》法译本出版四个月后，《新文学报》在当日的"文学"专栏中，用大半个版面介绍了李劼人和《死水微澜》。这篇文章的标题为"Li TIEJ'

① 以上为笔者对《死水微澜》法译本《前言》的总结。
② 皮埃尔·阿苏里，胡小跃，加斯东·伽利玛：《半个世纪的法国出版史》，北京：人民文学出版社，2010 年。

EN, sort de l'oubli"[1]（《李劼人，被遗忘的命运》），标题加大加粗，非常醒目。引言如此写道："他曾留学法国；他把莫泊桑翻译到中国；他描绘了四川的巨幅画卷。"在正文中，作者 Krystyna Horko 对李劼人的命运表示了惋惜："鲁迅同时期的作家，尽管有些很优秀，但却被完全遗忘，李劼人便是其中之一。"Krystyna 概述了李劼人的生平，并称："李劼人的'三部曲'是其最著名的作品……背景为满清政府灭亡和民国建立之际，小说体现了中国现代社会的决定性变化。"随后，他详细介绍了《死水微澜》所描写的社会历史背景并对李劼人及其作品进行了高度评价："通过蔡大嫂——中国的包法利夫人的故事，李劼人描绘了正在慢慢觉醒的四川社会的巨幅画面，并且再现了道德、思想的变化和旧时代的阻碍。我们迫不及待地期待《暴风雨前》和《大波》的法译本。"[2]

　　紧随其后，1982 年 4 月 16 日，《世界报》刊载了题为"Une Madame Bovary du Sichuan"[3]（《一位四川的"包法利夫人"》）的文章，作者为 Alain Peyraube。文章以郭沫若的评价引出李劼人和大河小说"三部曲"："郭沫若在他的笔记中写道：'……自从青年时期贪婪地读过《红楼梦》和西方小说之后，再也没有如此狂热的阅读经历了。……李劼人毫无疑问是一位非常伟大的作家'。"Alain 认为，郭沫若如此高的评价也没有改变李劼人不被大多数人所知道的境况，在中国和国外都是如此。在 Alain 看来："在李劼人的'三部曲'中，《死水微澜》无疑是最优秀的：故事情节很平庸……但重点在于对十九世纪末四川社会各阶层人民生活的具体描写。"最后，他指出《死水微澜》是一部自然主义小说，还提到李劼人曾留学法国并翻译过福楼拜、龚古尔兄弟和都德的作品。[4]《世界报》作为国际知名度颇高的法国第二大全国性日报，能对《死水微澜》进行如此评论和赞赏，足以可见法译本的出版在法国引起了不小的关注。

　　1982 年，《千字文报》也对《死水微澜》法译本发表了评论。[5] 但是 1982 年的报纸已经没办法找到了，法国国家图书馆也只是收藏了 1988 年以后的《千字文报》，我只能通过李劼人故居博物馆一幅不清晰的报纸图片来获得一些不全面的信息。这篇文章标题为"Chinois, si vous saviez…"（《中国人，如果你们知道的话……》），能辨认清楚的信息只有以下这些："李劼人的优秀小说《死水微澜》，由温晋仪翻译，描写了西方人通过基督教对偏远的四川省的乡下的入侵

---

[1] 资料来源于法国国家图书馆。
[2] 以上为笔者对该文的概括。
[3] 资料来源于法国国家图书馆。
[4] 以上为笔者对该文的概括。
[5] 资料来源于李劼人故居纪念馆。

和二十世纪初中国人了解欧洲人的方式……"

目前，李劼人的文学作品只有《死水微澜》有法译本，所以对李劼人作品的译介还远远不够。《死水微澜》无疑是李劼人最优秀的代表作之一，但他还有很多其他优秀的作品亟待被法国的读者和学者了解并接受，特别是"三部曲"中的其他两部。正如《新文学报》的编者所言："我们迫不及待地期待《暴风雨前》和《大波》的法译本。"

二、法国文学史中的李劼人

由于各种复杂的原因，李劼人长期得不到权威史著的正视，甚至被遗忘。而他在法国的入史又和法国汉学家的知识、资料丰富程度以及个人喜好有很大关系。法国主要的中国文学史都遗漏了李劼人，比如法国当代知名汉学家雅克·班巴诺（Jacques Pimpaneau[①]）所著的《中国文学史》[②] 和张寅德[③] 的《中国文学史》[④]。目前只有 *Que sais-je*？系列丛书的《中国现代文学》（*La littérature chinoise moderne*）[⑤] 对李劼人及其作品进行了简单的介绍。

Que sais-je？（QSJ）是由法国大学出版社（Presses universitaires de France）出版的一套教育丛书，本套丛书用简单易懂的语言介绍某一个特定的主题，主要目的在于推广和普及基础知识。其中，《中国现代文学》由 Paul Bady 主编并于 1993 年出版。Paul Bady 是巴黎第七大学教授，毕业于巴黎高等师范，并且曾经担任过法国驻中国大使馆的文化专员。[⑥] Paul 在仅仅 120 多页的小册子中简明介绍了从辛亥革命前到 20 世纪 90 年代中国文学的发展进程和主要作家。在第五章《从战争到革命》（*De la guerre à la révolution*）中，他提到"抗日战争初期，一些重要的作品在当时还有条件被发表，其中，不得不提的有端木蕻良的《科尔沁旗草原》和李劼人的

---

① Jacques Pimpaneau，法国当代汉学家，于 1958 年到 1960 年在北京大学求学。从 1963 年到 1999 年在巴黎东方语言文化学院教学，并获得中国语言文学教授职称。从 1983 年开始，他著述了十多部史书、传记和小说。

② Pimpaneau, J. *Histoire de la littérature chinoise*[M]. Arles : Éditions Philippe Picquier, 1990. 书名为笔者译。

③ 张寅德：法国巴黎第三大学（新索邦大学）比较文学研究中心教授、法国现代中国研究中心研究员。

④ Zhang, Y. Histoire de la litttérature chinoise[M]. Paris : Ellipses, 2004. 书名为笔者译。

⑤ Bady, P. Que sais-je ? La littérature chinoise moderne[M]. Paris : Presses universitaires de France, 1993. 书名为笔者译。

⑥ Bady, P. *Que sais-je ? La littérature chinoise moderne*[M]. Paris : Presses universitaires de France, 1993.《作者介绍》，笔者译。

《大波》（1937）。继《死水微澜》后，李劼人继续在《大波》中描述辛亥革命时期四川的社会历史"。Paul 认为这两位作家都能通过作品展现各自地域的地方特色，并且对人物的心理进行了深入描写。同时他指出李劼人曾经翻译过《包法利夫人》，这对他的写作手法有很大影响。

一直以来，李劼人的文学史地位都没有得到正确的认识，国内的大多数文学史著都不约而同地遗忘了他。国内外的研究又是相辅相成的，李劼人及其文学作品在国内的关注和受重视程度能够促进他在海外的传播与研究，而海外的研究会对他在国内的境遇产生影响。因此，对李劼人及其文学作品的重视和入史还有很长的路要走，不论是在国内还是在法国。

三、法国学术界的李劼人研究

虽然李劼人的文学作品译介到法国已有 30 多年，但是继《死水微澜》法译本刚出版时几家重要报纸的集中报道之后，李劼人和他的文学作品很快又陷入了沉寂。对其专题研究非常少，直到近几年才出现了几篇研究专论。迄今为止，公开发表的法语文献主要有：巴黎第三大学张寅德教授的《李劼人——〈死水微澜〉：现代特色的采用》①（1992），美国纽约州立大学讲师 Mathilde Kang 的《〈包法利夫人〉和它的中国模仿：〈死水微澜〉》②（2006），弗朗什－孔泰大学比较语言文学专业博士学位论文《接受和创造——二十世纪法国和中国妇女文学》③（2010），作者为袁园④（Yuan Yuan）、西布列塔尼大学文学专业李嘉懿的博士学位论文《〈包法利夫人〉和〈死水微澜〉：两个女人的命运——跨文化研究》⑤（2012）、昂热大学文学研究专业王统秀的硕士学位论文《〈包法利夫人〉和〈死水微澜〉比较研究》⑥（2013）、

---

① Zhang，Y. Li Jieren，*Rides sur les eaux dormantes : modernité adoptive. Le Roman Chinois Moderne :* 1918—1949. Paris : Presses Universitaires de France，1992 : 228-241. 题目为笔者译。

② Kang，M. Madame Bovary et son pastiche chinois : *Rides sur les eaux dormantes*[J]. Oxford Journals Arts & Humanities French Studies Bulletin，2006，27(99) : 40-45. 此题目为笔者译。

③ Yuan，Y. Réception et création : Les littératures féminines française et chinoise au XX ième siècle[D]. Besançon : Université de Franche-comté-Besançon，2010. 题目为笔者译。 严格地说，这并非李劼人专论，而是一个例证。

④ 音译。

⑤ Li，J. *Madame Bovary et Rides sur les eaux dormantes* : deux destins de femmes : étude interculturelle [D]. Brest : Université de Bretagne occidentale，2012. 题目为笔者译。

⑥ Wang，T. La comparaison entre *Madame Bovary et Rides sur les eaux dormantes*[D]. Angers : Université d'Angers，2013. 此题目为笔者译。

李嘉懿的《同一性中异化的诞生：跨文化视域下福楼拜与李劼人研究》①（2015）等。

《李劼人——〈死水微澜〉：现代特色的采用》是张寅德教授《中国现代小说：1918—1949》②一书中的一篇文章。张教授认为："中国现代小说是多种灵感来源综合和转换的结果：既有西方影响的印记，与此同时，与中国古典文学的联系又从未被割断，即使是以潜在和影射的形式存在着。中国作家在希冀现代化和坚持传统的相互作用下创作了大量的独创作品，不论是在整体还是在细节上，这些作品都充满了对社会的担忧和独特的美学价值。"③他在书中的第一部分分析了中国现代小说的发展阶段，第二部分选取几位代表作家，并分析他们及其代表作中的创作主题和体裁，其中有鲁迅与《狂人日记》和《阿Q正传》，巴金与《家》和《寒夜》，茅盾与《子夜》，老舍与《离婚》，沈从文与《边城》，李劼人与《死水微澜》，钱钟书与《围城》。可以看出，张寅德教授是把李劼人和其他几位公认的中国现代文学大家放在了同样的高度上来研究的。

张寅德承认李劼人对福楼拜的赞赏和继承以及蔡大嫂和包法利夫人之间表面上存在的相似之处："当然，这两个主人公在外貌上有些相似……然而，这些仅仅是零散的因素，无法严密地、十分确定地得出李劼人是在《包法利夫人》的影响下写出了他的小说。相反，通过认真的比较阅读，我们可以发现在整体上这两部作品各自遵循完全不同的路径，无论是在叙事还是在人物的构建方面。"④初步阅读时，蔡大嫂在外貌和精神方面都令人很容易联想到福楼拜笔下的艾玛，然而，这些类似只是停留在表面阅读上，大量的不同把她们分开了。两位女主人公的人生经历截然不同，蔡大嫂性格坚强，有自己的思想，被情人所尊重、理解，她对自己的人生认真负责，掌握生活的主动权，毫不遮掩和罗歪嘴的关系，她独立而又自由，尽到妻子、母亲的责任和义务；艾玛软弱，极度自私，对生活越来越失望。"总体而言，这是一个特别主动积极的角色，蔡大嫂重新振作，不仅对自己的人生产生影响，而且也影响到周围的人。艾玛的自杀……对应蔡大嫂的社会成功，尽管蔡大嫂的行为引起了一些议论，但这正是社会进步的标志，也体现出了一个现

① Li, J. Flaubert et Li Jieren, une divergence née dans l'identité —— Analyses interculturelles[J]. Synergies Chine, 2015, (10)：233-243.

② Zhang, Y. Li Jieren, Rides sur les eaux dormantes：modernité adoptive. Le Roman Chinois Moderne：1918-1949 [M]. Paris：Presses Universitaires de France, 1992.

③ 该书封面文字，笔者译。

④ Zhang, Y. Li Jieren, *Rides sur les eaux dormantes*：modernité adoptive. Le Roman Chinois Moderne：1918-1949 [M]. Paris：Presses Universitaires de France, 1992：229-230. 笔者译。

代女性和传统社会之间惊人的和谐。"①

张寅德认为蔡大嫂这样的人物设定显示了作者李劼人思想和美学的设想。小说的标题已经毫不含糊地体现了相对于个人命运，作者更多地担忧社会命运。在描写方面甚至是故事的总体构思方面，作者似乎从其他象征手法中汲取了大量的灵感，绘画和戏剧技巧都为描写服务。在叙事结构层面，故事情节的展开体现出了"三点透视"的方法，"留白"的技巧打动着读者。人物设定总是和社会背景相联系，在人物外貌呈现的同时，作者强调社会运动、社会生活和久远的传统。李劼人的女性人物带着"四川人的辣味"。这些背景超出了简单的装饰层面，而是为了更好的体现主人公生活在如此肥沃的土地上并与其融为一体。从这个方面来看，主题词"赶场"具有很好的象征功能，而不同于《包法利夫人》中的"窗户"："窗户"既是通道又是无法逾越的障碍，因为它把艾玛和外面的世界与生活隔开了；相反，"集市"把蔡大嫂和真实的生活联系在一起，并体现出了她的主动性。最后，张寅德指出，在人物构建方面，《包法利夫人》的女主人公是三个男人之间唯一的联系，是所有关系的中心；相反，在《死水微澜》中，四个人物之间互相联系，女主人公只是这些关系中的一个链条。通过创作一个自由、富有想象力、大胆的女性形象，李劼人展现了他自己对个人主动性的提倡。②

Mathilde Kang 的《〈包法利夫人〉和它的中国模仿：〈死水微澜〉》2006 年发表于牛津大学期刊人文艺术版面《法国研究简报》上（Oxford Journals & Humanities French Studies Bulletin）。《法国研究简报》是为《法国研究》社会版出版的季度增刊，由牛津大学出版社出版，同时也是《法国研究》的姊妹杂志。作为为法国和法语国家学术界服务的一部分，《简报》刊登跨越各个学科领域的英语或法语短篇文章，刊物收到的所有文章都会接受同行评审。③ Mathilde Kang 出生于上海，在加拿大魁北克接受教育，是美国纽约州立大学讲师。她的多文化经历和她所受的纯粹的法语教育使她更倾向于多文化视角研究，特别是法国文化向其他大洲的迁移。④

Mathilde 认为，作为中国近代小说的先驱，《死水微澜》整整隐匿了半个世纪

---

① Zhang，Y. Li Jieren, *Rides sur les eaux dormantes* : modernité adoptive. Le Roman Chinois Moderne : 1918-1949 [M]. Paris : Presses Universitaires de France，1992 : 234-235. 笔者译。

② 本段为笔者对张寅德的《李劼人——〈死水微澜〉：现代特色的采用》第二部分：L'harmonisation sociale 大意的概括。

③ 资料来源于 Oxford Journals 官网：http://fsb.oxfordjournals.org/，21/04/2016 读取，笔者译。

④ 资料来源于 Mathilde Kang 于 2009 年出版的著作 *Le Parcours Transatlantique Du Journal d'Eugénie de Guérin: Un Cas de Transfert Culturel* (1850-1950) 中的《作者介绍》，笔者译。

之久，作者的命运也是如此。"作为福楼拜的优秀译者、追随者和中国现实主义的先驱，李劼人生前并没有获得他的殊荣。……对西方现实主义的完美借用，《包法利夫人》'坏榜样'式的作品内容以及乡土派的描写，都使得《死水微澜》远离了正统文学并被边缘化。"① 不论是中国学者还是西方福楼拜研究者，都没有对《死水微澜》借鉴《包法利夫人》的成分进行深入研究和比较。所以 Mathilde 在文章中主要分析了以下两个问题：《包法利夫人》哪些方面对《死水微澜》的问世产生了影响？ 在 19 世纪末 20 世纪初的四川，《包法利夫人》中的哪些因素被接受并被重新塑造？ Mathilde 认为，这种影响体现在作品内容和结构上：内容上表现了对妇女命运和状况的关注，李劼人笔下的女性人物因其行为的无拘束和命运的独特性而有别于同时代其他中国小说中的女性；结构上，《死水微澜》打破了中国古典小说以年代顺序作为安排小说情节主要线索的章回体式叙事结构。

Mathilde 指出，《死水微澜》人物特点上具有强烈的《包法利夫人》色彩。摒弃了英雄主义人物，李劼人小说中人物描写具体，性格多样，心理描写使人物更加立体。鲜活的人物形象真实地再现了当时四川社会的不同阶层。蔡大嫂和蔡兴顺明显仿制艾玛和夏尔的原型：丈夫懦弱、木讷，但是在女主人公身上福楼拜式的杰出描写却体现得淋漓尽致：美丽、精致而又对感情充满向往。蔡大嫂和艾玛有着相似的人生经历：不满于农村生活的现状，对大城市充满了向往和痴迷，试图通过婚姻来逃离现状；婚后生活单调、空虚，希望幻灭，多次偷情而又被情夫所弃，转而投向另一个情夫的怀抱。

其次，作为杰出的福楼拜主义者，李劼人做到了对现实的完美描写，包括四川人民的习俗、道德和生活方式等。这种对平凡生活的精确描写不容置疑地体现出了对福楼拜的继承。作为中国现实主义小说的先驱，《死水微澜》也是外省学派在 20 世纪 30 年代崭露头角的代表作品。《包法利夫人》的副标题——"外省的品行"，其在《死水微澜》中代表的"不仅是地方色彩，更是外省学派的特点，而最能体现整个作品乡土风味的就是那有名的四川方言"。

通过上述分析，在 Mathilde 看来，尽管和《包法利夫人》有着不容置疑的相似，但是《死水微澜》处于中国的地理政治背景中并且具有浓郁的四川特色。邓幺姑的红杏出墙并不是艾玛故事亦步亦趋的抄袭。应该把邓幺姑的解放归功于中国封建社会的逐渐瓦解。② "作为《包法利夫人》的模仿和 20 世纪 30 年代的主

① Kang, M. Madame Bovary et son pastiche chinois : *Rides sur les eaux dormantes*[J]. Oxford Journals Arts & Humanities French Studies Bulletin, 2006, 27(99)：40-41. 笔者译。
② 以上三段为笔者对原文大意的翻译。

要作品，不论在中国还是在西方，《死水微澜》都应该被更多的人知道。《包法利夫人》中译本的出版（1925）、它的借鉴作品的出版（《死水微澜》1936）和借鉴作品法译本的出版（*Rides sur les eaux dormantes* 1981），使得《死水微澜》成了中法传播领域独特而又独一无二的研究范例。"①

袁园在其博士学位论文《接受和创造——二十世纪法国和中国妇女文学》中，从20世纪以前的妇女文学引入，系统整理并分析了20世纪法国和中国妇女文学：法国对中国的影响，中国对法国的接受和再创造。在第一部分第二章《20世纪20年代到30年代中国妇女文学的觉醒》中，她多次提到李劼人和他的《死水微澜》。"周作人、黎烈文、李劼人……他们都非常重视学习法国现实自然主义文学，同时也致力于介绍和翻译这种文学。他们为中国现实主义潮流的发展做出了卓越的贡献。"②"五四运动时期，大部分介绍法国文学的知识分子都是作家：茅盾、李金发、梁宗岱、李健吾、李劼人、戴望舒……作为法国文学的接受者，这些作家、译者，并不仅仅只是熟悉他们所翻译的作家，这些法国作家的文体、叙事方式、人物心理等都对他们自己以后的作品产生了不可避免的影响。这就是很多'中国双胞胎'产生的原因，因此出现了'中国左拉'、'东方福楼拜'、'卢梭之笔'等等……李劼人在《死水微澜》中让一位包法利夫人以蔡大嫂的人物形象生活在四川……"③

李嘉懿的博士学位论文《〈包法利夫人〉和〈死水微澜〉：两个女人的命运——跨文化研究》旨在通过跨文化的角度分析导致《包法利夫人》和《死水微澜》两部小说中女主人公命运不同的因素。作者在详细介绍了法国文学在中国的传播和接受历程之后深入研究了这两部作品的相似之处以及导致包法利夫人和蔡大嫂命运不同的文化因素。在李嘉懿看来，虽然李劼人受到了法国文学和福楼拜的很大影响，《包法利夫人》和《死水微澜》在写实的文学题材（小说主题、主要人物、精细描写、叙述方式）、作品结构和人物塑造上也都有很多相似之处，但是人物的命运却是不同的。女主人公的差异体现在性格、社会背景和对待爱情以及生活的态度上。文学作品中的人物往往都是作者自己的"代言人"，也正是作者的不同导致了人物之间的差异。从跨文化的角度来看，导致女主人公命运不同的主要原因在于福楼拜和李劼人对待社会的态度、文学选择和人生观的不同上。

① Kang, M. Madame Bovary et son pastiche chinois : *Rides sur les eaux dormantes*[J]. Oxford Journals Arts & Humanities French Studies Bulletin, 2006, 27(99)：44. 笔者译。

② Yuan, Y. Réception et création : Les littératures féminines française et chinoise au XX ième siècle[D]. Besançon : Université de Franche-comté-Besançon, 2010：47. 笔者译。

③ Yuan, Y. Réception et création : Les littératures féminines française et chinoise au XX ième siècle[D]. Besançon : Université de Franche-comté-Besançon, 2010：50. 笔者译。

　　福楼拜对他所处的因循守旧、虚伪的资本主义社会完全失望，并充满了愤怒和仇恨，他的文学创作目的是揭露资本主义社会的丑陋和对个人的摧残。艾玛的死，正是资本家追求金钱所种下的悲剧，也是福楼拜对资本主义社会制度厌恶的体现。而李劼人认为文学的任务是为人类服务，作家的使命不仅在于揭示社会的黑暗、人民的忧虑和痛苦，还在于对此做出诊断，开出良方，帮助人们摆脱偏见和愚昧，引导他们找到通往光明的道路。李劼人写作《死水微澜》的时代，中国内忧外患，女性受到封建社会的长期压迫，他旨在通过作品唤醒并鼓励中国人民为了平等、人权和最大限度的自由而斗争。他认为，要想解放中国，首先要解放妇女，所以李劼人笔下的蔡大嫂等一系列女性人物承担起了启发并鼓励妇女解放的责任。蔡大嫂的命运给了那些生活在黑暗中并长期受到传统儒教思想压迫的人们解放的光明。

　　文学选择方面，福楼拜发现资本主义所提倡的谨慎、节制、理性和礼仪都与浪漫主义思想相反，所以他转而寻求自然主义来揭示资本主义的社会现实，因此他笔下的人物往往都是资本主义社会的牺牲品，他们无法掌握自己的命运，可怜的艾玛正是如此，她终究逃脱不了死亡的命运。李劼人接受并继承了现实主义理论，然而，通过对现实主义的理解和接受，中国人创作出了自己的现实主义作品，这是有别于法国本土现实主义的。深受中法文学、文化的双重影响，李劼人形成了自己独特的思维和写作方式。他辨别并保留对自己文学创作有用的"成分"，并和中国传统文学与社会现实相结合。李劼人借鉴了福楼拜细致和客观的写作方式，这使得《包法利夫人》和《死水微澜》在结构和内容上非常相似。但是他摒弃了福楼拜作品的悲观主义色彩，并结合中国具体的社会历史背景塑造人物，来体现封建社会末期人们的精神面貌，即通过自然而又写实的手法来描写四川女人务实、大胆的性格和乐观坚强，表达对光明和解放的斗争与追求。

　　文学创作也深受作者性格和人生观的影响。福楼拜是一个悲观主义和虚无主义者，并且充满了矛盾，他认为生命和死亡没有任何意义，人类永远处于永恒的失败中，所有的努力和斗争都是徒劳的。既然无法避免不幸，不能对这个社会产生影响，也永远无法适应社会现实，那还不如垂下双臂，让人物以死亡而结局。然而，李劼人对故乡文化和人民充满了热爱，四川人民务实、乐观、享乐，李劼人正是如此，他对未来充满信心，肯定人类存在的价值并且懂得享受当下的生活。这种生活观直接影响了他对故土的描写和作品人物的塑造。可以说，蔡大嫂身上体现了李劼人的一些性格特点，她乐观、坦率而又快乐，懂得享受生活，即使遇到挫折和不幸，她也不会陷入深深的悲观中。蔡大嫂能做到从不幸中走出并尽其可能为自己和儿子提供优越的生活，这要归功于她继承自作者的乐观。①

王统秀在硕士学位论文《〈包法利夫人〉和〈死水微澜〉比较研究》的第一章中详细介绍了福楼拜和李劼人，他们创作各自小说的时代背景、创作意图和这两本小说的影响、贡献、受到的批评以及福楼拜和李劼人之间的关系。在王统秀看来，鉴于李劼人曾经留法四年学习法国文学，所以应该了解福楼拜和他的小说是否对李劼人产生了影响。另外，每个作家的小说创作意图都是不同的，《包法利夫人》属于现实主义小说，反映了资产阶级社会的虚伪和黑暗，《死水微澜》则是反映史实的历史小说，体现了社会的发展。在第二章中作者对这两本小说的结构和作品中的人物进行了具体的分析与比较。她认为艾玛和蔡大嫂的共同点在于以下这些方面：社会地位、外貌、性格的转变、特殊的童年，平庸的丈夫和婚后乏味的生活，偷情和对情夫的爱。她们的不同点在于受教育程度、性格、爱情观，对待父母和孩子的方式，命运方面。此外，王统秀还对夏尔和蔡兴顺进行了对比：外貌、性格，对平凡生活的满足，对妻子的爱和不同的命运。最后，她得出导致两位女主人公命运不同的因素主要有：社会背景、文学选择和生活态度。她们生活在不同的时期；艾玛在修道院接受教育并且受到了浪漫主义思想的影响，蔡大嫂并没有接受过教育；艾玛相信基督教并且受其约束，而蔡大嫂没有宗教信仰；艾玛执意追求她想要的生活，不愿意退让一步，而蔡大嫂在认清楚形势后能做出让步和妥协。最后，作者提到了以艾玛为代表的包法利主义。她认为如果包法利主义指沉溺于幻想中来逃避对现实生活不满的行为，那么蔡大嫂身上的一些特点就体现了包法利主义；如果包法利主义指的是儒勒德·戈吉耶（Jules de Gaultier）所定义的"人所具有的把自己设想成另一个样子的能力"，那蔡大嫂身上就没有这个特征。通过以上的对比和分析，王统秀得出：一方面，李劼人从《包法利夫人》中汲取了创作的灵感，另一方面，他保留了自己的写作特点。②

李嘉懿的《同一性中异化的诞生：跨文化视域下福楼拜与李劼人研究》发表于《协同中国》（Synergies Chine）2015 年第 10 期《法语在中国——中法建交 50 年以来教学和研究小结》③。《协同中国》是一本专注人文科学研究的法语年刊，特别针对于各种形式的语言、语言文化教学和跨文化交际论述等多专题研究，由法国驻北京大使馆、中山大学、北京外国语大学、四川外国语大学、上海外国语大学、

---

① 以上四段为笔者对李嘉懿的博士学位论文 Madame Bovary et Rides sur les eaux dormantes : deux destins de femmes : étude interculturelle 的内容总结和概述。笔者译。

② 此为笔者对原文大意的概括。

③ Le français en Chine — 50 ans après l'établissement des relations diplomatiques entre la Chine et la France : Quel bilan pour l'enseignement et la recherche ？笔者译。

巴黎人文基金会、法国国民教育、高等教育和研究部共同创办。①

　　该文旨在分析《包法利夫人》和《死水微澜》的相似与不同，并从跨文化视域入手，研究差异产生的原因。"在福楼拜众多的拥护者中，中国译者、作家李劼人可以被称为福楼拜'忠实的门徒'。'从现实中来，描写生活原貌'，福楼拜和李劼人正是被这种文学信条紧紧地联系在一起。但是，对于李劼人来说，忠实的拥护并不等于简单的模仿，这里仅表现为对于创作的影响，甚至是一种偏移。李劼人从来就不是一个模仿者，也并非盲目地追随着福楼拜，他的文学作品的各个层面都鲜明地体现着他个人的独特印记：这种创作中的特殊性来源于中法两种文化对他的影响，甚至可以说是他所经历的丰富多彩的中西文化的冲击和交融。"②

　　李嘉懿认为："李劼人的文学观受到了很多方面的影响：一方面，中国传统文化、中国古典文学、道教思想；另一方面，法国文化、法国现实主义文学和当时的法国社会环境。在《包法利夫人》和《死水微澜》之间，有很多一致的地方，比如对现实的尊重、客观的描写和丰富的观察。然而，历史、政治、社会和文化的不同使得这两部作品体现出了很大的差异。李劼人接受并欣赏福楼拜的作品，但并不是全部接受，他保留其中有用的成分，摒弃压抑的因素。李劼人尊重福楼拜的写作方式，在对事实的描写和社会的批评方面接受并采用了这种写作手法。然而，与此同时，因这种方式的悲观成分，他又对其拒绝、批评并且摒弃。这种接受方式在中国文学史上具有非常重要的意义，这也是导致两位女主人公命运不同的主要因素。因此，我们可以说两种文学和两种文化的融合对李劼人《死水微澜》的创作起到了主要的作用。"③

　　上述的学术专论关注点主要在于李劼人对福楼拜的继承和借鉴以及对《死水微澜》中妇女命运的研究。法国作为世界文学大国，《包法利夫人》的诞生地和李劼人曾经学习、生活过的地方，自然而然《死水微澜》和《包法利夫人》之间的借鉴和创新成了李劼人研究中得到最多关注的方面。张寅德、Mathilde Kang、李嘉懿、王统秀都一致认为，尽管《死水微澜》和《包法利夫人》之间有很多相似之处，包括人物、作品结构和叙述手法，但是《死水微澜》置于中国独特的社会历史环境中，作者的写作目的和作品的使命是完全不同于《包法利夫人》的，李劼人选择性地继承了《包法利夫人》中能为其所用的成分，并和中国的社会现

---

① 资料来源于法国驻北京大使馆官网：http://www.ambafrance-cn.org/Le-No9-de-Synergies-Chine-est-desormais-disponible-en-Chine，20/04/2016 读取，笔者翻译。

② 此为该文主旨的概述，参见论文摘要部分。

③ Li, J. Flaubert et Li Jieren, une divergence née dans l'identité — Analyses interculturelles [J]. Synergies Chine, 2015, (10)：242. 笔者译。

实结合在一起，创作出了自己的作品。

四、法国新媒体下的李劫人传播和接受

"La nouvelle dans la littérature chinoise contemporaine"（当代华文中短篇小说）是一个专门介绍中国短篇小说的网站，由法国女作家 Brigitte Duzan 创办。Brigitte Duzan 兼通数国语言，目前她的研究重点是中国文化，尤其是中国现代和当代的电影和文学。此网站的主要目的在于增强法国读者对中国文学的兴趣和了解。网站分专栏介绍中国文学史、杂志、作家、作品、译者、文学作品的影视剧改编等，尤其是那些对于法国读者来说还相对陌生的中国作家。迄今为止，Brigitte Duzan 已经通过网站向法国读者介绍了包括台湾香港在内的 147 位中国现当代作家，从鲁迅、巴金、丁玲、老舍、茅盾直到金庸、郭敬明、韩寒等，其中有很多相对陌生的作家，比如安妮宝贝、须一瓜、小白等。这些作家每人专列一个网页，介绍其生平和作品。

在"作家"专栏中，Brigitte Duzan 详细介绍了李劫人生平及其主要作品。在她看来，"李劫人是二十世纪初成都的歌颂者，也是'新文学'的杰出代表。司马长风、曹聚仁、茅盾、巴金和郭沫若都曾极力称赞过李劫人和他的作品，但是李劫人却总是被遗忘，直到 20 世纪 80 年代他才被重新关注并获得殊荣。法国留学经历对李劫人的写作产生了决定性的影响。作为成都的歌颂者，李劫人是不为人所知的白话文学的先驱：他的《儿时影》被认为是第一部白话小说，早了鲁迅的《狂人日记》三年。尽管李劫人是新文学的显著人物，但是他在当时并不是一个典型的、有代表性的作家。他独立、不属于任何派别，甚至都不是共产党员。他是一位扎根于自己所生活土地的文化、历史、风俗的乡土作家。他的作品实际上是他所经历的纷繁杂乱的清朝末年、辛亥革命时期成都社会的描绘，其中，《大波》是第一部以辛亥革命为主题的作品。《死水微澜》直接从《包法利夫人》中获得灵感，但是即使女主人公在面对一个无能的丈夫时对幸福的追求确实和艾玛很像，但这部小说更多的是对当时成都社会的描写，是一副前所未有的历史画卷，这本小说已经成了经典作品并被多次改编成电视剧、川剧和电影。"①

在"影视剧改编"一栏中，Brigitte Duzan 介绍了李劫人的《死水微澜》和以此改编的电影《狂》。在详细介绍了《死水微澜》的写作原因、时代背景和每个章节的具体内容后，Brigitte Duzan 对小说发表了自己的评论。"首先，《死水微澜》

---

① http://www.chinese-shortstories.com/Auteurs_de_a_z_LiJieren.htm 11/03/2016 读取，笔者译。

和《包法利夫人》之间以及蔡大嫂和艾玛之间确实有一些相似之处，但是不应该过分夸大这种相似。蔡大嫂和艾玛之间存在着很多不同之处：不对自己的处境持怀疑态度，公然示众和情人的关系，能认识到自己的女性魅力并以此得到自己想要的，蔡大嫂并不是社会的牺牲品，她强大而自由。其次，《死水微澜》对19世纪末的成都生活做了全景描述，小说一一展现了社会生活场景、风俗、习惯、迷信等。"在此，Brigitte Duzan 翻译了小说中两段人们对外国人和基督教偏见的描写，她认为对外国人的担心以及基督教对思想的影响无疑是小说中最有意思的一个方面。另外，《死水微澜》还是一堂独特的历史课：通过人物这面镜子来观察成都历史和清政府的急剧衰落。李劼人如同"新历史"学家一样讨论历史，他致力于描绘人民精神状态而不是简单地列举事件："以乔治·杜比（Georges Duby）① 的方式，他的小说构成了一部私人生活史"。②

结　语

从对上述四类文献的整理和分析可以发现，近30年以来李劼人在法国已获得了初步的传播和接受，其作品已得到更多海外学者和专家的关注和认同。他们论述的范围也相当广，关注的重点主要在于以下几个方面：一是李劼人和法国文学的关系，准确地讲就是《死水微澜》和《包法利夫人》之间的关系，从《死水微澜》法译本前言、《新文学报》和《世界报》介绍性的评语开始，这　标签就成了介绍、解读、评论李劼人的关键词，如温晋仪"女主人公使我们联想到包法利夫人"，《新文学报》的 Krystyna Horko 直接称蔡大嫂为"中国的包法利夫人"等。只要是关于李劼人的介绍中，都会不约而同地提到他对法国作家作品的翻译甚至是对他本人创作的影响。欣喜的是，除了以上几份报纸的简单介绍中直接把《死水微澜》打上了《包法利夫人》的标签，温晋仪、张寅德、Mathilde Kang、李嘉懿、Brigitte Duzan 等译者专家都力证《死水微澜》并非《包法利夫人》的简单模仿和借鉴，而是接受和再创作的过程。二是历史民俗。李劼人的"三部曲"属于历史小说，其对成都历史和社会民俗的精确描写正是作品的一大特色。法国的研究者也认识到了李劼人作品的这一价值，如温晋仪"作者重现了20世纪初各个社会阶层人民

---

① Georges Duby，法国著名历史学家，曾主编《私人生活史》，其从微观历史的角度出发，以历史年代为时间纵轴，全面书写个人的私密生活史。

② http://www.chinese-shortstories.com/Adaptations_cinematographiques_LingZifeng_Ripples_on_stagnant_waters.htm 11/03/2016 读取，笔者译。

的风俗、生活方式和精神状态"，《世界报》"重点在于对十九世纪末四川社会各阶层人民生活的具体描写"，Brigitte Duzan 则赞扬李劼人采用了乔治·杜比式的独特的历史叙事方式，作品是前所未有的历史画卷等。三是地方特色。温晋仪认为《死水微澜》中的人物都有着中国特色，Paul Bady 认为李劼人的作品展现了地方特色，Mathilde Kang 认为最体现乡土风味的就是作品中的四川方言，其他研究者也都提到了其作品对四川成都社会的描写和真实再现。四是对妇女的关注。温晋仪和 Mathilde Kang 都认识到了李劼人对妇女命运和状况的关注以及李劼人笔下女性人物行为和命运的独特性，袁园在其博士论文中把《死水微澜》中的女主人公作为 20 世纪中国妇女文学的例证，李嘉懿在博士论文中从跨文化的角度分析了导致艾玛和蔡大嫂命运不同的原因。五是中国人眼中的西方。出于猎奇心理的作用，人们总是对外国人对自己本国和人民的误解充满好奇。《新文学报》短短的介绍中就提到"所有人都相信西药是用死去的小孩器官制成的，只有很少的人敢冒险服用西药！"Brigitte Duzan 则直接翻译了原文中对此的描写并且她认为"对外国人的担心以及基督教对思想的影响无疑是小说中最有意思的一个方面"。

虽然法国的李劼人研究取得了初步的成就，但是相关研究仍然非常少且处于边缘状态：研究内容方面，尽管以上几个方面都得到了法国研究者的关注，但只有李劼人对法国文学的接受与再创造和李劼人作品中的妇女命运这两方面有相关的专题研究，其他几个方面都只是停留在介绍层面。换言之，其中大多数都是文学研究，历史价值还有待专家的专论；研究方法也只是最基本的作品分析和对比研究，方法相对单一，结论常常重复；研究作品局限于《死水微澜》，只有 Paul Bady 简单介绍了《大波》；研究者基本上都是华裔，并没有得到很多法国本土学者的关注。可以说，法国的李劼人研究只是取得了初步的进展。可喜的是，近年来国内越来越多的学者专家已经认识到李劼人作品的独特价值，英语世界的李劼人研究也取得了很大的进展。李劼人的成就和价值终究不会被历史洪流所淹没，定会获得他应有的认可和赞赏！

【后记】遗憾的是，截至笔者完稿，Meng Kang 于 1992 年在魁北克大学的学位论文《〈死水微澜〉和〈包法利夫人〉之间的对比因素》①与 Catherine

---

① Kang, M. Eléments de comparaison entre Madame Bovary et Rides sur les eaux dormantes［D］. Trois-Rivières : Université du Québec，1992. 题目为笔者译。

Bernier-Wang 于 1997 年出版的著作《李劼人和法国的自然主义》①这两份文献始终没有找到。Meng Kang 与上文提到的 Mathilde Kang 求学经历和研究方向都非常一致，但是否是同一人，笔者没有足够的资料，也不敢妄加论断。以此说明，期待其他学者的深入研究。

---

① Bernier-Wang，C. Li Jieren et le naturalisme français[M]. Paris :Université de Paris Ⅲ , 1997. 书名为笔者译。

副市长李劼人和成都市政建设

曾智中 ①

从 1950 年 7 月起，到 1962 年 12 月辞世止，李劼人一直担任成都市分管文教和城市建设工作的副市长。像他这样既是著名作家又担任高级领导职务的人，为 1949 年后中国之鲜见。

1950 年初，成都市人民政府成立，李劼人就被提名为第一届市政府的副主席，却被他拒绝。当年 7 月市政府改选，他再次被提名为副市长。笔者见过第二年 7 月李劼人亲笔所填的《嘉乐制纸厂股份有限公司股东登记表》，对此有如下表述："一九五零年七月被任川西行署委员，同时被任西南军政事务委员会文教委员会委员；一九五零年八月被兼任成都市副市长"，文中的三个"被"字，都是他自己后来特意加上的，显然他对这一任命是非常被动、踌躇的。

但一朝无可推脱，李劼人就切实去做。7 月 6 日，经中央人民政府正式批准，李宗林被任命为成都市市长，米建书、李劼人为副市长。其中，李宗林、米建书是中共党员，李劼人是无党派人士。1950 年 9 月，李劼人正式就职，在市政府分管民政局、文教局、卫生局、建设局四个局——本文侧重记述他在市政建设方面的工作和建树。

注事回溯（一）："巴黎大学城" 的考察

李劼人对市政建设的关注，其来有自，1911 年——1922 年，在他法国四年半的勤工俭学中已见端倪，这一期间，李劼人填写过"少年中国学会"会员终生志业调查表，在"终生欲从事之事业"栏就填了"公民教育、道路建筑"。

---

① 曾智中，《李劼人全集》主编，李劼人研究学会学术委员会主任。

他对当时"巴黎大学城"的建设仔细考察①，注意到"大学城"为何而建，非逐利，更非逐大利，逐长利，逐远利的"产业化"，而是因为法国外省及各国来法留学的学生"寻宿舍便是一件最要紧最麻烦最苦恼的工作……许多穷学生便只有节省其余的必需费来贴补房租"。法国政府、议院和教育界上的要人，"都知道生活的不安影响于学生精神方面者甚大"，于是就酝酿出这样一种"救济的方法"。

"大学城"最棘手的问题就是土地，"巴黎地面建筑权，岂是廉价便可得人让渡的吗？"为学生建宿舍，"政府和公家帮忙"，"地基已经政府和市政厅划定了"。

次要的问题，便是建筑经费。幸好有一位大富翁歹底士克得纳麦尔特慨然捐出了四百万佛郎，以为建筑之用。"现在巴黎大学已决计先将此费建筑大学城基本宿舍一院，即命名为歹底士克基本院。"

"大学城"非常注意可持续性发展。以后的宿舍，便在基本院四周建筑，建筑费由有学生在法留学之各国家或各学团自出，房屋的大小亦概由各国家各学团斟酌所送的学生多寡去自定，以后各院的名称亦即以各国家各学团的名称称之，巴黎大学只将地基拨与，作为永久让与。李劼人认为这种谋划"条理井井，办法又至善"。

细心的李劼人找到"大学城"设计师白克曼的设计模型，白克曼强调："我极愿避免那种兵营式及那种贷家②式的形势。我是先将许多宿舍联合成各种的小团体，其间以一些小楼梯和一些小门来相通达。我尤其注意的便是所有的房间都须有充分的空气和阳光。"

往事回溯（二）：法国小城镇建设的考察

李劼人对法国的小城镇建设也细细揣摩③。1921年3月大病后，李劼人遵医嘱去巴黎西南临近意大利阿尔卑斯山中拉米尔休养，并且在这里的公立中学补习法文。对这"万山中间的一个小城市"的市政建设，李劼人认为"或者可以供给我们一般谈农村改造的朋友们的参考"。

拉米尔交通建设先行一步，修通了到以色尔省会格罗卜的火车，修通了市外分支大道五条，一条通山外格罗卜，四条通山内各村镇。

① 李劼人：《巴黎的大学城》，《李劼人全集》第七卷，成都：四川文艺出版社，2011年，第230—235页。
② 此指商铺。
③ 李劼人：《法国山城中的公学》，《李劼人全集》第七卷，成都：四川文艺出版社，2011年，第213—216页。

第二步，是创建了七八处水电厂，其电力导至数百里外供给格罗卜、里昂、郎西等处电气工业的需要，于是拉米尔的城市财富也大增了一倍。兴办教育，公学、女子职业学校、新式小学校、女子小学校先后建立，理念先进，建筑美丽，李劼人一间一间地核定它们的造价。兴办公共福利设施，市政厅建一公共澡堂，市民与学生去洗澡的，纳费之少，差不多等于免费。有小菜场一处，公共洗衣所两处。五层高的大旅馆有一处，门面辉煌，装饰耀眼的大衣店、大杂货店有四五家，更有手套工厂。其余整齐体面的商店、咖啡馆、弹子房等，应有尽有。还有公共坟园一所。

改善底层生活空间，新建四条街的工人住宅，是一位矿主特为本厂工人建设的，各个独立的小院，都间以花园菜圃，有一所很讲究的病院，清洁美丽，比许多大城中的病院还好，也是公家的建筑。

普及文化。"公共娱乐方面，有二十年历史的球队，三十年历史的音乐队，有处女同乐会，有儿童俱乐会等等。关于农牧奖励上的，有每年一度的农器赛会，记者曾亲身参与过一次，只养蜂一项的新发明，便有十数件之多；有每年一度的牲畜赛会。"

李劼人感叹："总而言之，这个小城，新兴不过四十年，人口不过二千余，我们但看他魄力的雄厚，组织的精密，实令我国动辄号称数十万家的省会，对之生愧，况他的发展尚正未艾……直截说来，这个山城，确乎可以供给我们谈农村改造的朋友们的参考。"

"成都市建设规划设计"的编制

基于这种对现代市政建设发展趋势的认知，1950年9月开始成都市副市长任职后，李劼人就领导了对成都"自然及经济情况（包括气象、水文、地质、地形、生产、交通运输、人口、建筑等）"进行的"调查、勘察"，并进而"根据调查所得资料，制订成都市建设规划设计，使今后城市得按规划设计发展"[1]。在资源普查的基础上，成都市区按照功能被划分为五个组成部分，这一划分奠立了后来成都市发展的基本格局，时至今日成都城区的格局仍然大致延续了当初的这一规划。

李劼人非常重视规划的前瞻性。当时成都市市政建设计划委员会虽然成立了，第一次常委会还未开，小组会才成立，因市政建设计划委员会的工作与将来城市

---

① 李劼人：《在成都市人代会做的成都市市政建设工作的发言》，1953年2月21日。

的发展有关，他就积极地把"建设事件"提到计划里面，避免"与计划建设冲突"，他认为"我的工作重点即在此"①。

在一次座谈会上，李劼人还谈了一些对成都市政工作的设想，提出三条"目前重要的事情"，即下水道的修缮，路面的修筑和疾病的防御。他说："这三件事都是异常艰巨的工作，须作准备，希望将来政府同事及在座朋友们对建设发展成都各方经验意见提供市府，大家根据此来制定计划。"②

中心和中轴线的开拓

成都市中心的皇城城墙，旧时破坏得只剩一座三洞城门，1951 年初进行了彻底培修。而旧时的整个贡院，几乎被几千家贫民窟挤满。1951 年，成都市人民政府迁入后，逐渐建立人民新村将贫民移去；将半圮的致公堂改为人民礼堂；整修明远楼作会议之用。

1953 年修建成都市人民体育运动场，将旧皇城的煤山已铲平，绕场跑道长 400 公尺，四周阶梯形观众台可容 6 万人。从建好开始，简直没有空闲时候，每逢星期日，各种球会从没有间断过，除非是大雨天。

另一大工程，是将窄小不洁净的皇城坝贡院街、三桥、南街，一直到红照壁，合并为一条人民南路。北自旧皇城门洞起，南抵红照壁，长达 600 多公尺，一方面作为将来的中心干道，一方面作为一年两次集会之用。

此路宽二十一市丈③，约合 70 米，将以前的三桥联成一整块路面。三桥以南的南段，中间辟为花园，两畔两条柏油马路，路外是人行道。三桥北面的北段，整个铺为柏油路面。

在实施这些计划的过程中，李劼人的市政建设思路与一些领导和部门发生了冲突。李劼人被出身农村的四川省委主要领导认为是"好大喜功"，不必"搞那么大的动作"。最后，李劼人在时任四川省建委主任的马识途的支持下，未经省委领导同意，"先斩后奏"，以上述方式，修了人民南路，他也因此受到省领导的批评。④

1958 年人民南路延至火车南站，全路长 5.5 公里。道路宽度一次修建到位，红线迄今未进行拓宽，只对车道多次进行过优化。成都的中轴线就此形成。而此

---

① 中共四川省委统战部：《党外人士座谈会记录》，1950 年 11 月 2 日。
② 中共四川省委统战部：《党外人士座谈会记录》，1950 年 7 月。
③ 李劼人：《报告成都市市政建设及文化建设提纲》，《李劼人全集》第八卷，成都：四川文艺出版社，2011 年，第 126 页。
④ 雷兵：《采访马识途记录》，2003 年 11 月 18 日。

时的李劼人经过 1957 年的风波，已基本被边缘化了。

道路、桥梁的整治

比较高级的路面，第一条是西自祠堂街西口，即将军衙门侧近起，经由祠堂街、西御街、东御街、盐市口，再贯通整个东大街，直到东门大桥的水泥混凝土干道，足长八里多。

第二条，是北自盐市口起，经由锦江桥、红照壁，整个南大街到南门大桥，也是四五里长的一条水泥混凝土干道。

第三条，是东自玉带桥西口起，经由西玉龙街、骡马市、青龙街、八宝街、西大街到老西门上，也是一条长四五里的水泥混凝土干道。

第四条，是南自盐市口起，经由西顺城街、玉带桥、锣锅巷、草市出北门，越过北门大桥，再经簸箕街，到梁家巷口，足长 8 里多，柏油路面干道，是成都前所未有的路面。李劼人估计"这条干道，将来可能是成都的中心干道"。

第五条，是西自提督街西口，经由提督街、到总府街中间春熙路北段北口，宽六丈九尺，柏油路面。

第六条，南自新南门外，经由城内四维街、丝绵街、南打金街，直通东大街。

全成都市，无论大街小巷，全都安上了专线街灯，全有专人管理。

郊区连修几条新马路，如牛市口到龙潭寺的牛龙公路；如北门外萧家碾直到文殊院的人民北路；一并计算，已有 60 公里的长度。

为改善交通，石拱太高，坡度太大的东门、北门、南门三门外跨越大河的石拱桥都加以改善，全都将高拱的桥面放平，部分加入钢筋水泥，两畔增建耳桥，增设桥灯，以供行人来往。

河流沟渠的整治

1949 年时，金河早已变成一道窄窄的阳沟。到 1952 年整修人民公园时，始将祠堂街的一段加以整理。

而御河，1950 年 3 月间发动民众疏掏时，从烂泥臭水中掏出许多猫、犬、老鼠，甚至婴儿的尸骸。到 1954 年 4 月，御河变得整齐、干净多了，长 4 华里，河面宽三丈三尺，河床下半截用鹅卵石和水泥砌成斜岸，两岸行道种芙蓉、垂柳，成为城市中心的一个风景区。

成都以前的下水道，是清代遗存，砖石砌的大阴沟本来又大又好，颇为得用。但几十年来，已经破坏得无影无踪，几乎是大雨大淹没、小雨小淹。

1949年后，为改善民众生活，不使市民再遭水淹，便首先着手测量全市地形，就其高低，设计了三条下水干道。在1954年5月，第一条下水干道建成，全系水泥造圆筒，直径有三市尺半以上，从新西门起，沿着金河北岸，一直铺设到老东门、铁板桥，全长10华里多，足以容纳20多万人弃水，以及从各沟渠中涌来的雨水。1954年也曾下过几次封门豪雨，由于有了这条新式下水道保险，市区平安无事。

杜甫草堂及其他名胜的整修

1949年底的草堂破败不堪，胡宗南的部队当作马棚喂马，到处都是马屎，门窗匾额劈柴，楹联仅存何绍基的"锦水春风公占却，草堂人日我归来"一副，扔在垃圾堆中。

1952年6月，市人民政府为保护和维修成都的名胜古迹，成立了"成都市名胜古迹整修委员会"，李劼人作为分管此项工作的副市长，兼任委员会主任委员。

1954年6月，已基本确定了杜甫草堂的维修原则："在尽量保存草堂旧观的前提下，对部分建筑适当的整理，要求大方朴素并无损于原有风格。""草堂现有房舍，面貌已非，应参照原图（现存草堂明、清两代图），适当恢复旧观，格调式样应力求大方朴素。"[①]

李劼人特地到杜甫草堂，察看现场。他根据杜甫草堂遗存的清乾隆、嘉庆石刻少陵草堂图，提出既要力求恢复原来建筑面貌，连栏杆也要根据这两个图维修；同时又要考虑今天实用需要。他决定保留影壁、草堂正门、大廨、诗史堂、工部祠轴线建筑及祠左右的"恰受航轩"、"晨光阁"等建筑体系。至于立在大廨与诗史堂之间左右的"露稍风叶之轩"、"独立楼"两座不伦不类的建筑，他大胆而果断地主张拆除。同时将大廨与诗史堂两则以及拆除后的东西面空地，以回廊绕之（据石刻草堂图），形成四方游廊，互相衔接，成为整体。此方案当时有人反对，但如此规划，既保持原状，又增添新景，时至今日，仍获得建筑专家和广大群众交相称赞。

在维修和重建杜甫草堂的工作中，李劼人所做的远远不止这些，诸如征集资料，整理研究，筹募经费，所花心血不少，出力甚多，杜甫草堂之所以有今日之盛，

---

① 成都市文化局：《一九五四年搜集杜甫有关文物工作简结》。

李劼人功莫大焉。

除此之外，人民公园，即以前的少城公园，也大力整修，满足人民群众的文化娱乐需要。从 1952 年起，还特别修有一个可容一千五百对舞客的露天大跳舞场，星期六下午和星期日甚至达到了五千对，买舞票的要排一条街。劳动人民文化宫，是原来的中山公园，彻底改修，增设各式文娱活动设施，其中还有足容纳五六百对舞客的露天舞场。武侯祠恢复了旧观；昭觉寺、文殊院、大慈寺、望江楼、百花潭也整修出来，成为民众爱好的地方。

文娱场所的发展

到 1954 年，成都市有电影院七家，即人民（原来的蓉光）、胜利（原来的国民）、工人（原来的蜀一）、青年宫（原来的新民）、智育、大华和劳动人民文化宫等电影院。平均每家有座位一千二百个，几乎是场场满座。一次捷克电影展览周，一周的观众达到二十四万多人；一次匈牙利电影展览周，也才一周的观众，达到二十三万多人。

有京剧院二家，即新生社（原中央电影院）、群众；评剧院一家。前者，每家座位皆在一千二百人上下，后者较小，只能容五百人，但观众都不少。有话剧歌舞院一家，即四川剧院（原锦屏戏园）。有川剧院四家，即国营省川剧院（以前之大众，再前之悦来茶园）、国营市川剧院（以前之市实验剧院，再前之三益公）、东门外水井街之望江戏院、北门外李家巷口之北群剧院。这五家新、旧型剧院，每家都有座位一千二百人上下，每天午夜两场，可容纳观众一万两千多人。曲艺书场两个，座位却不多。马戏场（华瀛舞台）可容一千二百人。

李劼人的两份"清单"

李劼人主持成都市政建设工作期间，得到了米建书副市长的一些支持，但受到当时四川省委主要领导的责难，这在李劼人的言谈中有所应证。另外应该指出的是，自 1957 年以后李劼人回到了书斋，已经基本不再管事。

对于自己在市政方面的工作，李劼人 1956 年 7 月 4 日在《成都市概况》中拉了一份清单："随着生产的发展，进行了规模较大的市政建设工程。一九五〇年至一九五五年，总计历次修淘和新建的河道、下水道总长度约九十五公里；翻修和新建的街道道路共——一公里多，市区的主要干道都已铺成沥青混凝土或洋灰混凝土高级路面，并开通了公共汽车。这样就根绝了水患，恢复和发展了交通运输事业。在水、电公用事业上也逐年发展。电业设备容量比解放前增加了约一倍，街灯比解放前增加了二倍多；新安装的自来水干管比解放前增加了五倍多，每月售水量增加约二十倍，并曾先后降低自来水价六次。一九五〇年至一九五五年十月止，全市还修建了工人和劳动人民住宅七万四千多平方公尺（不包括工业区工人住宅）。"①

从一些片段史料中，我们还可以看到李劼人对成都市政建设还有一些主张，也试列清单如下：

在萧家坝②划一万多亩地建火车站；

一些负责人从行政影响着眼，主张学习京津，将火车站建在闹市的骡马市，李劼人力主建在萧家坝；

1951年主张在灌县办小型水泥厂；

1953年提倡火葬设立殡仪馆；

1954年主张在成都办啤酒厂；

拆除旧城墙，开辟环形马路③；等等。

这些都有待更详尽的史料的发掘，以进行更深入的探讨。

李劼人的几句忠告

"东海如今已种桑"④，今日成都已不复旧日成都矣。但作为从精神形态和物质形态深刻影响成都历史进程的智者，李劼人当年的一些观点，简直可以视作对头脑发昏的今人的忠告。

在1952年他领导"成都市文物古迹整修委员会"时，就制定了修复古迹要"恢复旧观"，"不得随意乱拆乱建"等原则。

值得重视的是李劼人把维修和保护文物名胜古迹纳入城市建设的整体观之中，1953年李劼人提出成都城市建设中应注意的三点，其中强调了："城市必须是一个统一、和谐、美观的整体，因之城市建设工作，必须注意艺术的谐和，

---

① 李劼人：《成都市概况》，《李劼人全集》第八卷，成都：四川文艺出版社，2011年，第146—147页。

② 今火车北站所在地。

③ 旧军阀时代已拆得七零八落，恢复无望，且影响交通。

④ 严复：《怀阳崎》。

必须注意表现民族的气派和风格，和注意保存名胜古迹。"①

"成都最为特色的，在于名胜古迹相当大……这些名胜古迹，大都是我们先民劳动创造的遗迹，有一些还关系着我们的历史……所以我们从一九五二年以来，曾从不十分充裕的经济情况中间，还是集中力量，把一些比较出名的地方整修了一番。虽然有些处所，由于条件不同，不可能完全恢复旧观，在整修中不得不稍加修改，但我们却没有粗暴地将其弄得倒新不旧、倒俗不雅。"②

"成都是有二千四百多年历史的一座古城，就因为在历史上经过三次的衰败时期和近三十八年的无意义的破坏，它需要重新建设，需要有规划的，某些可以恢复，某些可以不恢复，全面的使它发展成一个适合将来环境条件的现代化城市。"③

原载《读城》2014 年第 1 期

---

① 录音整理稿《梁玉文先生忆谈草堂开馆和李劼人先生》。
② 李劼人：《报告成都市市政建设及文化建设提纲》，《李劼人全集》第八卷，成都：四川文艺出版社，2011 年，第 122—123 页。
③ 李劼人：《成都历史沿革》，《李劼人全集》第七卷，成都：四川文艺出版社，2011 年，第 442 页。

1931年李劼人为幼子远岑被绑票报案书考析

易艾迪[1]

李劼人晚年曾回忆道:"一九三一年冬,成都是最黑暗的时候。"[2]1931年前后,四川军阀"防区制"已历时十余年,大小军阀抢夺、把持防区内的军、政、财、文大权,连年混战,省会成都成为各军阀争夺的焦点,以致在1932年爆发"二刘大战",战场就在市区,军民死伤惨重。军阀的黑暗统治给人民造成了深重的灾难和痛苦。这一时期,可以说是李劼人一生中的一个低潮期,他所主持的嘉乐纸厂濒临危机;因极度不满军阀插手成都大学校务,追随张澜校长辞去教授职务;为"解决辞职后的生活"费用[3],他借债在寓所旁的指挥街上开办了一个小餐馆谋生。不幸的是,年仅四岁的幼子李远岑被军阀军队的一个连长绑票了。这一事件给李劼人和家人造成极大的灾难和精神上的痛苦,是在他人生低潮期中,对他的一个沉重打击。

笔者于2015年12月在成都市档案馆查找到李劼人于1931年12月24日自书幼子远岑被绑票报案书原件,原无标题,笔者暂拟标题为《1931年李劼人为幼子远岑被绑票报案书》(简称《报案书》),以便讨论。李劼人曾在信件、《李劼人自传》(以下简称《自传》)中几次述及李远岑被绑票案,但所述较为简略。该件李劼人亲笔《报案书》及所附官方文件是这一事件的原始档案,《报案书》及所附相关档案为进一步了解这一事件提供了第一手的、直接的材料。

一、档案馆藏《1931年李劼人为幼子远岑被绑票报案书》基本情况

《1931年李劼人为幼子远岑被绑票报案书》,原件存成都市档案馆,档号:民

---

[1] 易艾迪,四川民族出版社副编审。
[2] 李劼人:《李劼人自传》,《李劼人全集》,第一卷,成都:四川文艺出版社,2011年,第9页。
[3] 李劼人:《李劼人自传》,《李劼人全集》,第一卷,成都:四川文艺出版社,2011年,第9页。

93-05-1490。笔者在成都市档案馆电脑上查阅了该件档案，又获准提取原卷翻阅，测量李劼人《报案书》的原件尺寸，拍照，并申请由管理员打印了《报案书》复印件；抄写了《报案书》及所附的相关信函、训令等材料。

《1931年李劼人为幼子远岑被绑票报案书》收藏在1931年"成都市公安局"的一个卷宗内，该卷共收有两宗拐案档案，第一宗为他人的拐案材料，第二宗即是李劼人的《报案书》及相关材料，其页码编号从第23页到30页，共8页。第23页为该卷卷封，第24、25页为李劼人《报案书》，第26、27页为刘高槐、贺孝斋致成都市公安局局长邱浣薇请饬查该案的信及批文，第28页为致局长邱浣薇信的信封，第29、30页为局长邱浣薇签发的饬令侦缉队严密查拿的《训令》。

李劼人《报案书》卷宗应为当年立案时的原始卷宗，卷封第一页（即卷宗第23页），上栏有横书"成都市公安局"，中栏墨笔立书"刘高槐等函 □属查缉李劼人家被拐去幼孩李远岑使女雪来卷"，左栏立书"中华民国廿年十二月廿四号阴历月"。

李劼人《报案书》共两页，卷内页码编号为第24页、25页。原件为白色连四纸或宣纸，两页尺寸相同，纸纵高24cm，横宽9.6cm。墨笔立书，第一页正文五行，第二页正文五行；另，左边有署款一行，计六行。纸上部有浸痕，呈浅棕色。第一页右上部有不规则小空洞一处，致使首行和第二行的四五个字缺损。两页左边各有编辑档案时标注的页码数字三组。原文未署时间。

李劼人《报案书》第 2 页　　　　李劼人《报案书》第 1 页

全文抄录如下（原无标点，现由整理者拟加标点）。

冬月十五□□□半前后，疑由雇用仆妇所勾引，失去男孩一名，李远岑，年正四岁，肥面，大耳，两耳轮背各有生成肉眼（小孔）三个，眼睛圆大，和尚头，发长五六分，前右边发上有火灼痕。穿蓝洋布衫，青斜纹布棉袄，油绿布旧棉裤，有补缀处。自知姓名、住所。一女婢年约十三四岁，剪发披额，名雪来，穿□铜色布长衫，花布棉裤。现女仆犹挡留在家。女仆姓宋，□家住南外倒桑树尤家祠内，有母姓宋，一姐嫁胡定安，据说是廿四军军官大队排长，现住将军衙门。其兄名宋春田，据说是廿四军唐有晖师护厂连兵士。其母与姐常来，否则彼去。出事日午后四点半犹出城一次，六点即返。

指挥街一一八号 李劼人具

档案卷内接续的两份文件，录如下：

第一份文件《刘高槐、贺孝斋致邱浣薇信及批文》（拟题；第26、27页）

批文"令侦缉队□辑并通令各署所一体查缉 十二、廿七 印

  原函 浣薇兄大鉴，友人李劼人君之幼子李远岑及婢女雪来于昨日傍晚被人拐去，不知藏匿何所。李君开来出事情节一纸，嘱恳吾兄代为饬查。从兹特随函奉上。即此

察阅并乞

  费神即派干探秘密侦查，如能早日寻获，李君当深感荷。李君现任成大教授，文学极佳，彼如得有详情，当拟晋谒台阶，面恳维持，届时当希接见为荷。此即颂

勉安。

弟 刘高槐 贺孝斋 再顿首
十二、廿四

该两页红格信笺左侧边栏均印有"国民革命军第二十八军第二师司令部用笺"文字。

第二份文件《训令》，略去复述李远岑等相貌、衣着等描述文字，摘录如下：

《训令》

  全衔 训令

  为通令查缉事案准

  国民革命军第二十八军第二师司令部函开，据指挥街一一八号之现任成大教授李劼人报称伊家幼子名李远岑……又一婢名雪来……于阴历冬月十五傍晚时一并被人拐去，遍寻无踪，请通令查缉等由。准此。除饬侦缉队严密查拿外，合行通令各长所一体认真查缉，务获送案。是□至要，切切此令。

局长 邱〇〇 印
二十年十二月廿四日 印 印 印

以上是李劼人《报案书》及相关档案的抄、摘。

二、李劼人幼子远岑被绑票案情与《报案书》考析

李劼人曾在《自传》与信件中多次记述、谈到幼子被绑票一事，李劼人的女儿李眉在所著《李劼人年谱》中也有记述，其事件主线明确。但与李劼人《报案书》核对，在具体细节以方面，《报案书》及相关档案更全面地反映了该案的情况，涉及案由、时间、地点、人物、经过等。因该案年代已历八十五年，找寻史料困难，笔者依据目前所搜集资料，对《报案书》及李远岑被绑票案作必要的考证，进一步了解、分析案情。

1. 李劼人《报案书》的日期、时间

《报案书》未写年份，仅为"冬月十五□□□半前后"，此处缺失数字。在该卷接续的12月24日《训令》（第28页、20页）中，记载为"阴历冬月十五傍晚"，落款时间为"二十年十二月廿四日"（1931年12月24日）。在近一个月后的1932年1月19日《李劼人致王介平信》[①]中，李劼人写道："冬月十五日傍晚，小儿远岑，竟为匪人勾结保姆掳去……"[②]。《报案书》中缺损的文字应为"冬月十五日"，但几点钟不明。查日期为辛未冬月十五日，即民国二十年十二月二十三日，公历1931年12月23日，星期三。《吴虞日记》载："冬月十七日星期五　十二月二十五日（即1931年12月25日）　今日报，李劼人之了四岁，昨日午后，同其婢出外失踪。"此记载的时间比案发晚一天，或与见报时间有关。应以李劼人所书时间为准。笔者查阅了该时间段的《新新新闻》，但因报纸缺失，未查到李劼人刊登的幼子失踪的启事。

2. 李劼人《报案书》所留地址为"指挥街一一八号"

此街道门牌号"指挥街一一八号"有两种可能，或为"杨家大院"后院通往指挥街大门的门牌号，或为李劼人租佃铺面所开的小餐馆"小雅"的门牌号，这两处均在指挥街上，且相临近。"杨家大院"是一个几进院子，有众多房屋的大院子，位于成都城区东南片区，北临状元街，状元街东头与指挥街垂直相接，"杨家大院"就在这一拐角内，有一大门北通状元街，另有一门东通指挥街。李劼人的母亲、妻子均是杨家人。杨家是一个大家族，几房近亲多住祖宅"杨家

---

① 吴虞：《吴虞日记》，成都：四川人民出版社，1986年，第601页。
② 李劼人：《李劼人致王介平信》（1932年1月19日），见《李劼人研究》，成都：四川大学出版社，1996年，第187页。

大院"。时李劼人租住磨子街 110 号的舅父家，即"杨家大院"内（磨子街后改名，即今状元街），位置在大院靠东一侧。李劼人的"小雅"餐馆就开在"杨家大院"东边的指挥街西侧街面上，紧依"杨家大院"，内部相通。李劼人在 1930 年 7 月 3 日致舒新城信中写道："因于住宅之外，佃铺面一间，开一小餐馆……定名'小雅'。"①李劼人的女儿李眉回忆得更具体"父亲在自己租住的家门旁另租赁一间大屋子，一隔两间，前间 20 多平方米，临街，作餐厅……"②李劼人的表弟杨为觐画有"杨家大院"平面图，标注出了"小雅"位置。八十年代后期，笔者曾陪李劼人的女儿李眉访旧到"杨家大院"，也看了当年"小雅"的街面，当时，"小雅"的旧房已被拆掉，仅剩原"小雅"以北街面的数间平房，但"小雅"的位置是明确的。对于"一一八号"究竟是哪一个门牌上的号，前引公安局《训令》称"据指挥街一一八号居住之现任成大教授李劼人报称……"，应指"杨家大院"通往指挥街大门的门牌号，这基本上可以确定。李远岑被绑票的地点即在"杨家大院"住宅，也包括"小雅"。

3. **李劼人《报案书》中所涉及的人员**

时李劼人与夫人杨叔捃有一女一子。1925 年 8 月长女李远山（李眉）出生，1927 年 12 月幼子李远岑出生；1931 年时，远山 6 岁多，远岑 4 岁。

李劼人在《报案书》中述及：家中请有一小保姆带孩子，名雪来；另请有一宋姓保姆。该保姆之兄宋春田，是川军二十四军士兵；该保姆之姐嫁川军二十四军军官大队排长胡定安。正是他们绑票了李劼人的幼子。但这几个人的情况查无资料。

4. **李劼人《报案书》的递交及档案中所涉及的军方人员**

李劼人幼子被绑票后的第二天（24 日），刘高槐和贺孝斋向成都市公安局长邱浣薇致信，同时由他们转交了李劼人所写《报案书》。在《刘高槐、贺孝斋致邱浣薇信及批文》中，刘高槐等写道："友人李劼人君之幼子李远岑及婢女雪来于昨日傍晚被人拐去，不知藏匿何所。李君开来出事情节一纸，嘱恳吾兄代为饬查。从兹特随函奉上。"

邱延薰 (1891—1959)，字浣薇，同盟会员，四川资中人，毕业于保定陆军军官学校。1920 年任杨森部军务科科长。1925 年任川军二十八军邓锡侯部参谋长。1930 年任成都市公安局长。1952 年任四川省人民政府参事室参事。

---

① 李劼人：《李劼人致舒新城信》（1930 年 7 月 3 日），见《李劼人研究》，成都：四川大学出版社，1996 年，第 197 页。
② 李眉：《回忆我的父亲》，载《中国文学》（英文版），1985（5）；见《李劼人研究：2011》，成都：四川文艺出版社，2011 年，第 388 页。

刘高槐，1924年10月由民国北京政府授予陆军少将衔，时为川军军官。生平不详。查阅史料，1932年成都刘文辉、田颂尧成都巷战时，在二十九军孙震领衔三十多名将领联名斥责刘文辉电文的署名名单中，刘高槐名列其中；在1940年9月13日《新新新闻》中，有《崇郫彭灌清乡司令刘高槐就职》的简要报道。

贺孝斋，生平不详。

《刘高槐、贺孝斋致邱浣薇信》使用的是"国民革命军第二十八军第二师司令部用笺"，在公安局长邱浣薇的《训令》中，写明"第二十八军第二师司令部函开"，可以确定刘高槐、贺孝斋的身份是二十八军第二师的军官，他们的军职应在军、师一级。

李劼人的幼子是被二十四军的军人绑票，李劼人《报案书》托请刘高槐、贺孝斋转公安局长邱延薰，应与时局及绑架者的身份密切相关。1927年南京国民政府成立，1929年成立四川省政府，但最后形成了刘湘（二十一军），刘文辉（二十四军），邓锡侯（二十八军），田颂尧、孙震（二十九军）四军阀分治的局面。成都市由刘文辉、邓锡侯、田颂尧三军共管，各军均派出军官等人担任成都市官员，市公安局长邱延薰原为二十八军的参谋长。李劼人家宋姓保姆的姐夫、弟弟是二十四军军官、士兵。作为一介文人的李劼人完全没有能力去与二十四军的军官抗衡，加之被绑幼孩仅4岁，随时可能被撕票，危及生命，在李家"举室皇（惶）急欲死"之际，李劼人托请同为军队的人士出面相救，有首先保全孩子性命的考虑。

5. 李劼人托请刘高槐等搭救幼子，当与汤万宇、孙震有关

李劼人作为一个文人，在他的生涯中，主要活动范围在新闻界、文化界、实业界；在他的人际交往中，几乎没有现役军界人士，但唯独与第二十九军参谋长汤万宇、副军长孙震友善。李劼人托请第二十八军的刘高槐、贺孝斋向公安局长邱浣薇递交《报案书》并解救幼子，正是针对邱浣薇原是第二十八军的参谋长的这一关系。但从李劼人的人际关系方面考察，资料显示他与二十八军的刘、贺没有交集，能够把他们联系起来的，最有可能的是通过汤万宇和孙震。

李劼人是通过同学、好友魏时珍，与魏的同乡、同学汤万宇相识的，后经由汤万宇与孙震认识。

汤万宇（1891—1974），四川蓬安人。同盟会会员。保安军官学校毕业，曾任成都卫戍司令部参谋长、川军二十九军参谋长，1935年退出军界。后持有嘉乐制纸公司股票，任公司常务理事、董事多年。1955年入四川省文史研究馆，任馆员。

孙震（1892—1985），字德操，川军二十九军副军长兼第五师师长，1935年任军长，抗战名将。因"少孤，家贫"，求学艰难，后推己及人，自1929年始，投巨资创办成都"树德"小学，继办中学，为成都名校。李劼人与孙震年龄相近，约相识于 1927 年。因孙震倾产办学，故作为留学法国，时任大学教授的李劼人，与孙震始有交集。李劼人曾受聘为树德中学董事会董事，参与校务。其次，受李劼人荐请，孙震资助就读成都大学的李劼人学生、贫困生钟朗华等多人的学费，直至大学毕业。孙震还大笔款项投资李劼人等创办的嘉乐纸厂，盈利全部返树德中学办学。李劼人对孙震的评价"为人淡泊，待人并不以功利，此足尚也"①。"四川军人孙德操者，人尚不恶，近顷与谈，大有见解"。②正因为有这种关系，通过汤万宇、孙震，由二十八军的刘高槐、贺孝斋出面，即刻致信二十八军前参谋长，时任公安局长的邱浣薇，请饬查绑架李远岑案。这是较为合情合理的推断。但从办案的效果看，虽然公安局下达了《训令》"严密查拿"，"一体认真查缉"，但无果。

三、李劼人幼子远岑被绑票案以赎回结束

李劼人幼子的解救，最终完全是从另一个渠道——袍哥系统，并花费高额赎金赎回来的。通过袍哥邝侠子（人称"邝瞎子"）从中斡旋，李劼人以银洋 600 元赎回幼子远岑。李劼人在 1932 年 1 月 19 日致他的学生王介平信中写道："幸后托有力袍哥多方说合，越二十四日，始以六百元赎回，而前后所用之跑路费、谢金、烟酒、伙食之费，又达四百元……"③李劼人曾致函吴虞，吴虞在日记中记载："全月初八日 星期五 一月十五日（即 1932 年 1 月 15 日）……李劼人来函，其子远岑已于本日上午脱险归家，赎金正价六百元，前后小花费及谢金在外。骨髓已枯，将来如何，未之计也。"④李眉写道：邝侠（瞎）子"在李劼人受到票匪绑架儿子的痛苦折磨中，挺身而出，帮忙从匪穴中赎出孩子"。

孩子救回来了，李劼人及家人却经历了一场灾难，造成的痛苦，长久难弥。

---

① 李劼人：《李劼人致王介平信》（1931 年 8 月 27 日），见《李劼人研究》，成都：四川大学出版社，1996 年，第 183 页。
② 李劼人：《李劼人致王介平信》（1932 年 6 月 9 日），见《李劼人研究》，成都：四川大学出版社，1996 年，第 187 页。
③ 李劼人：《李劼人致王介平信》（1932 年 1 月 19 日），见《李劼人研究》，成都：四川大学出版社，1996 年，第 187 页。又，李劼人在 1956 年 1 月 5 日《自传》中再次谈到幼子被绑架案，"幸而有人帮忙，经过二十七天，费了无数气力，一共花了一千元，算是将儿子赎回。"见《李劼人全集》第一卷，成都：四川文艺出版社，2011 年，第 9 页。笔者：此"二十七天"不确，应为二十四天。
④ 吴虞：《吴虞日记》，成都：四川人民出版社，1986 年，第 605 页。

四、李劼人幼子远岑被绑票案遗留下的创痛

李劼人幼子被绑票——赎回一案，对李劼人及家人精神上的打击巨大。此时，李劼人40岁，李劼人家已是三代单传，且幼子仅四岁，完全处于毫无应对能力的极度危险境地。李家"举室皇（惶）急欲死"，正是写照。李眉回忆道："……保姆带着刚满四岁的弟弟一去不回。到晚上，家里人明白出事了，全家顿时陷入极端悲痛和恐惧之中，亲戚、朋友四处找人，打听消息，毫无下落。"[①] 李远岑赎回时的情景，李劼人外孙女李诗华说：四岁的娃娃，"人都瓜（傻）了！话都要说不来了！"李诗华还回忆道："我婆婆（李劼人夫人杨叔捃）说，我一生中最痛苦的两件事，一件是李远岑被绑票，一件是李眉被国民党抓去！李远岑被绑票，我落下了头痛病，痛了一辈子！"[②] 其次，该案花费1000多银元，在经济上重创李劼人，吴虞说"骨髓已枯"。李劼人虽然曾任大学教授，时又开了小餐馆，但仅维持生计，根本拿不出这么大一笔钱来。他在1956年写道："这一千元，是好友刘星垣慨然相借，经过好几年，才陆续还清。"[③] 李诗华近日忆谈："爷爷当时虽为大学教授，又开了馆子，也拿不出1000元巨款，多亏了他的好友刘星垣解囊相助，舅舅才得以赎回。借款的事，我婆婆一谈起舅舅遭绑架，就要谈起刘星垣先生[④]，对此我家一直不敢忘怀。"[⑤]

孩子被赎回来了，但李劼人痛感道："至今日穷极矣！而精神痛苦，复不可言。成都社会如此，若不佞所遭，真是家常之至，盖军匪合作，且有政府保障，人民非听其鱼肉，革命则无所措其卒也！"[⑥] 在二十多年后，1956年李劼人在《自传》中回忆道："一九三一年冬，成都是最黑暗的时候，我的儿子刚满三（四）岁，竟被一个连长支使人绑了票……"李远岑被绑票案对李劼人和家人造成的伤害和痛苦，刻骨铭心，可以说是终生之痛。

① 李眉：《回忆我的父亲》，载《中国文学》（英文版），1985（5）；见《李劼人研究：2011》，成都：四川文艺出版社，2011年，第388页。
② 易艾迪电话采访李劼人外孙女李诗华谈李远岑被绑票案史料记录，2016年12月10日。
③ 李劼人：《李劼人自传》，见《李劼人全集》第一卷，成都：四川文艺出版社，2011年，第9页。
④ 刘星垣（1891—1978），男，1918年毕业于英国伯明罕大学，时任四川大学教授。
⑤《李诗华致易艾迪信》（2017年1月15日）。
⑥ 李劼人：《李劼人致王介平信》（1932年1月19日），见《李劼人研究》，成都：四川大学出版社，1996年，第187页。

结语

一、《1931年李劼人为幼子远岑被绑票报案书》是一份新发现的李劼人亲笔文件，两页全，并附有相关的官方材料，这无疑为李劼人史料库添加了一份重要的、珍贵的史料。

二、《报案书》是李劼人幼子远岑被绑票次日，李劼人亲笔书写的案情材料，及时、详细地记载了案发情由与相关人物，嫌疑人及其身份、背景，为该绑架案提供了我们过去所不知道的更为详细了解的材料。

三、对李劼人幼子远岑被绑票案案情及《报案书》的解析，得以厘清该案的经过，更真切地了解到绑架案对孩子的严重伤害，给李劼人及家人带来的恐惧和极端悲痛、经济上的重创，无疑，这是对李劼人在人生低潮时期中一个沉重打击。

四、李劼人通过军界友人及有关人士向市公安局递交《报案书》报案，陈情，却如泥牛入海；即便公安局长发出破案《训令》，但如同废纸，令人绝望。绑架、绑票案，尤其是对幼童的绑架案，都是反人性、千夫所指的罪恶，即便在当年也是重罪。该案反映出军阀统治时期人民的深切痛苦与无助，哪怕是留法归国的大学教授也在劫难逃。

五、袍哥邝侠子的侠义相救，保全了幼子远岑，并与李劼人结下了厚谊。但对袍哥邝侠子解救孩子的经过和详情，我们没有更多的史料。袍哥邝侠子的经历、故事，为李劼人提供了另外一个社会层面——底层社会的生动事例，成为李劼人创作《死水微澜》的素材。当然，这是后话。

2017年1月1日

学术随笔

1957年，李劼人于菱
窠观鱼。

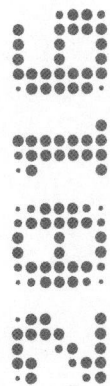

阅读李劼人的历程

高 华

《李劼人全集》收录了李劼人创作的《死水微澜》《暴风雨前》《大波》等
5 部长篇小说以及他的中短篇小说、文学评论、书信、译作等，是李劼人创作
及翻译作品的集大成，在中国文学史上也是重要一笔。《李劼人全集》（17 卷）
将由四川文艺出版社于 2011 年 12 月出版，全套定价 2000 元。

一 引子

得知《李劼人全集》将由四川文艺出版社出版的消息，我的心情一直不能平静，
终于等来了这一天，李先生的几本史诗性小说，终于能以原来的真实面目出版了，
这已是当年初版的七十余年后，而自己寻找他的原著多年，今天总算如愿以偿，可
以一睹真貌。

二 我寻找李劼人的历程

我最初接触李劼人的作品是在"文革"中的七十年代初，那时我通过关系搞
到一套李劼人的小说，计有《死水微澜》《暴风雨前》和《大波》上、中、下三
册。记得在《大波》中还有介绍说，作者写有反映战后国统区混乱生活的《天
魔舞》，可惜一直未见其出版。

我很清楚地记得，读李劼人作品的感觉和读其他三十年代老作家的作品完全不
一样，最基本的一条就是我找不到绝对的"好人"或"坏人"。还有一点也是印象深刻，
李的小说里，林林总总，什么色彩的人都有：有袍哥、土匪；有立宪派领袖蒲殿俊、
张澜；还有清末大员赵尔丰、端方等，以及地方的风土人情，庙会，成都青羊宫
的清茶，自流井（今自贡）的川戏班子等等，让我目不暇接。

转眼到了八十年代，1985 年读大学研究生期间，我第一次入川，那是随老师

和师兄弟去成都参加第二次全国民国史学术研讨会，会议地点就在四川大学。到达成都的第一天，我就去了李劼人书中多次描绘的青羊宫，在那儿泡了一壶茶，仔细品尝着，似乎又回到了清末民初的时光。

以后我在大学教书，讲到十九世纪末至辛亥年间的中国，都会向同学们推荐阅读李劼人的历史小说。我告诉同学们，诗可以证史，好的小说在价值上完全可以超过僵化呆板的历史教科书。李劼人是那段历史的经历者和见证人，他的书固然不能作为论文观点加以引用，但他的笔下是活的中国，而不是概念化的中国，读他的书，可以增加对那段重要历史的感性认识。

这个时候，我已知道许多老作家的成名作在新中国建立后都做了改写，因而一直在搜寻那些未经修改的原本。也许是新中国建立后的"清理旧刊"过于严密，或是那些版本原来印数就不大，加之时间久远，除了少数大学的中文系资料室还有收藏，绝大多数的图书馆已难见其踪影，因此我的查找是一无所获。1987年，四川出版了《死水微澜》，甚至还把《死水微澜》改编成了电影，由某著名女演员出演女主角，但是都觉得少了李著中的原汁原味儿。

得到《死水微澜》的原本是在参加一次学术活动之后。在2005年的一次城市文化国际研讨会上，新加坡国立大学的吴博士做了一次有关辛亥后成都市民文化的报告，引起我浓厚的兴趣，在会下的交流中得知，毕业于哈佛大学东亚系的吴博士的毕业论文就是研究李劼人！不久，吴博士将哈佛收藏的李的《死水微澜》原本的复印件寄给了我，帮助我实现了多年来寻找李劼人原著的一部分愿望。

这些年来，研究四川和成都的市民文化逐渐成为一门显学，有学者专门研究成都的茶馆文化，也有学者研究四川文人，举凡这些研究，都绕不开李劼人。是他的小说催生、激发了学者的创作灵感，成了今天成都市民文化的源头活水。

三 李劼人的杰出之处

回顾自己对李劼人的认识，越发理解了他对中国现代文化史、中国现代文学史的价值，可以毫不夸张地说，李的成就完全不在那几位"五四"标杆作家之下，在某些方面，也许还要高于他们。鲁（迅）、郭（沫若）、茅（盾）、巴（金）、老（舍）、曹（禺）是新中国建立后党和政府根据这些作家对共产革命的态度及其艺术成就，为中国现代文学大家排列的座位，在其之下，还有一大堆延安"革命作家"和国统区"进步作家"，在四川能排上号的就有任白戈、马识途、沙汀等人。幸运的是，李劼人在新中国建立后情况尚好，他甚至做过成都市副市长，有点类似北京市的吴晗，上海市的金仲华。

李劼人有一个和其他"五四"老作家不同的地方，他不仅是一位大作家，还是一位十分难得的企业家。抗战期间，他在乐山的嘉乐纸厂担任过多年的董事长兼总经理。他作为这家工厂的创办人，一直关心、扶持该厂，到新中国建立初又将此厂交给国家，他与嘉乐纸厂的亲密关系前后长达二十多年。因而，作为作家，他又多了一份对世态人情的深入了解，对人性的把握更有深度，从而摆脱了左翼作家非常时髦的，惯有的那种"富人等于坏人"，"穷人等于好人"的两极化、概念化的思维和腔调。

四川有一个情况很特别，也长期没被人们注意，这就是省委第一书记、西南局第一书记李井泉用过几个作家出身的干部担任实职高官，这在其他省市是很少见的。例如，李井泉用了三十年代左翼作家任白戈做重庆市委第一书记。作为全国的统一部署，在"文革"爆发前，一般省会城市都会安排一个民主人士做分管教、科、文、卫或城建的副市长，四川省委看中了李劼人，提拔他做了成都市副市长，且一做就是 12 年（1950 年—1962 年）。在当时，就连这有职无权的副市长一般也不对作家、诗人开放的，四川省委、成都市委却用了被视为是所谓"中间派"的李劼人，这样的人事安排，按规矩，一定是要省委第一书记点头的。

李劼人的小说是拥有巨大场景的史诗，是活的风俗史，他是历史小说和风俗史大家，他的笔下呈现了从甲午年间到辛亥前后四川的社会百态，举凡政治剧变（红灯照、保路运动等），人心起伏，生活时尚的演变等等无不包含。可以毫不夸张地说，他提供了清末民初社会的一个横切面。这一切都是通过一系列人物的刻画来体现的。他还在法国留过学，对法国文化特别是小说艺术有细致的研究，并把它水乳交融进自己的人物创作中。他塑造的蔡大嫂、罗歪嘴、郝达三、黄太太，都是有血有肉的活生生的人，而不是那种概念化的"假人"。

李劼人创作高峰的年代正好是左翼文学极为流行的时期，但是李的小说中却没有你死我活的阶级斗争，没有底层人民的愤怒和反抗，可以说完全不入左派的法眼。但他的书保留了一方文化和传统，是一部成都的百科全书，在"左"浪滔滔的年月里，是极为难得的非意识形态化的小说。

李劼人在新中国建立后，对自己的几部重要作品都做了程度不同的修改甚至进行了重写！现在可以说，当年的这项"改写"和"重写"是违背作家意愿的，是政治的外部压力通过内心改变，在经过学习、改造、自我检讨等几个环节后，迫使他做出这样的决定，并做出欢快自愿状。即使这样，也未必得到有关领导的称许。1959 年，全国作协某领导找李劼人谈话，认为重写后的《大波》对辛亥革命时代各阶级各阶层的人物，缺乏具体的分析评论。事实证明，包括李劼人在内的老作家的"改写"或"重写"都逊于他们的成名作。

《李劼人全集》的出版将是四川文化史上的一件大事，唯一美中不足的是全集17卷，定价居然高达2000元，这让许多李著的爱好者望而却步，四川文艺出版社是否可考虑做一些降价？

原载 2011 年 9 月 7 日《新京报·书评周刊》

隔壁是菱窠

何大草

我任教的大学，在成都东郊狮子山。出北校门，下缓坡，有一座朴素、安静的宅院，这便是作家李劼人故居，他亲笔名之的"菱窠"。20 年前的盛夏，我还在晚报做记者，曾和好友曾智中骑车上山，头一回到菱窠喝茶。那时的菱窠，已是免费开放的小公园，花影摇曳，好些老人在这儿喝茶，遛鸟，颇有故主人喜欢的市井气。门前是菱角堰的一池微澜，再引颈遥望，就是蜿蜒翻越龙泉山脉的东大道。菱窠的位置，正处在成都的郊区，暗合着文学的处境，即边缘。

菱窠占地近五亩。据故居文管所副所长郭志强先生介绍，抗战中，为躲避日机轰炸，李劼人在此买地，修建了一座"疏散房子"，即现在的故居主楼。当时是以黄泥夯墙，茅草覆顶；为了存放书籍字画，在房上修了低矮的一层阁楼。此外，还有三间厢房、一间厨房、一个猪圈、一个厕所、一口水井。1957 年后，李劼人用稿费将主楼改造成砖墙和小青瓦屋顶，系典型的清末民初川西民居风格。他在这儿生活起居，写作阅读，直到 1962 年病故。

今日菱窠，李劼人离世虽已 50 年，故居有过翻修，但陈设如旧，仍保留着故人犹在的旧风貌。常有市民在主楼下喝盖碗茶，摆龙门阵，而李劼人盘桓抚摸过的两棵马樟、一棵银桂，亭亭如故，见证着流年、风雨。

20 世纪二三十年代，一批批有才华的文学青年纷纷走出外省，投身主流文化的中心城市如北京、上海等，住会馆，睡亭子间，组建社团，创办刊物，或吟风弄月，或激扬文字，蔚为一时的主潮。而与此同时，1891 年出生的李劼人，却安坐在自己的家乡，写出了长篇小说《死水微澜》《暴风雨前》《大波》等。半个多世纪过去以后，彼时的主潮已经凝冻为历史，当初曾使人激动不已的许多小说多半已难以卒读，但李劼人的作品却正像巨大的冰山一样朝读者漂移而来，诱使人去一次次探寻它们潜在的意义。以《死水微澜》为例，上世纪 80 至 90 年代，曾被改编为话剧、川剧、舞剧、电影、电视连续剧，除电影稍逊之外，其他形式均获得了很大的反响，荣获过中国戏剧、戏曲界的各种重要奖项。中国近现代多如牛毛的长篇小说中，在当代被这么多艺术种类移植，并取得如此成功者，《死水微澜》可能是仅有的一部。

李劼人是一个完整意义上的外省作家，他在故乡成都度过了作为文人的一生。他不仅说成都话，而且用成都话思维和写作，甚至还善于品尝、烹调成都的美食，这不仅可以他书中对美食的描写为证，而且他还真的开过题名"小雅"的菜馆。但是，李劼人不是一个只识得"子曰"的老塾师，也不是在悠然间采菊东篱的隐士。他说成都话，同时他还会说巴黎话。当五四运动的风潮翻过秦岭，穿越夔门波及偏僻的西南时，李劼人离开成都，行程万里，于1919年12月抵达法国。在巴尔扎克和雨果的故乡，李劼人主要从事法国文学的学习和翻译。四年半之后，他返回了中国。巴黎生活对李劼人的影响，也许可以从多年后另一位旅法画家的自述中得到印证。1961年，在巴黎功成名就的赵无极说："在我成为艺术家的过程中，不能否定巴黎的影响，我必须同时指出：随着我的成长和自信的确立，我逐渐发现了中国……是由于巴黎，我才回归到根深的本源。"在取道南京回成都的过程中，李劼人还做出了一个具有象征意义的决定，那就是坚辞了朋友推荐他到东南大学执教。李劼人说，因为"东南大学复古空气甚浓，与我的怀抱大异"。李劼人从遥远的法兰西，回归到自己的根深的本源，却并不想变成一条腐朽的根须，他拒绝复古。

李劼人的艺术本源，存在于成都的乡音和乡土之中。只有坐在自己狭窄的家中，他才能够真正写出那些超越时代和地域的不朽之作。家，对李劼人来说，不是巴金笔下用来控诉的家族和祖宅；也不是浪漫主义者口中又伤感又抽象又虚玄的字眼。李劼人的家，家乡，弥漫着成都潮湿清新的空气，茉莉花茶飘香，床头桌椅因长久摩挲而现出温暖的纹理，细节精细，手感舒适。1935年，李劼人在家中写出了《死水微澜》，又接着写《暴风雨前》和《大波》。他自然不知道，这一年，远在北美大陆的某个偏僻之处，也有一个作家像他一样安坐家中，写完了他的代表作之一《押沙龙，押沙龙！》的初稿。这个人叫威廉·福克纳，注定要影响二十世纪小说写作的"美国南方的土生子"。李劼人的本意也许是要写出左拉式的《卢贡·马卡尔家族》，然而他在精神气质上，其实与素昧平生的福克纳更为生气相通。乡土人情的观念，贯穿了东、西方两位小说家生活与创作的始终。福克纳在好莱坞打工期间，老板见他在闹哄哄的办公室无法工作，就让他把任务带回家中去做。老板所说的"家"是指他在好莱坞的公寓。而对于福克纳来说，"家"却只有一个，那就是千里之外的密西西比故乡，于是他理所当然地遵命回到了那里。这就和李劼人一样，家就是邮票般大的故园，家就是朴素而温暖的菱窠。当一代苦闷的青年愤而离家出走的时候，李劼人成了一个"家"的文学守护者。当文坛为"启蒙"与"救亡"的主题而争鸣不休的时候，李劼人则用小说的形式，从容不迫地再现了本世纪初"启蒙""救亡""革命"、"爱情"在外省上演的悲喜人生。

中国近现代的著名小说中，以"家"和乡土为主题的，当然不止李劼人一个。巴金是李劼人的同乡，他也姓李，他的《家》，在当时曾发出过振聋发聩之音，对"家"的黑暗、礼教的虚伪、人性的丑恶所发出的痛彻肺腑的控诉、谴责、诅咒、鞭笞，曾有力地呼应过大时代的家庭革命、社会革命。湖南作家沈从文反复描述的故乡湘西，则有着桃花源一般的宁静和美丽，濡染着梦想中的乌托邦色彩。但是在李劼人的笔下，故土却充满了日常生活的烟火气息，有冬天死水般的沉重，也有着春情勃发的波澜；有贫穷、愚昧，也有憧憬、抗争；有批判揭露，还更有悲天悯人。声色肉欲，波谲云诡，放在那个世纪之交的大动荡时代里，无论是邓幺姑、罗歪嘴、顾天成、刘三金，还是楚用、黄表婶，谁不是善恶同体，正邪难分，让人爱恨交织？

我个人以为，中国现代文学史上，长篇小说以萧红的《呼兰河传》、钱钟书的《围城》、李劼人的《死水微澜》为最好。《呼兰河传》乃诗化小说，是一种异类的好。《围城》在形式上接近完美，但它过巧，过巧则轻。唯有《死水微澜》携带的历史最为厚实，而故事又最为精彩，书中那个亦侠亦邪、烈火情欲的邓幺姑，其令人难忘，只有话剧《雷雨》中的繁漪可以媲美。

十七卷本《李劼人全集》已在去年出版了，20年前和我同去菱窠喝茶的智中兄即是编者之一。我是李劼人辞世那年出生的成都人。今天，我翻阅着他的书，感慨他旺盛的创作力，也叹息他留下的遗憾。他眼界之广，识人之深，更有才华纵横，是很有可能成为福楼拜、乔伊斯、福克纳般伟大作家的。然而，他没有。他因为爱成都，一辈子都在写成都，从细枝末节上写透成都的特质。就普通人而言，很多特质都是可爱的，然而，放在他身上，却成了小毛病，他最终就是被这些小毛病耽误了，太名士，太合群，太多才多艺，太多想做的事，太琐碎（每天用一分钱也要亲自上账），太耐不得孤单。譬如他办报纸，因为纸张贵，就自己办纸厂，这个纸厂耗了他二十多年的光阴，身心俱疲，然而没有赚到钱。但，作为作家，他静下心来创作小说的时间，才仅仅两年多。即便是天才，两年多也很难写出一个伟大的作家来。《死水微澜》之后，李劼人的小说一部比一部长，却一部比一部粗，如果说旧版《大波》瑕瑜互见，那么新版《大波》几乎要硬着头皮才啃得完。

　　伟大的作家一生只做一件事，写作。但写作，只是李劫人做的许多事之一。

　　天气好的时候，我会携本书，步出北校门，下缓坡，去菱窠喝一碗茉莉花茶，发一会儿呆。窗内人影一晃，我恍然觉得，他正伏在桌上续写成都的春秋。

原载 2012 年 5 月 5 日《北京晚报》

走近我自己的李劼人

简 平

原来还有"大河"三部曲

20世纪80年代初，我第一次知道李劼人的名字，那时，我已经读过现代文学史上好几部"三部曲"的长篇小说了，譬如郭沫若的"漂流"三部曲、茅盾的"蚀"三部曲、巴金的"激流"三部曲，但我即使在读过李劼人的长篇小说《死水微澜》后，还不知道其实这是"大河"三部曲的第一部，之后还有《暴风雨前》和《大波》。虽说这是我的孤陋寡闻，但流行的中国现代文学史教材的确鲜少有对李劼人及其"大河"三部曲的专章详述，换句话说，李劼人及其作品在现代文学史上的地位、意义和价值并没有被充分地认识。

我在读《死水微澜》的时候，有一种特别异样的感受，那便是隐隐约约地感觉到它与郭沫若、茅盾、巴金的作品有很大的不同：如果说茅盾的《幻灭》有一种沉滞，那么《死水微澜》显得有些飘逸；如果说巴金的《家》结构稳重，那么《死水微澜》有点兴致所至；如果说郭沫若的《炼狱》有贴切的现下感，那么《死水微澜》具有丰厚的史诗性。而我觉得这些不同更多地贯穿于李劼人作品中有一种无法言说甚至不可理喻的"洋气"，他写的完全是充满地域色彩的四川故事，但是，巴蜀意味的字里行间却总有"西风"穿行，有着别样的精致和完美。中国传统小说向来讲究故事的罗织和严谨，可《死水微澜》跳出中国传统小说重情节、重故事的框框，自由而肆意，更加注重细节，于细节中刻画人物，展现时代气氛和风土人情，颇有后来的"先锋派""新小说"的特质。

其实，这并不难解释。李劼人是赴法国留学生中的最早一批中国作家，很早便开始了对法国文学的研究和译介，福楼拜的代表作《包法利夫人》的第一个中译本便是他翻译的，译名为《马丹波娃利》，中华书局1925年出版。当然，他自己的文学创作也深受福楼拜、左拉、都德、马格利特、莫泊桑、罗曼·罗兰等法国作家的影响。其实，《死水微澜》《暴风雨前》和《大波》更准确的说法不是"三部曲"，应是"大河小说"，而"大河小说"恰恰是 19 世纪中期以来法国长篇小说的重要体制，由巴尔扎克率先实践，后为众多法国作家所钟爱。"大河小说"的特点便是多卷本、长篇幅、大容量，更加之背景广阔、宏大叙事，正如滔滔大河，一泻千里。有评论家认为，李劼人的这三部长篇小说在结构上更多借鉴了左拉的《卢贡·马卡尔家族》，看来，郭沫若称李劼人为"中国左拉之待望"也是名副其实。

我是在间隔几年后才读到《暴风雨前》和《大波》的，读完之后，强烈地意识到作为文学大师的李劼人的存在，也强烈地意识到 20 世纪 30 年代先后问世的茅盾的《子夜》(1933 年)、巴金的《家》(1933 年)、老舍的《骆驼祥子》(1936 年)、李劼人的《死水微澜》(1936 年) 等，它们以各自卓越优异的艺术风格标志着中国现代长篇小说的成熟，而倘若其中没有自成一家、影响深远的《死水微澜》，那是构不成这种成熟的完整性的。李劼人对中国历史小说传统形式作出了根本性的突破，他以崭新的结构和独特的叙述方式丰富了中国现代小说的叙事艺术。但令人遗憾的是，至今李劼人在中国现代文学史研究中仍时常缺位或错位。

《大波》竟有两个版本

《大波》是"大河"三部曲中分量最重的一部长篇小说，如同作品题目所标示的，《死水微澜》《暴风雨前》终至导向《大波》，这是一条风起云涌、浩大绵长的线索，可见作家之用意和雄心。"大河"三部曲囊括了以成都为中心的四川社会自甲午战争到辛亥革命年间的人际悲欢、思潮演进和政治风云，而《大波》则是迄今为止中国文学史上唯一一部全景式正面描写作为辛亥革命导火索的四川保路运动的长篇小说，堪称一部宏大史诗和百科全书，这也正是李劼人对于中国文学的特殊贡献，也正是他的难以超越之处。

但是，说实话，我在阅读《大波》时，有过很大的困惑。记得早先读《死水微澜》时，虽然作品使用四川方言，描绘当地民俗风情，但并无多少地域性障碍，读起来酣畅淋漓。可《大波》作为一部历史小说，人物众多，头绪纷繁，这当然可以理解，只是相比较《死水微澜》和《暴风雨前》，我觉得它在勾勒历史线索时，对具体的历史事件过于追求详尽，以至于叙述繁冗，造成艺术性和可读性有所弱化。有意思的是，在我有些疲倦地读完这部百万字的巨著后，忽然听闻我所读的是新中国成立后李劼人重新写过的"新版"《大波》，而非 30 年代的"老版"《大波》。

讶异之余，我找来老版《大波》重新开卷，居然找回了原先《死水微澜》的阅读感觉。原来，老版《大波》一样地既好读又耐读，一以贯之地恰当处理了真实历史与演绎故事、真实人物与虚构人物之间的关系，将历史风云透过对社会日常生活的细致入微的描述加以表现和传达，并极其生动而出色地塑造了黄太太、蔡大嫂、伍大嫂等个性鲜明、秉性泼辣的女性形象，富于人性深度的描写与刻画令人击节赞叹。这么好的一部小说为什么要重写呢？这真让我莫名惊诧。

说起来，重写《大波》是李劼人自己作出的选择，这一选择既是自觉要求，也是迫不得已的无奈。新中国成立后，知识分子开始进行思想改造，而在 1950 年 7 月被委任为成都市人民政府第二副市长的李劼人，对于新社会充满了热情和憧憬，因此尤为努力，积极执行党的方针政策，真心追随人民大众。作为作家，他希望能以自己的新认识、新观念来重新审视先前的创作，并有机会重写"以赎前愆"，跟上社会主义时代的革命步伐。而客观方面，1950 年，作家出版社欲重新出版老版《大波》，但后来却不明原因地中止了。1954 年 5 月，该社致函李劼人，称改写后再予重版。李劼人不仅决定另起炉灶重写《大波》，甚至还决定将整个三部曲都重新修改。

修改工作从当年 11 月开始，前两部进行得还算比较顺利，但到《大波》时，却迟滞起来，屡改屡弃。李劼人在《关于重写〈大波〉》一文中自述："我从一九五六年七月下旬开始，确又第四次从头写了起来。虽然不能做到一气呵成，仍不免时作时辍，到底得了各方面不少帮助，和社会督促，使我在一九五七年五月五日勉强把《大波》上卷写完了。"在该文中，李劼人还说道："问题一定很多，说要'以赎前愆'，恐怕未必！"从中，我们多少可以读出一些他的忧虑。事实上，新版《大波》第一部出版后，李劼人就听到了朋友们的批评："看完《大波》上卷，酷似看了一出编排得不大好的大戏。但见人物满台，进进出出，看不清哪是主角，哪是配角。甚至完场了，也没看见一点缓歌曼舞、令人悠然神往的片段"。也有人批评："不是戏，倒像是辛亥年四川革命的一本纪事本末。人物既缺乏血肉生气，而当时社会的真实情形也反映得不够充分。"还有的则说："小说倒是小说，只是散漫得很，结构得不好。"对于这样的批评，李劼人是虚怀若谷地接受的，而且还亲自记录了下来。不过，来自高层的意见则另当别论了。

据钟思远在《〈大波〉的重写与李劼人的"二次革命"》一文中记载，1959 年初，张天翼受"组织"之托，就《大波》的创作倾向问题与李劼人谈话，指出《大波》在处理历史事件方面，尚有不明确的地方，如对辛亥革命时代各阶级各阶层的人物，缺乏具体的分析评价。在 1959 年第二期中国作协组联室的《情况汇报》中，还记录了两人的一次谈话，张天翼就李劼人在作品中如何表现劳动人民的力量，提出了意见。但是，李劼人对高层批评的反应却含糊无力，以致同年6月中旬，《人民文学》约他写一篇谈自己创作的文章，他回信拒绝了，甚至表示："不但目前不可能写，即今后永远也不可能"。

我一直感觉着，《大波》的重写是多么地悲壮。与其说，越到后来李劼人越是感到过去的思想观念与写作方式已经不适合现下的革命要求，不如说，他越来越清晰地认识到，如果按照革命化、英雄化标准，那他已无法理智地掌控自己小说中的任何人物。《大波》4次重写，比老版增加了40余万字，修正了老版中对革命者身份的尤铁民的丑化性描写，青年楚用也摆脱了与其表姊黄太太的不伦情感，走到了革命大潮的前头，可见如李劼人自己所说"用了极大气力"，但在整个写作过程中，他却时常感叹"深深感到了困难"。李劼人在1962年10月27日给一位央求他代购新版《大波》的四川泸州的读者程远礼的回函中说：由于"印数太少，不敷分配。这不怪出版社和发行部门，实实由于我的作品写得很不好，更其是对于当前读者，不足起到教育作用的缘故。"我感受到李劼人隐于文字后面的痛苦、不安与反思，而这内心的种种，恰恰印证了他对于文学的坚守。

这年的12月12日，李劼人在四川省文联听完报告，回家小憩后，又开始伏案写作，到夜半，写完《大波》第四章第五节，旋即哮喘发作，家人将其送医院时，已经昏迷，医生诊断为高血压、心脏病。12月24日夜晚，李劼人与世长辞，享年72岁。在他摊开的稿笺上，最后一个字是"六"，也即《大波》的第四章第六节。李劼人终究没能重新写完《大波》，让人唏嘘慨叹。

以"这一种"方式向大师致敬

今天，李劼人已被"重新发现"，而他在现代文学史上被低估的地位也已经并正在得到重新确立，这对中国文学来说是件幸事，因为我们除去翳障，看到了前方如山一般高高屹立着的坚守文学本位和文学本质的一位大师。这样的幸事当然不仅仅属于文学，也属于这个民族，因而我们应该让更多的民众知道李劼人，知道他写下的不朽名著"大河"三部曲。于是，我们选择了最具大众传播效应的电视剧，希冀以此推举李劼人这位作家及其作品，也希冀以"这一种"方式向大师致敬。

事实上，当我推进电视剧《大波》这项工作的时候，我发现在某种程度上，我们今天的创作，还会像当年的李劼人重写《大波》那样陷于困难，比如对英雄主义，对历史判断的纠结，这使我在另一个层面上得以更加理解李劼人。此外，我很尴尬地处于两难的境地：作为作家，我希望所有影视剧的改编都能坚贞不渝地忠实于原著；但是，作为制片人，我需要遵从电视剧这门艺术自身的创作规律。我最后选择打出的字幕是"本剧取材于李劼人长篇小说《暴风雨前》和《大波》"，这是比较准确也比较稳妥的。我不想掩饰因取舍而给自己带来的痛苦与不安，求教于一位老作家，老人鼓励我，说："你们要大胆地进行艺术再创作，不要受原著太多的限制，根据电视剧的艺术规律办事。"我想，如果我们的电视剧能够因此激发起观众的兴趣，转而去阅读李劼人的小说原著，那也算是我们制作这部电视剧的初衷了，用电视剧《大波》总策划陈梁的话说：我们要制作一部根据经典小说改编的经典电视剧，从而让观众通过电视剧这座桥梁回归经典小说。

我想起我在《李劼人全集》第八卷中读到的李劼人 1957 年时写的多篇批判流沙河的名作《草木篇》的文章，从一开始的认为有错但又觉得无须小题大做，到"我已走到泥坑的边缘上了"，再到"我坚决要爬出泥坑！转变我的立场！"那调子明显地一篇比一篇高，但其中的无奈和苦涩也是很清晰的。事实上，《大波》的重写正是在这种政治斗争的高压下进行的，其压抑无疑加重了李劼人写作中的痛苦。而据李劼人的档案资料，就在他一遍遍地尝试力图体现革命性、时代性的当口，"组织"对他的政治鉴定是："总的看来，李在整风'反右'后，没有接受教训，对于党的领导仍内心不服，对党的方针政策一贯抵触不满……实质上是个资产阶级反动派。"呜呼噫吁，我看着如此的"鉴定"，体悟着李劼人的痛苦，心里唯有希望这样的悲切不会再有，不再以某种场域中的空间关系和权力关系定论一个作家的文学地位，不再给文学强加超乎文学本身的任何其他因素。

原载 2014 年 10 月 31 日《文艺报》

"前无古人的笔法"

——旧版《大波》的世俗描写

张义奇

成都少城桂花巷 64 号曾有一处民居院落叫"聚园"，30 年代中期，李劼人在此赁屋居住。在这个幽静的院子里，他不仅创作、翻译了一系列作品，也完成了新文学史上著名的"大河小说"三部曲。这里是"大波"涌动的源头。

长篇小说《大波》有两个文本，一个是 1937 年由中华书局出版的上中下三卷本旧版《大波》；另一个是 1955 年开始重写于"菱窠"，由作家出版社出版的新版《大波》。由于两个版本的《大波》书名相同，题材相同，所以长期以来，人们一直认为新版《大波》仅仅是对旧版《大波》的修改。其实新、旧版《大波》创作路数完全不同，可视为两个文本。用作家自己的话来说，新版《大波》是"另起炉灶"。

旧版《大波》在 1949 年之后便未再版，由于年代久远，许多读者甚至包括研究者都与旧版无缘，这无疑造成了人们对《大波》的审美误读，也阻碍了文学史对李劼人全面、公正的认识与评价。

新、旧版两种《大波》在形式与内容上都存在着巨大的差异。从故事构成看，新版是在旧版基础上的扩容。旧版约 50 万字，是一部相对完整的作品；新版有 95 万余字，厚度增加了近一倍，却还是一部未完的残本。作家在临终前对医生说：《大波》还有 30 万字未写完。由于容量不同，两个《大波》写到的人物数量和重点也各不相同，新版写到的有名有姓的人达 438 个，旧版却不到一半。两个文本中的人物都可分为两类，即：虚构人物与历史人物。但这两类人物在新、旧版本中的地位与作用则是完全相反的，旧版着力刻画的是虚构人物，他们是全书的主角，历史人物不过是点缀；而在新版中，虚构的人物退居二线成了陪衬，历史人物登上了前台。从旧版到新版的变化，表明历史叙事在作家笔下已经发生了根本性变化，历史事件由背景转为场景，革命从幕后走向了前台。这既表明了创作时代的变迁，也体现了作家审美取向的变转：旧版注重历史叙述的艺术性，是一部世情小说；而新版突出的是小说的真实性，是一部历史小说。

关于新、旧版《大波》的差异，其艺术结构表现十分鲜明。新版采用"散点透视"，以不同历史人物的登场而随时转换历史场景，颇有《战争与和平》的气势，所以读新版如看历史；旧版则有清晰的故事线索，故而看历史实则在读小说。旧版有两条叙事线索，主线是黄太太和围绕在她身边的人物。叙事中心在黄公馆，通过黄公馆里各色人物的活动，连接起官府和社会各界，由此展开"大波"广阔的背景，而作家在描写具体个人的时候，则立足于他们的情欲世界和日常生活。黄太太是主线上的中心人物，她不仅对社会风云有着清醒的认识，能真正能洞悉全局，而且她对女性自身也有深刻的认识，她大胆追求情欲，把情人玩于股掌之间，这在男权专制时代是极其罕见的。黄太太以她的精明、能干和大胆追求个性解放而成为新文学史上绝不逊色于蔡大嫂的女性形象。旧版叙事的副线是盐市口伞铺老板傅隆盛及其他周围的人物，这是革命的民众基础，通过他们对保路运动的态度，作家为我们保留了辛亥革命时期成都最原生的历史面貌。

旧版不同于新版的最大地方是创作了一系列栩栩如生的人物。黄太太、楚用、吴凤梧、孙雅堂、傅隆盛、王文炳等都是各有鲜明个性的形象。新版中的人物塑造其实并不差，却因为大量的史事而被湮没了。

旧版《大波》作为一部史诗性的长篇小说，最智慧的地方在于作家避开了宏大的场面，把一场波澜壮阔的革命运动寓于饮食男女和普通人民的日常生活之中，以市民生活的变化和人物命运的戏剧性转变来展现社会的鼎革。因此读旧版常能引人入胜，其艺术魅力足以让在战斗间隙中的军人念念不忘：1937 年抗战初期，曹聚仁在上海四行仓库随军采访，指挥部一位军长像部署军事任务一样郑重告诉他，《大波》下卷已出版。军长请曹聚仁到中华书局去帮他把书买来。那晚，军长一夜没睡，一直在看这部小说。后来曹聚仁也读了《大波》，并把它推荐给亲友。曹聚仁得出的结论是"当代还没用比他更成功的作家"。

因为有了"大河三部曲"，李劼人才有了"中国的左拉""东方的福楼拜"等辉煌的声誉，而"三部曲"中因为有了旧版《大波》，也才可能得到已故香港著名文学史家司马长风的高度评价："在中国文学史上，这是前无古人的笔法"。

李劼人的确不愧如美国学者李欧梵所说，"是中国现代一流的文学家"！

原载 2011 年 11 月 21 日《成都日报》副刊"天下成都"

"杂色"李劼人的人生与文学

——付金艳《实业家李劼人档案揭秘》序言

李　怡

历史可能会证明，李劼人是中国现代文学史上最重要的小说家，也是中国现代作家中从人生到艺术都独具特色的一位。

在我看来，这独具的"特色"首先就体现在他人生艺术经历的斑斓多彩上，是为"杂色"。

一般写作者成了"家"，都愿意突出自己如何"文学"，如何"一心一意""为了文学"的面貌，如何更像"知识分子"的经历，然而，这肯定不适合李劼人，因为他的经历实在驳杂又个性鲜明。

李劼人一生经历丰富，志趣广泛，他出生在一个兼农兼医兼商又兼小官宦的人家，在成都度过童年，九岁因父亲赴江西候补而远走他乡，当过排字的童工。他十四岁时父亡，又携母扶灵，度炎凉世态，经千里风浪回川。中学时代积极参加保路运动，一度辍学求生，谋职于地方衙门，栖身于现代传媒。1919 年去法国勤工俭学，1924 年回国，任《川报》、《民力报》、《新川报》等报刊的编辑。又执教于成都大学、成都师范大学、四川大学等校，也担任过民生机器修理厂厂长，以及嘉乐纸厂厂长、董事长、总经理等职，一度还兴办"小雅"菜馆，引发了"教授开馆子，学生端盘子"的热议。抗战后曾主持中华文艺界抗敌协会成都分会工作，编辑会刊《笔阵》，1949 年以后，他被任命为川西行署委员、成都市副市长。

在现代中国，众多留学归来的知识分子大多选择居留国家政治文化中心，专心致力于著书立说与教书育人的"专业化"生存。与之不同，恰恰是来自现代化边缘区域的李劼人，不仅执着地返回到故土，而且保留了一位浸润于生活诸阶层、感染于社会多角色的普通中国市民的本色，正是这些独特的经历和追求，丰富了李劼人以区域文化体验为基础的文学资源，形成了他观察、思考问题的独立的角度和方向。

正是在这个意义上，我们可以说，没有"杂色"就没有李劼人，或者说，不能深入勘察"杂色"之于李劼人文学精神的独特意义，也就无法真正理解李劼人的精神价值、个性与追求。

所有这一切，都期待我们的研究者能够将目光从单纯的文本分析中放大开来，投射到更加广阔的李劼人的复杂经历与人生背景之中，在宽阔的场域中发掘作家的体验、感受，只有这样，李劼人的文学才能最终呈现出与众不同的风采。

当然，这样的工作并非易事，从江西、成都、法国到上海、重庆、乐山，各种经历、各种角色的故事都需要细致的打捞和耙梳。研究李劼人，不仅需要文学解读能力，也需要如李劼人一般的地域"行走"，需要对社会诸多阶层的沉潜、感受，需要能够辨识"杂色"的历史考辨力。

本书作者付金艳就是这样一位愿意付出的"行动者"。作为实业家的李劼人是作家除了"文学"之外的最重要的面相，长期以来却一直缺乏足够细致的研究，付金艳紧紧抓住这一课题展开了详尽的考察，在钩沉、呈现和梳理上做了大量扎实的工作，可以说是为我们奉献了目前在这一领域的最有分量的著作，填补了李劼人研究的空白。

付金艳女士过去一直致力于郭沫若研究，在我的印象中，她是以艺术感悟的敏锐而见长，有着郭沫若家乡学者所常见的那种激情和聪慧，今天，她对于李劼人的考察则体现出来另外的学术风格：严谨、求实、理性、稳健。我欣喜于这样的学术成熟，衷心祝贺她的学术的成功！愿意向广大读者推荐这样的学术著作，分享她的新发现、新收获。

2016 年 6 月于北京师范大学励耘居

用另一双眼睛看实业家李劼人

——付金艳《实业家李劼人档案揭秘》序言

陈　俐

今天，因为我们的现行体制，作家被分为"专职"作家或"业余"作家。如果按照这样的划分标准，民国时期好些文化人多半都会划入"业余"作家之列，现代作家李劼人就是典型一例。尽管他留下煌煌 600 万字的文学性著作，尽管他以"大河小说"蜚声现代文坛，他仍然只是一个"业余"作家。一直以来，人们的眼睛中只有文学家李劼人，却忘记了李劼人在其他领域的重要贡献。如果把李劼人研究比作"盲人摸象"的过程，文学研究往往只摸到"大象"的脑和长长伸出的鼻子，却还没有摸到"大象"的身子和腿。

付金艳老师的《实业家李劼人档案揭秘》为我们提供用另一双眼睛看实业家李劼人的全新视角。从 1925 年开始，李劼人的风雨人生就与造纸行业，就与后来在乐山建立的"嘉乐造纸厂"的兴衰成败联系在一起，直到 1952 年嘉乐纸厂公私合营为止，近 30 年时间，李劼人的壮年时期都和这个厂共呼吸共命运。对文学充满着浓厚兴趣且在这方面又极具天分的李劼人为什么要从事实业？又为什么要选择造纸行业？来源于他对中国社会精细观察和认知，来源于他人生的切实体验。自 20 世纪初李劼人参加"少年中国学会"，特别后来又到法国勤工俭学以来，"学会"内部对中国社会向何处去有过无数次的大论争，李劼人处在论争的旋涡中，对双方的政治主张都极为了解，但他最终选择了在政治方面的淡出，希望在学术研究方面，多研究社会学，在职业取向上，走一条更为务实的救国之路。李劼人的一生，和新闻媒介有过无数次的交集纠缠。从 1915 年首任《四川群报》的主笔开始，他先后任《川报》、《星期日》、"巴黎通讯社"、《华工旬刊》、《建设月刊》、《笔阵》、《风土什志》等报刊的主编、编辑和主笔等，并为国内最有影响的报刊如《东方杂志》、《国民公报》等撰写新闻稿件。长期的新闻从业经验，使他独具慧眼地看到纸质媒介对新闻报业的掣肘作用。在他看来，要新民、要启蒙，新闻传媒是最好的切入方式之一,新闻报业的发展又需要纸质传媒的支撑。而中国积贫积弱的现状,表现在中国西南部的工业乃至造纸业方面,却是一穷二白、一无所有。因此,从造纸业入手,以夯实"中国西南部文化运动之踏实基础",成为他将新文化传播和创办实业结合起来的现实选择。于是兴办在乐山的嘉乐纸厂成为他一生倾注心血最多事业之一。而一座工厂的历史就这样和一位文化名人奋斗目标结合起来了,一个企业的兴衰沉浮也就和一个大时代的发展趋势紧密联系起来了。由于著名报人、作家李劼人的参与,"嘉乐造纸厂"的办厂和经营理念就有了与其他企业迥然不同的性质和特点。

付金艳老师的《实业家李劼人档案揭秘》一书,以"嘉乐造纸厂"留存下来的大量原始档案揭开了作为实业家李劼人的隐秘面纱。该书从档案中,梳理了嘉乐纸厂办厂缘起和发展及式微过程,展示了嘉乐纸厂的经营和销售情况,揭示办厂过程中的各种人事纠葛,将李劼人鲜活人生的另一面呈现给今天的读者。这些浮出水面的历史真实为我们带来李劼人研究的全新认识与思考:

李劼人和嘉乐纸厂的档案研究充分证明了李劼人长远而独到的眼光,证明了川人敢于将理念变为实践的行动能力。巴蜀地区一贯被看作诗之王国,人们大都以为此地盛产诗人,却不了解四川文人潇洒任性却能顺势而为,敢想敢说又能敢做敢当,敢做敢当还能持之以恒的文化个性,李劼人正是在这些方面表现了独有人格魅力。五四时代,不仅是造就文化巨人的时代,也提供了知识分子全面发展,以求人生价值多方面得以实现的可能性。郭沫若是百科全书似的人物,李劼人何尝不是?他游走于经济与文化之间,穿行于西方文化与本土文化之林,他从商、从文、从政、从教,比一般的文人更具备生存的本领和实践的能力。他一边进行着无事功目的创作和翻译,一边又进行着实业经营之事功,到后来,很难分得清李劼人究竟是靠什么在为稻粱谋,又靠什么支撑着自己的精神和信念。因为只要于社会有益,于个人有兴趣,跨界发展也许更能在互融互动中找到生存的空间。在风雨飘摇、灾难深重的旧中国,将一个白手起家的工厂支撑到新时代的到来,没有比常人更多的坚韧和智慧是无法办到的。今天之社会,一方面是一个高度专业化且分工精细的时代,一方面又是社会许多行业此起彼落,在不断兼并和融合中多元化发展的时代,知识分子要适应这样的时代,李劼人的生存智慧无疑为我们提供了宝贵的启示。

档案中大量来往函件以铁的事实说明了李劼人和嘉乐纸厂对抗战时期的重要贡献,对中国文化事业特别是西南地区文化事业的有力支撑。在中国抗战最艰难、物质最紧缺的时刻,李劼人和"嘉乐造纸厂"的重要作用得到最大的发挥,他们的纸张在一定程度上缓解了军用、民用纸张的危机;特别是他们设立的"文化补助金"，将办厂的目标和理念落到了实处，让人感动于中国知识分子的一片救国情怀和无私之心。办企业，搞经济，需要有崇高的精神境界和社会责任感，这是实业家李劼人带给当前许多自诩为"儒商"的企业家们的深刻启示。

该书的大量档案，涉及了从李劼人在办厂中诸多的人事牵连。李劼人的多面人生并不是相互孤立的，因为他的文化人身份，自然吸引乃至号召有大量的文化人投入到其间。在嘉乐纸厂办厂初期，一批和李劼人一起参加"少年中国学会"及在法国勤工俭学的朋友们，成为他有力支持者，如何鲁之、王怀仲、梁彬文、卢作孚、宋师度等人，他们或者成为办厂的中坚力量，或者从经济和人事方面给予支持。档案还揭密了李劼人人脉圈中文化人生活的另一面，如武汉大学的教授朱光潜、刘永济、苏雪林、杨端六、黄方刚等，还有张真如、向仙樵、魏时珍、刘星垣等，他们或者以发起人或股东身份支持了"嘉乐造纸厂"的建设，或者以受助人身份接受了该厂的经济资助。这些珍贵的档案披露了这些文化人在经济方面的许多不为人所知的细节，打开了我们了解和透视文化人生存的另一扇窗户。

而李劼人和抗日名将孙震将军联姻办学、办厂的故事，更让人惊讶于当年办厂和办学模式的开放性。当年威名远扬的孙震将军不仅是御侮杀敌的抗日英雄，也是教育兴国的先行者和实践者。他将诸多资金投入成都树德学校的办学，树德中学董事会则以大宗股金投入支持"嘉乐造纸厂"的运营；嘉乐纸厂又以股息的方式回馈于树德中学，学校与企业之间实现了经济与文化之间的良性互动。当然，他们之间的经济来往首先是建立在双方诚信的基础之上。这也打开了我们当前校、企合作的眼界和思路，为双方的合作共赢、互惠互利提供了绝佳的范例和宝贵的历史经验。

打捞历史碎片，缝合历史隙缝，还原历史真相，有不同的途径和方法，可以通过当事人的回忆和口述的历史性资料，这一方法具有史实的丰满和细节鲜活的优势。但另一方面，由于当事人记忆的模糊，可能造成史实的偏差；或者可能因为预设的目的，在所谓的"实录"中重视于此而忽略掉彼。而所有的历史文献中，档案是最原始最客观的史实记录，由于它几乎没有主观性涉入其中，就是事实本身的忠实记录，因此，它更"骨感"，以此为骨架，来探求历史的原貌，应该是最为可信的第一手史料。

付金艳老师从过去只关注文学本体的视野中转过身来，将眼光投向对乐山市档案馆留下这批珍贵的档案的研究，这本身就需要一定的学术勇气。这种跨学科的研究，可能会因与过去的学术路径的不同而需要再学习，再重构自己的知识结构，还可能因为碰到因"不务正业"带来的学科管理难题。虽然现在都在强调学科间交叉性、互融性的研究，但真正落实到具体的研究过程，却还是有早就圈定的学科壁垒，有泾渭分明的"在野"或"在朝"的研究板块。作者敢于抛开这一切，抢救性地挖掘地方性资源，为李劼人研究开辟一条横看成岭侧看成峰的新视角、新路径，这是我非常钦佩且愿意为之唱和的原因之一。

作者历经五年的时间，大海捞针，从最繁难的档案清理入手，首先是海量的释读工作。那些字迹模糊、残缺不齐、前后错位的文字首先要变成规范的文字，录入电脑，就是对作者极大耐力和韧性的极大挑战，这绝对不是一条急功近利之捷径。其次需要从海量的档案记载中筛选出能构成事件前后脉络、因果联系紧密的历史信息，标示出一个个历史坐标，其间涉及大量的历史背景、人物生平和人事关系的繁琐考证。每走一步，都小心翼翼，每走一步，也都有发现的快乐。正是在冷板凳和热心情之间，作者一步步走出迷宫，逐步看清了李劼人那渐行渐远的背影，一个已轰然倒地的形象又清晰地站了起来。人生能有几回乐，在艰辛甚至痛苦的探究中，哪怕是揭开历史一个细小的角落，也是人生的一大乐趣。付金艳老师苦在其中，也乐在其中，我且愿意和他同乐。

2016 年夏 于乐山

回忆与怀念

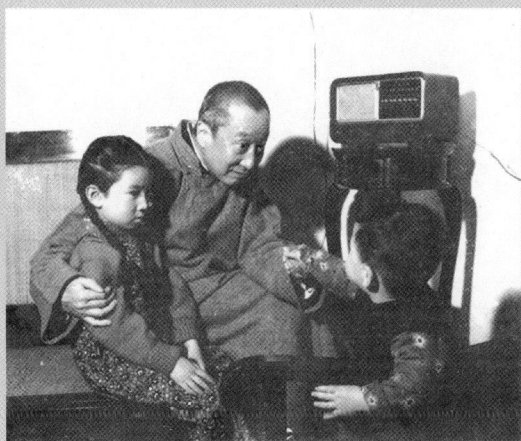

1957 年，李劼人与外孙女李
诗华、孙儿李诗云在菱窠。

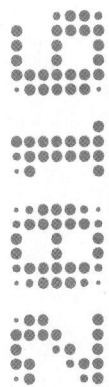

李劼人书信小集前言

李 眉

2006年，一个偶然的机会，从李劼人故居文物保管所得到父亲所写二百多封书信的电子文档。据说，这批书信是成都市文化局花了一笔钱从一个不愿露面的人那里买来的。

这批书信的年代是二十世纪五十年代初和六十年代初，从父亲就任成都市副市长之初期，直到父亲1962年12月去世前为止。其内容一部分是父亲与其老友张颐、魏时珍等来往信件原件，另一部分是父亲与我和我弟弟的来往信件之影印件。

父亲从成都市政府成立起即任副市长至去世，同时又是全国、四川省、成都市的人大代表和文艺界的一些兼职负责人，这样一个被共产党信任的人士，他的书信为何被人截留和拍照？这是一个值得深思的问题！

在看到这些信件的时候，我在惊叹之余，也有一种侥幸感：父亲给我们姐弟的信件均在"文革"中付之一炬，片字未留。如今竟然能重新看到我们这些家书，父亲当年的音容笑貌和生活情趣重又飘在眼前，这不能不说是"意外的收获"。

为此，特在此书信小集前写一前言，以表我的心情。同时，为阅读方便起见，将书信分为《李劼人书信集》和《李劼人家书》，每类按照时间顺序各装订成三册。

李眉

2007年4月于北京

一张"秘方"的故事

李 眉[①]

近看电视剧《大宅门》，剧中提到白家药房珍藏的医药秘方。此事勾起了我的一段回忆。

我们李家也有一种祖传秘方的药，它的全称是"李氏秘制朱砂保赤丸"。这种朱砂保赤丸的药方，据说是祖上传下来的。我父亲李劼人的八世祖清初从湖北逃荒入川时，就已开始行医。父亲的三曾祖父又是一位医生，并在成都开有中药铺，出售这种保赤丸。

从我记事开始，就看见家里堂屋正中除供有祖宗牌位外，还供有一个约二尺高的玻璃匣子。匣子中坐着一个头戴乌纱帽，身穿五彩丝线绣花的袍子，脚穿一双小黑靴的小人儿，小人儿的下巴上还飘着几缕黑黑的长髯。我们几个孩子对祖宗牌位上写的历代祖先的名字毫无兴趣，却对玻璃匣子中的这个小人儿屡看不厌，特别是对他的帽子、袍子和靴子兴趣极大，好多次想伸手打开匣子去摸摸这些逼真的衣帽，都被母亲挡住，并告诫我们，"不要乱动，那是祖上传下来的药王菩萨！"后来，我年岁稍长，父亲才告诉我那个小人儿的名字叫孙思邈，他是由我父亲的三曾祖父传下来的。

也是由我记事开始，每年都看见母亲一年里好几次把买回来的中药用一点白面和匀，有的还用面裹起来在火上慢慢烘烤，然后加上红红的粉末（后来才知道那是中药朱砂），在干净的瓷碗里捏成团，再用小刀切出一块，也是放在干净的磁盘里搓成小丸。小丸烘干后，就成了"李氏秘制朱砂保赤丸"。这种丸药主要治疗小孩高烧抽搐，对成人高烧也有疗效。

小时候我们家在磨子街（今状元街）和指挥街住时，我几乎每天都听到大门外时不时有人高喊："买丸药！"我母亲问明病情后，就用干净白纸视情况包几粒

---

① 此文为李劼人女儿李眉（1925—2007）的遗稿，未曾发表。

或十几粒丸药卖给来人。这样的情况一直到我们随父亲去重庆才停了下来。1935年6月，父亲辞去重庆民生机器厂厂长职务返回成都，我们家租住在斌升街11号，母亲又才开始了做丸药和卖丸药的工作，直到我们家迁到沙河堡"菱窠"以后，母亲也没有间断过她的这一工作。只是由于"菱窠"距城较远，交通又不方便，母亲就在城内找了一家中药铺代售这种丸药。

解放前的成都，特别是抗日战争前的成都，对外交流少，生活相当闭塞。在医药方面，没有几所医院，而且多是由洋人传教士创办。中国人自己开的小小诊所，大约也只有一两所。老百姓看病基本上是找中医，服中药。在这种形势下，我们家秘制的"保赤丸"就很吃香。

父亲曾向我讲述，在他十多岁至28岁去法国以前，由于家里收入每月除从商号领取五两六钱银子利息外，生活基本上靠出售"保赤丸"的收入来维持，得自然清苦。因此，他除了办报、写文章以外，也常帮助我祖母制作丸药。我母亲也曾向我叙述过父亲早年帮助家里制作丸药的情景：他左手拿着一本书，按在桌子上，右手在瓷盘里搓着丸药，看书和制药两不误。记得在我上大学时，曾看见父亲留下的旧信札中有一封李璜从法国写给他的信，信中还约他去法国参加"巴黎通讯社"的工作，其中就劝他不要固守成都，在家搓丸药之类的话。

"保赤丸"卖得火，包装上也逐渐有了改进。开始是用一张干净的白纸包上买者要的丸药。后来曾短时间内用过鹅毛管装药，封口处用秫秸秆塞住。抗战时期，父亲定制了一批小玻璃瓶，封口仍用秫秸秆，但用蜡焊封。同时，父亲写了约二百来字的说明书，印在五寸见方的嘉乐纸上，用来包裹药瓶。这种说明书，不是简单的药性、用量、用法等说明，而是出自于一个文学工作者之手的，既有叙述又有描写的言简意赅的通俗化药物说明，读起来很有趣，也很吸引人。父亲去世后，1963年初，我们家告别"菱窠"时，我还看见家中存留未用完的一些小玻璃药瓶和一大摞说明书，可惜我没有留下几张作纪念，至今连内容都记不起了。

"李氏秘制朱砂保赤丸"的制作传到我父亲这一代，大约有一百多年的历史。说起来很可笑，这个秘方一直保持着"传子不传女"的规定。我家老姑祖就对这份药方一无所知，而我母亲则几十年把药方牢记在心。

1949年底成都解放了，1950年上半年，我父亲就把这份秘方送给了长顺街一家老药铺。后来听我母亲说，父亲当时的想法是：现在解放了，这种药的疗效又很好，应该让更多的药房来制作，不要再搞什么私人的"祖传秘方"了。当然，那时还没有专利法，而就我父亲的性格来看，他也不会在解放以后还想把这份"祖传秘方"当成宝贝而私藏之，这从他嘱咐我母亲在他身后要将他的藏书、藏画、私宅等一并捐献给国家这件事情上可以看出。

我母亲晚年与我闲谈时，还不时提到我们家这个祖传的朱砂保赤丸。她说，这个药疗效极好。解放后，药方送出去了，但她仍每年做"半单"丸药留在家里，以备家人和亲友所需。1956年，孙子李诗云夜里突发高烧，开始抽搐。从沙河堡到城里已经没有公共汽车，更无"的"可打，周围又没有医院，也找不到医生，一家人给诗云喂了一些自备的保赤丸以解燃眉之急，否则后果会比较严重。

我向母亲询问这个"保赤丸"的秘方，她笑着说："现在医院多了，看病也容易，大人娃娃一发烧就吃消炎药，动不动就打针，哪个人还吃我们这个'保赤丸'？方子也早送出去了，也没有啥子秘密。我做的'半单'药方是：按以前十六两市制计算，有：雄黄一钱（飞净）、桨子（巴豆）一钱、胆南星一钱、麝香五分、牛黄五分、朱砂一钱（飞净），以上各药加干面糊一两和匀，其中巴豆要先用面裹后在微火上烘烤，然后剥去外壳，再用纸包起将油榨干。丸药颗粒比绿豆略小，做好后再余一钱朱砂"。

这就是我们李家一张秘方的故事，简单，却有不少病人记着它。

2001年5月　北京

我的婆婆 [1]

李诗华

我的婆婆大名叫杨叔捃，离开我们已经 32 年了，但是她的音容笑貌永远在我的脑海里没有淡去，反而随着我年龄增长越来越清晰了。婆婆的形象在我的脑海中一直是这样的：一双明亮而慈祥的大眼睛，总是带着笑意；头发浓密稍有弯曲，为了梳理平顺有时要抹一点发油；无论春夏秋冬都穿着中式大襟衣服，当有客人来访或者随同爷爷出席重要的场合时，就要换上旗袍；平日的衣服为了更加平整，有时洗净后还要用米汤浆过。婆婆在我的心里每天总是神清气爽，衣着整洁，一副干练的样子。

我的婆婆，是妈妈的妈妈，即是我的外祖母。但从我刚满一岁就跟随外公李劼人和外婆生活，我是长孙女，深得他们的疼爱。我从牙牙学语开始，就叫他们"爷爷""婆婆"，我这样叫了一辈子，今天依然。

杨叔捃女士
（1954 年摄于成都）

如果把人的记忆分成若干小格，各不相同的记忆分门别类的储存，我的婆婆就珍藏在我脑海里最最柔软、最最温暖的那一格。每当我想念婆婆的时候，那里都会有一双慈爱的带着笑意的眼睛看着我，还有那双忙碌时微锁的眉头和蓝布大襟衣服上的油烟味……时光荏苒，我现在当了一对外孙女的婆婆，今年春节，我带她们回到了老家成都，当我走进菱窠大门时，分明看到婆婆还是那个样子向我迎来，我心里轻轻地喊道："婆婆，我回来了！"

回忆婆婆就不得不提到我的爷爷李劼人，爷爷一生以写作为主要职业，为这个世界留下很多文字和史料，可以看到他大量的著述以及研究他的文章，从中可以找到爷爷一生的轨迹和对祖国的

---

[1] 我自小从母姓，爷爷按照李家辈分赐名，我在这里回忆的婆婆是我的外祖母，在我们家称呼祖母和外祖母都喊"婆婆"，称呼祖父和外祖父都喊"爷爷"。

贡献。但从来没有人注意到我爷爷背后的这位女性，她是谁？她的生活轨迹是怎样的？她的人生价值在哪里？她——就是我的婆婆杨叔捃。婆婆一生都在丈夫的身后默默无闻，直到今天，连我们家人都几乎说不出我的婆婆做过什么事情"大"，但是我们分明感觉离不开她，任何时间想到爷爷就一定会联想到婆婆。爷爷经历过的大事都有婆婆的身影，她是爷爷身边最离不开的人。婆婆把自己的生命全部化作浓浓的爱，化作涓涓细流，融入了这个家庭；她一生从不考虑自己，家里无论大事小事都离不了婆婆，她是我们这个家的主心骨；她把一生都贡献给了自己的丈夫、儿女和整个家庭，最终，连同他和爷爷苦心经营的全部家当都献给了国家，她才放心地离去，融入她心中的江河，静静地离去。

可以说没有婆婆的一生奉献和支持就没有我爷爷现在的成就和贡献。

一、婆婆的身世和婚姻

我的婆婆于 1899 年 10 月 11 日出生于四川成都杨家大院，她也是清初入川移民的后裔，无非来自陕西而不是张臂成荫的湖、广罢了。杨家是个衰败的封建大家族，鼎盛在道光年间的海霞公一代，那时人丁兴旺没有分家，上百口人齐聚一堂一锅吃饭。到了道光十八年（1838 年）海霞公逝世后，他的四个儿子分成了四大房，我的婆婆是杨家三房的后代，婆婆的父亲名杨史贤（字直如，大排行第四）。婆婆刚满八岁时她的母亲就病逝了，撇下她和两位兄长成了没娘的孩子。在这个封建大家庭里，失去母爱的婆婆从小就饱尝了人情冷暖，这对她一生都留下深刻印迹，也是她一生仁爱、宽容、勤勉的源泉。

到婆婆这一代，杨家已经没有了往日的兴旺和繁华，但是富贵人家惯有的恶习倒留下不少。从小，我在听婆婆讲述往事时，曾问过杨家那么大的家庭，四房又没分家，每天百十人吃饭，靠什么生活呢？婆婆笑称："杨家的男人外出挣钱的不多，又大多不长寿，家中一应事物都是靠女人在精打细算，拆东墙补西墙地操持，真真是'十二寡妇'[①]出征，那时真难啊！"婆婆就出生在这样一个庞大、复杂、封建、没落的大家庭里，一直到将满二十岁。

婆婆出生在晚清，杨家虽有塾馆，但家中女孩子却不能像男孩子那样名正言顺地上学，因此婆婆在娘家时只是跟着兄长认了些字，并没有多少文化。那时汉族时兴妇女"三寸金莲"为美，小女孩要从幼年裹脚，而我的婆婆小小年纪就没有了

[①] 指北宋仁宗年间，西夏兴兵欲夺中原，以余太君、穆桂英为首的杨门三代十二位寡妇出征抵御外侮的故事。

母亲，但婆婆自己很"爱好"（指追求完美，对自己要求高），没有了妈妈给自己裹脚，婆婆就自己动手裹脚。一个小女孩自己裹脚当然没有裹成"三寸金莲"，脚趾却仍然严重变形，至后来放足，成了半大"解放脚"，但这对她今后的生活却是好事，做起事走起路基本和"天足"一样，干起活来更方便了。在失去了母亲的家庭里，婆婆做饭洗衣，操持家务，做衣纳鞋绣花，样样拿得起放得下，在杨家大家庭里，过得堂堂正正，连性格都豁达起来。谁也没有注意，杨家三房这个小女子渐渐长成了大姑娘。

1919年（民国八年）时，我的爷爷已经二十八岁，这在当时就是大龄青年了。爷爷的母亲早就为儿子迟迟不成家着急，又问不出所以然来。

有一次爷爷的母亲又问道："你到底看上哪个了嘛？看上了好去给你提亲！"爷爷磨蹭着回答："杨家，杨家不是有那么多表妹吗？"当妈的这才醒悟，原来是儿子对某个表妹钟情了。因为自从爷爷十五岁时他的父亲病逝于江西，他随母亲回到成都，就一直住在母亲的娘家，住在杨家大院的后院内，爷爷的母亲本是杨家四房的女子，嫁给了爷爷的父亲李传芳后，爷爷自然是杨家四房的一个外孙。在杨家那个大家族里，爷爷有二十个舅父辈和三十个姨母辈的长辈，更有几十个同辈表亲，所以爷爷看中某个表妹是再自然不过的了。

爷爷看中的是杨家三房的表妹，小他八岁，也是爷爷母亲的内堂侄女，刚出五服。就这样，李家再次和杨家定了亲。

当年，爷爷决定到法国勤工俭学，可是留学费用资费是个大问题。[①]最疼爱他的亲舅舅杨硕贤（字彦如，大排行十八）非常看重这个外甥，对年少丧父的爷爷一直关怀备至，提携有加。这次为了爷爷出国留学，尽管他自己过得也不宽裕，还是拿出了卖掉一座小宅子的贰百大洋慷慨资助爷爷，加上李家老亲戚的解囊，出国留学的费用终于落实了。

1919年8月，在爷爷启程前七天，李、杨两家办喜事，婆婆正式嫁入李家，那一年爷爷整二十八岁，婆婆将满二十岁。有趣的是李家就居住在杨家大院的后院，等于是这次结亲，婆婆的娘家在前院，婆家在后院，中间只隔着一个大花园。平时来往就很方便，但结婚是大事，新娘子断不可从前院走到后院就行了，因此新婚花轿抬着新娘（我的婆婆）从杨家大院前门的磨子街（现名状元街）抬出去，红红火火地沿街绕了一大圈，才把新娘子抬进了杨家后院所在的指挥街118号李家。

---

① 爷爷留学和结婚的费用来源为三部分：1.李家几代人的积蓄，从放在商铺生息的500两银子中抽出200两。2.亲舅父杨硕贤资助200大洋。3.爷爷父亲的老外家们资助若干。（见李眉的《李劼人轶事》）

那天的热闹气氛虽然隔了将近百年，我们做孙辈的还经常能从杨家亲戚留传下来的打油诗里看到："天上打雷笑呵呵，地上做媒二十哥。打打扮扮九小姐，标标致致李表哥。"[1]"红爷公，红爷婆，带着娃娃吃么喝。"[2]

打油诗里提到的"二十哥"就是爷爷的幺舅杨棣贤（大排行二十），也是婆婆和爷爷的媒人；"九小姐"说的就是我的婆婆杨叔捃，"李表哥"就是我的爷爷李劼人。

多少年过去后，婆婆向我们讲述她结婚的盛况时，讲到"凤冠霞帔"、大红盖头、大红百褶裙和杨家大院里参加婚礼的亲朋好友们欢声笑语时，婆婆面带微笑，娓娓道来，我们从婆婆的脸上好像看到了她当新嫁娘时的幸福和娇羞。

婆婆在杨家的同辈女性大排行中是第九，所以她在娘家时上下都称她为"九九""九女子""九表姐""九表妹"，结婚后杨家亲戚就称她为"九姑妈""九姨妈"，爷爷的朋友就称她为"九嫂""九婶"。因为婆婆和爷爷同在杨家大院长大，九表妹成了自己的妻子后，从此婆婆一辈子就享用了爷爷对她的专属昵称，一个字："九"。简练又亲切！

爷爷的母亲是婆婆的堂伯母，我小时候总是搞不清楚家中亲戚的人物关系，这时，婆婆就用《红楼梦》中人物来比方："我和爷爷的妈就是王夫人和王熙凤的关系嘛！"李家和杨家两代人结亲，真是渊源不浅。婆婆曾告诉我，爷爷当年曾和自己的母亲和妻子开玩笑："你们两个人只需印一盒名片就够了，上写'李杨氏'，地址也相同，你们两个人都可以用。"玩笑归玩笑，婚后我的爷爷给新婚妻子取名杨叔捃，婆婆终于有了自己的官名。

二、刻苦学习鸿雁传书，夫妻感情深厚绵长

爷爷的母亲因右腿患病导致残疾多年，不能行走，婆婆嫁入李家一个很重要的任务就是要在爷爷出国留学后照顾婆母，操持家务。新婚后仅七天的爷爷告别了家人和新婚妻子，启程到上海集结，学习法语，等候船期，远渡重洋去法国留学，归期遥遥。过门没几天的婆婆就得留在家里，担起了家庭生活的重担，既要向婆母学习、制作和售卖李家的祖传方剂——"朱砂保赤丸"（专治小儿高烧惊风的中成药，爷爷留学期间家里的生活来源全靠卖这种丸药维持），还要照顾婆母生活，

---

[1] 这首打油诗是嫁到曹家的李劼人亲姨母（即曾任过嘉乐纸厂厂长曹青萍的母亲）在婚礼上即兴唱出来的（下一首同）。

[2] 么，音 mo，见《李劼人研究 2007》P112，李眉的《李劼人轶事》。意为：娃娃并未受邀，跟着凑热闹，沾光吃到酒肉饭菜。该打油诗是嫁到曹家的姨母在婚礼上即兴唱出来的。

辅助婆母操持家务。

新婚妻子与婆母
（1922年摄于成都，寄给在
法国留学的李劼人）

杨家本是个讲究饮食口味，讲究美食的家族，杨家各房女人都会几样"私房菜"，过门后的婆婆主持灶房，不仅把杨家私房菜越做越好，还向婆母学会了李家的家传菜（李家祖籍是湖北黄陂，虽然入川八代了，但每年祭祖时都要做几样湖北的家乡菜祭献）。自此，可以说李家的私房菜是婆婆继承和发扬的，后来再加上好美食的爷爷"提携培养"，才有了"李劼人是个会做菜的美食家"这样的说法。事实上，来过李家吃饭的亲戚朋友们都知道，婆婆才是李家的"大厨"呢！直到今天，我们后辈在每年春节的家宴中，还保留了两道李家的家传美味——青菜头焖酥肉和肉末黄花粉丝呢！

除此之外，婆婆的重要事情就是给爷爷写信了。

婆婆没有正式上过私塾，在娘家只是粗通文字。自嫁入李家，从爷爷留学时两人通信开始，才系统地学习、读书、写字。婆婆把写信也当作自己的责任之一，尽自己的能力，把家中事情描述给爷爷，把亲戚们的问候传达给丈夫。虽然婆婆写给爷爷的信不及爷爷回信的次数和内容多，但是一个旧式妇女能把家中大事要事都叙述清楚，把自己的思念表达明白，寄给万里之外的丈夫，在那个时代也是非常不简单的！婆婆的文字水平也就是在那个时候得到了大大提升。

后来婆婆可以自如地读书、看报、写家信，并有了一定文言文的基础，《牡丹亭》《西厢记》《红楼梦》里的许多诗词都能背诵，还看了很多外国翻译小说。几十年下来，婆婆的汉语水平一天天提高，直到晚年，婆婆每天都在坚持看《北京晚报》和《参考消息》等报章杂志，真是身不出门便知天下事。毋庸置疑，读书看报纸是婆婆从爷爷那里学来的习惯和爱好。

在将近一个世纪前，婆婆和爷爷两人远隔重洋，书信是连接法国和中国的唯一桥梁，频繁的鱼雁传书表达着他们相互的思念、关爱和坚守。我无法想象爷爷远在法国求学将近五年艰难时光里，婆婆是怎样度过的。现在，我只能从爷爷的小说《同情》（爷爷以自己在法国患重病期间情况创作的中篇小说）里，找到一些蛛丝马迹：爷爷到法国不到两年，突发急性盲肠炎，后发展成腹膜炎几乎丧命，在那住院的

62天中，不曾给家中写信，打破了原本五天或八天一封信的规律，当爷爷稍稍缓解病痛时，他就想着家中他的母亲和妻子该何等着急！

我在《同情》里看到了这样的描述："以我平日对家里来信的观察来说：只要吾妻的字迹稍为潦乱，就要狐疑不是写字的人害了病，就是生活失了常度，或是心理有了不安，何况吾妻对于我的注意，似乎比我对于她的还亲切十倍……"

"……因为经过空间距离三万多里，时间距离七十多天的一封动人心魄的信，从各方面着想来，关系都很大，不能不把十分的病情减轻至三分，二分的痊愈可增加上七分；再一寻思当家中拆读我这封信时，或许我已经健跳的和野牛一样，我又何必把当时暂时的状况去惊人呢？所以我在这封信内完全用了一进三退的笔调……"

文上自批："献给吾妻"。

有一首《相见欢》的词："无言独上西楼，月如钩，寂寞梧桐深院锁清秋。剪不断，理还乱，是离愁。别是一般滋味在心头"正是他们当年心情的写照。

婆婆和爷爷的感情没有因为时间、空间的阻隔而淡漠，是书信把他们连在一起，反而更深了。靠着对爷爷真诚朴实的爱和信任，婆婆一直等到1924年8月，爷爷从法国归来，全家团聚，那几年是婆婆写信最多的时候。

婆婆把爷爷寄回家的信保存起来，连同爷爷在重庆工作期间两人的通信，一直保存了四十几年，从上世纪二十年代到六十年代中，无论搬过多少次家，从成都搬到重庆，从重庆搬回成都，一直到爷爷去世后搬到北京，这批珍贵书信都是婆婆心中的珍宝。我只在上小学时，看见过一次这些捆扎整齐包裹严密的信。但是，到了1966年"文革"在全国范围展开时，我那已经去世四年的爷爷，竟也被造反派挖出来缺席批判，大字报从市委一直贴到了人民南路上，纠斗的火势大有继续蔓延之势，人心惶惶。婆婆当时虽在北京居住，但在那疯狂的年代里，无法预测北京是否就一定安全。红卫兵神通广大，要是顺藤摸瓜找到北京咋个办呢？于是倾筐倒箧，珍藏了47年的书信就在这一年"横扫一切牛鬼蛇神"时被全部销毁！我一想到婆婆看到熊熊的火苗舔过那一篇篇信纸，无情地吞噬那一行行熟悉的字迹时，心中一定在绞痛着哭泣，一定在无奈地忏悔，天啊！这不是作孽吗？爷爷一生著述甚丰，但只有这些书信才真正是爷爷写给婆婆一个人的文字，是爷爷婆婆的心声啊！连同书信一起销毁的还有爷爷的几十本日记和记了几十年的账本，都一起从这个世界上消失了……"文革"中，全国范围被破坏被销毁被"砸烂、再踏上一只脚"的文物、书籍何其多，无数家庭都有类似的经历，我家也不例外，罄竹难书！它给我们的祖国和人民带来的伤痛、灾难和损失，永远永远也无法弥补了！

婆婆写的信，目前仅存有两封信的复印件，一封是上世纪三十年代写给在重庆民生公司的爷爷的，另一封是1962年10月6日写给在北京的我的。现在看着这些用毛笔小楷和铅笔写的信件内容，是那么亲切，婆婆的声音似乎都从纸面上传了过来，读起来不禁就更加怀念我的婆婆了。

三、在"菱窠"安定下来的温馨时光

"菱窠"是我爷爷婆婆故居的名字，地处成都东郊沙河堡镇，始建于1938年7月，建成在1939年春天，当时是为了躲避日本人对成都市区的轰炸而建造的"疏散房子"。菱窠是自爷爷起上溯八代李家的第一处房产，1939年春天，爷爷婆婆带着全家搬到了菱窠居住，到1962年底爷爷去世，1963年婆婆随儿女搬到北京居住，婆婆和爷爷在这里一起生活了24年。

初建成的菱窠远远没有现在看到的那么好看，房屋墙壁是黄泥巴墙干打垒式的，房顶是麦草覆盖的，加上沙河堡当时完全是乡村，周边的田坎小路上晴天一路浮土，雨天一脚黄泥，就是到沙河堡街上去都不方便，而且还远离市区，交通不便，不容易进一趟城。那时菱窠也没有通电，唯一的照明只有小小的清油灯，火光如豆。这样的居住环境对婆婆来说，实在太落后了，尤其婆婆从小生活在城里，感觉更不好了。刚搬到菱窠时婆婆不免经常抱怨，可是爷爷非常喜爱菱窠，这不仅仅是李家的第一处房产，还有这乡野间清新的空气，冬暖夏凉的房了，宁静的环境和美丽的田园风光，这可是爷爷最中意的写作环境。

从我表弟①的《1939年菱窠旧景俯瞰图》②画稿中可以看到，抗战胜利后改建③了的菱窠主楼仍是两层的干打垒土墙结构，主楼楼下是书房、卧室、客厅和餐厅；楼上还没有现在这样的环廊，房间也没有窗户，楼上房间之间的墙壁是按照川西民居标准方式(篾笆笆墙)建造的。楼上是爷爷的藏书楼，供奉着李家祖先牌位。家人的用餐等在主楼西侧的平房内。整个菱窠院内最多的还是原来果园里留下的果树（菱窠地皮是爷爷的朋友谢苍离赠送的果园一角），院外是水田，不远处是菱角堰。搬入菱窠后，按照爷爷的规划，院内留下一些果树，辟出可以栽花草、摆盆景的地方。院门外间隔种植杨柳和桃树。后来又请来木匠制作了居家所需要的全部家具和书柜等，婆婆和爷爷共同努力经营着自己的家园。

---

① 李诗云，李劼人嫡孙，李远岑之子。
② 见李诗华:《我的"菱窠"》一文插图。
③ 周孟璞:《我所知道的菱窠》，见《李劼人研究:2007》，153页。

二十世纪三十年代，爷爷的写作进入鼎盛阶段，创作并出版了奠定其文学地位的"大河三部曲"和其他许多小说、散文等。菱窠院内也一天天变化着，生活开始慢慢稳定下来，那时期是全家人最温馨最珍惜的一段时光。据我母亲回忆，她和舅舅那时正在上中学，每逢寒暑假就猫在家里看小说，中外小说、报章杂志什么都看，母亲和舅舅还经常比赛谁能说全《水浒》中一百单八将的绰号呢！每天晚上的时光是这样的，简单的"消夜"（其实就是晚餐）后，全家人一人一盏清油灯，或读书，或写作，各人渐入佳境，这种情形永远留在母亲的印象里。

婆婆和爷爷每晚有必做的"家庭作业"，就是报账记账，夫妻俩在油灯下一个讲，一个记，婆婆慢慢讲述今天家中杂事和趣闻，报出今日买东西所花费的支出，和爷爷商量家里的各种大事小事，商议着接济哪一个遇到困难的亲戚。如爷爷有客人来，更要在一星期前讨论应做哪些时令菜肴，采买哪些原材料等。爷爷边听边问，有时还要问到沙河堡街上的细节、日用品等价格的变化，甚至听婆婆讲到一些笑话或歇后语等生活方言，爷爷都要详细寄到账本的边页上。爷爷的账本不仅仅是家庭收支的流水账，也是社会万象百态和经济变化的万花筒，他全方位地观察社会生活，从婆婆的描述和讲解里捕捉生活中有用的细节，这些账本也是爷爷搞创作的思路和材料来源之一。如前所述，这些保存了几十年的老账本，也在那疯狂的年代里被销毁殆尽，否则，这些家庭账本，该是多么宝贵的社会实录啊！

记完账，爷爷开始进入每天的最佳创作状态，铺开笔墨纸砚，毛笔开始在纸上行走……婆婆则坐在爷爷书桌旁的摇椅上，捧着爷爷写好的小说稿，续读昨天的故事。爷爷的小说中许多场景都是依据杨家大院来写的，许多人物的原型也有杨家人的影子，婆婆熟悉他们的相貌谈吐、穿着打扮。创作中爷爷甚至把婆婆与家人亲戚之间的日常对话原封不动的用到书中人物的对话中，读到这些自己说过或听过的熟悉的对话，常常引得婆婆哑然失笑。读到不通顺的地方，婆婆也要提出，爷爷很看重婆婆的意见，随即修改。婆婆不仅是爷爷许多作品的第一读者，也是给爷爷提出修改建议的第一人。在与友人谈到创作计划时，爷爷曾说过："若果无病，无痛，无意外耽搁，到八十五岁，或可如愿以偿"①。"即令不给稿费，我还是要写，写作已成为我生命力的源泉，对于名利二字，我早已置之度外。"②虽然爷爷的生命没有达到他的愿望，但是在爷爷热爱一生，贯穿一生的文学创作里，都包含了婆婆的大量奉献和默默支持。

菱窠是个大院子，有楼房有平房，还有花园和果树，每天婆婆都要忙里忙外，

---

① 李劼人：《李劼人全集》第十卷，《致刘白羽的信》，成都：四川文艺出版社，2011 年，第 214 页。
② 李劼人：《李劼人全集》第十卷，《致李眉信》，成都：四川文艺出版社，2011 年，第 184 页。

有时候爷爷在书房里工作，有事情要找婆婆，又不知婆婆在哪里忙碌时，就会在书桌旁提高嗓门喊几声："九！九！"无论婆婆在院子里什么地方，都能听到这一声并马上到爷爷身边去。半个世纪过去了，我一想到婆婆和爷爷，这声音就在我耳边响起，好像婆婆和爷爷都没有离开我们——这声音永远不会消失，我永远不会忘记。

四、家就是婆婆一生的世界

婆婆做了一辈子的家庭妇女，没有外出工作过，她的全部精力就是相夫教子，家，就是她的整个世界。

因婆婆是幼年丧母，她对我说过："我从小没有了妈，我知道没有妈的娃娃最造孽了（最可怜），所以我要对自己的娃娃做最好的妈妈。"婆婆对自己的儿女和孙辈真是充满了无比的慈爱，耐心、宽容、开明这几个字眼就是婆婆在我们心中形象的写照。有一次摆龙门阵，我问婆婆，说："您一辈子最难忘的是什么事？"婆婆回答："我这辈子记得最清楚的就是你妈妈和舅舅的事情了，哪一件都可能要了我的命啊！"婆婆说的是我舅舅被土匪绑票和我母亲被捕入狱的事情。

我的舅舅刚刚四岁时，刘文辉属下一个连长为勒索钱财，指使票匪绑架了我的舅舅，幼子遭绑的那些日子，婆婆每天食不下咽，心急如焚。为救儿子，爷爷四处奔波，辗转托人，多方斡旋，花费了从好朋友刘星垣那里借来的一千元大洋，全家经历了"惶急欲死"的二十八天，才把儿子赎回来。成都解放前夕，家里又遭不幸，国民党政府针对爷爷的政治态度和不与政府合作的态度，为了给爷爷施加压力，四处追捕参加了共产党进步组织的母亲和舅舅，舅舅侥幸逃脱，但我母亲被捕入狱。婆婆又一次陷入可能失去女儿的恐惧与悲愤之中，如果没有爷爷当时的社会地位和声望，我母亲差一点被害狱中。两个孩子都遭遇了九死一生的险境，这是婆婆一生都没有摆脱的阴影。但是我们每每听到婆婆谈往事时，从未听过婆婆有伴随寡母支撑家庭的清冷的话语，从未说过辅助爷爷创业的艰辛之言，更没有为家庭及亲友操劳的抱怨等，唯一多次提到的就是这两次儿女被绑票、被抓走后自己在焦急、痛苦、绝望的等待中度过的日子，婆婆一生遭受的最大痛苦莫过于此。因此，她更加爱丈夫，爱儿女，爱第三代、第四代[①]，爱这个她像燕子衔泥般注入巨大心血的家——菱窠。

[①] 婆婆在八十高龄时，我生了女儿，并和婆婆在一起生活了五年，我的婆婆总算是见到了第四代。

1950 年后，当时政府鼓励像我婆婆这样有一定文化和身份的妇女走出家门参加国家建设，可以由成都市政府安排婆婆的工作。但是爷爷反而不赞成婆婆走出家门，因为当时爷爷刚被任命为成都市副市长，增加了许多政务活动和基础工作，由爷爷创办的乐山嘉乐纸厂又刚刚起死回生，百废待兴，菱窠家里还有一大摊家务事，婆婆如果外出工作，爷爷的工作、生活必定受影响。为了料理爷爷的饮食起居和全家生活，婆婆放弃了走出家门为国家出力，同意留在家里，甘于料理家务，亲自为爷爷做菜，操持整个大家庭的生活。

最有意思的是爷爷一句话道破了所有原因："你要出去工作，我吃饭怎么办？"原来爷爷外出工作时，只要下午没有要紧事，连午饭都是一定要赶回家吃的。晚上的晚餐（李家叫"消夜"）更是婆婆的重点项目，专为爷爷做的精致菜肴都是婆婆亲手烹饪，爷爷当然不愿意婆婆出去工作了。

有"美食家"称号的爷爷离不开婆婆的厨艺，婆婆的厨艺也离不开爷爷这个挑剔的"食客"，更离不开试做新菜时爷爷的指点。多年后，婆婆提起为爷爷做菜时还这样说道："你爷爷要根据时令顿顿不能重样，我天天都要想下一顿做啥子菜？有时候夜里醒来还在想，简直把我脑壳都想痛了！"

到了二十世纪六十年代那"三年"中，为一家的老小基本温饱，为保证爷爷的营养，为孙辈健康成长，为接济有困难的亲戚，为爷爷的老友们偶尔来菱窠"打牙祭"，婆婆想方设法，呕心沥血，在菱窠院内种菜，在"黑市"购买高价红薯以弥补粮食不足，操尽了心血，全家终于平安度过那一段艰难岁月。

婆婆给我们最大的关爱要数每日家里的三餐了，一样的做饭条件，一样的普通食材，婆婆能做出与众不同的美味！回忆婆婆的手艺最多的是以时令菜蔬做的菜肴，还有那引人垂涎欲滴的新红辣子、胡豆瓣和水豆豉。无论家人在外面多么辛苦，回家能吃上婆婆做的饭菜，就是天下最幸福的事了。婆婆为烹调这些美味，半辈子里都是用的柴灶或煤炉啊！今天我们用着很方便的燃气和现代化的厨房、厨具，面对超市里各种琳琅满目的生鲜，居然每天还发愁做什么，怎么做。我经常和家人感叹婆婆的手艺，除了美食家爷爷的"指导"外，如果没有对家人的爱心，哪里能做出这些美味佳肴啊！

从 1953 年夏天开始，婆婆开始承担起抚养孙辈的重任，直到晚年，为子女解决了后顾之忧，我们家三个孙辈都是在婆婆身边长大的，我和表弟幸运地在菱窠度过了难忘的童年时代。

记得在我小时候，每天下午都看到婆婆忙完了家务活，就站在卧室西面的窗台边（菱窠建筑为土坯干打垒墙，有很深的窗台），开始练习中楷或小楷，每天一篇字，从不落下。我等着婆婆写完后，就在窗台下开始了我和婆婆的"阅读时光"，我们一同依偎着坐在黑色的木质马桶盖上，《西厢记》《红楼梦》，《十五贯》和《木偶奇遇记》等许多连环画，书里那些美丽的古装美女和奇幻的故事开启了我最初的审美历程。

爷爷的书房是全家最宝贵、最敬畏的地方，我一直感觉到婆婆把每天打扫爷爷的书房是当作一项重要而神圣的事来做的。爷爷书桌的左手边有一盏台灯，绿色的灯罩，书桌前方整齐地摆着笔筒、笔架、砚台、水盂等文房四宝，书桌两侧放满了书刊报纸、手稿、信件，虽说东西很多，但是从不杂乱。有时婆婆在书桌旁边一边说着家常一边替爷爷研墨，这样的情形经常出现在我的脑海中。爷爷的书桌抽屉里面是我们孙辈总想看的神秘"藏宝处"，小孩子被告知决不能去翻抽屉。当爷爷拉开抽屉找物品时，我总要及时多看上一眼：里面简直是个"聚宝盆"，东西很多但放置非常整齐，记得有象牙的镇纸，有好几个常用的印章和印泥盒，有手表和眼镜，还有一些非常精美的信笺和稿纸。爷爷的书桌不仅是我们孩子的"禁区"，其他人也不能动书房内的物品，因此爷爷书房的清洁卫生，必是婆婆亲自操劳。婆婆每天擦拭书房内的家具，非常细致小心，先用湿帕子擦拭，再用旧绸布擦拭，因为这样家具上就不会留下水渍，书桌上的物品可以马上回归原位。

自从开始养育我和弟弟以后，婆婆每天更忙了，减少了许多原本可以与爷爷一同参加的活动。爷爷很喜欢看川剧，也很懂得川剧，他关注着川剧的发展。演戏一般都会很晚结束，我和弟弟当然不能跟去看戏，婆婆为了照顾我们也舍去了许多看戏的机会。但是有一次我记得非常清楚的事情：那次婆婆安排我们早早睡了，随爷爷进城去看戏，不知怎的我忽然醒来，身边不见婆婆就大哭起来，正在哭，突然看到婆婆搭乘市政府的汽车赶回来接我了！原来婆婆人在戏院，心里却放心不下我，担心我醒来找不到她会哭，戏刚开演就好像听到了我的哭声，婆婆坐不住了决定回来接我，这真是婆孙两人心有灵犀啊！那天夜里演的什么戏我完全记不得，但是婆婆抱着我坐在车里赶往市内戏院路上的情形却非常深刻，汽车颠簸着，车灯在黑暗中射出两道白光，我偎依着婆婆，闻着她衣服上的味道，感觉是无比安全，我是世界上最幸福的人！

1962年12月13日，成都照例是阴冷潮湿的天气，爷爷被召到市里开会，坐在靠近走廊的位子上，一股带着寒意的穿堂风不时吹了过来，很快爷爷就感到不适，回家当晚即发高烧，凌晨婆婆边送爷爷住进了医院，边通知我母亲和舅舅赶回成都。在我母亲和舅舅没有赶回时，医院只有婆婆一人服侍爷爷。在整整一周的时间内，爷爷的病情来势凶险，多次吐血便血，婆婆昼夜坚守在床旁，望着被病魔折磨的爷爷，心急如焚无法入眠。虽经过医生全力抢救，但最终仍未能挽救爷爷的生命，12月24日，爷爷永远离开了我们。从爷爷发病到去世，一共只有十一天，那是婆婆一生中最最黑暗的日子，爷爷的突然离世是全家人没有任何思想准备的，对婆婆不啻于晴天霹雳般的噩耗。我的婆婆想着他们43年的婚姻，夫妻一起走过的相濡以沫的生活，共同努力经营的家园……没有爷爷的日子该如何过下去啊？

爷爷病逝后，菱窠要捐献，婆婆住哪里？母亲、舅舅和婆婆商量，婆婆毅然决然地说："哪里有儿女，哪里就是家。"1963年初，婆婆迁居北京，那年婆婆已经64岁了，这是她平生第一次出川远行来到一个陌生的地方。北京较成都寒冷、干旱，又缺少大米，语言不通，这对一个年过花甲的老人是非常大的困难，亲爱的婆婆面对这么大的变故随遇而安，处之泰然。只要家人能团聚在一起，生活就有希望。在北京，婆婆仅仅过了四年的安定日子，失去爷爷后的悲痛与哀伤刚刚平复，进入1966年后，我家也和所有中国人一样，被卷入动荡的年代。

1969年2月，我第一个离家，上山下乡到延安插队；4月，父母亲随所在单位"中联部"下放到黑龙江肇源的"干校"（不到一年"干校"又迁到河南沈丘）。冬天到了，舅舅、舅母所在单位中国人民大学被撤销，勒令全体教师下放江西省余江县，元旦前必须离京！那时，老家成都也和全国一样，陷入狂乱恐怖的"文化大革命"，揪斗"走资派"的闹剧天天上演。虽然出任前副市长的爷爷早在"文革"前四年就已离世，但是揭发他的大字报还是贴出了市委大院、省委大院，贴到了成都人民南路上。此时成都不能回去，北京也没有家了，婆婆唯一的办法只能跟随舅舅一家到"干校"去。这时婆婆已经七十高龄，虽然体弱多病，却不得不开始又一次远行，而这次远行不是四年前到北京同儿女家团聚，而是随着身患重病的儿子（我舅舅的先天性心脏病非常严重），带领两个幼小的孙辈，流迁往千里之外的江西。前途如何，一切都无法预料，身心陷入忐忑不安的惶惶之中。

在江西省余江县，中国人民大学的家属们被安置在县城，所有教职员工在远离县城六十里之外的"干校"劳动，家中只有婆婆独自抚育两个未成年的孙子、孙女。家里用水靠孙儿每天担水，烧火用的煤饼则需要买煤末自己做，年过七旬的婆婆在江西还学习用碎煤末和黄泥浇上水，晒煤饼。1970年江西遇特大洪灾，整个县城被淹，街道变成河流，房屋的一层完全被淹，老人带着孙儿躲到民居的阁楼避难，无水无粮，充满恐惧。饥饿时，婆婆从阁楼小窗吊下竹篮，从卖饭食的小船上买馒头充饥，无奈地等待水退。

在此艰难竭蹶之中，婆婆一定会想起去世已快十年的爷爷。梦里喃喃地念着苏轼的《江城子》："十年生死两茫茫，不思量，自难忘，千里孤坟，无处话凄凉。

纵使相逢应不识,尘满面,鬓如霜。夜来幽梦忽还乡。小轩窗,正梳妆。相顾无言,唯有泪千行。料得年年肠断处,明月夜,短松冈。"醒来眼角持满泪水……

那些年月,我和父母在陕北和黑龙江收到江西舅舅的来信,都心急如焚但毫无办法,只盼着大水快快退去,婆婆和弟弟妹妹早日脱离危险境。

直到1971年,林彪事件后,舅舅多次申请才得到"干校"领导批准,将疾病缠身、骨瘦如柴的母亲和该上小学的幼女送回老家成都,脱离了"干校"生活。那时,"文革"已经过了揪斗狂热时期,老人才敢返回老家休养,不至于担心被抓批斗。婆婆回到离开了八年的故乡,见到了无时不在思念的亲友们,身心得到很大的抚慰,在成都吉祥街11号(现为吉祥街27号),婆婆度过了那个时代相对平静的一年半时光。到了1972年12月,我的父母亲从"干校"回到北京,被重新分配了一个小小居室,婆婆才被接到北京与女儿同住。1975年,人民大学恢复,我的舅舅、舅母也回到北京,婆婆才回到人民大学又随同儿子一起生活。

没想到刚刚看到"四人帮"被抓,"文革"结束,整个国家还没有恢复元气,1977年4月,婆婆又经历了一次重大打击:婆婆爷爷唯一的儿子因心脏病突发去世,时年49岁。我的舅舅1950年毕业于四川大学经济学专业,解放后在人民大学专攻农业经济学,1953年获硕士学位,成绩优异留校任教。舅舅天资聪颖,思路敏捷,读过很多史书,看问题非常尖锐,他在我国农业经济方面的研究成果至今还在被引用。爷爷在改写"大河三部曲"时,经常和舅舅交换看法,很重视舅舅的意见。舅舅是个典型的知识分子,忧国忧民,像他这样的人,在"文革"中备受煎熬,他在"文革"初期对家人讲的许多"预言",最后都被历史证实了。舅舅的先天性心脏病曾在"文革"前一年被确诊,根治的唯一方法是换心脏瓣膜,但因当时我国的医疗技术水平还没达到临床安全的水平,无法保证手术成功。"文革"一来,舅舅彻底失去了根治的机会。经过十年"文革"全国大乱,舅舅在这十几年里病情越来越严重,直到那天中午倒在婆婆面前。婆婆看到自己唯一的儿子痛苦离去,又一次承受了亲人突然离去的打击,白发人送黑发人,我们全家都知道舅舅的去世对婆婆意味着什么,还有什么比自己心爱的丈夫和儿子突然离世对一个妻子和母亲的打击大呢?但婆婆出乎家人的意料没有倒下,她按捺心中的悲痛,强忍自己的泪水,很快调理情绪,反过来劝解儿媳和家人,又一次坚强地挺了过来,我从此再没有看见过婆婆流过眼泪。那一年,婆婆已经七十八岁了。

现在回想起来,从富庶的成都平原来到黄沙漫天的北京,又来到陌生的血吸虫泛滥的余江,这对一个自幼生活在优裕环境中的妇女来说,是多么大的反差和磨难啊!婆婆外表看来柔弱,内心却异常坚强,任何时候她都是家里的主心骨,外面世界无论多么精彩多么纷乱，推开家门我们就像船舶驶入港湾，身心感到无比地放松。

五、"菱窠虽是我的家，劼人不在了，理应全部献给国家"

1984年夏季，婆婆突然发病，被确诊为癌症晚期，当时医院已无法医治，也不接收晚期病人来住院，婆婆只能在家里做减轻痛苦的处理。自从婆婆得了不治之症后，我们全家陷入痛苦之中，求治无门，婆婆的病日益加重，每天与癌痛做斗争，只能以强镇痛药缓解痛苦，我们面对老人巨大的苦难束手无策，心如刀绞。

现在婆婆很清楚自己的病，她知道自己的时间不多了，婆婆还有哪些事放心不下呢？

爷爷去世当年，爷爷的老朋友沙汀老人去看望婆婆时，她就说过："人都不在了，菱窠还能是家？"那个时候婆婆心里已经有了菱窠归宿的初步想法。

实际上，婆婆早在爷爷去世后，已经按照爷爷的遗愿把很多东西做了捐献。当1962年爷爷与世长辞时，虽然来不及对自己身后事做书面交代，仅仅是爷爷生前和婆婆谈天时说到："娃娃们①没有一个搞这些②的，我死后把它们都捐给国家！"就是这么简单的对话，这么朴实的想法，爷爷说过了，婆婆必定会按照爷爷的想法去办。1963年到1964年，婆婆已经义无反顾地将爷爷全部藏书、藏画，连同书柜、书匣和部分家具，全部捐献给了国家，由成都市有关部门接收。

到了1979年，婆婆将菱窠的产权也彻底交给了成都市政府。

菱窠是婆婆和爷爷一起建造、修葺的家园，是第一处自己的家产，倾注了自己和爷爷半生积蓄和心血。1960年，爷爷刚用自己的稿费为菱窠做了大改建，主楼换成砖柱，青瓦覆顶，阁楼加高，增设了二层环廊，每到春夏，盛开的梨花、苹果花、迎春花、栀子花装点着园子，从夏天到秋天，枇杷、梨、苹果、葡萄、柠檬、芭蕉挂满枝头，院子里有各种蔬菜随掐随吃，鸡鸭鹅每天下的蛋全家吃不完，年终自家喂养的肥猪做成过年的腊肉香肠。平常时节，温顺的猫们、看家的黄狗等着主人归来。这座园子，是婆婆和爷爷经过几十年的经营，从一个简陋的川西民居，变成充满生气漂亮无比的家园。

菱窠是爷爷创作的最佳场所，爷爷几十年来收藏的逾万册书籍、报刊、字画，在菱窠有了妥善安全的保管；菱窠是子女孙儿们的温馨家园，是亲朋好友团聚的

---

① 指我的母亲李眉（原名李远山）和舅父李远岑。
② 指从事文学艺术创作等工作。

向往之处；菱窠曾留下许多中外宾客的身影，他们品尝过主人精心烹调的美味家常菜。对菱窠的思念和如何处理这座园子，婆婆一直怀着深深的眷恋与不舍。

1984 年婆婆生病前，成都市政府已决定成立李劼人文管所，准备将菱窠彻底修缮后作为名人故居向公众开放。成都市市政府向家属征集爷爷的手稿和遗物，包括用过的文房四宝、家具等。婆婆立即让女婿代笔回信，表示了全部捐献的意愿，她愿意这些物品回到菱窠，回到它们原来的家，爷爷虽然不在了，但是爷爷用过的东西还在菱窠，婆婆就心安了。

婆婆临终前，已经得知菱窠开始修整，准备开放，爷爷的五卷本《选集》也已经出版了，她非常欣慰。在谈到对身后事的安置，婆婆明确回答我母亲："不要把我和爹（用女儿的口吻）埋在一起，他是由市政府安葬的，我没有资格，不要再去打搅他……"

杨叔捃女士生前最后一张照片
（1984 年病中摄于北京）

1985 年 1 月 5 日上午，婆婆安详地离开了她的亲人们，享年八十五岁。这个出生在清末的妇女，和爷爷一生相爱一生追随，心胸是开阔而远大的，在爷爷去世后的二十多年里，一直按照爷爷的方式处事待人，她知道自己的丈夫对祖国的热爱和贡献，自己不敢有一丝一毫的私心，何时何地都要对得起"李劼人夫人"的称谓，婆婆走完了自己既平凡又伟大的一生。婆婆去世适逢菱窠全面修缮完毕，经成都市文化局和李劼人故居纪念馆批准、安排，婆婆的骨灰安葬在菱窠主楼后面，回到了她操劳半生的家园。那里有爷爷的书桌还等着她亲手擦拭，那里有灶房炉火还等着她亲自下厨，那里有杂七杂八的家事等着她处理，那里客厅后面的大餐桌还等着她和爷爷一起宴请中外宾客……菱窠，婆婆对它有着怀着无限深情，现在终于回到了这里，正如婆婆一生的低调，墓碑上没有刻上她的生辰，只有"李劼人夫人"这个称呼才是最最适合的，婆婆终于不带任何遗憾地和爷爷在天堂相聚了。

从 1985 年下半年开始，母亲带领我们全家捐献了爷爷最后的遗物，不仅有爷爷创作的小说的手稿、文房四宝，还有那些珍贵的老照片和印章，都无偿捐献给了李劼人故居纪念馆。为了故居顺利对外开放，已经运来北京使用多年的菱窠家具，以及部分送给了成都的亲友的家具，母亲也遵照婆婆的遗愿，全部运回成都捐献给了菱窠，为 1987 年菱窠开馆及展览铺平了道路。目前，李劼人故居菱窠主楼内展示的大部分家具，均来自这次捐赠。

我的婆婆一生身为家庭妇女，自嫁给爷爷李劼人后，爷爷就是她的一片天，爷爷教会了她识字写信，看书看报，教会了她如何做人待人，她一生都默默站在爷爷的身后，无论爷爷当教授、当董事长、当副市长，她都没有沾爷爷一点成就和光环，她还是她自己，这就是觉悟，这就是修养。婆婆一生经历的欢乐和痛苦不少，每遇劫难她都处变不惊，这和她生长在杨家这个大家庭，"见惯不惊新物盛，话长难说故人稀"①,鉴往知来的大家中的闺秀不无关系的吧！她虽然从未直接服务于社会，但是她襄助爷爷投身教育、实业，著译中外文学作品，为新中国的建设倾心贡献，她默默地奉献着；她培养儿女正直成才，养育了孙辈，给全家做出了仁心爱人的榜样，这些，不容小觑，也是她为国家做的贡献。婆婆是整个李氏家族的当家人，她是传承李劼人精神的最好榜样。她对丈夫坚贞不渝的爱情、信任和崇拜，化成她对家庭倾注一生的操劳，化为毫无怨言无私无畏的奉献。可以说，没有婆婆一生默默无闻的支持，就没有爷爷对社会比较大的贡献。安息吧！我的婆婆。

2017 年 5 月 20 日

---

① 出自宋人邵雍,《首尾吟之六十二》。

我的"菱窠"

李诗华

　　"菱窠"是我的外祖父母李劼人夫妇（我称呼爷爷、婆婆）的故居，位于成都市东郊沙河堡，菱窠是 1938 年为了躲避日本军机对成都市区及平民百姓的狂轰滥炸，爷爷在朋友果园的一角修建的几间土墙茅草屋房。这是自爷爷起上溯八代李家自湖北入川后的第一处房产。之所以将这处茅草屋取名为"菱窠"，因当时的沙河堡一带，还是乡间农田、果园，在距爷爷的茅草屋不远处有一个堰塘，满塘菱角，夏秋季节孩子们可以坐着大木盆在塘中采摘菱角，一片田园风光。但是这里既无街道也无门牌号，那时与外界沟通的唯一方式是通信，没有门牌号，这就非常不方便，爷爷为了方便邮差投递与亲朋好友来往，根据周边环境，借院子前面的菱角堰之地标，给自己新建的茅屋取名"菱窠"，意为"菱角堰旁矮小的窝"。爷爷还请了好友谢无量题写了门匾。自 1939 年春天爷爷带全家搬入，到 1962 年底爷爷去世，爷爷和婆婆一起在菱窠共同生活了 24 年。

　　我和表弟李诗云都出生于解放初期，我们的父母忙于工作无法照料我们，先后把我们送回菱窠，由婆婆爷爷抚养，我们有幸在那里度过了幸福的童年时光，留下了许多温馨的记忆。我在此记录下来，为了纪念我敬爱的爷爷和婆婆，也为了我们的后代。

一、菱窠建筑简况 ①

　　1.主楼建筑结构：初建成的菱窠远远没有现在看到的那么好，只有简陋的正房三间，坐北朝南，西侧建了厨房及几间厢房。正房和厢房均为"干打垒"

① 菱窠初建时仅有一座土坯草顶房，没有阁楼，是典型的"疏散房子"。抗战胜利后，土坯草顶房加了阁楼和楼梯，成为二层，还加建了厢房。周孟璞：《我所知道的菱窠》，见成都市文学艺术联合会、李劼人研究学会编《李劼人研究：2007》，成都：巴蜀书社，2008 年，第 153 页。

式墙壁，麦草盖顶的川西民居式的斜坡顶。房间之间的墙壁非常简陋，是按照川西民居标准方式（篾笆笆抹灰墙）建造。层高也没有现在的高度。抗战后期维修，升高了屋顶，在一楼之上形成暗楼，即在一层顶上铺一层楼板，成为二楼；茅草房顶的前后均无窗，应该在东西的山墙处有窗、门，通气，进出。二楼与一楼的分隔一样，都是三大间和北面的一间小屋；二楼南面三大间房间均无窗，仅在各房间中部开有一个门，成了大通道，可以从西房走到东房，再拐进北面的小房间。当时二楼是没有环廊的。

上主楼二楼有两个楼梯，一是从主楼西侧楼梯可以上二楼，二是从主楼北侧楼梯可以进入北面小间，此格局一直保持到1960年大修前。二楼北面的小房间开有两扇北窗，房间的西面有一门，连接着楼梯，可以直接下到主楼西北侧的小院坝。[①]

菱窠初建时，有没有宽街檐，我不得而知，但在抗战后的维修时就应该有了，当时的立柱是木柱。1960年，爷爷用他积存多年的稿费对菱窠主楼进行了改造和扩建，保留了"明一柱"的风格，即如现在菱窠这样的前房廊，有一排立柱在宽房檐——走廊之外，立柱是青砖方柱，1985年维修时不知是谁决定的，工程队改建成了红色圆柱。当年我父母亲在故居开馆前回去看到，感到唯一不太符合的就是那一排红柱子，少了平常人家的烟火气，有些不伦不类，却也无法更正了。

1960年的冬天，我随舅舅、舅妈回去过寒假，菱窠主楼改造已全部完毕，我走进大门看到主楼焕然一新，非常惊喜，印象深刻：主楼墙壁在干打垒式土墙的基础上，在承重的部位和门、窗部位加砌了砖。土墙修到第一层顶部，第二层升高成了一层楼，但墙仍是篾笆抹灰墙，四面墙都开了窗，南面和西面开了门，与二楼的环廊相通。屋顶改为了小青瓦。整个楼房不仅加固了墙体，遇上大雨天再也不用拿出大大小小的盆盆罐罐去接雨了。主楼的北面楼梯取消了，只保留西侧楼梯；主楼二楼的三大间打通成一大通间，与北面小间隔开，并增开了玻窗照明和通风；主楼二楼的东、南、西三面和北面新建了宽敞的环廊，可以摆上小桌椅看书，相当惬意；二楼北面小房间的进门改为从环廊进去。

菱窠主楼的二楼大通间改为专门的藏书楼，走进去宽敞又漂亮，屋内正中，有一个很大的八方型桌子，有时放在稍靠东侧的地方，桌上放一个大粉彩果盘，盘中常年放着各色水果。几十个玻璃书柜沿墙壁放着，四十个线装书匣一排排整齐排列，还有专门放置字上千件画册页的箱、柜，爷爷用来放置他多年来珍藏的书籍、

---

① 见下节李诗云绘制的1939年菱窠旧景俯瞰图。

字画、报纸、杂志等等。李家入川以来，终于有了专门存放藏书的地方了。原来放在二楼的李家祖宗牌位和做"朱砂保赤丸"①的用具，就一齐移放到了厢房的阁楼上。

改造菱窠的费用全部来自爷爷的稿费，先先后后用去大约近两万余元，②当时因稿费不够，厢房和厨房未加改造，仍然是草顶泥墙。

2. 厢房建筑结构：菱窠厢房的平面是倒 L 型 (⌐)，均为干打垒墙和草顶结构，北面纵向两大间，接南面横向三小间，上有一阁楼，从南面大间的天花板可以搭梯子进入阁楼。

3. 厨房建筑结构：坐北朝南的普通民居式样，为干打垒墙和草顶结构。厨房内，中间是柴灶、大锅和吊水壶，还有一个小炉子，是婆婆专为爷爷烧菜用的。厨房南面有较宽的房檐挑出，墙上是很大的窗，窗外排着两个有木盖子的大水缸，一个黄铜大水瓢放在木盖上，厨房内要用水了，可以伸手在墙外的水缸里舀水。连着厨房东侧还有一个小偏房，是专门放泡菜坛子的地方。

二、菱窠平面概况

1. 菱窠初建时占地面积约三亩，基本平面为长方形。这里自 1939 年建成至 1962 年爷爷去世，从未修建过池塘。菱窠北面后墙以外，原是一片缓缓升高的浅坡，即原谢苍璃果园及农地。1959 年，在坡地上修建了学校，学校的水塔、盥洗室和锅炉房就修建在菱窠北墙外，它们放出、流出的余水硬从菱窠东院流过，1962 年后，这里变成了一塘污水坑。现在的院内水塘是 1986 年维修菱窠时淘了水坑，挖出来的一个不规则池塘，又在 1998 年扩建时增建为的景观。经过 1998 年的扩建和 2012 年的大修，菱窠目前占地面积为 4.95 亩，成为成都市一处景点和爱国主义教育基地，可是在我的脑海中留存的仍然是我童年时代菱窠的景象，它是我心中永远的家园。

菱窠的地块，原来是爷爷的朋友、四川大学谢苍璃教授家果园的一角，所以院内保留的果树很多，院内东侧有许多梨树，春天遍开白色梨花；院内西侧靠近水井周边，有许多苹果树。走进菱窠大门，两旁翠竹丛丛；西侧有一颗柠檬树；水井旁有棵枇杷树，挂果不多，但每当收获了大而甜的枇杷时，都是留给我和弟弟吃。

---

① "朱砂保赤丸"是李家祖传秘方，专治小儿高烧惊风的中成药，详见李眉的《一张"秘方"的故事》。
② 王嘉陵主编：《李劼人晚年书信集（增补本）》，成都：四川大学出版社，2012 年，第 91 页。

菱窠院内主楼前，有一架葡萄，到秋天硕果累累，除家人享用外，还可以送给周边邻居和亲友。

菱窠院内葡萄架的南面院内，有一个用迎春花编织成的"花瓶"造型，每到春天，花开烂漫，形成一个黄颜色的硕大的"花瓶"。院内还有一个大花缸，缸内装饰有假山，假山上插栽了一棵小棕树，水里养着几尾金鱼，爷爷经常在休息时观看缸内景致，见诸各种报刊的李劼人在菱窠院内观鱼的那一张照片，即是此景。

在菱窠主楼的四周街檐，种了一圈兰草，在绿色的兰草中，间或栽着栀子花，每到夏天白色栀子花开时，满园栀子花香。

菱窠院内有一眼水质很好的水井，位于厢房正南偏西一点，一条小路连接水井和厢房，这是全家人生活、浇地的水源。菱窠初建时，院内没有水井，全家刚搬来的那一个冬天天旱，院外菱角堰也干涸见底了，爷爷一家人吃水非常困难。不得已，爷爷花钱请人在院西掘井，挖到三四丈深，挖到泉眼了，出水好，水质好，爷爷很高兴，菱窠从此也有好水喝了。

2. 菱窠西面有一个由厢房和厨房围成的小院坝，一片翠竹组成院墙，春天有许多竹笋，也见过草蛇出入。小院坝东侧，也就是厢房西墙外，有一盘石磨，还有一个夜间关鸡鸭鹅的"竹楼"；小院坝南侧靠近厕所处，还有一个猪圈，每年春天买来的猪娃到阴历年前都养成了一头肥猪。因爷爷经常在书房写作，家里亲戚过来玩时多半在小院坝聊天，在这里可以"大声武气"地说话，爷爷笑称菱窠是个"咆哮山庄"。

在菱窠的西墙外，靠菱角堰不远，即现在的学校围墙内，有一片李家种的板栗林，每到秋天，能收获好几大筐板栗。我和表弟小时候都爱吃板栗，对那长满毛刺的果实充满着好奇，急切地等着大人们给我们剥去外壳。

菱窠北面有一小门，走出菱窠不远就是郭姓农户和李姓农户的家，地势较菱窠略高，这里遍种茉莉花。

当菱窠1938年开始建造时，菱窠院子的正门开在南院围栏的正中，简陋的木柱，对开木门。两侧间种了竹子和"铁篱笆"，编成篱笆墙。大门外一条黄泥小路，小路通向出沙河堡的乡间道路。爷爷就在大门外的路边栽下垂柳和桃树，桃柳间种，每到春天，被包围在桃红柳绿间的菱窠，成为从沙河堡东远眺的一道美景。爷爷去世后，"文革"中，柳树被砍掉了。

从菱窠通往沙河堡的小路多年来都是泥巴路，每到下雨，黄泥沾鞋，只能赤脚走路。20世纪50年代，爷爷自己掏钱整修了这条小路，好像是一种"三合土"，铺成便于行走、不沾黄泥的小路。

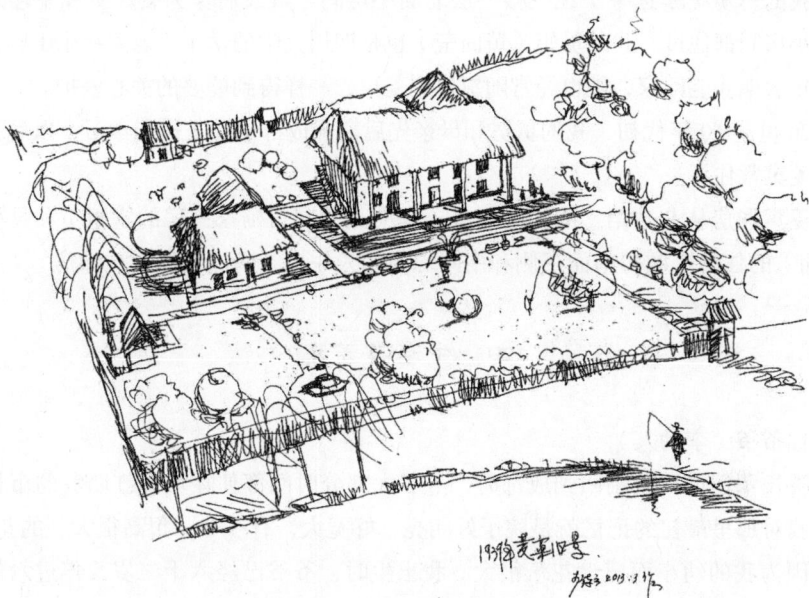

李诗云绘制的 1939 年菱窠旧景俯瞰图

说明：从过去与现在的菱窠总平面图比较看，目前菱窠院子的北围墙一线的走向呈偏西南向，与原来北围墙走向呈东西向平直一线不一致，菱窠庭院向内缩小了。推测是：因原来是篱笆墙，没有砖墙，1962年爷爷去世后，经"文化大革命"中及以后十几年无人管理，可能是被邻校慢慢侵占造成的。

三、菱窠房屋居住情况

菱窠的主楼一层是家人居住的地方，爷爷的书房兼卧室就在一层的正中一间。靠西侧的一间是婆婆的卧室，1953年和1956年我和表弟分别回去后，婆婆和舅婆婆就带我们一起住在这间。主楼一层东侧为客厅和餐厅。

我的母亲（李远山，后名李眉）在上世纪四十年代时住在菱窠厢房朝北向的大间，我的二表姨杨邦廉每年放假来菱窠时与母亲同住这里。母亲与父亲（王小鼎，后名王岳）相识于四川大学，共同的爱好和志向、共同参加进步学生的活动让他们走到了一起。父亲的老家在江油县，每年只能放假回家一次，平时经常随母亲到菱窠来。有一年父亲患病，婆婆要他来菱窠养病，就住在主楼二楼北面的小屋里。

我的舅舅（李远岑）在主楼一层北面小房间（解放后作为餐厅）和主楼二楼北面小房间都住过。我的舅妈（黄尚莹）也是四川大学的学生，老家在乐山县，只有每年假期才能回家，她也经常随舅舅到菱窠，一样得到婆婆的关心爱护。

20世纪50年代初，我的舅舅和母亲先后离开成都参加工作和学习，以后就没有在菱窠常住了。

菱窠厢房从北数第二间为七姨婆（李夫人的同为杨家三房的堂姐）和吴婆婆（女佣）的住房。厢房南面东侧和中间均为佣人住房，南面西侧为洗澡房。

四、生活在菱窠

1. 爷爷（李劼人）

听长辈们说，我刚回到成都时，爷爷大部分时间都住在城里红墙巷的市长宿舍，我对那里最初的记忆就是院子好明亮，好宽大，有一个"很高很大"的花坛，这是因为我的幼小而感觉花坛很大。我出生时，爷爷已经六十二岁，年过六旬的爷爷看到我牙牙学语，蹒跚学步，乐不可支，工作之余，我就是爷爷的开心宝贝。沙汀爷爷那时经常和爷爷会晤，有次他来红墙巷看到爷爷为了博得心爱的孙女一笑，在地板上做前滚翻。他很担心爷爷的高血压，后来他见到我妈妈时，说："跟你们老头说下子，那么大岁数了，还翻跟斗儿！"可见爷爷对我的喜爱程度。

除了在红墙巷和西马棚短暂居住，爷爷经常会回到菱窠家中写作。我们全家一直随爷爷往来城乡之间居住。大约1957年后，我们全家彻底搬回菱窠，从此，菱窠就是我儿时的"百草园"。

爷爷习惯夜间写作，所以菱窠几餐饭的时间是根据爷爷的作息时间安排的，如果爷爷上午不去城里办事或开会，一般是大约9点半早饭，下午3点午饭，晚上8点"消夜"。"消夜"之后就是婆婆、爷爷的专有时间，我和弟弟都上床了，还听见隔壁爷爷的书房里，婆婆在报账，爷爷记账；看远在北京工作的儿女的来信，拉着家常，商量着家里的生活安排和财政开支，讨论着客人来时做哪些时令菜肴，商议着接济哪个遇到困难的亲戚……我在隔壁婆婆、爷爷的说话声中，慢慢进入梦乡。

待整个菱窠都安静地睡了，爷爷坐在书房，就着一盏25瓦的灯光（在安装电灯前，全家都点清油灯）开始写书或是写信，一行行、一页页地写着蝇头小楷。有时爷爷喜欢在午夜前后先睡一小觉，凌晨3点左右起床，又开始写作至天亮，然后搁笔再补一小觉。无论寒冬还是酷暑，爷爷都喜欢在宁静的夜晚思考和写作，这就是为什么菱窠的早饭比较晚的原因。

小时候，我对爷爷总有点敬畏之感，也很少在爷爷的书房玩耍。爷爷在写作间歇休息的时候，有时会把我叫过来念一本小人书，我在爷爷的右手边站着，爷爷轻轻搂着我大声地念着讲着，爷爷的声音好大呀！不知为什么，现在回忆爷爷给我讲的故事内容，我一点印象都没有，耳边只有爷爷洪亮的声音。爷爷鲜明的个人特点远超出故事本身的精彩，在我幼小的记忆里留下了深刻的印象。

爷爷的书桌是全家最宝贵最敬畏的地方，至少对我们孩子是这样。书桌上，左手放一盏绿色灯罩的台灯，书桌面上整齐摆着笔筒、砚台、水盂等文房四宝，两侧放满了书刊、报纸、手稿、信件，虽说东西很多，但是从不杂乱。有时看到婆婆在爷爷旁边，一边拉着家常一边替他研墨，这时候我最喜欢的是用小银勺给砚台加水。爷爷的书桌抽屉里面也是我总想看的"藏宝处"，当爷爷拉开抽屉找物品时，我总要及时多看上一眼，里面东西很多但放置非常整齐，记得有象牙镇纸，有几个常用的印章和印泥盒，有手表和眼镜，还有一些非常精美的信笺、稿纸。爷爷的书桌不仅是我们孩子的"禁区"，其他人也不能动书房内的物品。爷爷的书房清洁卫生，全是婆婆一人操劳，书桌上，先用湿帕子擦拭，再用旧绸布擦拭，因为成都潮湿，这样就不会留下水渍，书桌上的物品可以马上回归原位。

爷爷每天都要写很多封信，粘信封贴邮票的事情，往往都是婆婆来做，所用糨糊都是婆婆用面粉熬制，有时糨糊用完，就用剩饭米粒来贴，我小时候最喜欢来"帮忙"，不仅可以看到许多花花绿绿的邮票，还能在爷爷的书房里玩一会儿。

爷爷很喜欢川剧，也很懂得川剧，他关注着川剧的发展。演戏一般都在晚上，我们小孩子当然不能跟去看戏，随着我们长大，有过一次看戏的经历记得非常清楚。有一次爷爷、婆婆和舅婆婆带着我和弟弟一同去看川戏，我们坐在第一排的专座，台上的表演五彩缤纷，唱念做打，咿咿呀呀，我看到爷爷专注地观赏着，时而与婆婆小声交谈，我只会看那些小姐丫鬟优美的扮相和华丽的戏服，武士们背上的大靠和头上舞动的野鸡翎子，还有那些打得红火的刀枪棍棒，还喜欢看的是丫鬟小姐那灵动的眼波和满头璀璨的首饰，在一个小姑娘的眼里是何等华丽，充满想象啊！

菱窠当时虽地处城外，交通不便，但是它有宽大的院落，茂盛的花草树木，还有爷爷丰富的收藏和婆婆精湛的厨艺，所以，自全家定居以来，菱窠都是亲戚和朋友最想来的理想场所。到过菱窠的有婆婆娘家内亲，有爷爷的朋友至交，还有妈妈和舅舅的同学和朋友，解放后爷爷还代表成都市政府在菱窠宴请过许多外国友人。每当爷爷的客人到来，我和弟弟都早早被换上整洁漂亮的衣服，不仅能见到许多"大人物"，还能美美地吃上一顿婆婆做的佳肴！记得有次爷爷请了许多朋友，他们在客厅里高谈阔论，欣赏爷爷的藏画，大声评论着，一幅幅字画展开、挂上、取下、卷起，主宾谈得兴趣盎然，我却看得莫名其妙，索然无味，在美术方面我一点不开窍。弟弟却不同，他那时虽小，却总是爱搬个小凳子坐在客厅，听大人谈天，跟着大人看字画，比我有耐心多了。弟弟成年后从事与绘画有关的工作，也许是幼年在菱窠播撒的种子生根发芽了吧！

2. 婆婆（杨叔捃，李劼人夫人）

婆婆与爷爷是刚出五服的表兄妹，爷爷是杨家四房的外孙，婆婆是杨家三房的孙女，爷爷比婆婆长八岁，他们从小时候就认识并经常在杨家大院一同玩耍。

爷爷从小爱看书，爱给小伙伴们讲书中的故事，婆婆也像其他孩子一样，非常仰慕这个故事讲得好的表哥，所以爷爷和婆婆真算得上青梅竹马呢！

婆婆和爷爷于 1919 年结婚，婚后七天，爷爷就出发到上海集合等船，开始了四年多的留法勤工俭学。

婆婆没有正式上过私塾，只从兄长处学得不多的字。与爷爷结婚后，才系统学习认字、写字，后来婆婆可以自如地看书，看报，读小说，写家信，并有了一定中国古文功底。记得我小的时候，每天午睡后，婆婆已经完成当天最忙的家务活，就站在卧室西面的窗台边（菱窠建筑为土坯干打垒墙，有很深的窗台），开始练习写中楷或者小楷，每天一篇从不落下。我就在旁边玩着婆婆的梳头匣子——这是一个镶嵌螺钿的多层梳妆盒，小抽屉里放着头油、篦子、梳子、卡子，用于盘头的粗导线。每天早上，婆婆都会认真地把头发梳整齐。我小的时候，婆婆的梳头匣子不亚于现在儿童的"月光宝盒"，对我这个小女孩充满了无尽的想象与诱惑。等婆婆练完毛笔字，我们婆孙俩一同偎依坐在西窗下的黑色木质马桶盖上，开始了我和婆婆的"阅读时光"，婆婆给我读了许多连环画，有《西厢记》《红楼梦》，还有《十五贯》，书里美丽的古装美女给我留下了最初的审美情结，《木偶奇遇记》里的木偶匹诺曹的奇妙生活总是让我惦念不忘。

我在菱窠生活的时候，房子还没有改造，屋顶的麦草难以抵挡夏天的大雷雨，每当雨季到来，家里大人都很害怕屋顶漏雨，日夜保持警惕。记得我经常被夜里打雷的声音吓醒，婆婆没在身边，家里大人都起来拿着各种容器到二楼接雨去了，二楼存放许多爷爷的书籍报刊，千万不能让雨浸湿了。我听着楼上叮叮咚咚的雨水落盆声和屋檐下淅淅沥沥的落雨声，慢慢又睡着了。

3. 母亲和舅舅（李远山，李远岑）

我的母亲生于 1925 年，舅舅生于 1927 年，搬到菱窠时，他们姐弟俩都在上初中。直到 1950 年我舅舅从四川大学毕业后到中国人民大学读研究生，先离开成都到北京读书、工作。1948年我的父母亲从川大毕业，父亲因搞地下工作暴露，被反动当局追捕，他立刻撤退出成都。母亲毕业后即失业，而父亲又生死不明。直到1951年，失散三年的父亲才有了消息，我母亲离开成都到梓潼找到父亲，共同参加土改。后来母亲调重庆西南文联工作了几年，1954年和父亲一起调入北京，先进入北京外交学院学习四年，毕业后一起分配到中共中央对外联络部工作，从此定居北京，再也没有回到菱窠生活了。

母亲和舅舅在菱窠与爷爷婆婆共同生活了十余年时间。母亲和舅舅见证了菱窠的初建和扩建，见证了爷爷白天奔波在市里（嘉乐造纸厂的办事处在市区崇德里）、乡间，夜里读书写作的灯光，见证了婆婆每日繁重的家务劳动，为新建的茅草屋里里外外忙碌，为一家人的吃穿操劳。

我母亲经常回忆菱窠往事，讲得最多的是家里的藏书和与舅舅一起阅读的时光。每到学校假期，我母亲和舅舅最喜欢到爷爷的藏书楼翻看各种书籍，古今中外的小说看了许多许多，广泛阅读对姐弟两人的一生都有重要影响。我母亲还记得，上初中时她和舅舅两人一人躺一床上，比赛背诵《水浒》中人物的名字和绰号，看谁记得最多最准。菱窠地处乡间，又没有通电，每到晚上，四下里漆黑一片。全家"消夜"后，每人一盏清油灯，我母亲和舅舅展开各人喜爱的书籍，时而互相讨论书中情节，时而交换各自的书翻看。安静的乡间夜晚，只有菱窠房子里几盏小小油灯亮到深夜。

受到爷爷的影响，我母亲和舅舅都愿意从事文学工作，当他们报考大学志愿时，曾征求爷爷的意见。我母亲说她想考中文系，将来也像爹爹一样写小说，但我爷爷一番话让她改了志愿，我爷爷说："写小说也不一定要读中文系啊！你还是学一门职业技能吧。"听了我爷爷的话，母亲选了四川大学农林系的园艺专业。母亲大学毕业后由于各种原因，没有从事与园艺相关的工作，倒是先后从事了新闻、编辑和外交工作，这是后话。舅舅喜欢历史，选择读四川大学经济系，大学毕业时全国解放了，1950年10月3日，以华北大学为基础合并组建的中国人民大学聘请了苏联专家授课，招收第一批研究生，我舅舅有幸成为那一届农经系学生，毕业后留校任教，一生从事我国农业经济研究。在我的记忆中，舅舅的书柜除了专业书籍外，大多是历史典籍和英语、俄语书籍。舅舅一生好学钻研，刻苦努力，直到他生命最后一刻。

母亲到了晚年的，经常说起菱窠那温暖的油灯灯光，在菱窠的那十几年是她一生中最温馨的时期，永远难忘。

4.父亲和舅妈（王小鼎，黄尚莹）

　　我的父亲和舅妈是李家的女婿和儿媳，虽然没有在菱窠常住，但是也有许多与菱窠有关的故事。

　　我的父亲和母亲同在四川大学读书，我母亲读园艺系，父亲读历史系，他们是在民先①、民盟组织的活动里相知相恋的。

　　我父亲的性格正直、稳重、坚强，生活中爱好干净整洁，和我爷爷非常相似。再加上我父亲和我母亲生日只差一天②，好像是天定的因缘，很得我婆婆的喜爱。父亲初到菱窠时，提了一罐家乡特产——江油"豆油"（即酿制酱油）来见未来的岳父岳母大人，以后菱窠也就成了他第二个家。

　　当父亲患上肺结核时，四川大学没有医疗条件，"伙食团"（即学生们自发组织的伙食团体）的饮食也无法保证营养，我婆婆心疼未来的女婿，当即决定"喊小鼎到菱窠，来菱窠养病！"我父亲就在安静的菱窠二楼上北面小屋住了下来，每日熬药、饮食都是婆婆操劳，端到楼上，直到痊愈回到学校。

　　婆婆晚年到北京随舅舅生活，当我舅舅去世后，又搬来和我们住到一起。我父亲待婆婆礼貌、尊重有加，当婆婆重病时，父亲像亲生儿子般端汤倒水，服侍床前。父亲曾多次教诲我，说："什么是孝顺？孝顺的重点就是顺，对老人首先要做到顺，才能做到孝。"父母亲对长辈的孝顺给我们后辈做出了最好的榜样。

　　我舅妈是乐山人，和舅舅同年。舅妈在四川大学读书时认识了我舅舅（舅舅读经济系），和父亲一样她也是每逢星期天经常到菱窠来。舅妈那时非常年轻，我婆婆对她像对女儿一样疼爱，舅妈对婆婆也是非常孝敬。婆婆到北京后，与舅舅一家住在一起，婆婆不仅承担了全家买菜做饭的家务，还继续带大了第三个孙辈我的表妹李红雨。甚至在"文革"中，婆婆以七十高龄随舅舅、舅妈全家去了江西干校，婆婆和我们一起经历了动乱的十年。舅妈和婆婆这一对婆媳，相处关系亲如母女。舅妈经常对我说到，她自从十六岁认识舅舅见到未来的婆母后，一辈子都在婆婆的关爱下，从黄家女儿成为李家媳妇，这一生与婆婆生活的时间，甚至超过了与她自己的母亲一起生活的时间！

　　5.舅婆婆（杨韫卿，婆婆的大嫂）

　　舅婆婆自幼为孤，被卖到戏班子学唱京剧，随戏班游走各乡，婆婆的大哥在雅安做事时相遇，带她回杨家。当时婆婆的大哥已经娶亲，但妻子多年不育，把

---

① 民先，即"中华民族解放先锋队"的简称，为中国先进青年在中国共产党领导下建立的抗日救国组织。——编者注
② 因母亲比父亲仅长一天，参加工作以后他们的登记表均填为 1925 年 8 月 5 日，见本文后面"李家长辈生卒"。

舅婆婆带回杨家时还是闹得水火不容，后来还是婆婆出面调停，并主张大家一律尊称为九嫂（婆婆的大哥在同辈中行九）。舅婆婆自幼苦命，颠沛流离多年才得到家的温暖，她很珍惜来之不易的生活，为缓和自己与杨家各房老少的关系，她把随身带来的细软，全部开箱让杨家女眷们来看、来挑，谁喜欢什么她都大方送人。随着时间的推移和婆婆的仁厚，杨家接纳了舅婆婆。杨家大院东南角的有一座二层小楼，俗称"洋房子"，就是其夫专为接回舅婆婆建造的小家。

舅婆婆与其夫婚后多年未育，丈夫因病去世时还很年轻，杨家曾劝其嫁人，但她一直感念丈夫的相遇之恩而不从。解放后招收缝纫女工，杨家又劝其应聘去从业，走出杨家，舅婆婆仍不从，终不愿离开杨家。1953 年我回菱窠后，被婆婆请来帮忙带我，始来菱窠居住，从此定居李家，与婆婆共同照管家务。爷爷去世后，舅婆婆曾两次到北京看望婆婆，我们陪同她和婆婆游览了许多名胜古迹，"文革"前才返回成都吉祥街 11 号 ①（现吉祥街 27 号）居住，至终老。

舅婆婆在我的记忆里也是爱大襟衣服，右侧衣襟纽扣上总是别着一条擦汗的手绢，说话是轻声细语的。舅婆婆爱唱歌，会唱许多歌曲，上世纪四十年代的电影插曲、老区红歌、新派歌曲等，她听一两遍就会唱。记得我小时候，她哄我睡觉时常常背着我哼着那些歌儿，有《四季歌》《解放区的天明朗的天》《翻身小唱》《天空出彩霞地上开红花》等等，我趴在舅婆婆的背上听着她的吟唱慢慢睡着……舅婆婆自己无儿女，对李家的后代视如己出，疼爱有加。弟弟尚未送回菱窠时，她和婆婆一起为我操心，弟弟回来后，她更忙了。菱窠一层西面的卧室，就是我们的卧室，并排摆放着两张我们的藤心木床，舅婆婆带着弟弟，婆婆带我。

舅婆婆虽然是个无儿无女的孤寡老人，心胸却很开阔，有着一般人没有的洒脱。年轻时她的积蓄早已在杨家花完，定居李家后，和我们一起生活，好像从来没有过烦恼，爱唱歌，爱玩耍，爱走亲戚串门。据婆婆讲，解放前即使家里没米下锅，也还听见她哼着小调进进出出，颇有点八旗子弟的遗风。这可能是舅婆婆的童年太苦了，能到杨家、李家生活已经很知足了。她一生看破红尘，得过且过，潇洒得很。舅婆婆从北京回到成都后，婆婆还一直负担着她和吴婆婆的生活费，她在吉祥街和吴婆婆一直搭伴生活。最后，舅婆婆走在吴婆婆前面，大约 1984 年前后病逝。

6. 七姨婆（婆婆的堂姐）

七姨婆是婆婆杨家三房的同堂姐姐，她的丈夫姓王，只生育一子，后来丈夫早逝，成年的儿子后来也因病去世，她一个人也很可怜。爷爷婆婆念其体弱无靠，

---

① 爷爷去世后，成都市委给婆婆提供的暂居处。

菱窠刚建成时就把七姨婆接来同住了。我回到菱窠时看到的七姨婆已经眼睛高度近视，而且重听严重（家人戏称"七聋子"）。

七姨婆初来菱窠时，只负责每天早上帮助婆婆打扫房间，做点针线活。七姨婆虽然视力不好，但有一手好女红。1953 年夏我被送回菱窠后，她帮助婆婆给我们做了许多衣服，家里的针线活大部分出自七姨婆之手。

因七姨婆耳背眼花和自己的古怪性格，加上多少有些"不懂世事""好吃懒做"，她失去丈夫、儿子后，变得性格执拗，脾气古怪，经常与家人、邻居争吵发泄。记得我大约 5 岁时，有次不知为何事她和婆婆争起来，从大院坝吵到小院坝，从厨房吵到厢房，把婆婆磨得无法，道理讲不通，就在厢房北面大屋（当时已经是饭厅）西门口，婆婆气得"扑通"一声下了跪，说："七聋子，我给你跪了！你不要吵了好不好！"可见当时七姨婆之不懂事到何等地步。我当时因为年幼，发生此事，看到我心目中至高无上的婆婆下跪，我害怕至极，所以我的印象很深，后来我对七姨婆就有了孩童时期的搞恶作剧的念头。

她的房间里有一个五斗橱，上面放着座钟、掸瓶①和一个青花的五层盖盒，那是她放零食和白糖的用具。有一年春天，我和弟弟在院子里摘了许多各色花瓣（记得有玫瑰），偷偷跑进七姨婆的房间去，打开青花瓷盒，把花瓣与白糖混合我们四只小脏手使劲地搅拌，想着她看到珍贵的白糖已经成了糖渍花瓣时的样子，我们忍不住偷偷地笑。还有一次，正值夏天，七姨婆要去洗澡，她一趟趟地往洗澡房提热水，提冷水，拿换洗衣服，而我和弟弟早就趁这个空挡，跑进洗澡房，躲到各种杂物背后，等她脱掉衣服要进澡盆时，我和弟弟"哇"的一声跑将出来，吓了她一大跳，随着一声大喝："菡娃子！你还'费'（意即淘气、很调皮）到哪去？好'浑'（浑，意即莽撞、不懂事）啊！"我和弟弟早就得胜般逃跑了，好像给婆婆报了仇似的。

爷爷去世婆婆到北京以后，由于七姨婆的性格和脾气总是与人不和，舅婆婆和吴婆婆也不愿意与她同住，只好送她到某养老院去生活，直至去世。想来七姨婆一生也是很凄凉的。

7. 龚伯伯（龚宜昭，爷爷的私人秘书）

龚伯伯是 1954 年后到菱窠的。当时爷爷已经决定接受人民文学出版社的约稿，改写大河三部曲，工作量非常大，副市长任内还有许多政务工作，爷爷的精力实在有点应接不暇，所以聘请毕业于武汉大学中文系的龚伯伯来，做爷爷的私人

---

① 指插鸡毛掸子的花瓶。

秘书，我们全家都尊称他"龚先生"。龚伯伯的工作是协助爷爷整理资料，誊写手稿，取送邮件。那时爷爷工作繁忙，朋友很多，儿女又在远方，沟通全都依赖通信，所以爷爷的来往信件非常多。邮局设在沙河堡镇上，跑邮局的事情就全靠龚伯伯，几乎每天都要带去当天要发的信件，取回寄来的各种邮件。

龚伯伯的国学水平很高，写得一手好字，誊写爷爷的手稿得心应手。爷爷毕生写作都是用惯了毛笔，手稿上蝇头小楷密密麻麻的，经龚伯伯仔细辨认，认真誊写，交给出版社的许多手稿都是龚伯伯的手迹，不仔细辨认，和爷爷的手迹还真的很像呢。我曾经看到龚伯伯如何修改个别错字：他用刮胡刀片小心地刮除错字，再剪一小块纸小心补上，用毛笔小楷重新写上新字，在当时那种较粗糙的纸上一点也看不出来。

除了这些工作，龚伯伯还帮婆婆做了很多事情，有时到沙河堡或者进城买东西，有时接送我去幼儿园，有时背着深夜发烧的弟弟送医院，都非龚伯伯莫属。我还记得小时候龚伯伯拉着我的小手，一路走在菱窠到沙河堡的路上，遇到下雨天，地上一片泥泞，龚伯伯就把我背在背上，不让我的鞋子沾上一点泥水。

龚伯伯的家在城里，他每周只回去一天，平时就住在菱窠主楼二楼北面的小房间，和我们一起吃饭。每到吃饭时，婆婆差我去二楼请龚伯伯来吃饭，我有时玩得不想上楼去，就跑在楼梯口，朝二楼随口小声应付一句："龚伯伯，吃饭了！"婆婆她们就笑我，说："猫儿大的声音，哪个听得到嘛！"

爷爷去世后，龚伯伯协助并参与爷爷遗物捐献、整理的工作。龚伯伯在爷爷家真是出了大力，是个不可或缺的人。

8.吴婆婆（女佣，四川新都人）

吴婆婆是个很不寻常的人，虽然她不是我家亲戚，却与李家有着半个世纪的交集。

1935年左右，吴婆婆才二十八岁就守了寡，因家境贫寒，把几个年幼的孩子交给亲戚抚养，来到成都给人帮佣为生。当时婆婆的娘家早已衰败，分为四大房，各房维持各房的生活。婆婆所在的杨家三房的男人都早逝，全家没有什么收入，几家人的寡妇只能住在一起互相帮衬过日子。这时，吴婆婆经人介绍来到斌升街的杨家三房帮佣，那时帮佣的人也只能有个吃饭、睡觉的地方，谈不上什么工资。

吴婆婆是个淳朴的农村妇女，非常勤劳，不怕吃苦，有爱心，只知奉献不讲回报，具有中国农村妇女的传统美德。吴婆婆一来到杨家，马上融入这个大家庭，像给自己家里干活一样从不惜力。跟着杨家多次搬家，从斌升街、西门抚琴台到西玉龙街，无论在哪一个地方住家，吴婆婆不仅承担许多家务劳动，每天忙个不停，遇到家里实在揭不开锅时，有时还到菜地捡菜叶回来做饭，甚至还靠为学生洗衣服挣些微薄收入补贴家用，或给主人家孩子交学费。现在的人们很难想象那时的主仆关系能相处得这样好，这些事情已经过了半个多世纪，但是杨家后人还经常想起吴婆婆这些美德。

大约 1946 年吴婆婆就来到菱窠帮佣，从此与李家结下半个世纪的情缘。

吴婆婆的大半生都在李家度过，她在家里的活路非常多，每天早晨第一个起床，拿起大竹笤帚扫阶沿，扫院子，扫完后负责做全家三顿的饭菜（爷爷的小锅菜是婆婆亲自烹饪）。我们全家的被单、床单和大部分衣服都是吴婆婆用棕刷子一下一下刷干净的，在小院坝正中，两条板凳搭着一块门板就是吴婆婆洗衣服的地方。菱窠院子很大，吴婆婆住进菱窠后，就开辟了小菜园，一年四季家里吃的新鲜蔬菜大部分都来自这个园子，特别是三年困难时期，口粮不够吃，靠吴婆婆种的菜，李家人才没有饿肚子。每天吴婆婆已经忙得团团转了，但是还是像农户人家一样，每年要养一头肥猪，既解决了灶房的潲水，到年底又节省了大笔买肉的钱。吴婆婆初来时不会做成都城里人的精美菜肴，随婆婆几十年学下来，后来也可以做出许多美味传统家常菜，受到亲戚们的夸赞。

吴婆婆是个典型的四川农妇，她不识一个字，不懂"大道理"，却没有失去做人的最朴素的基本伦理。在"文革"中，有次吴婆婆看到胡同里红卫兵在斗争殴打一个"地主婆"，越打越凶，旁人谁也不敢干涉制止，生怕引火烧身，吴婆婆敢于冲上前去，拿起一个大竹扫帚向那些好像喝了狼奶长大的小将们冲过去，嘴里一边还喊着："这么个老太婆，你们还要打？！我看你还打！看你还打！"一边向小将们挥舞。面对这个突然冲上来的正气凛然的老婆子，知道她是胡同里出身贫农，也不跟他们讲"道理"的吴婆婆，小将们一个个被这个阵势吓得落荒而逃。此事一直在街坊邻居中传为佳话，从这件事可见吴婆婆天生厚道淳朴、爱憎分明的性格。

1992 年我到成都出差，曾去吉祥街看望过吴婆婆，当时她因摔跤骨折，用一个木凳扶着走路。吴婆婆见到我，好似见到亲人，一定要我回家（指吉祥街）来住，她会给我铺好干净的床单被褥，她会给我洗衣服，还叮嘱我好好培养女儿，将来考大学要考到四川大学来，吴婆婆把没见过面的我女儿看作自己的亲孙女一样疼爱关照……

爷爷 1962 年去世后，婆婆要到北京随儿女生活，吴婆婆有自己的儿女孙辈，和我们并没有血缘关系，但她把李家看作是自己的家，不愿意在李家这个最艰难的时期离开。她一直爱护关心我们全家人，陪舅婆婆在成都生活，并给舅婆婆养老送终，直到 1993 年被她的儿子接回新都木兰乡养老，才离开吉祥街。

吴婆婆在李家贡献了她全部青春和热情，我们也都把吴婆婆看作家里的长辈亲人，对她很敬重。婆婆到北京后，没有忘记吴婆婆在我家的付出，所以一直负担吴婆婆的生活费用，直到 20 世纪 80 年代。吴婆婆对我家几代人的关怀我们不能忘。

9. 秦伯伯（秦天富，车夫）

秦伯伯是为爷爷拉黄包车的车夫，原来是被嘉乐纸厂聘用专为任董事长的爷爷拉黄包车，类似今日的专车司机。解放后，嘉乐纸厂公私合营，爷爷和全家住在沙河堡乡下的菱窠，交通极为不便，不通公交车，也没有水泥路，遇到下雨，遍地黄泥，爷爷就请秦伯伯继续拉车。每逢爷爷外出，进城办事、开会，基本依靠黄包车，才不至于搞得满脚黄泥去开会的尴尬。

爷爷担任成都市副市长前期到市府开会、办事，也是秦伯伯负责拉车，才有了爷爷穿长袍、坐人力车去市政府开会被门卫阻止不让进的趣事。秦伯伯后来到城内仍以蹬三轮车为生。她的女儿名春秀，比我年长一岁，是我幼时的玩伴。

10. 老陈（木匠）

1939 年，爷爷婆婆带领全家搬到菱窠后，缺少家具，从杨家带来几件旧家具不敷使用，爷爷积攒多年的书籍等也无法存放保管，就计划再添些家具。待局势稍加稳定后，遂将李家祖坟上多年的大楠木伐倒，准备用于制作家具。楠木伐后，在菱窠东侧阶沿上放置经年，让其自然干燥。1947 年前后请来木匠老陈，在菱窠制作家具长达一年左右。菱窠大部分家具均由爷爷设计，木匠老陈制作的，日前在故居主楼展示的大部分家具都是那个年代制作留下来的。

11. 老尹（男工）

解放前，爷爷在沙河堡初建菱窠时，同时购进了门前几亩土地，老尹就是被请来种这几亩地的，兼做菱窠院内的力气活路，比如为厨房担水，给小菜园挖地等等。老尹有个女儿，一起住在菱窠。

解放后爷爷在担任成都市副市长时，将地契主动交给市政府，在市档案馆可查到相关资料。

12. 海棠（女佣，老尹的女儿）

海棠是老尹的女儿，随其父来到菱窠，主要做些零星活儿，有时在灶房协助吴婆婆做饭打下手，有时帮助婆婆打扫房间等做些家务细活。

后来菱窠请来一个木匠老陈，制作全套家具，一来要做的家具比较多，二来老陈没有帮手，因此菱窠的木工活做了一年左右。慢慢地，海棠姑娘与老陈相好上了，而这个木匠家里是有妻儿的，也不管不顾地"自由恋爱"。待家具做完后，老陈瞒着所有人带着海棠姑娘远走高飞了，引得海棠的父亲老尹一个人大骂陈木匠，只能唉声叹气，没得办法。

13. 李全英（邻居农民李二兴之子）

李全英家是菱窠的近邻，他家是客家人。他们在菱窠周边种田，也经常来菱窠水井挑水吃（因菱窠水井的水质好）。爷爷婆婆都很喜欢他们一家人，有空经常要拉拉家常。李全英有个妹妹名冬英，也是我儿时的玩伴。"困难时期"菱窠多次遭窃后，家中无壮劳力很不安全，就请李全英夜间来菱窠住宿。

五、菱窠院里的小动物们

菱窠有许多小动物，是我们重要的"家庭成员"。我的爷爷很喜欢养小动物，写作累了就会在院子里散散步，看看金鱼，看看鸡鸭白鹅，逗逗猫咪逗逗狗，爷爷喜欢观察这些小生灵，还经常给它们喂食。

1. 猫咪

爷爷喜欢猫，所以菱窠养了好几只猫咪。最老的母猫名叫"老妈"，其他都是"老妈"的儿女，只记得"老妈"的大儿子是"黄大哥"，还有几只记不住名字了。这几只猫是菱窠鼠害的天敌，又受到爷爷的宠爱，因此它们每天都能及时享受到吴婆婆拌好的猫饭。猫饭大多是我和弟弟吃不完的饭菜，有时还能有些小鱼荤腥。主楼西面楼梯下面有一个木柜，那是猫咪的家，木柜前就是猫咪的餐厅，每天两次在木柜前给它们开饭，猫咪们围在一只食盆周围，喉咙里发出非常享受的呜呜声。

虽然猫咪有自己的住所，但是它们知道男主人宠爱它们，晚上经常就在爷爷卧室里不走，睡在爷爷的脚头。为此爷爷在被子上铺了一块专门给猫睡觉的垫子，在寒冷的冬天，几只猫咪和爷爷挤在一床还很暖和呢！

年轻健壮的"黄大哥"还有一个被主人们津津乐道的故事。话说在远离菱窠的牛市口，有一户卖牛肉的铺子，那里的牛肉非常鲜嫩，李家经常会去割牛肉，但是铺子里老鼠太多，老板想养一只猫除掉老鼠，于是店主人和婆婆商议好，从菱窠养的母猫"老妈"生下的猫仔中，挑一只到店里去；作为报酬，牛肉店老板送了一大块牛肉给李家。"黄大哥"被选中，当作交换抱到了牛市口。牛肉炖了汤，全家吃了美味。但奇怪的是，过了好久，有一天给猫咪们开饭时，发现多了一只小黄猫，大家齐来观看辨认，原来是"黄大哥"回来了！它居然自己走了好多路，回到了主人家！换来的牛肉呢？不必说早被吃了！小小猫咪也是和狗狗一样认得自己的家。这个关于"黄大哥"的故事就成了李家晚辈孩子们最爱听的故事之一。

2. 忠犬

菱寨因地处乡下，为了安全，一直养有看家护院的狗。解放前养的是一条与狼交配后的第一代杂交狗，是菱寨附近一个农场送的。这只狗长相很不一般，两眼雪亮，双耳直立，尾巴下垂，毛色是麻灰色的，外形极像狼，取名为"麻狼"。这只狗是见到生人可以拼命的那种优良犬种，我舅舅小时候经常喜欢带着"麻狼"奔跑玩耍。菱寨建于抗战时期，当时局势兵荒马乱，爷爷一家在沙河堡是外来户，自从养了"麻狼"，那遗传于狼的野性目光，使得菱寨未受到歹人欺辱，换得一份安心。

解放以后，当我回到菱寨的时候，"麻狼"已不在了，养着一条名叫"拉拉"的大黄狗，这是一条普通黄色家犬，见到主人尾巴先摇起来，是我和弟弟小时候的好玩伴。每当我们从城里回到菱寨时，刚走到转弯的路口，"拉拉"就一路呼啸飞快地奔过来，摇头晃脑在主人脚边打转转，兴奋不已的样子。

3. 肥猪

菱寨的小院坝南面有个猪圈，吴婆婆每年都要买一头猪仔喂养。米糠不够时，吴婆婆经常要去扯猪草来喂，那些割猪草，煮猪食，喂猪的事，都是吴婆婆一个人在辛劳。我曾背着小背篼跟着吴婆婆去扯猪草，我认识许多野菜的名字，都是吴婆婆在那时传授的。吴婆婆整年里精心饲养猪仔，每天用灶房的潲水煮猪食喂猪，还要经常给猪圈起粪，忙碌一年都为着腊月里养成肥猪，犒劳全家。待到宰猪的腊月里，吴婆婆和婆婆她们要忙碌好几天，炼猪油、做香肠腊肉，全都上手干活，我也学大人干活，给做好的香肠拿针扎眼放气。灶房的屋檐下挂满了腊味，菱寨一派过春节的喜庆气氛！

到了"困难时期"，菱寨照样养猪，只不过人都饿得难受，猪儿也养不肥了。

4. 鸡群、鸭群和白鹅

每年春来，菱寨都要孵一窝小鸡儿和一窝小鸭，再买来两三只小鹅一起饲养，既解决全家吃蛋的问题，又有足够的原料为爷爷做美食食材。在菱寨厢房西面的小院坝里，放着鸡鸭同住二层结构的竹编笼子，每天早上，鸡鸭蜂拥出笼抢吃饲料，鸭子背上照例满是鸡屎。不过早餐后，小鸡们在院里四处游逛，鸭子们被放到菱角堰里自由觅食，自会在堰塘里洗个干净痛快。每到傍晚，吃饱了食挺着肥硕嗉子的鸡们轻巧跃上竹楼二层，开始打瞌睡，吴婆婆则拉长声音在门口唤鸭子回家，一会儿，就见鸭儿们摇摇摆摆腆着胸脯排成一行回来了，嘎嘎叫着，争先恐后地摇摆着踱入下层"卧室"。夜幕降临，鸡们鸭们渐渐睡去。

白鹅另有居处，整个白天在院里傲慢地散步，非常悠闲。

我小时候最喜欢的事之一就是去捡蛋，从鸡窝、鸭窝和白鹅窝里捧出温乎乎的蛋，小心翼翼地交给大人，身旁鸡鸭们还在大声报喜，那种感觉何等美妙，是现在城里的孩子们很难体会得到的。

5. 白兔

菱窠养兔子，估计是我和弟弟回来以后养来玩的，小白兔的可爱，无论何时都是孩子们不可抵御的诱惑。我和弟弟喜欢抱着兔子玩耍，菱窠的院子也足够小兔子的跑跳。但是等兔子大些了，吴婆婆为了省去傍晚四处逮它们关进兔窝的麻烦，常常用一个顶上开口的大竹笼子，把兔子罩在里面吃草。我和弟弟却可怜兔子们不能自由蹦跳，常常趁吴婆婆不注意，掀开竹笼放出它们，但最后无疑受到一顿责备，过两天又记不住大人的话把兔子放出来了。

六、关于李家的祖坟

李家入川以来，在青羊宫附近有祖坟（从第几代开始不详），李劼人的先辈均葬于此地。祖坟范围内有茂密的楠木树（故居内家具就是用祖坟上的楠木做的，见纪录片中李眉口述）。祖坟内有间茅屋，住着邓姓老两口带一个女儿，常年为李家看守坟地。[①] 在 20 世纪 70 年代初期，青羊宫一带扩建马路，将那一片坟地征用，需要迁坟。因我家在成都无近亲，无法处理此事，爷爷的表妹张先玖（我的大姨婆）就赶忙去拣回先人骨殖，用青花瓷坛装殓，埋葬在吉祥街 11 号院内。后来，市政府在院内盖家属宿舍楼房时，我家早已无力顾及此事，从此李家就没有祖坟的概念了。

七、李家长辈生卒

外祖父 李劼人：1891 年 6 月 20 日（辛卯年五月十四日）—1962 年 12 月 24 日，享年 71 周岁。

外祖母 杨叔捃，李劼人夫人：1899 年 10 月 11 日（乙亥年九月初七日）—1985 年 1 月 5 日，享年 85 周岁。

母亲 李远山（李眉），李劼人之女：1925 年 8 月 4 日（乙丑年六月十五日）—

[①] 详见李眉的《关于〈死水微澜〉中几个人物的原型》一文。

2007年9月6日，享年82周岁。

舅舅 李远岑，李劼人之子：1927年12月6日（丁卯年冬月十三日）—1977年4月，享年49周岁。

父亲 王小鼎（王岳），李劼人之女婿：1925年8月5日（乙丑年六月十六日）-1994年5月3日，享年68周岁。

舅妈 黄尚莹，李劼人之儿媳：1927年2月18日（丁卯年正月十七日）—2011年11月30日，享年84周岁。

我离开童年生活过的家乡，离开菱窠已经快六十年了！时光飞逝，时代变迁，成都和全国一样，发生了天翻地覆的变化，半个世纪前的大多数地方都只留下个地名，早已看不到当年的地貌了。我小时候随大人们出九眼桥，过牛市口，到沙河堡，回到菱窠，往往要半天时间，甚至还要坐一段"鸡公车"。而现在的沙河堡几乎就是紧靠城市中心了。城市大了，人们越来越忙碌了，我们的记忆越来越遥远了，但是，我的爷爷、婆婆这一代人为国家为人民做出的贡献，应当永远在人民心中；菱窠这座小小的院落，就作为那个时代的象征，静静地向人们诉说着发生在这里的往事……

2017年5月20日

"李表哥"对我们一家的恩情

廖克诚[①]

　　李劼人的母亲是杨家四房杨砚如的姐姐，我的丈夫杨为尹的父亲杨祁如与李劼人的母亲是堂姐弟。我们叫李劼人"李表哥"。

　　1951年，杨为尹（任卿）在学校任教时，被人诬陷说成是"青年党"。事情经过是这样的，为尹的堂姐夫何鲁之早年留法，是青年党党要员。1923年，曾琦、李璜、左舜生在法国发起成立了青年党，何是秘书长，兼法华教育会秘书长。何鲁之回国后，曾在四川大学、华西大学任教授，讲授世界史等课，著有《欧洲中古史》等著作。1946年当了"国大代表"，1949年后去了香港。何鲁之是十三伯襄如的大女婿，十三伯与为尹的父亲（祁如）是亲兄弟，解放前又没分家，大家庭住在一起。本来为尹这个人是个不问政治，一心想在学术上有所发展的人，他很想当一名有名的教师，还想写书，他常说："做一个像李表哥（李劼人）那样的民主人士也不错呀！"

　　可是，解放后就抓住何鲁之的事不放。在一个大会上，某某人站起来说："杨为尹是青年党留下来的特派员。"这一下把在座的人都惊呆了，因为为尹的为人他们都知道，他是一个"两耳不闻窗外事，一心只读圣贤书"的人，怎么会成为青年党的特派员呢？但是，大家在这样浓厚的政治气氛下，谁又敢说什么呢！就这样天天要他写材料，他说："叫我咋个写嘛？"写不出来，整夜不能合眼，真是痛苦不堪！不交代就是"反革命"呀！他又是个正直的人，他向我说："这样莫须有的追问，我怎样说呢？编来说我做不到，何鲁之的生活细节我知道一些，政治上的事，我全不明白，叫我说什么呢？何大哥大我二三十岁，他根本把我当小孩。他1919年到法国留学，我才出世。我也从来没有加入青年党，更说不上特派员。"

　　后来越逼越凶，为尹一天到晚神志恍惚，总说有人在监视他，随时都担心说：

---

① 廖克诚是杨为尹之妻，此文为作者遗稿，由女儿杨邦仪整理。

"后面有人抓我！"睡在床上都不安宁，精神上受到严重的折磨。最后，他饭不思，茶不想，到处躲。我怕他精神崩溃就去给他请假，校长王仲雄不准，我就和他大吵大闹，作斗争，我说杨为尹是我的丈夫，他没有这些事，你们硬要给他栽上，人的精神越来越恍惚，他是我家的顶梁柱，你们老是逼他，如果逼出事来，学校要负全责！我到处求援，后来我又找了李劼人，当时李劼人是成都市的副市长，李劼人亲自写信为杨为尹作了担保。

直到1957年，最后结果是"查无此事"四个大字。此事害了我们全家，整整痛苦了六年。

原来是揭发人某某某他自己是青年党员，他到何鲁之家去，见过为尹，也知道何鲁之是为尹的堂姐夫，他用诬陷别人的手段来掩盖自己的丑恶嘴脸，无中生有，把莫须有的罪名强加在杨为尹头上，给我们带来了多大的痛苦啊！

后来，1957年，学校送杨为尹到重庆北碚疗养院去疗养，使他身心受到了安抚，精神上得以恢复。杨为尹后返回单位，凭借他一生的智慧、勤奋、刻苦，为国家培养出一代代的优秀人才，也圆了他的两个梦：一是当一名有名的教师——他曾连续数年评为成都市先进工作者，曾连续数年选为成都市西城区政协委员、常委；二是写了一部"化学丛书"。他之所以能获得新生，全要感谢李表哥的正直和担当，为杨为尹证明清白！

2016年8月15日

怀念劼翁

曹治华 [1]

我的父亲曹青萍（1898—1966）是李劼人的亲姨表兄弟（双方母亲均为杨氏亲姐妹），祖居成都，曾留学法国。1942 年 7 月，表兄李劼人举荐曹青萍入嘉乐纸厂工作，历任总务、经理、厂长。父母与李劼人家既是亲戚，有通家之好，他们俩又是工作中的上下级。我是家中长女，也是李劼人的侄女，我称他"姨爹"。自幼年以来，就认识李劼人，常常听长辈讲他的经历、故事，我读过他写的小说。我对李劼人非常敬仰。他住"菱窠"后，我到成都，必去菱窠看望他和家人，或在他家住一段时间。几十年过去了，但这一切终生难忘。

一、李劼人故居"菱窠"重建是时代的致敬

作家李劼人的代表作《死水微澜》《暴风雨前》《大波》一套三部历史长篇小说，相当成功地反映了甲午战争到辛亥革命这一阶段中国历史大转折时代中成都、四川的历史巨变与社会风貌，而在中国新文学史的论著中却见不到李劼人的身影，文艺界过去对这位有着重大贡献的作家，没有予以重视和研究，这在读者中早已产生过不公正的感觉。经过十年浩劫，人们从中国文化遭受的摧残破坏中觉醒过来，更加深刻理解文化遗产的珍贵，劼翁故居——"菱窠"文物保管所的成立，足以说明历史正在弥补它的疏漏，开始重视并研究李劼人对新文学的伟大贡献，这不能不令人感到十分欣慰和振奋。

二、李劼人作品中的生活基础

我是一名普通的文艺爱好者，对劼翁的作品没有认真的研读过，何敢妄加

---

[1] 曹治华（1928—），曹青萍长女，重庆北碚农业局高级农艺师。

论赞。只是因为他是我的至亲长辈，少年时代从读过他的作品的母亲与亲友们的闲谈议论中，知道他所写的人物往往有着他们所熟习的亲友的影子，读来十分亲切感人。用文学家们的术语来说，大概就是劼翁的作品有着深厚的生活基础。他以笔作刀枪，将他生活过、感受过、经验过的意义非常重大的社会现象，通过深刻精细的观察与剖析，有血有肉地反映出来，推动时代的前进。劼翁素来受到亲友们的敬爱，他离开我们虽已廿五个春秋，长辈们也已先后辞世，但在与他有过接触的小辈们中间，说起劼翁总是深深地怀念他，他的形象随着时间的推移，愈来愈崇高而令人铭记不忘。

三、一丝不苟的生活态度

亲友们传为美谈之一的劼翁丝毫不苟的处世态度，令人十分敬佩。1948年暑假，我从乐山去成都，投靠劼翁，报考四川大学英语系，住在菱窠月余。看见劼翁每天晚饭后，必定要由他的夫人（我的表孃）口述一天的开支情况，由他亲笔记账，细微到买的小菜品种、价格，都无一遗漏地记录。据说这是他积累写作资料的方式之一，借以研究物价与社会经济生活；到了解放前夕，这些记录成为国民党时期政府腐败、物价暴涨、币贬值的有力证据。这件一般人认为无足轻重的小事，他却一丝不苟地坚持了数十年。

劼翁幼年丧父，母亲逝世也早，对亲戚中他的长辈，劼翁是极细心体贴，极为孝敬的。我的祖母是劼翁唯一的在世姨妈，抗战以后，父亲在嘉乐纸厂任职期间，劼翁每年几次到嘉乐纸厂视察，不管公务多忙，总要渡过岷江，步行十余里，到嘉乐纸厂的乡间宿舍来看望我祖母，问寒问暖，关怀备至。每次也必然有所馈赠，而每次都引起祖母讲述劼翁幼年的不幸遭遇和幼时千里扶柩返省所崭露的出众才能。

四、人品高尚，扶危济困

劼翁的亲戚中似乎没有达官显贵，他作为一个作家、实业家，就算是亲戚中的大人物了。亲戚们无论文化与职务高低，他都平易相待，相聚时总是毫无拘束地亲切叙旧，爱说玩笑，没有大人物的架子。亲朋中有了危难事，大如政治避难，小至生活困苦，到菱窠去找他，他从不拒绝，总是伸出热情援助的手，扶危济困，使你感到温暖，受到鼓舞。我的姑母曹笃斋与劼翁夫妇童年友好，感情笃厚，劼翁叫她"三妹"，是一位热心助人，聪明勤劳的家庭妇女。她一身辛劳，晚年生活却很拮据，经常带上小孙女去菱窠，住上十天半月，在三年困难时期更是菱窠的常客。劼翁与夫人不但热情接待，还总把政府照顾自己配给的牛奶分给姑母的小孙女，临别还总要送些钱物，起码二十元，这在当时是很不简单的援助。劼翁并不富有，他自己的生活十分俭朴，这样的穷亲戚还不是个别的，劼翁的舅母与我的叔母都不止一次地得到过这种周济。

我的父亲1950年已辞职离开嘉乐纸厂，他无股票、土地、房产，1952年初"三反"运动却被调回加嘉乐纸厂参加运动，把以解放前厂方发放的生活津贴，厂里多年的车、船交通工具、养护费用等算到我父头上，加上"贪污"的罪名隔离、批斗，强行"退赃"。家中积蓄倾囊交出，仍嫌不够，母亲只好到成都向劼翁等借贷求援。劼翁慷慨地把他家属子女投资在嘉乐纸厂的股票，总共340股，全部送给父亲"退赃"。这340股股票的价值极大，几乎是李劼人几十年投资嘉乐纸厂的资金与收入的全部！劼翁解救了我家的危难，使父亲得以恢复工作。这件错案，嘉乐纸厂至今还没有纠正，劼翁的这一财产也就等于被变相没收了。

五、坚持真理，热爱共产党

劼翁到法国勤工俭学，研读文学，得到他的舅父杨硕贤（曾留学日本）老先生的积极支持和帮助。劼翁一生在奋斗中探索光明，写小说，办实业，是他对新民主主义革命的两大贡献。嘉乐纸厂在抗战中曾经有力地支持了大后方的教育事业和新闻出版事业。劼翁性情豪爽，有强烈的正义感，抗战以后，积极投身政治运动，坚信共产党。他以董事长的特殊身份，用嘉乐制纸公司的文化宣传费为成都文协提供活动经费并出版刊物，对抗战时期四川的革命文艺活动起过很大作用。在"三反"运动中有人企图将劼翁从公司支取的大量经费视为贪污问罪，一经查证，劼翁交出全部收据，都是用于革命文化事业，劼翁自诩为"过路财神"，这此事方才作罢。

六、营救难友，保护工厂

1947年，早已是地下党员的著名作家陈翔鹤受到国民党逮捕的威胁，起初住到菱窠，短期避难。秋天，形势危急，陈翔鹤更名陈定波，由劼翁安排到嘉乐纸厂，要我父亲以驻厂秘书的名义妥善保护，直到解放。由于劼翁经常到嘉乐纸厂，发表拥护共产党的鲜明主张，陈翔鹤到厂后，也以他的革命见解影响职工，使当时嘉乐纸厂的革命舆论盛行，经常可以听到解放战争节节胜利的消息，能及时看到《新华日报》全文刊载的毛主席的《论联合政府》和《沁园春·雪》。乐山临解放前夕，嘉乐纸厂不但没有受到破坏，而且在劼翁的全力领导下，我父亲带领全厂职工积极参加护厂活动，完整地保护了嘉乐纸厂的全部财产和生产设备。乐山解放后，纸厂立即恢复生产，并开展援助受困工友的捐献活动，受到《川南日报》的赞扬。

七、追求光明 一身正气

劼翁面对国民党的白色恐怖，毫不妥协退让，他在青年时即因写小说，痛骂军阀混战被逮捕坐过监牢。他喜好喝酒，十分健谈，每当谈到国民党的反动统治和贪污卖国时，便会破口大骂。劼翁逝世时，他的好友蒙文通教授送他的挽联是"骂人数十载，个个称快；成书千万言，字字有声"。父亲评价这副挽联是写实的佳作。于此可见，劼翁追求光明和真理，不肯向恶势力低头的凛然正气，始终受到朋辈们的赞许和敬仰。

1987 年 6 月 10 日
写于李劼人故居文物管理所成立前夕

姑爹之恩 终生不忘

杨邦廉

李劼人是我的姑爹，姑妈是我父亲唯一的亲妹妹。姑爹、姑妈对我们一家的照顾关怀是难以言尽的，也是终生难忘的。

1936 年，我才一岁多时，父亲和唯一的伯父相继去世，留下我母亲带着我和哥、姐四人相依为命。原本靠我父亲工资收入维持的小康家庭，逐渐变成缺衣少吃的穷困家庭。更为不幸的是，我四岁时，年仅十四岁的哥哥又患病去世，在万分悲痛中，母亲艰辛地支撑着这个家。在旧社会，母亲作为一个失去丈夫又缺少文化的家庭妇女，要把我们姐妹抚养成人谈何容易，其艰辛程度可想而知。在我们极度困难时，我们的亲戚们都对我们伸出了援助之手，如一个堂姑妈在乡下（成都北郊独柏树）的一个农家院里她佃户处，给我们找了一间房屋，解决了我们在城里因房租太贵被迫流离失所的困境。在一些亲戚对我们的帮助中，姑爹李劼人是对我们照顾得最多、最直接、最长远的人。

姑爹和姑妈经常给我们送食品，不定期给我们零花钱。特别使我难忘的是自我读初中、姐姐读高中起，姑爹就给我们俩出学费、伙食费。姐姐住校，在校住宿并吃三餐，我走读，在校吃一顿午餐，这些费用都是姑爹给的。

为了减轻姑爹的负担，我初中毕业，考了免费的成都女子师范学校。当时国家规定，师范毕业后，一定要到小学至少教书三年。我毕业后在成都女师附小教了三年书，之后，考入了西南师范学院（现西南大学）。由于我教过书，在大学享受调干助学金。大学毕业后，由于我学习成绩优秀，又是中共党员，被留校任教。1971 年随丈夫调回山东临沂原籍工作，任临沂市委党校教员，1995 年退休。在党校期间，历任教员、副校长、教授等职。

由此可见，如果没有姑爹姑妈的照顾、帮助，就没有我的初中、中师、大学的历程，就没有我以后充实而完美的一生。

姑爹除了资助我和姐姐的学杂费外，平时对我们也是多方照顾。我和妈妈每次去他们家菱窠时，除热情接待外，回家时，姑妈总是让我们带回不少东西，吃的、穿的、用的一大包。表姐表哥（李劼人的女儿李远山，儿子李远岑）不穿的（七八成新的）衣服都会给我们，大到棉衣、毛衣，小到围巾、手套、鞋袜，只要发现我们欠缺，就会给我们。我妈又会做针线活，拿来的衣服，按我们的身材修修改改，就做成一套一套的漂亮合身的衣服，我们穿出去，俨然像大富人家的小姐出门，还迎来不少羡慕和欣赏的目光。表姐表哥还经常给我们笔墨纸张等学习用具。在我的记忆中，我们读书时，就没有买过一支自来水笔，但从未缺过，都是表姐表哥给的。

在三年困难时期，全国人民都缺衣少吃，买东西要凭票证。姑爹家也不例外，但就在那个年头，每次我们去他家，仍然要我们带回各种东西。有一年春节前，我们去姑爹家拜年，临走时，还给我们一些香肠、腊肉。我很奇怪，这东西市面上都很难买到的，他们怎么会有？原来他们家在口粮紧缺的情况下，省吃俭用，又自己开荒种点地，喂了一头猪，年终杀了做成腊肉、香肠，这样才艰难地有点肉吃。天哪，这么珍贵的来之不易的肉，还分给我们共享！在那种全国人民都困难的条件下，我们这样穷困的家庭还能吃上香肠、腊肉，其激动的心情久久不能平静。

从我初中（1945年，我时年12岁）开始，随着年龄增长，有了独立生活能力后，每年放寒、暑假，姑妈就让我妈把我送到他们家去住（姐姐到另一个姑妈家住）。大家心里都明白，这样做，可以解决我们一个假期的伙食问题。我很高兴，在他们家不仅能吃到可口的饭菜，还可以和表姐、表哥近距离相处，因为表姐、表哥是我从小崇拜的偶像，我喜欢他们，他们也喜欢我。

和他们相处的日子里，他们全家的一言一行、点点滴滴都潜移默化地影响和改变着我的一生。

我从小好动爱玩，很难静下来。在他们家菱窠居住时，经常和一位邻居的同龄小女孩结伴同玩。我们跳绳，拍皮球，踢毽子，还把绳子套在树上荡秋千，一刻都不停下。这种好玩恶习，在他们家也得到一些克制和收敛。

姑爹只要在家，就坐在书房中写作。他书桌旁有一个窗户，窗户外是楼梯，楼上是藏书室，干净亮堂。我每天做作业都上楼做，偶尔也翻翻我能看懂的书。由于我贪玩，在楼上坐不住，一天要上上下下楼梯好几次，给姑爹的写作带来极大干扰。有一天，姑爹终于发火了，把我狠狠批评了。我知道我错了，从此，我就克服坐不住的习惯，硬忍着一天只上下楼一次。渐渐地，我坐不住的习惯也得到了克服。

　　表姐、表哥身处书香之家，他们只要闲下来就坐着看书。记得在冬季，每天晚上，菱窠院子里静悄悄的，在姑妈的卧室里，点上一盏菜油灯，天冷时，烧一盆木炭取暖，他们就围在方桌前，一人拿一本书静静地看书学习。姑妈就在隔壁姑爹的书房里报账。我一个人实在无聊，在那样的气氛和环境里，我再贪玩也无法施展了，也拿一本书（当然是些儿童读物），乖乖地坐在旁边学习，就这样，我的好动性格也克服了不少。

　　我的贪玩的恶习，是在经历了一次刻骨铭心的波折后，才得到彻底克服和纠正的。

　　由于我贪玩，不好学习，学习成绩平平，还经常考不及格。初一结束时，我三门课不及格。学校有规定，三门课不及格的，直接留级重读一年，两门不及格则有补考资格。当时，我吓坏了，如果我留级再读一年，姑爹又要多付一年的学费，我拿什么脸去见他呢？他又那么严，平时我都怕他，我如何才能过他那一关呢？这件事，我不敢对任何人讲，成天睡不好，吃不香，左思右想，最后想了一个办法。我鼓起勇气去找英语老师，三门不及格的功课中，英语分数稍高——58分。我去求英语老师加2分，让我及格，其他两门课就有补考的资格了。英语老师答应了。谢天谢地，真是绝路逢生，我有一条生路了。假期里，仍然在姑爹家，我成天躲在楼上复习，利用表姐、表哥用过的文化课参考书及复习资料，一丝不苟地补课。开学了，终于补考过关，升上了初二。从此，我痛改前非，分秒必争，刻苦学习，如在英语课堂上，老师教了英语单词，我下课不出去玩，就即时记住了。早上上学时，在农村的大路上，行人稀少，除了有几个进城挑粪的农民外，基本上没有人，我就边走路边背英语，晚上更是深夜才睡，这样每天学的课，从不落下。

　　这一次挫折，是我人生中最大的转折点。从初二起，我刻苦学习，成绩一路上升。到初三毕业时，在班上名列前茅，以至后来我顺利考上师范学校和大学，学习成绩也是一路领先，在大学中多次被评为"三好"学生。后来，在党校教学时期，被评为优秀教师和教授。我简直变成了另一个人，塑造了另一个人生。

　　在姑爹家，表姐、表哥对我的影响是不小的，在他们平常点点滴滴的言谈中，使我开始有点政治意识，逐渐知道有共产党、国民党，国民党不得人心，共产党是为穷人翻身过好日子的党。我家那么穷，从那时起我就盼着共产党早日到来。

　　此外，表姐、表哥给我一些书看。有一次，表哥给我一本手刻油印本的毛泽东《新民主主义论》，我看不懂，退给他了。后来，他又给了我一本《社会发展简史》，这个我勉强能看懂，我有生以来第一次知道社会是从原始社会、奴隶社会、资本主义社会发展到社会主义和共产主义社会的，我天真地盼着共产主义早日到来。

　　记得在 1948 年冬天的一个晚上，我在农村我家里，正准备睡觉，突然表哥被另一个堂表哥（傅开候）带着来到我家。我惊呆了，他们俩都从未到过我家，为何今天来此，说是要在我家找个住处，但过一会儿就走了。后来才知道，表哥虽不是共产党员，但在川大经常参加一些进步青年活动，被特务盯梢欲进行抓捕，他机警地摆脱特务后迅速离校，四处躲藏。在城里找不到合适的安全之地，才来我家。但一看，我家一间十来平方米的昏暗土屋，一张一米三的小床，我们母女三人就挤在这张床上。另外，一个立柜，一个书桌，一个方桌（以上是我母亲的嫁妆）把这间小屋挤得满满的。显然，这里是住不下表哥的，于是他们又匆匆离去。表哥第一次来我家，而且还未吃饭，但我家就拿不出一点现成的饮食来，连一杯水都未喝就走了。我一直很内疚，后来得知，他们从我家连夜出走，最后在我姑爹的一个老同学（魏时珍）家住下了。一直到成都解放，表哥才正式外出露面。通过这件事，我从心底里更加崇拜表哥了。

　　这年放寒假，我就到姑爹家，才知道，特务在盯梢追捕表哥的同时，我表姐在回家的路上被特务抓捕入狱了。本来平静的姑爹家，顿时如遭晴天霹雳，全家人愁容满面，焦急万分。我才发现，姑爹头上的头发突然白了。姑妈告诉我，姑爹还急掉了一颗牙齿。经过姑爹到处打电话求助，在朋友的帮助下，表姐才于平安出狱。这件事后，我更加崇拜和热爱表姐了。

　　姑爹一家对我兴趣爱好的影响也是不少的。

　　姑爹有一手好书法，每一年过年，姑爹都要亲自写对联，由表姐、表哥贴在菱窠的大门上。我总是好奇又感兴趣地看着姑爹一笔一画地书写，他还不时地讲解。不知为什么，我被姑爹的书法迷住了，目不转睛，爱不释手，欣赏不够。从此，我爱上了书法。当时，学校还设有书法课（当时叫写字课），我的书法成绩一直优秀，在学校书法比赛时，我得过二等奖。退休后，我有机会拾起毛笔，还创作了一些书法作品。

　　我在姑爹家住的时期里，表姐、表哥正在四川大学读书，表姐、表哥的恋爱对象也是川大学生。假期里，他们和恋爱对象经常带着我去川大玩。我们从沙河堡菱窠出发，沿着一条崎岖的小道，像散步一样，不觉得累就步行到了川大。在那里，我一个初中生开始感受到了大学的氛围，品尝到了大学的气氛和情调，在我心中，不知不觉地埋下了一个以后要上大学的种子。这也是我长大后，经过在小学教书三年，就决心辞去工作，一心要考大学的因素之一。

　　表姐的未婚夫王小鼎（现名王岳），是一个多才多艺的英俊青年，我很崇拜他。

接触中，他给了我很多潜移默化的影响。他会画画，也写得一手漂亮的美术字。我高兴地跟他学写美术字。我学到了这门手艺后，办黑板报、小字报，写大字报，写大幅标语，都派上了不少用场。

我和表姐住在菱窠西屋的房间里，空闲下来，表姐就教我下象棋，这也是我们消遣的一个内容。时间一久，我和表姐成为胜败相当的对手。虽然两人水平都不高，但兴趣甚浓，难舍难分。后来退休后，闲暇时，还能和朋友们玩上几把。

姑爹对小辈都是很严的。平常他都在书房里写作，我很少和他接触，只是在吃饭时见面。在吃饭时，他除了讲一些饭菜的最佳做法外，还讲一些吃饭时的规矩和礼貌。他教育我们说，小孩要等大人都上桌坐好了才能上桌；吃饭时不能撒饭菜在桌上；夹菜时，筷子要干净，不能带着饭菜去夹菜；不能在盘里翻菜挑菜，顺着菜盘从上到下夹菜；等等。有一次，我上桌后，第一碗饭就泡汤，吃完后，第二碗饭又泡汤。我姑爹就说了："你一个人就喝两碗汤，我们桌上共有六人（除了他们全家和我外，还有一个七姑妈住在他家），如果都像你，一人喝两碗汤，桌上的这碗汤哪能分出 12 碗呢？"我哑口无言，知道错了，原来吃饭也应像做事一样，要考虑别人。姑爹的这些点点滴滴教诲，也成为我长大后教育儿孙文明用餐的内容。

2011 年，《李劼人全集》出版后，李劼人的外孙女李诗华送了一套给我。我在阅读书中《干部登记表》时，被其中一句话震惊了。在"财产及生活状况"一栏里，姑爹这样写道："……毫无积蓄，全赖薪给及卖文所得为生，又因必须照顾穷苦亲戚朋友及学生，致现在负债甚重。"看似平常一句话，我看后，阵阵心酸，眼睛顿时湿润，原来姑爹对我们的照顾并不轻松，是付出巨大的代价的。我被姑爹的这种伟大心灵和无私胸怀深深感动。我以前就隐约知道，姑爹除了资助了我们全家外，还资助了不少亲戚、朋友，但在他资助的所有亲友中，我们家是接受他资助最直接、最多、最长久的一个。想到这里，我的心如何能平静呢？姑爹的这份恩情，我怎能忘记呢？又怎么会忘记呢？不仅今生不忘，如果有来生，我也不会忘记！千言万语，只能汇成一句话："姑爹，你安息吧！"

2016 年 8 月

李劼人与舅家杂事小记

杨 晓[①]

我叫杨晓，是李劼人的侄女，李劼人的母亲是我爷爷的亲姐姐，我爷爷是李劼人唯一的亲舅舅。

李劼人九岁随母去江西，投奔捐官候补的父亲，先后辗转于南昌和抚州的东乡、临川，十五岁丧父，扶柩回成都后就生活在我爷爷家。

我爷爷当过县令，待李劼人成人后，就带他在泸州、名山县的衙门里做事。

李劼人出国留法时，我爷爷卖了成都指挥街自己的一个院子，其中四百大洋给李劼人完婚和留法用；动身时爷爷又把自己的皮袍子给了他。李劼人娶的妻子是我父亲的堂姐，所以我叫李劼人表叔、姑爹都可以。

爷爷为资助李劼人的事业，不遗余力，再加上为人豪爽，喜交游，人丁口多，经济无方，不得不在 1935 年卖了"四知堂"老屋，杨家正式分家，各房过各房自己的日子，越来越落魄了。

1939 年日本飞机轰炸成都，老百姓四处逃难，我大姑妈叫杨仙玖，嫁到雅安的张家，做藏区的盐、茶生意，赚了不少钱，我们家就投奔她去了。

为此张家给了岳父一个大院子，里面还住着姓段的朋友一家人。段家有两个妹子，常和我爸一起耍，读小学、初中，青梅竹马，渐生情愫。

1945 年爷爷在雅安得了肝病，不治去世，享年 84 岁。这时的杨家早已败落，父辈的几个伯父，老三、四、五都夭折，没长大。老大年轻时，家里给了点钱，出门跟着大姑父学做生意，雅安本是汉、藏交界地区，土匪多如牛毛，结果遇到棒老二，一切被抢光，大姑父侥幸逃出来，后来也不知大伯死活，从此家中就少了一个人。这是我爷爷一辈的往事。

李劼人回国后想实业救国，创办了嘉乐纸厂，且亲任董事长。我父亲杨为觐

是家里的老幺，1947 年也成人了，要担当起供养母亲和姐姐的责任，又在和我妈热恋中，于是开始找工作。

父亲先陪我母亲，从成都到乐山任家坝全福乡小学报到教书。来后感到乡村太不方便，又只有一个职位，父亲就找到嘉乐纸厂曹青萍经理。他妈是李劼人的亲姨妈，他是我爸的姑老表。当时就他住在纸厂河对门的壁山庙乡下，也归全福乡管，相隔不远。

曹表哥说这事我可作不了主，你要找李劼人说说，他是董事长。我爸在曹家住了两天，表哥送了十万元的盘缠，帮买了张车票。

我父亲返回成都，到沙河堡菱窠找到李劼人，他同意父亲到嘉乐纸厂工作。工作不到两个月，父亲又将我母亲段芙初带去见李劼人，她后来也到纸厂工作了。可以说，是李劼人成就了父母一生的爱情，父母从此也开始了与嘉乐纸厂长达半个多世纪的渊源。

1948 年，父母在嘉乐纸厂分得高级职员住房 (里仁街 113 号)，马上将我奶奶和两个姑姑从雅安接到乐山生活。这一住就是一辈子。

当时我父亲主要工作就是每月上成都，将现款带回乐山，为全厂职工发薪资。听父亲说当时土匪多，年轻人胆大，一个人带那么多钱，在路上几天也没害怕。

解放后我父母一直在纸厂工作，除了 1957 年父亲被打成右派期间，一直担任纸厂的技术管理、经营销售、财会统计等工作。以后几十年我的三个妹妹也在纸厂工作，一直到嘉乐纸厂 1998 年改制破产。

我奶奶曾告诉我，来到乐山后那是最舒心的几年，不愁吃穿。可以说：是李劼人使杨家他这个亲舅在乐山有了个家，才一脉相传，延绵子嗣。

1960 年困难时期，我父亲右派还没有摘帽，母亲在龙池下派劳动，三妹在托儿所瘦得皮包骨头，二姑得了肿病，我奶奶带我和二妹到成都投靠亲友。

初夏，我记得我们是坐客车去成都的，当时新津没有桥，全车人下车推车过河，只剩我们祖孙三人在车上。下午到我大姑妈家，她家也是揭不开锅，大姑妈马上步行去沙河堡菱窠我表叔李劼人家借米。

我和妹妹饿得躺在床上，一直到晚上 9 点过大姑妈才回来，要了五斤米，马上熬稀饭做给我们吃。

几天后奶奶、我、我二妹妹到李表叔家去，他家在成都沙河堡，自己修的乡间别墅菱窠，木栏围着的一个院子，正面一座二层小楼，房顶是盖了一层厚厚的草。左边是一排一层的客房，客房尽头是餐厅和厨房。这里现在已经是李劼人故居纪念馆了。

表叔家有一位文书叫龚先生，高度近视，抄文章时头是贴在纸上的。有一个佣人姓吴，我们叫她"客客"；还有一位我们叫她九孃孃；另外有一个瞎子姑妈；当然有表叔的孙子虎儿。

表叔一袭长衫，很严肃，天天在楼上写书，好像在写《大波》。我只有六岁，常常一个人躲到书房门口看表叔写书，表叔很专注地在写，没有看到我。

瞎子姑妈天天在饭厅门口，拿着一根破竹竿敲地下，不让鸡、狗打架争食，我和妹妹假装是小狗靠近，让瞎子姑妈一直不停地敲竹竿，竹竿一响，我们就笑个不停。

大约是一个周日，虎儿没有上学，我们捉迷藏玩得满头大汗，后来就在客厅沙发上睡着了。晚饭时表叔说我们了，因为我们着凉了。

李劼人当时是成都市的副市长，每天有人给表叔送牛奶和猪肝，我每天都是吃饱了的，那是困难时期唯一没有感觉到饿的十几天。

另外，我的婚姻与嘉乐纸厂有关，因为我丈夫张子壮的外公钟继豪，是李劼人筹办嘉乐纸厂相邀的十三位股东之一，而且我们的长辈们共住一个院子，生活了几十年。

从菱窠回乐山后，我开始读小学了，当时在学校吃集体伙食，八人一桌，每天吃饭前还要给学校伙食团割一篮猪草才开饭，没有油水吃不饱。

1961年，父亲摘帽后，回嘉乐纸厂在碱液回收车间工作，母亲在漂纸车间工作。

1977年，十年动乱结束，拨乱反正，父亲问题淡化，当了供应科科长，后来又兼销售科工作，后评为经济师，还多次评为先进工作者。母亲在计划科工作，过后一直在财会科工作，工作上是把好手，快、准、高效，一个顶两个人用，后评为会计师。

父母从小青梅竹马，相亲相爱从不吵架，在最难的岁月相互扶持，上下班都常手牵手，是我最羡慕的爱情楷模。父亲会做一手好菜，更会做一种"过江面"（李劼人曾在成都开过"小雅"饭馆，也卖过这种面）。那一个鲜呀，没法描述，那是我们杨家的传统菜之一，每逢家人过生都会吃父亲做的这种"过江面"。

1987年父亲退休。2011年3月母亲陷入昏迷，3月27日她永远离开了我们，享年83岁。

母亲走后父亲身体慢慢好些了，但他的内心却更孤单了，一提起母亲就流泪，见到孙女就讲母亲的点点滴滴，写下长长的纪念文字给我们看。

李劼人故居博物馆多次来乐山采访父亲，了解李劼人在我爷爷家的事和嘉乐纸厂的事。四川电视台也来采访过，并播出了采访纪实。父亲也写了好多关于嘉乐纸厂的文字给他们。

这 12 年间，李劫人的外孙女李诗华多次来乐山看望我父母亲。失去母亲后父亲没有真正快乐过，他 2014 年 10 月 5 日逝世，享年 87 岁。

往事如烟，我表叔李劫人是一代文豪，有大河三部曲流芳海内外，他的全集李诗华也送了一套给我们，但他创建的乐山嘉乐纸厂已不复存在，仅在原址上留下一条街叫"劫人街"，聊作乐山人对嘉乐纸厂的怀念。

李劫人故居纪念馆重新维修后，于 2014 年 10 月 20 日举行开馆仪式。开馆前我父亲收到出席开馆仪式、活动的邀请，但他已病入膏肓，派我代表他去成都参加。开幕那天，见到李诗华和曹表哥，我把父亲留下的一些资料给了李诗华，李劫人研究学会要出《李劫人研究：2016》，我搜索记忆，啰啰唆唆地谈了一些碎片，供大家茶余饭后摆谈。

杨晓

2016 年 8 月

怀念李姨爹

谢勉蓉

　　今年春节，诗华（李诗华，李劼人外孙女）带着女儿及两个小孙女，偕红雨（李红雨，李劼人孙女）回蓉探亲。正月初五，阳光明媚，她们和在成都的部分亲戚二十余人一起到李劼人故居"菱窠"，拜祭李劼人和夫人杨叔捃。走进那熟悉的小院，仿佛又回到了当年，门外的垂柳，主楼阶沿下的苹果树、金鱼缸，厢房外的石磨，还有那厨房外一排排的泡菜坛……都呈现在我眼前，慈祥的姨爹、姨妈仿佛在向我们走来。我激动地在姨爹的塑像前喊着："李姨爹，我们来看您了，我们怀念您，您永远活在我们的心中！"

一、从小敬畏李姨爹

　　李劼人，我称他为"李姨爹"（李劼人的夫人是我母亲的亲堂姐），而我母亲则称他为"李表哥"（李劼人的母亲亦是杨家的闺女）。我从小就随母亲到菱窠走亲戚。小时候就知道他是大作家，对他敬畏。记得我五岁那年，晚上我睡在紧临姨爹书房兼卧室隔壁客厅的藤椅沙发上。因为那天晚上岑哥哥（李远岑，李劼人之子）讲盗贼到家偷东西的事，我在梦中吓得大叫，姨妈都把我叫不住，还是李姨爹出来叫我，才让我安静下来。

　　随着岁月流逝，我慢慢懂事，菱窠在我心中就像世外桃源。它宁静、优雅，还有那么多好看的书，一到学校放假，我总爱跟二表姐（杨邦廉）到菱窠小住。从妈妈和其他长辈的口中，以及我亲身的感悟中，姨爹刚毅、率直、仁爱的形象在我心中矗立起来，姨爹对我们家的扶助、关爱之情也永留我心中。

二、忘不掉的恩情

我母亲（杨应君）出生在杨家大院那个没落的封建家庭中，从小失去双亲，为了自立，拼命读书，她以优异成绩考入树德中学一期，学费却没着落。是她的李表哥慷慨给予资助，为她缴了学费，才让她进入了学校。以后她总是努力学习，进入前十名（树德中学是孙德操所办，前十名学生免除学费和部分生活费）。读完初中，考入全免费的成都女师，毕业后得以成为一名小学教师。

我四岁（弟弟两岁）时，父亲因飞机失事而亡，留下一点生活费，妈妈将其放到嘉乐纸厂。那已是解放前夕，物价飞涨，货币贬值，纸厂亦是摇摇欲坠，而李姨爹还记挂着我们母子，对下边的人说：要按时给他们孤儿寡母送去生活费。

成都刚解放，妈妈教书，抚养我们。又是李姨爹亲手写了一封介绍信，让她去找分管文教的军代表方家祥，从此母亲成为了一名人民教师。每每提到这些往事，母亲都要对我和弟弟说，要记住李姨爹的恩情，多亏有了他的帮助，我才能把你们抚养成人。

三、率直的人

1957年的暑假，正值政治风云突变时期。王哥（王岳，李劼人女婿），李姐（李眉，李劼人之女）回家（他们当年在北京外交学院读书），我也在菱窠玩。记得一天晚上，姨爹和他们在书房中大声争论，姨爹似乎很生气。后来我听妈妈讲，一个新闻记者在报纸上写了一篇文章，题目是《菱窠逢佳会，劼老话放鸣》，据说讲了"我是副市长，有职无权"之类的话，惹了祸，成了右派言论，要检讨。生性率直的姨爹认为自己没有什么错，不愿检讨。急得王哥、李姐劝说他，为他分析形势，让他检讨，才有了那番争执。后来听说他在有关会上照王哥、李姐写的稿子念了，李宗林市长带头鼓了掌，算过了关，幸免于难。

四、慈爱的老人

三年困难时期，很多亲友都受过李姨爹的帮助。要知道那时他家也不宽裕，家里吃饭都是由姨妈亲自掌勺分饭。幸得有吴嫂（老褓姆）在院内外种了些瓜菜，还养了一头猪，几只鸡、鸭、兔，比别人家好一些。他不忘亲友们，年底杀猪，总要请不少人到家里来改善一下生活。

有一件事，我一直记在心中。那是 1961 年，我在市财贸干校读书，因春熙路校址修缮，临时迁到沙河堡的粮食仓库内学习。因离家远，星期天有时就在菱窠住。当时正值困难时期，姨妈家都吃两顿饭，下午在 3 ~ 4 点钟吃。我为了省一顿饭，把中午学校分的饭端到姨妈家，和他们下午一起吃。一次周六又是这样，到中午正我饿得心慌，李姨爹从书房出来，径直走向我，给了我一块当时难得一见的点心，连姨妈都没有！那真是我平生觉得最香最好吃的一块点心了。

五、诀别

那是 1962 年底，一个寒冷的冬天，听说李姨爹病重住院了，李姐、岑哥都回来了。我赶到省医院他病房前，适逢沙汀等人来看望他，我不便进去。在病房门口往里望，只见他全身插满了管子，人已陷入昏迷之中。我的眼泪夺眶而出，没几天就传来了他去世的消息，想不到那竟成了我与他的永别。市政府在明远楼礼堂开追悼会那天，我去了。会上说的什么，我已记不得了，满眼里只看见姨妈悲伤的面容，由李姐、黄姐 (黄尚莹，李劼人儿媳) 扶着她。后来由岑哥哥捧着骨灰盒，我随亲友们一起送姨爹到磨盘山公墓安葬。从此我失去了一位可亲可敬的长辈，可他永远活在我心中。

2016 年 8 月 6 日

永远敬重、感恩的人

龚哲维[①]

李劼人先生和夫人，是我永远敬重、感恩的人。

1953 年，父亲龚宜昭从外地回到了成都。父亲身材偏瘦，戴着近千度的近视眼镜，既无技术又无体力，几个月都找不到工作，仅靠母亲晚上到扫盲识字班上课，有点微薄的薪水勉强维持全家生活。母亲有时还到父亲的一个小同乡、老同学家中打扫卫生、洗衣服，挣点米钱。家里常吃的菜稀饭，南瓜、土豆焖饭，米少菜多。由于缺乏营养，我当时还得了疳病，又黄又瘦，日子过得异常艰辛。

生活有了极大转变，它来得那么突然。1954 年的一天，父亲以前在嘉乐纸厂的一个老同事到我家，说他遇见了纸厂董事长李劼人老人，说到我家的现状，李先生请他转告，让我父亲马上去见他。

李劼人先生，我称"李爷爷"，当时任成都市副市长。李爷爷公务繁忙，还要抽时间写作，急需要一个人帮忙处理各种杂事。他觉得父亲是不错的人选，当即与父亲订了口头协议，聘请父亲做他的私人秘书，平时吃住在李家，星期日回家，工资按月发。后听父亲讲，这个工资在当时属中上水平。

父亲回家将这一喜讯相告，全家人都高兴至极，父亲终于有了工作，一家人的衣食有了着落。母亲一直担心父亲终日无所事事，郁郁寡欢，闷出病来，现在也终于放下心来。

父亲到李家后，抄写稿件，帮忙查找资料，都是得心应手的事。到沙河铺街上邮局去交、取邮件，是每天都要做的；还经常要到出版社交稿、校稿；去市政府收取文件。那时沙河堡没有公交车，要靠步行，父亲出生于万州云阳县大山里的穷苦人家，从上小学就要走很远的山路，练就了一双铁脚板，走路正是他的强项。

李家对父亲的生活起居，都安排得非常好，吃饭与李先生一家人同吃，一个

---

① 龚哲维，李劼人私人秘书龚宜昭之女。

人住在楼上的小书房里。李夫人（我称"李婆婆"）还说：龚先生一介书生，不会做家务，衣服就让吴嫂（李家保姆，我称"吴孃"）一并洗了吧。茶余饭后，李先生常常和父亲一起摆龙门阵。

父亲在李家，过得愉快，感到了人尽其才，感到了"天生我才必有用"，觉得活得有了价值。加上家里生活大大改善，父母的心情也好了很多。父亲常对我说，工作乃立身之本，在哪里，都要好好干。还说"滴水之恩，当涌泉相报"，"士为知己者死"。以后，曾有过几次安排工作的机会，父亲从未动摇，根本没有去报过名，以报李先生的知遇之恩。从此，我们一家便与李家结下了不解之缘。征得李爷爷、李婆婆同意，假期里父亲就会带我去菱窠住上几天。

我印象中的李爷爷，一双炯炯有神的大眼睛，说话声音宏亮，抑扬顿挫，任何时候都衣着整洁。在一个孩子的眼中，李爷爷有着李白、陆游般的仙风道骨，而我却不知道眼前的长者，竟是一位大作家。

父亲在李家，一直到李爷爷去世，工作了八年。在这八年中，在我脑海里留下了很深的几件事，现在回忆起来，还历历在目。

一、一支钢笔

小学五年级期末，我跟父亲到菱窠，李爷爷看见我，第一句话就问："这次考试考得好吗？"父亲很得意地说："不错，全班第一。"李爷爷说："乖孩了，要奖励！"第二天，我陪父亲到沙河铺街上办事，李爷爷拿出一支深蓝色的钢笔，让父亲在刻字摊上刻上"好好学习，天天向上"几个字。回来后，李爷爷将这支笔送给了我。那个时候的小学生，都是用铅笔，还没有见过谁在用钢笔呢！我高兴了好多天，一直也舍不得，放了好久才用。可惜，后来这支珍贵的钢笔被我弄丢了。

二、第一次进酒店

大约是1961年春天，一个星期日，父亲让母亲给我们兄妹穿上家里最好的衣服，说今天李先生请客。我们来到位于西玉龙街的玉龙餐厅，两桌人，除我家四口外，全是李家人和在成都的至亲。

从小到大，父母仅带我去过几次街边的小餐馆，吃碗豆花饭或蛋炒饭，从未真正进过酒店，更别说在里面吃饭了。那个时候正是"三年困难时期"，饭都没吃饱，许久不见油荤，当面对一桌美食时，我好像在做梦。席间，李爷爷说，最近领了稿费，想到亲友们都"痨"得很，请大家来吃顿饱饭。在那极其困难的时期，吃顿饱饭简直是奢望！那个年头，哪个有了钱，不是先顾自己和家人？难能可贵还能想到亲友！当时的场景，至今仍清晰地留在我的脑海里。

就是在那次酒席上，我第一次见到了李爷爷的表妹，又是李先生堂妹的杏姑婆（亲戚们都这样称呼她），后来成了我的婆婆，他的一双儿女，后来也成了我的丈夫和姐姐。

三、一碗蒸肉

大约是1961年腊月底，一天晚上，父亲背了一个大背篓回家。我以为是快过年了，李婆婆把吴嬢种的红、白萝卜，南瓜这些蔬菜送了些给我家。我心想，这下子可大啃萝卜解饿了。急忙把背篓揭开，怎么是一层层叠放的大土碗呢？父亲说，这是李先生送给亲戚的蒸肉，明天要挨家去送。"蒸肉，挨家送？"这几个字飞快地在我脑中转换，好久都没见过肉了，我们是过路财神吗？我的眼泪差点掉了下来。父亲说，不要伤心，李爷爷说了，这里面有我家一碗，让我们好好团个年。我破涕为笑。母亲急忙端了一碗出来，只见碗上面盖了一张红字，上面写了一个大大的"福"字。我轻轻揭开纸，下面是撒了葱花的满满一碗肉，没有加菜底了。母亲说，可能有一斤半肉。

第二天，父亲带我挨家到李家亲戚家，让我站在大门口等，说李家亲戚都讲礼，见到送东西是要给钱的。我在门口，一边吞着口水，一边想象着那些亲戚、长辈们收到盖有"福"字的蒸肉时的惊喜、感激。

当然，那碗肉，没等到年三十，第二天就一顿吃光了。后来我问父亲，李家杀了只肥猪，你们吃肉吃安逸了吧？父亲叹息说：人都吃不饱，尽喂的猪草，猪咋个长得起膘嘛？吴嫂辛苦喂了一年，才把猪喂到勉强可以杀，除了猪杂、骨头，就腌了点腊肉、香肠，以后好带到北京（李先生的儿女均在北京）。好点的，就都拿来做的蒸肉，自己只留了几碗，全部送了人。李先生自己都那么"痨"，还这样照顾别人。我当时觉得李家仁义、大方，长大后才懂得，那便是大爱。

四、一条香烟

"三年困难时期"，物资极度匮乏，市面上几乎买不到香烟，许多人不得不买叶子烟，用白纸或报纸裁成小条，边裹边抽。那个时候，连叶子烟也很不容易买到。

像父亲这样的老烟民，没有烟抽，该有多难受。当时，市政府给时任副市长的李爷爷每月配三条烟。李爷爷每天都要伏案写作，书写回信、批阅文件，抽烟是很厉害的。三条烟，自己都远远不够，但硬是挤出一条给我父亲，且不收钱。父亲过意不去，执意不收。但李爷爷坚持要送，几番推辞，父亲最终收下每月的这条烟。

许多年以后，父亲每每念及此事，仍唏嘘不已。他说，人最需要的，不是锦上添花，而是雪中送炭，且是对方在自己都极其困难的时候。

五、搬新家

1962 年，李爷爷去世，李婆婆和儿女将菱窠捐给国家，市政府将市内一处独院拨给李家及当时住在李家的亲友居住。这是一座前面有花园，后面有天井，有两间厨房和很宽敞街沿的院子。

李婆婆和儿女商量后，让我们一家也搬到那里同住，以便有个照应。我家就从原来九眼桥畔的嘉乐纸厂宿舍，搬到了吉祥街院子。

原来住的地方，只有一间二十来平米的房子，放了一张大床、一张小床、一张写字台，门口有一间十多平米的两边敞着的过道，算是厨房和饭厅，一家四口，拥挤不堪。

搬到吉祥街，让我们住了两间房（哥哥结婚时，李婆婆又给我们腾出 间房），不知好了多少倍。后来，李婆婆到北京儿女那去住，极少回来。我们在那里，与李夫人的嫂嫂（我称舅婆婆，丈夫早逝，无儿女，一直由李家赡养到七十多岁去世）、吴嬢一起住了十多年，直到院子拆了盖楼房，李家从未收过我们家一分钱的房租。

正是与舅婆婆住在一起，她将我视为侄女，想做月下老，提出让侄儿与我"耍朋友"。我父母和杏姑婆彼此看着对方的孩子长大，对双方家庭都很了解，均表态同意后，才各自告知自己的儿女。后来婆婆多次说，你们的婚姻，是"父母之命，媒妁之言"。正是父亲和李家的这层关系，才由此决定了我一生的婚姻、命运。

六、一件棉衣

"文化大革命"中，读中学的我和几个同学，也加入了红卫兵大串联，从成都出发，走了近二十天，才到北京。在接待站住下，等待毛主席检阅。期间，我到中国人民大学李婆婆儿子家去看她。相互问候中，李婆婆突然停住话，说："都过冬了，你怎么穿得这么少？不沾棉，北京这么冷，肯定受不了，会生病的。"我说："离开成都的时候还不冷，没想到会走这么久，更不知道北京这么冷。"李婆婆让儿子给女儿家打电话，让把她外孙女诗华的旧棉衣送一件过来。第二天，棉衣就托人送到了。我后来才知道，两家相距很远。棉衣中长，带帽子，起码有八成新。我穿在身上，暖和极了。李婆婆和儿子、儿媳安排孙儿诗云、孙女红雨陪我逛了动物园。住了两天才离开，走时，还给我装了一包零食。

回到接待站，同学们见我穿着棉衣，而她们个个衣着单薄，冻得快受不了，大家都没啥钱，也不知道哪里去买，羡慕极了。

我那时是一个不懂事的中学生，空着两手就大老远的去看长辈，还连吃带包，想起来，一直都不好意思。此事回家给父母讲了后，他们也是感动不已。

李爷爷是一位刚直不阿、疾恶如仇、心地善良的人，对亲戚、对朋友无私关照，慷慨相助，对朋友的真诚，肝胆相照，充满爱心和同情心，他渊博知识，著述等身……我从小从父母亲的摆谈中，从我婆婆那里，从我自己的亲身感受中，从阅读他的著作中，他给我留下了一个高风亮节的高大形象，让我永远敬重！李爷爷和李婆婆对我们一家在艰难困苦中的帮扶，永怀感恩之心！

2016 年 8 月 6 日

忆父亲刘星垣与李劼人伯伯的友情

刘修琳[①]

李劼人伯伯已故去五十多年，每当想起他，最难忘的便是他那炯炯有神的眼睛和那洪亮的嗓门，只要他进了我家的门，便总可以听到他大声地高谈阔论。

父亲刘星垣[②]与李伯伯是多年的挚友，见证他们几十年的友情，在他们均已故去多年后的现在，留给我们这些后辈的只是一些难忘的片段和小故事了。

我父亲和李伯伯都是早年留学欧洲的留学生，父亲毕业于英国伯明翰大学的电机专业，他一生的梦想，便是想搞水力发电。因此从伯明翰大学毕业后，除在英国威士特发电厂担任过实习工程师外，后来又去到了法国，在法国哥洛伯电力研究院研究水力发电。而李伯伯正是留学法国的，我不知道他们的友谊是否就是从这时开始的。后来，我父亲在回国之后，因逢四川军阀混战，无条件搞水力发电，转而投身于教育界；而李伯伯也曾在大学里教课，他们的友谊抑或是从这时开始的？……我们后辈均不得而知。总之，后来他们成了要好的朋友。

早年父亲曾与李伯伯共同在四川嘉定（今乐山）投资办了嘉乐纸厂，父亲只是股东，并将自己在成都东大街崇德里的一处房产提供给嘉乐纸厂作为驻成都的办事处，我的小哥修骏就记得曾随父亲去过那里。而李伯伯却为办嘉乐纸厂付出了更大更多的精力。

李伯伯有一儿一女，一九三一年冬，他的三岁儿子被人绑票，对方索要一千元

---

① 刘修琳，系刘星垣最小的女儿。

② 刘星垣（1891—1978），原籍湖北武昌，生于四川成都。祖父出身于贫寒之家，幼年曾在眼镜店里当学徒，后靠借贷开始自己经商，沿长江贩运货物。后来通过上海英商怡和洋行，主要做中国与欧洲的进出口贸易，因而积累了不菲的家产。父亲于十九岁时赴英国留学，毕业于英国伯明翰大学电机系，同时也学习了土木工程。三十岁归国后，一直在成都各大学及专科学校里任教授、系主任、教务长等职，并出资办学，直至成都解放。解放后曾短期内出任成华大学（即今西南财经大学）校长，后来一直在政府机关工作，历任川西行署工商厅副厅长、四川省工业厅副厅长、四川省水电厅副厅长等职。也曾任农工民主党四川省主任委员及四川省政协副主席。曾担任多届全国人大代表及全国政协委员。

巨额赎金，他一时筹措不到这么多钱，便找到我父亲，是父亲代为出资，将他的儿子赎回，几年后他才陆续将钱归还给父亲的。于是二人更加结为深交，并终此一生。

李伯伯也是一位美食家，早期他家在成都的指挥街开有一家"小雅饭馆"，颇有名气。我已故的大哥修骥曾回忆说，他的夫人我们称为李伯母，烧得一手好菜。大哥说，小时候曾随父亲在他家吃饭，李伯母的菜烧得很有特色，一道看不见辣椒踪影的菜，吃起来却其辣无比。在抗战初期，啤酒是十分稀罕的东西，有一次李伯伯得到一箱啤酒，大哥记得那时他十岁左右时，李伯伯招呼我们全家到他家喝啤酒，由于感觉味道不习惯，故哥哥姐姐们对此都印象颇深。

因为父亲与李伯伯都曾在成都的各大学里任教，因此他们有一帮教育界的朋友。哥哥姐姐们还记得，早年父亲有时会与他的这些朋友们在家中聚会，记得的除李伯伯外，还有魏时珍、蒙文通、李培甫、周太玄[1]等人。他们都能喝酒，一坛重庆"永丰正"的绍兴黄酒，约二十来斤，他们几个人就能喝完。那时绍兴黄酒坛是用泥来密封的，每坛酒都有个大大的泥头，开酒时并不用将泥头全打掉，而是用一根按虹吸原理做成俗称"过江龙"的铜管，就可以将坛内的酒导出。还记得导出的酒，先要经垫在筲箕内的草纸过滤后，再装入酒壶，烫热后给客人们喝。孩子们对这一过程是很有兴趣的，也会先于客人偷着尝尝，因而这些往事他们至今都难忘。

李伯伯留给我较深的印象是在成都解放之后。1950年成都解放后不久，新的政权建立，李伯伯被任命为成都市副市长，我父亲则被任命为川西行署工商厅副厅长。很快就给父亲发下来了灰色的"干部（制）服"，父亲也就从此脱下了他穿了几十年的长袍，改着了短装。而在我的印象里李伯伯却仍旧一直穿着长袍，大约又过了几年他才换成了短装的，因而留给我印象里的总是穿着长袍的他。成都解放后，我家住在羊市巷，李伯伯最初住在红墙巷，与我家的交往还比较多，但后来他搬到了城外的"菱窠"，常常不住在城里，两家的交往才渐渐少了下来。成都解放后已无私人包，唯有李伯伯还保留有一辆私家的包车，以便于他城内外的往返。

我父亲与李伯伯原来都是"无党无派"之身，1953年父亲经组织动员加入了农工民主党，并从此担任农工民主党四川省的主任委员，历时二十五年，直到他1978年去世；而李伯伯却一直保留着无党派民主人士的身份。

成都解放后，父亲与李伯伯除了他们偶尔会在开会等场合见面外，也相互

[1] 魏时珍（1895—1992），四川大学数学系著名教授；蒙文通（1894—1968），四川大学历史系著名教授；李培甫（1885—1975），四川大学古文学教授；周太玄（1895—1968），生物学家，后曾出任中国科学院学部委员。

串门。记得大约在五十年代初，有一次他来我家，说起对自己妻子（丈夫）的称谓。解放前，稍有点文化的人，对外都把自己妻子称为太太、夫人，或内人，将自己的丈夫称先生。即使是市井的普通老百姓，也把自己的妻子叫作屋里的（人），或孩子他妈，甚至婆娘；将自己丈夫叫作当家的，掌柜的或孩子他爹；总之，其定位是十分明确的，婚姻关系也清清楚楚。但在解放后，却时兴对自己的妻子或丈夫统统一律称为"爱人"，这不但不能准确说明其婚姻关系，而且颇有暧昧的情人之嫌。大约李伯伯对此也有些看法，记得他在父亲的书房里，大声地说，我的倒不是什么"爱人"，我的是"爱婆"。那时已上中学的我，觉得他这一说法特别有趣，因此印象很深。

也记得五十年代中期，李伯伯夫妇曾与四川大学数学系教授魏时珍夫妇以及汤万宇①夫妇等一同来我家吃饭，父亲与他们三人是同年出生，四川人称"老庚"，关系也一直不错。李伯母是那种典型的贤妻良母，贤淑而端庄，她讲话声调不高，也从不会抢李伯伯的话头。记得那天父亲特别地高兴，饭后父亲还让修琬姐为他们煮咖啡，因为她的咖啡煮得好。

这大约就是他们朋友们最后的一次聚会了，后来政治运动频繁，李伯伯也不住在城里，彼此的相互串门也就很少很少了。

以前文人墨客之间的交往，常被誉为"君子之交淡如水"，我理解的这"淡如水"，主要是指他们之间的友情的纯净，犹如清清的溪水一般，没有"功"和"利"的纠缠，有的只是相互之间对于对方人品、学识的敬重和信任，父亲与李伯伯之间的友情就是这种可贵的友情。他们这一辈人离开我们都已经很久很久了，但每当想起他们之间的交往，仍然给我们这些后辈的心里留下了羡慕和暖意。他们能有这样的友情是幸福的，也是可贵的。

2016 年 4 月于北京家中

---

① 汤万宇（1891—1974），四川蓬安人，曾任成都卫戍司令部参谋长，二十九军参谋长，成都嘉乐公司常务理事、董事，1955 年入四川省文史研究馆。

追记李劼人先生和外公刘星垣的友谊

雷　宣[①]

　　李劼人和我的外公刘星垣从 20 世纪初相识，到李劼人先生 1962 年去世，曾经有过几十年的深厚友谊，追记如下。

一

　　李劼人 (1891—1962)，中国翻译家，小说家，生于四川成都，祖籍湖北黄陂；刘星垣 (1891—1978)，生于四川成都，祖籍湖北江夏，两人都出生在成都，而且祖籍均为湖北。1919 年李劼人先生到法国留学。刘星垣 1918 年在英国伯明翰大学电机工程系毕业，曾经在法国电力研究所任工程师两年。在法国期间，他们两人学习和工作都同在巴黎。至于是不是曾在法国同学、在法国的成都同乡聚会是否同聚、同为少年中国学会会员，目前还没有直接的证据。李璜曾在台北《传记文学》杂志 190 期《李劼人小传》中记述道：李璜胞姐李琦，时在巴黎艺术学院学绘画，在拉丁区租了一所公寓房子，每周末或周日，几个成都少年都要跑来聚会，自己动手，其乐融融，各家亮出自己的拿手菜，或红烧或小炒，砰砰一阵乱响，便有热腾腾川味端上来。结结实实地痛饮之后，又开始精神聚餐……虽然两人在巴黎时是否已经是朋友，因为年代已经久远，家中老一辈人也回忆不起来了，所以只能从两人出生、祖籍和在巴黎的时间，以及先后回国后在同一学校任职，一起兴办实业等事情推断，两人在巴黎时已经是朋友了。

　　1921 年，刘星垣回国后，先后在四川省立高等工业学校、四川省立高等师范、四川省立外语专门学校、华西大学、四川大学、成都大学、成华大学等校任教授并兼任系主任、院长、校长等职务。1924 年 6 月，李劼人先生由法国回

[①] 雷宣，系刘星垣外孙。

国，1926 年被聘为"公立成都大学"教授，后又被聘为文科主任兼预科主任。两人都在公立成都大学担任教授，成为相交甚笃的好友。朋友圈子内还有魏时珍、谢苍璃等一批留欧学生，都是公立成都大学的教授。

二

1926 年春，由李劼人先生发起，与几位留欧知友相约，合伙筹资办个机器纸厂，刘星垣积极参与，成为嘉乐造纸厂发起股东之一。

20 世纪 20 年代，四川大部分用纸都是靠海外或沿海一带供应，质劣价昂，且多为奸商所操纵，要自己办报办刊确实艰难。李劼人先生便与几位留欧知友相约，拟另起炉灶，决定"先办纸厂，后办报馆"。

于是，1926 年春，由李劼人先生发起，在成都磨子街 110 号他家的后院召开了第一次发起人会议，参加会议的有李劼人、刘星垣、王怀仲、卢作孚等十人，会议商定合伙筹资办个机器纸厂。

刘星垣为嘉乐造纸厂股东之一，所占股份为总股本的 5%，以"刘乐善堂"的名义入股，此外，还以"刘五福堂"（大儿子刘修骧的名义）入股部分。

1927 年纸厂建成并开工，正式定名为"嘉乐造纸厂"，自此成为四川省第一家机制纸厂，从而结束了四川长期以来依赖沿海与国外进口供纸的历史。纸厂建成时，厂门两旁用红纸贴有一副对联："数万里学回成功一旦；五六人合伙创业四川"，此联表达了李劼人等一批留法留德爱国知识分子实业救国的理想和愿望。

三

按李劼人先生自叙："1930 年暑假，成都大学校长张澜，由于思想左倾为当时军阀所扼制，不能安于其位。张澜先生要到重庆去，我不能劝他不走；我自度在张澜先生走后，我也难以对付那些军阀。所以，在张澜先生走以前，我就提出辞职。张澜先生没有同意，我遂借了三百元，在成都我租佃的房子里经营起一个小菜馆，招牌叫'小雅'。我同妻亲自做菜，一是表示决心不回成都大学；一是解决辞职后的生活费用。"

"小雅"餐馆位于成都市指挥街 118 号，为四川民居临街的单间铺面改造的，布局略为长方形，面积约 80 平方米，前堂为餐馆，后屋为厨房。餐桌为小圆桌，餐椅为靠背椅，按照法国的风格风致，铺上白布，洁净雅致。店名为吴虞（"四川只手打倒孔家店的老英雄”）所取，吴在 1930 年 5 月 6 日的日记中写道："李劼人将开小餐馆，予为拟一名曰'小雅轩'"。"小雅"典出《诗经·小雅·鹿鸣》："我有旨酒，以燕乐嘉宾之心。"

李劼人先生和夫人杨叔捃都是美食家，而且厨艺精湛，"小雅"的所有菜品均由夫妻两人亲自掌勺。"小雅"请的堂倌是成都师范大学生钟朗华。为使"小雅"区别于成都的一般餐馆，有清静优雅的就餐环境，堂倌和一般餐馆不一样，不会长声吆吆地喊堂报菜名。"小雅"开张的头一天，李劼人先生用毛笔正楷书写了一条店规："概不出售酒菜，堂倌决不喊堂"，贴于餐馆墙上。

"小雅"的主食是面点，另外有几样川味家常菜，每周变换一次。面食为炖鸡面和番茄撕耳面；川菜有蟹羹（以干贝细丝替代蟹肉）、酒煮盐鸡、干烧牛肉、粉蒸苕菜、青笋烧鸡、黄花猪肝汤、怪味鸡、厚皮菜烧猪蹄、肚丝炒绿豆芽、夹江腐乳汁蒸鸡蛋、凉拌芥菜宽粉皮等。此外，还有几样法式菜肴：以川西菜油代替的橄榄油制作的番茄土豆色拉、奶油沙士菜花或卷心白菜。中西结合，精益求精，十分讲究，绝不含糊。

开业前夕，成都几家报纸登载出轰动锦官城的新闻，它的标题是：《成大教授不当教授开酒馆，师大学生不当学生当堂倌》。记者濮冠云在介绍文章中的小标题是："虽非调和鼎鼐事，却是当炉文雅人"，惹人注意。因为李劼人特殊的身份，一时间，去指挥街看稀奇的，到"小雅"尝鲜的好吃嘴以及捧场的新朋老友纷至沓来，店内总是高朋满座，成了成都市文化界人士常常光临的地方。

李劼人先生和成都大学教授以及文化界人士约定，每月 30 日在"小雅"聚会，照成都的吃法按到会人数"打平伙"，外公刘星垣每次必到。聚会由李劼人主厨，因此，朋友们都尊称他为"大师傅"。除此之外，外公凡是在四川大学和华西大学上课，中午总是特意到指挥街"小雅"就餐。多年以后，外公还经常回忆，到了"小雅"，先喝一碗酸菜肉丝汤，然后炒一个菜，花费很少，吃得很舒服。

四

20 世纪初，四川被各路军阀割据，为了利益你争我夺，混战不停。刘湘、刘文辉叔侄之战，是四川军阀四百多次战争中规模最大、时间最长的一次混战，也是川内的最后一次大战。战争自 1932 年 10 月起，到 1933 年 9 月止，前后近一年，战地绵亘川西、川北、川南数十县，动用兵力 30 余万人，四川大小军阀几乎全部卷入。这次战争死伤兵员、百姓数以万计，损失财产无数，给四川人民带来了巨大的灾难。

军阀混战之时，四乡土匪肆虐，在成都市内绑架富户勒索赎金，成了当时成都经常发生的事情。土匪绑架，常用的手段是绑架富户家的小孩子，俗称"抱童子"。在我家认识的人中就发生了两起被绑架的事件：东胜街毛家的儿子，因为毛夫人带有一副质量上好的玉镯，被土匪误认为乃有钱人家被绑架；"朱财神"（朱君昌，曾任成都裕丰、豫康银行经理，达申信托公司经理）之母，也因为"财神"的名声在外而被绑架。一时间，成都坊间对土匪绑架谈虎色变，我们刘家对子女专门进行了特殊"训练"，如何伪装成佣工的子女，一旦被绑架后如何对土匪撒谎等应对办法。为了保证安全，每晚还将子女疏散到紧邻小院的外婆家去住宿。

1931年旧历冬月的一天，刘家正为外公最小的妹妹两天后出嫁忙碌地准备。一大早，李劼人先生急匆匆地来访，外公前去会客，赓即回到内室找到外婆，紧急集中家里的所有银元，包括准备嫁妆和婚庆的所有银元，交李劼人先生带走。先生走后，外公才说，李先生的三岁大公子李远岑被匪人绑架，土匪索要巨额赎金，并威胁要撕票。

此时"小雅"餐馆生意火红，却是一个本小利微的生意。匪人误认为李先生是一个发了财的有钱人，川军的一个连长串通匪人，勾结李家佣工绑走了李远岑。匪人索取的赎金，李先生倾其家中所有都难以筹足，所以才一大早赶来向好朋友求援。外公在李先生危难之际及时解囊相助，为李先生解了燃眉之急。我幼年时曾经问过外婆，我家大概筹集了多少钱给李先生，外婆说：李先生要是有钱，根本就不会开餐馆来维持生活，绝大部分赎金都是由我们筹集的。

之后，李劼人先生好不容易找到了当时成都市宪兵部的一个谍察、袍哥大爷邝瞎子居中调停斡旋。经过27天的讨价还价，前后一共用了一千银元，才将儿子赎回来。为感谢外公的相助，李劼人先生提出，将李远岑作为义子拜结给外公外婆。从此，两家内眷也开始相互来往，成为通家之好。

这一场惊恐，让李劼人感受了民国成都底层社会的昏暗复杂，认识到借开餐馆营生，以抒发自己愤世嫉俗的心境，向旧社会宣战是行不通的，"小雅"不久就关闭了。1933年秋，李先生举家迁重庆，出任重庆民生机器修理厂厂长职务，由文学教育转向实业救国。

五

1935年5月，李先生辞职，从重庆回到成都，全家在斌升街赁屋居住，不久迁至桂花巷。李先生经常邀请外公到他家做客，而且每次都要求外公带着三个较大的孩子一起去，希望刘家后辈和远山、远岑两姐弟相互认识，使两家后辈也成为好朋友。时到今日，我的母亲还记得在李家做客，有幸欣赏到了李先生在接待至亲好友时的"旋转中心法"。当天来客较多，有魏时珍夫妇等人，客厅四周座椅全部坐满。李先生找来一根木凳，置于客厅中央，双手抱膝就座于上，随时迅速旋转与前后左右的客人应对。李先生身着白衬衣，虽然年逾四十，此时却完全是一副活泼少年的姿态，大家欢聚一堂，全然没有彼此的拘谨礼仪。

抗日战争开始后，日本飞机经常轰炸成都，李先生从城内疏散到郊外沙河堡乡间，在菱角堰边建筑了自己以黄泥筑墙、麦草为顶的栖身之所，自称为"菱窠"。两家之间相距甚远，相互之间的往来才减少。

·1938年，为解决沿海地区大部分沦陷于日本敌手，纸张来源断绝的燃眉之急，乐山嘉乐造纸厂扩建为股份有限公司，推举李劼人为董事长，总公司设在成都，重庆、乐山设立分公司。外公将自己家出租的成都崇德里①23号院落收回，重新装修油漆，提供给李先生作为成都总公司办公地。1939年1月，李先生发起成立中华全国文艺界抗敌协会成都分会，先后担任"文协"的理事、常务理事、总理事及会刊《笔阵》主编等职。按照协会宗旨："我们应该把分散的各个战友的力量，团结起来，像前线将士用他们的枪一样，用我们的笔，来发动民众，捍卫祖国，粉碎寇敌，争取胜利。"中华全国文艺界抗敌协会成都分会对于成都地区动员文艺界人士参加抗日救亡运动起到了领导作用，其办公地点也设立在嘉乐纸厂成都总公司之内。在此期间，李先生和外公的主要来往大部分在崇德里23号。

六

五十年代，李劼人先生出任成都市副市长，市政府为减少他上班路途往返时间，分配给他红墙巷一处住宅居住。红墙巷和外公居住的羊市巷距离很近，李、刘两家的往来非常频繁。李先生和外公同为全国人民代表大会代表，他们每次都一同前往北京参会。

---

① "崇德里"，从我幼年就知道所谓崇德里，乃我的外曾祖父于明末清初修建的26个民居院落中间形成的一条狭窄通道。崇德里一名为外公的妹夫熊献方 (1886—1964) 所取。熊献方，男，汉族，湖北汉川人，民革成员，湖北存古学堂毕业，曾任民国内务部主事、湖北财政司秘书、四川大邑县知事、湖北省政府秘书处主任秘书、行政院简任秘书等职。擅长文学、书法，兼研医学。1952年被聘为北京市文史研究馆馆员。1964年6月19日在北京逝世。熊献方书法功底深厚，尤擅正楷，故而由他执笔书写街名，刻石立于南北入口。

　　1962 年，李先生病重住院，我们全家都分别前往探视，最终李先生沉疴难起，不幸逝世。

　　谨以此文，追记两位前辈持续了四十余年的真挚友谊。

两岸同心护瑰宝　盛世佳音慰先贤

彭　铸[①]

一

　　四十四年前的 1962 年 12 月 24 日，一个寒冷的冬夜，李劼人先生永远离我们
而去了。这位对四川人民怀着无限深情，对川西坝子田园风光无比眷恋的乡土作
家，在临终弥留之际喃喃低语："我的《大波》还有三十万字……"《大波》未能
完成，是这位大作家的终生遗憾。劼老逝世之后，他的挚友，时任四川省文联主
席的著名作家沙汀打算续写《大波》，接过了劼老生前手抄的"两大本资料"和
《大波》提纲的初步设想"。不料，在接踵而至的"文革"中，这些宝贵的资料全
部散失了。1977 年，沙老在给劼老的女儿李眉的信中写道："散失了劼老苦心记录
下来的材料，使我不安。"以后，他又多次向人诉说此事，仰天长叹。沙老逝世之后，
续写《大波》的希望更加渺茫。

　　"滚滚长江东逝水，浪花淘尽英雄……"每当听到电视剧《三国演义》那充满
历史沧桑感的主题曲，我就会想到，如果按照劼老的愿望，假以天年，他能活到
85 岁，写作到 85 岁，他的《大波》很可能成为与《三国演义》等名著的并美之作。
《大波》，这部未完成的史诗般的历史小说，被人们称为"断臂的维纳斯"。此语
实在是苦涩而又无奈。

二

　　我的祖父彭光烈、伯祖父彭兰村，都是四川辛亥革命和保路运动中的老人，

---

① 彭铸，系彭光烈之孙。

他们又都是劼老《大波》这一历史小说中以"真人"身份出现的艺术形象。彭光烈是同盟会员、新军中革命派执掌兵权的"实力人物";彭兰村是"川汉铁路董事局主席"、保路运动领导人和"立宪派"的代表人物。此外,平乱上台的"威猛金刚"尹昌衡都督;保路领袖、"川北圣人"张澜;奔走斡旋,为成都少城满蒙军民"和平易帜"避免无辜受戮,实现民族团结作出重大贡献的副都督罗纶以及川中耆老徐子休;随大流投身革命,后来投靠袁世凯当上"四川督军"而被世人称为"枭雄"的将军周骏;刺杀"宗社党"党魁良弼壮烈牺牲,被孙中山先生追赠为大将军的彭家珍烈士等人,都是我自幼从"家常龙门阵"中听来,耳熟能详的世交故谊或亲戚家门。他们都算得上是当时历史舞台上叱咤风云的人物。而在劼老笔下,一些"虚构人物"的"原型",同我家也有一些"转弯抹角"的"竹子圪笆"亲戚关系。由于有了这一点特殊因缘,我读《大波》便有一种特别的亲切感。可惜,在《大波》第四部中,祖父等一批人物刚刚登场,他们的故事尚未全面展开,人物形象的塑造还未臻丰满之际,由于劼老的猝然逝世便再也没有了下文。按照史实的演进,他们的精彩的故事,那些革命先辈、志士仁人和川中父老乡亲一道,用自己的鲜血和生命书写历史,在中华大地、川中舞台上演的一幕幕可歌可泣、威武雄壮的活剧,恰恰应该落在《大波》未竟的"三十万字"之中。"掀天巨浪骤然间停止了奔腾",《大波》在"小说高潮即将到来的紧锣密鼓、浓墨重彩中戛然而止"。几十年来,我于遗憾、期盼、失望之中,更多了一层失落与痛心。

三

今年(2006年)夏天,我和马来西亚《世彭会讯》杂志特约撰稿人彭商泽先生在四川省图书馆特藏部查阅资料。一个偶然的巧遇,发现了1994年台北"中央研究院"近代史研究所出版,由四川大学历史系教授戴执礼先生主编的《四川保路运动史料汇纂》(以下简称《汇纂》)一书。厚厚的三大本,篇幅浩大,达二千二百多页。翻阅浏览,《李劼人记彭光烈谈改编同志军情况》和《李劼人记彭光烈谈话节略补记》等数篇史料,赫然在目,真是令我如获至宝,喜出望外。连忙复印,携回家中,仔细阅读。这些资料,都是我从来没有见过的珍贵文字,今既见之,不由得促使我去追寻历史,回首早已淡忘的往事。

《大波》最早发表于1937年。郭沫若先生阅后,曾写了一篇题为《中国左拉之待望》的文章,对李劼人先生和他的作品给予高度的赞扬。文学评论家司马长风称他是"三十年代中国长篇小说七大家之一",认为他的作品"有直逼福楼拜、托尔斯泰的气派"。但劼老对初版《大波》并不满意。建国后，在川籍老帅陈毅、聂荣臻和张秀熟、沙汀、艾芜、巴金等领导、朋友的建议与鼓励下，劼老毅然决定在他担任成都市副市长工作之余，"另起炉灶"，重写《大波》。现在人们读到的 1962 年版《大波》，按照四川省作协主席马识途的评论，已是劼老"在马克思主义光照下，有所提高"的重写本。

作为一位创作态度严谨的作家，为了"尽力写出时代的全貌"，让读者"了解当时历史的真实"，从 1954 年春天开始，劼老便有计划地系统收集有关四川保路运动和辛亥革命的史料。为了查清一段史实，他曾经"翻了二十多万字的文件，收集了许多证据，拜访了十几个人"。也就是在那段时间，我的祖父和劼老经常见面。当时，我已十岁，是正在读小学的一名"顽童"，但已经知道一些事情。经过五十多年时间流水的冲洗，许多珍贵的场景早已忘却，我竭力追忆，也只能找回些许的碎片和依稀的影子。

记得当时我祖父市内的寓所在北门小关庙街富德里内。听"大人"们说，"李市长"到这里来过几次，同祖父一道回忆辛亥革命时的情况。"李市长"还派车接祖父到他"府上"去谈过多次。两位老人，也曾相约到文殊院（成都北门著名的佛教寺院）"藏经楼"去参观过。我祖父也曾写过不少的回忆文字，有的提供给劼老作为参考。祖父还亲自到劼老在东门外上沙河堡狮子山麓（现四川师范大学北大门旁边）的"菱窠"去过。但究竟去过几次，不得而知。其中一次，有隔房的一位伯父陪同，我也"撵路"跟着去了，在这里与李劼人先生有过"一面之缘"。我这位伯父的家在下沙河堡一家饲养着几十头黑白花奶牛的"成都牧场"旁边，隔着老成渝公路，与"菱窠"相望。伯父经常接祖父到这里小住。祖父也很喜欢这里"田园牧歌"式的农村风光。在这里，我结识了一群小伙伴，这个地方遂成为我所向往的乐园。大概是在秋天吧，天气还没有转凉，菱角堰里铺满芰荷，柳树上依然蝉鸣阵阵，竹篱笆墙上还点缀着牵牛花。祖父和劼老见面都非常高兴，在那栋"亮一柱"的土墙茅舍的客厅里和走廊上围坐品茗，讨论书写的稿子。祖父是军人出身，身材高瘦而精神矍铄，嘴唇上留着一抹"孙中山"似的胡髭，在别的小孩子的眼中颇有威严之感，但在我的心目中，祖父是一位非常慈祥和蔼的老人。劼老的个子要矮一些，面色红润，神采奕奕。他们俩都身着长衫，也都非常健谈，不时发出爽朗的笑声。他们谈话的内容，我当时以为很平常，并不懂得有多么重大的意义，也就没有特别注意去听，现在更难以回忆。放眼四望，只记得这院子里有不少花草，到处打扫得干干净净。院子外，菱角堰旁，有无数艳丽的翠蓝色或金红色的"丁丁猫儿"（成都小孩对蜻蜓的称谓）上上下下成群飞翔，吸引了我的注意。这种蜻蜓在城里是很少见的。趁他们谈话的当儿，我便"自由行动"起来，到堰塘边去捉了好多只，揣在裤包里，一趟子跑回伯父的住处去制作"标本"——按照自然课老师教的办法，钉在"马粪纸"（一种纤维非常粗糙的纸板，不知道是否真的是"马粪"所制）上，带回城里，向小朋友们炫耀了好几天。这一插曲，印象反而深刻。被收入《四川保路运动史料汇纂》的那些"彭光烈口述，李劼人纪录"的篇章，都应当是那段时间二位老人多次交谈而作的记录。

令我意外惊喜的是，原本以为沙老在"文革"中散失的"两大本资料"中，祖父为劼老提供的资料也全部散失，甚至永远毁灭了，现在，劼老提供给戴执礼先生的一批资料（除我祖父的谈话记录之外，还有其他人提供的资料），居然在台湾的出版物中浮出了水面，重见天日，这又是何等的幸运，何等值得庆幸啊！后人从这批资料中，可以觅见劼老对《大波》最后三十万字的创作构思和思想倾向。那么，这些史料，又是如何躲过"十年浩劫"，流向海外，终于回归大陆，重返故里的呢？我花了几天时间查阅能够找到的有关资料，希望搞清楚这里面的来龙去脉。原来，当年劼老在自己保留记录正本的同时，还另存有"抄件"作"备份"。这一"备份"，交给了一位可靠的朋友——时任四川省图书馆馆员，后继任四川大学历史系高级资料员的戴执礼先生。那时，还没有复印机，要搞文稿备份，劼老或抄写者得用"蝇头小楷"全文抄录，殊属不易。现在，我们无法知道，劼老当时是否已经预感到这些珍贵文献命运多舛，将会历经诸多劫难，而未雨绸缪？但他的这一着棋，的确是高明之举。

四

戴执礼先生是专门从事四川保路运动史料收集、整理的专家，1959年即有《四川保路运动史料》一书出版，全书46万字。此后，他继续扩大范围进行收集，积四十年的功力，编辑《四川保路运动史料汇纂》，全书达200万字，收入新闻报道、官方文件、布告、私人笔记乃至标语等文件1500余件。"文革"中，他积累的资料也被"查抄"，后来又奇迹般地找回。1991年，台北"中央研究院"近代史研究所张玉德所长发现《汇纂》书稿，认为这些资料"价值连城"，决定私人资助清稿，准备出版。继任的陈三井所长，延聘专家审查，以其"内容充实，包罗许多前所未能流传的史料，对于四川保路运动，以及四川区域史及辛亥革命史之研究，均有甚大之裨助，具出版价值"。皇皇巨著，终获出版。其中，有一些是当年连劼老都未能见到的后出资料。今后，海内外文艺界后起俊彦如续作

《大波》或改编为影视作品，或创作相关题材作品，均可从《汇纂》一书中撷取资料，不再为史料零散，收集不易而发愁了。此外，循此线索，也许还能找到劼老当年的一些墨宝。

我虽不敢说劼老生前苦心孤诣收集整理，沙老在"文革"中散失的资料全数在此，肯定还有流散在外的，但至少可以有把握地说，有部分劼老认为最重要的资料内容定然已收入此《汇纂》之中，不再有湮没毁灭之虞。这实在是足堪告慰劼、沙二老和四川保路运动、辛亥革命先辈们的一件大喜事。海峡两岸有识之士同心协力抢救四川保路运动和辛亥革命的珍贵历史文献，保护中华民族文化瑰宝的努力终于取得令人欣慰的成果。这件事，不愧为当代中华文坛永垂青史、功德无量的一段佳话。值此 2011 年四川保路运动、辛亥革命百年纪念将近，特为之记。

2006 年冬初稿于成都

2011 年菊月定稿成都

观音庙的前世今生

卢晓蓉

最近得知，重庆老家附近的一座观音庙，要隆重搬迁到五里地外"真实再现"。和老庙一样，新庙也依山而上，也有三个殿，两边是厢房，中间是院坝，占地2000平米，造价1700万元人民币。新庙的规模和格局与我记忆中的观音庙大致相同，但身价却翻了不知多少番。老家的朋友来电话说，有关方面重建观音庙的原因是"怕得罪菩萨"。奇怪的是，菩萨"人间蒸发"已近半个世纪，观音庙则只剩下断壁残垣。而与观音庙紧邻并年龄相仿的一家曾名扬中外的工厂，历尽岁月沧桑也荡然无存，至今却无人问津。

观音庙虽然其貌不扬，却与著名作家李劼人有段难解的渊源，并见证了青草坝曾经的昌盛与辉煌。

我有幸见过当年观音庙里的菩萨。观音庙所在地有一个很环保的名字"青草坝"，青草坝毗邻长江和嘉陵江，遥望重庆市地标朝天门。此坝非平地，而是起伏不平的山丘，属于重庆特有的丘陵地貌。上世纪五十至八十年代，因为父亲就在那家工厂工作，我和家人也就在青草坝的工厂宿舍住了28年，故而熟悉那里每一条花草簇拥的山路和每一栋绿树环抱的房舍。观音庙距我家步行不到10分钟，我和弟弟小时候也去里面玩耍。庙宇的建筑属土木结构的平房，当时不过三四十年历史，已显得有些破旧。庙里既没有和尚，也没有尼姑，只住了七八户普通人家。中间的院坝用石块砌成，面积比较大，这在出门便是坡的青草坝实属难得，所以一度成为大人们跳交谊舞的场所。我弟弟还记得院坝的地上有舞者洒的滑石粉。我印象最深的，则是被遗弃在一间堆放杂物的屋子里的菩萨像，她身上披满灰尘和蛛网，脸上却掩不住体恤苍生的笑靥，曾令我百思不得其解。时隔不久，交谊舞被斥为"资产阶级腐蚀剂"，舞池便冷落了。"文革"伊始，菩萨也在"破四旧"的红色狂飙中不见了身影，我和弟弟都下了农村，从此再没有踏进观音庙的门槛。

二十世纪三十年代中期，李劫人出任民生机器厂厂长，家就安在观音庙下面的一个小院里。据李劫人的女儿李眉回忆："小院外边右侧，有一道弯弯的山路通向山顶，半路上有一座庙。左侧，有一户农家小茅屋，屋前一大丛竹子，十几只鸡在竹丛中觅食。茅屋中住着一对姓钟的夫妇。"文中提到的"庙"就是即将起死回生的观音庙，而那对邻居夫妇中的"钟幺嫂"，便是李劫人名著《死水微澜》中"风风火火，爱帮干忙"的"钟幺嫂"，小说人物与生活原型同名同姓，是李劫人创作的一大特点。钟幺嫂先与庙里一个和尚相好，不料想和尚后来"和山上一户殷实人家的大小姐混在一起"，就把她"丢开了"。和尚如此风流潇洒，可以想见当时庙里的香火和人气不会不旺。

李劫人一家刚搬到青草坝，钟幺嫂就常去串门，日子一久，她又和李家的厨师"勾扯"上了，天天到厨房帮厨师做事。因此，李眉对钟幺嫂印象特深："我每每看到《死水微澜》中描写钟幺嫂为顾天成奔走、入教、办顾三奶奶丧事时，几十年前那个与我家比邻而居的钟幺嫂的影子又活灵活现地浮出来了，似乎我还闻得到她背上的汗酸味呢！"如今想来，如果没有观音庙与庙里的和尚，钟幺嫂可能早跟上了别的男人；如果和尚困窘只能屈就钟幺嫂，钟幺嫂就不会看上李劫人家的厨师，也就与《死水微澜》擦肩而过了。

住在青草坝的李劫人，时任民生机器厂厂长，他与该厂创办人卢作孚是志同道合的挚友，其关系可以追溯到五四运动前后。当时，卢作孚与李劫人同在成都《川报》当记者、编辑，发表了不少关注民生、抨击时弊的文章。1919 年 8 月，李劫人去法国留学，把《川报》的职务交给了卢作孚。两人珠联璧合使《川报》成为"当时成都唯一一家不畏反动政府恫吓，敢替学生说话的报纸"，为在西南地区传播五四新文化发挥了重要作用。1925 年，卢作孚在家乡合川创办了民生实业股份有限公司，成功地开创了由中国人主持经营的川江航运业务，并日益壮大。1928 年又在青草坝创办了民生机器厂。怀抱"愿人人皆为园艺家，将世界造成花园一样"理想的卢作孚，把青草坝也建成了大花园，我们小时候还沐浴过花园的余晖。民生厂不仅承担了民生公司大小船舶的修造任务，也生产机器设备远销省内外，成为抗战中川省最大的机器厂，为保障唯一连接前线与后方的长江运输线畅通无阻立下了不朽功勋。1933 年，卢作孚邀请留法归来的李劫人出任民生厂厂长，历史为这位杰出的小说家提供了一个书写民族传奇的大好机遇。

1932 年 5 月，制造了"万县惨案"的罪魁祸首——英商太古公司的"万流"轮因触礁而沉没于四川长寿县境内柴盘子江段。为了打捞这艘造价 60 万两白银的川江头号大船，太古公司煞费苦心请来多家中外专业公司都无果而终。卢作孚派出工程技术人员对沉船做了仔细考察后，用 5000 元低价买下这艘沉船，并以至今仍被视为"悬念"的绝技，将其从江心打捞上来，拖回李劼人主政的民生机器厂大修，还将船身加宽、加长，又开到上海修葺一新，更名为"民权"轮。抗战时，民权轮成为驰骋川江的巨擘，大涨了民族的志气和威风。李劼人因此而在《自传》中写道："这件事震动了船业界，尤其震惊了外国人。他们做梦也没有想到他们办不到的事，民生公司办到了。太古公司十分震怒。日本人也专门派人到民生机器厂刺探情况。谁也搞不清中国人怎么会有这么大的本领。"

1935 年，李劼人离任，回到成都，并开始创作《死水微澜》。二十年后，民生机器厂被永久性更名。

有位哲人说："一个民族只有善待并铭记自己的赤诚之子，才有可能兴旺发达。"不知新建成的观音庙，在迎回菩萨之时，能否再现当年这段历史传奇？

2012 年 11 月 30 日改定

原载 2012 年 12 月 5 日《中华读书报》

史料与其他

1922年，李劼人与友人在法国蒙彼利埃。

李劼人译《人心》、《小物件》①

《学生杂志》编辑部

《人心》 法国莫柏桑著，李劼人译。一册，一元二角。中华书局出版，列入少年中国学会文学研究会丛书。

莫柏桑是法国现代最有名的自然派小说家，这本书是一八九四年出版，后三年他便去世了。他从一八八五年至一八九〇年这六年间所作的小说，寓有一个最沉痛的意思，就是："人生这样苦恼，这样没味，何以一般自命聪明的愚人皆不知及时自爱。"所以他那时很怕在繁盛社会中看见这些人不断的自己作孽。最后在这本《人心》上，便直捷宣言上流社会不可亲近，社会最是上流，最是无情。"今日的上流社会女子，都是些滑稽戏子。他们以爱情为滑稽戏，随便玩弄，照例排演，其实她们自己实不相信有甚么爱情。"朋友！你也愿意看看这本"滑稽戏"吗？

《小物件》 法国都德著，李劼人译。一册，一元二角。商务印书馆出版，列入少年中国学会文学研究会丛书。

法国都德的小说是很著名的，他在这本《小物件》上用沉痛热烈的文字，描写父子之爱，母子之爱，兄弟之爱，男女之爱，无不缠绵悱恻。最后两章写书中主人翁达利的哥哥杰克之死，和达利在一番堕落之后重新与他的恋人在病中相见所得到的慰安。读书的人看到此处，没有不引起无穷哀感的。

原载《学生杂志》第 10 卷第 3 期，1923 年

---

① 本文由易艾迪收集、整理，原无标题，现标题为整理者拟加。

李劼人译《小物件（Le Petit Chose)》①

周名琯

　　李君翻译这本书似乎用的是直译法，他并且似乎是一个极左派的直译者。因之书中有很多句子非先看了原文，简直看不懂。关于这一层我且不责译者，而可以归罪于直译的方法，或中国文字。又原文中有许多比较难懂的地方往往在译文中被删去，这个我也不疑心是译者畏难，固意删去而可以认为是因为原文本子不相同。但书中还有许多许多地方无论如何似乎不能不要认为是译者的错误，是因为译者没有把原文看得懂。这种错误全书中差不多无页无之。我现在为经济时间和篇幅起见，只随便抽一章——第六章小学生们——来做一个例而又特别放盘，只将其显著的错误来指出：

（一）

　　原　文：Jc ne lcs punissais janiars. A quoi bon? Estcqu'on punit les oisea nx?……(P.61)

　　李译：我从未责罚过他们。什么坏处呢？我们为什么要去处罚雀儿们呢，……（六六面）

　　我们把原文的意思引申出来，应该是：我从没处罚过他们。处罚他们有什么好处呢？他们如同一群小鸟，难道我们处罚一群小鸟？……我不知李君有何高见，偏要把"好处"译作恰恰相反的"坏处"呢？

---

① 本文由易艾迪收集、整理。

（二）

原文：J'essayai d' étre loujouis bon，vo'la tout.(P.61)

李译：其实我试出他们仍然是良好的。（六六面）

这句话虽比较不容易用中文译出，但他的意思是很显明的，是很容易懂的。若用英文来译，即是：I tried to be always good，that is all. 李君简直是没有看通原文，以致译得牛头不对马嘴。

（二）

原文：En voyant entrer M.Viot toute P/Iétude tressaula.(P.62)

李译：尾约先生进了自修室很奇怪的看着。（六七面）

我把这句话译出：看见尾约先生进来，全室震动。这本是很容易懂，很容易译的，而李君亦弄得大错特错。Pétude 本是全句的主词，李君却把他当受词 entrer 的受词，M.Viot 本是 voyant 的受词，而李君却挪它当主词。

（四）

原文：en dressant de frayeur ses grands orilles(P.62)

李译：正竖起他一双可怕的大耳朵。（六七面）

de frayeur 一词，显然是形容 dressant 的，因为原文的意思是说他因为害怕而竖耳朵；而李君却把他形容耳朵，以致说他的耳朵大得可怕，这是何等的错误。

（五）

原文：me semblait que j'avais trente-cinq enfants.(P.96）

李译：约没我照料了三十五个孩子。（六八面）

这句话很浅显，我想稍为学过法文的人，没有译不出来的。而李君却简直译得不通。

（六）

原文：quant à mes coliéques la sympathie que l'hom me aux cl efs paraissait me téi noigner me les lavait aliénés.(P.63)

李译：至于我的同僚们，都同情于带钥匙的人，对于我显然是生厌的；（六九面）

这句话的意译应该是：至于我的同僚们，则因为（看见）那带钥匙的人似乎表同情于我，都同我疏远了。这句话里，因为多用了几个关系代名词和接续词，李君弄不清楚，以致把原文误解得可笑。其实李君如果曾留心上下文，想亦不至有这样的错误，因为上文说过："尾约先生（带钥匙的人）虽然常以笑脸相待。休息的时候，挽着我的手臂散步……"

（七）

原文 quelquefois，au plein coeur de son aride besogne，an doigt mnysterieux prapp ait à la porte.(P.65)

李译：有几次，在他装满了枯燥东西的心上，一个奥妙的指头，忽来叩着他的心门。（七〇面）

这句话的意思显然是：有几次，正在他干燥无味的工作当中，一个神秘的抬头忽来敲门。姑无论李君译错了原文的意思，就是 besogne 一字在字典中根本就没有当"东西"解的意义。难怪胡适之先生常劝人多翻翻字典了。

（八）

原文：Au diable le cahier rouge! L'important pour le quart d'heue était de faire beaucoup de thémes grecs.de passer licencié d'etre nommé professeur，et de reconstruire au plus vite un beau fayer tout neuf pour la famille Eyssette. (P.65)

李译：见鬼的红抄本！重要的一刻钟要做多少希腊论文，要经过多少学士考试，要成就多少教授的名称，并且多么快的便可重兴起爱洒特家一个崭新的家业。（七一面）

这段话依我译之，应该是：见鬼的红课本！我此刻最紧要的，是作许多希腊论文，是通过学士考试，是被任命为教授，以及为爱洒特家赶快重兴一个崭新的好家庭。李君最大的错误第一是他挪句中的主词 L'important 当形容 l'quart d'heure 的形容字词，因而说"重要的一刻钟"；第二个错误是他以为 de passer 和 de étre nommé 两个 de 字是接着 beaucoup 的，而不知他们原来接着 était 而来的。因而原文的学士考试和教授原来都是单数，李君却把他们改成了多数。至于他把 de étre nommé，professeur 译作"成就多少教授的名称"，那更是谬绝了。

（九）

原文：une source vine courant dans le vert，…(P.95)

李译：一道鲜活的泉水碧绿的流过，（七一面）

原文分明是说：一道活泼的泉水在青草中流过，李君却要译作"碧绿的流过"。这种错误，我简直不知道他是从那里错起来的。

（十）

原文：Les trois eiudes s'y rendaicnt separemenl；une fois là.on les reunissait sous la surveillance d'un seul maitre…(P.65)

李译：三班学生本是分开的，散步这一次，却合在一起，由一个学监照管。

这一段所说的是他们常到 prairie 去散步去的情形，句中的 V 和 W 都是指 prairie。所以我们把这句翻译出来，应该是，三班学生本是分开去的，但一到了那里，却把他们合在一块，置于一个先生的照管之下。照李君的意思，好像说他们平素本是分开的，但一到了出去散步的时候就合在一块。相差何止千里呢！

够了，够了，我不再往下一条一条地举了。这章书并不甚长，原文和译文都不过十一面的光景，而其中的错误已有十处之多。那么，全书如何我们可想而知了。

三月六日，北大

原载《现代评论》第 6 卷第 134 期，1927 年

李劼人一病十年 ①

小　髭

　　本报前期三日报告内载，李劼人教授，已赴嘉定。兹探闻李教授现已回省，惟回省后即遇一不高兴事，而李教授之匆匆回蓉，或于其事亦不无关系也。其事惟何？即其夫人近忽患重病是也。夫人身体颇弱，常易生病，教授伉俪深情，焦灼可知，于是立送其夫人往少城祠堂街志范医院诊之，诊视结果，断为白喉症。然服药久之，无甚效果，教授恐夫人病，因此迁延，或成大患，不得已，乃改就中医。但中药服数帖后，病不少减，势仍如故，教授处此，焦灼可知矣。最后，乃决仍就西医诊视，经人推荐，乃往觅毕医生，毕为之施手术，割去喉头腐肉一方。此方腐肉，复经毕检查，断为白喉之外，尚有他病。症候既明，服药亦日渐生效，今后当可日告痊愈矣。当夫人病笃时，闻教授曾语人云：余妻每月必病，余则每十年乃一病，然病即危笃，前在巴黎曾大病，去年在沪又病，时间刚为十年。余在巴黎所病为阑尾炎、膀胱炎、盲肠炎，三炎齐患，故势极危笃，去年所患者为瘘窒扶斯，亦甚重，今后仍将十年一病与否？则不可知矣。

原载 1930 年 2 月 26 日成都《报报》

---

① 本文由易艾迪收集、整理。

五教授大吃夏斧私①

青 天

前月念一日，为成都公学开校之日，当国旗飘扬于校门之上，学子致敬于礼堂之中时，校邻某大学之注册部内，吴君毅与张重民两教授方聚而相告白："闻'成公'今日开校，夏校长宴客之席，系小王（名厨，见本报第十八期成都一百名人表）所制，吾侪曷作不速之客，入门大嚼乎？"计议甫定，即相率出室，且谈且行，至校门，适胡少襄、谢苍璃、李劼人教授又至，乃亦加入。同至'成公'，聚半桌之座，举箸大嚼，如风卷残云，旁若无人。夏校长侧目而视，固亦莫如之何。

原载 1930 年 3 月 4 日成都《报报》

---

① 本文由易艾迪收集、整理。

李劫人教授易黄饮白 [①]

青　天

前本报第五十三期载李劫人教授之夫人身患重疾，兹闻李夫人之病已告全愈。惟关于教授伉俪近尚有一事足记者，盖吾人仅知教授豪于饮，而不知教授夫人较教授尤豪于饮，且教授仅能饮黄酒，而教授夫人则善饮白酒。近教授夫人谓教授常饮黄酒，易患湿气，劝其亦易饮白酒，闻教授以夫人之情不可却，已勉力习饮白酒矣。

原载 1930 年 3 月 22 日成都《报报》

---

① 本文由易艾迪收集、整理。

李劼人教授并未挨打 ①

青 天

三日前,本市各报刊载国民通信社消息,谓"成大"② 预文科主任李劼人教授(李前为讲师,现在实系教授,通信社原稿称之为讲师,非是)被该校预科学生,饱打一顿。殊当该通信社发稿之日,本社即已探得实情,惜时稍晏,不及加入前期,兹特将其经过情形补述如下。前星期六日,该校预文科三年级学生本应作中文作文,乃以适为黄花岗纪念日放假,及本周星期一日,李教授以作文为该科之主要学科,且两周始作一次,不应再缺,乃命该级学生将是日之德文两小时易为作文。该级学生对此咸认为不满,盖以国文虽应作,然是日既已放假,当然即应作罢;德文亦未始非重要学科,何能无故缺席?教室之中人多口杂,遂啧有烦言。适吴君毅教授行经室外,闻之,乃向学生声言曰:"李先生亦不过为若曹计耳,若再如此扰乱秩序,学校即非斥退不可!"言已遂去。李闻之,乃立即至教室向该级学生训话,而学生中亦有数人向之问难,言语间不免小有抵触,李遂愤然出校,称病不愿再到校授课,文预科主任一席暂由吴君毅代理。当日情形实系如此,外间竟误传李被打。然此事亦非无故,盖数日前该科二年级学生亦因他故不满于李,而预科教员中亦多,与李不恰,乃借此机会,捏造李被打辞职,使李难堪,或果因而辞职。不知张表方对于此事之发生,亦认为系少数学生有意捣乱,于翌日出牌告痛斥学生,并谓非斥退此少数学生不可。学生方面至此,大恐,已向张申明不再有此项事发生。一场风潮,业已了结矣。

原载 1930 年 4 月 6 日成都《报报》

---

① 本文由易艾迪收集、整理。
② "成大",即成都大学的简称。

豪士行奉赠李劼人兄

赵毓松 [1]

李侯志与秋天高，下视名公巨卿皆草毛。

读破万卷行万里，落笔奔腾似海涛。

胃藏抑郁磊落之奇气，发为文章类楚骚。

清于秋风吹锦水，快如春浪送轻篙。

卖文得钱即沽酒，酒酣议论波滔滔。

慷慨纵谈家国事，成败利钝析秋毫。

愚顽在朝贤在野，乃知崎岖蜀道多蓬蒿。

我谓李侯，举世混浊，何不和其光而同其曹？

李侯谓我，男儿焉能摧眉折腰事权贵，

下与群小龌龊争腥？

不如沉醉饮美酒，起顾四座皆贤豪。

原载上海《青年生活》第 1 卷第 3 期，1935 年

---

[1] 本诗由易艾迪收集、整理。本诗词刊载于 1935 年。刘大杰于 1946 年在《文坛》第一卷第一期上也发表有《李君志与秋天高》一诗，现已收入《李劼人全集》（2011）第八卷附录。刘大杰《李君志与秋天高》与此诗略同，但其标题、部分词语及标点符号均有不同，如刘诗作"李君"、"如草毛"、"胸藏"等。应为刘大杰改写了此诗。

过天回镇寄劫人 ①

易君左

天回镇上看尘扬,彩笔轻描画粉香。
店冷难逢幺姐蔡,冢荒谁吊贵妃杨!
山川接壤通秦陇,烽火连天望鄂湘。
结伴本为探桂去,未妨掩泪学轻狂。

原载《新四川月刊》第 2 卷第 1 期,1940 年

---

① 本诗由易艾迪收集、整理。

李劼人现卜居成都 [①]

刘居序

国内之部

一 文坛

△李劼人现卜居成都，任嘉乐纸厂董事长之职，其所译马格利特所作之《单身姑娘》已出版。最近又将付梓者，尚有福洛贝耳之《萨浪波》。

原载《时与潮文艺》第 4 卷第 1 期，1944 年

[①] 本文由易艾迪收集、整理。该文为《时与潮文艺》的一则消息，原无标题，现标题为整理者所拟。文内 "《萨浪波》"，即李劼人于 1931 年译出的《萨朗波》。

李劼人先生与《大波》①

——并祝他五十六岁的寿辰

王冰洋②

　　抗战期间后几年，文艺界给长辈作家做寿的风气很盛行，差不多年龄在四十以上，人缘不坏，著作上有成就的作家，都做过了。一时间想到的就有郭沫若、叶绍钧、茅盾、王亚平、臧克家、陆侃如这几位先生。当然，并不是寿星们自己要做寿，而是文艺界同仁们要给他们庆祝。而且也绝没有送礼物，抬包袱，阿谀跪拜的丑事，只不过在寿辰那一天，大家聚会起来，聚聚餐，吃吃茶，讲几句话，谈谈心，同时写一点纪念文字，在杂志报章登登而已。当然，庆祝的盛况，也并不一样，有的也聚餐也吃茶，有的只吃茶不聚餐；有的既在报纸出了专刊，又在杂志上出了特辑式专号；有的只在寿星所在地一个地方庆祝，有的在全国各大城市里同时庆祝。但是虽有些不同，其意义则一，那意义就是：借此联络文艺朋友间的感情，检讨一番文艺的工作，掬出后进人士对长辈先生的崇敬之忱，对长辈先生的多年的刻苦辛劳给一点精神上的安慰，引起对长辈先生的劳绩的研究和学习，扩大文艺影响，活泼文艺生活，这和世俗的做寿，是完全不同的。

---

① 本文由易艾迪收集、整理。
② 王冰洋（1909—1962），山东济南人，现代作家、文学评论家。抗战前，在天津《益世报》等任编辑。抗战期间曾任成都《新民晚报》《新新新闻》编辑，《新民报》《成都晚报》副刊编辑。出版《血战垣曲》《大战午城镇》《开荒献粮》等多种抗日通俗读物，小说《惠堂老伯》等。文艺评论有《一个诗人的灵魂的行程》《论文艺作家向劳动人民移行》等。新中国成立后，曾在成都西南学院、金陵女子文理学院、南京师范学院、山东师范学院等任教。

王冰洋《李劼人先生与〈大波〉》一文报影（局部）

其间，叶圣陶先生的寿辰在成都庆祝的，并且在重庆庆祝的郭沫若先生和茅盾先生的寿辰以及在三台庆祝的陆侃如先生的寿辰，在成都都有表示。但是说来奇怪，年高德劭，著作宏富，对文艺工作有伟大贡献，而且一直住在成都的李劼人先生的寿辰，却一直三□①年都没有想起庆祝，这可见文艺人士的做寿、庆祝者既没有一心一意的想借此表扬什么，寿星自己也没有把自己的寿辰当作一回事了。然而，依现成之例和成都的文艺界朋友们的□□说，这一场却是必须做的。于是经人一提，就一致赞成了：要给李劼人先生做寿。

但是——这里发生了一件趣闻：当人们向李劼人先生探问他的诞辰月日的时候，他谦虚的隐瞒着，无论如何都不肯说，而且说已经过去了。甚至人们委托了李

---

① 原文模糊，以□代替。后同。

先生的办公助手暗地去刺探的时候，也没有得到结果。直到用出了一种有趣的骗术，才骗了出来：有一位朋友颇会几句医卜星相的江湖口诀，他便在一个集会的间谈阶段中找到李劼人先生要给他看相，摆过几句话以后，这位朋友问道：

"面相和生辰八字是有关系的，请问李先生是何年何月何日生？"

"农历五月十四！"李先生不迟疑的说。

于是，看相便停止了，决定了在农历五月十四这一天，给李先生做寿，人们正在准备着。

李劼人先生对于文艺工作，特别是对于文协成都分会的工作之伟大贡献，是值得大书特书的。成都文协工作，八年来一直在李劼人先生的领导之下进行着，主要的是他在成都分会理事会中有着一种坐镇性似的安定力量，和一种恬淡而活泼，敦睦而有热情的气氛，虽则实际理事会会务之具体工作者，常有更换，但他一直是一位最有威望最沉得住的首长，人们在他的感应之下，获得了进行工作的胆气和信心，团结于工作的周围。这一点虽则没有什么有形体的痕迹可寻，却是他对于文艺工作的贡献之最重要的地方。他及其善于用一种不能察觉的平易性，诱诲、领导着文艺界同仁冲过难关向正义的路□□。

□□一点，便是他对于成都文艺工作之伟大的物质贡献。我们知道，进行文艺工作和进行其他工作□□□也需要谈谈，但是无论是重庆的文协会，抑或□任何地方的文协分会，都有经费缺□的困难，特别是成都分会，它□有一份每月一百五十元，和一份每月五十元的"□方津贴"，这个数目少得简直有点荒唐，早就连具呈请领的手续费□的四分之一也不够了。如果不是李劼人先生以嘉乐公司董事会的□□，以大批纸张赠给文协，那么不用说连那忽断忽续的□期《笔阵》也不能出版，就是其他项经常的活动也恐怕不能进行的。同时，最近两三年来，成都文协的理事会和若干临时的小聚会，差不多照例在李先生的公事房举行，这时一切杂项消耗，都是李先生个人贴□的。这些物质的贡献，由一个富商大贾或官僚资本家来看，诚然微乎其微，但是就它在文艺工作上所发生的作用而论，就它在文艺工作的经费需要上所占的比重而论，就一般文艺工作者做点物质贡献的可能性而论，都是十分重大的。我想，凡是没有害精神至上主义痴呆症的人，都会承认这种看法吧？

说到李劼人先生在文艺著作上的贡献和劳绩，当然更值得推崇。

人们最熟悉是李先生的翻译工作，他是最早翻译法国文学到中国来的元勋之一，而且是少数翻译法国文学有大量成绩者之一。赖他的大量的翻译，我们才能享受到法国文学的美品，并且他的译述工作是如此的认真，精美，每一次翻版都要修订，而且差不多每一本译品都附有有价值的介绍参考文字，特别是，他的翻译文学，是曲尽原文的风趣，同时又最为中国化的。关于他的译品，正在市场和读者中间大量的流传，我们不必介绍书目了。

其实作为一个文艺工作者，李先生主要的乃是一个创作家，一个小说家。这一点，只要读一读他的不朽巨著《大波》（上中下三册，中华书局出版）就可以明白。《大波》，是描写辛亥期间四川的历史社会事件、生活风俗、人物性格的小说（照李先生的原来计划说，只是他的整个计划的一小部分之实现），这小说是异常美妙而且异常真实的，公公道道的说，直到现在为止，还没有任何一部描写四川生活风俗和人物性格的小说，曾能在艺术的真实性和完整性上超过《大波》的水平，而且直到现在为止，我们还不能够□见任何别□□作家，在描写四川生活风俗和人物性格上，曾表现的比李劼人先生更伟大，更适宜的才能和可能。同时，李先生的创作，特别是他的《大波》在风格上卓成一家，平易，简朴，中国化，富有及其自然的幽默诙谐的风趣，在这一点，只有老舍先生之《想北平》，才差堪与李先生相为抗衡。

我们不仅受了李劼人先生的译作的惠赐，而且更受了他的创作的惠赐，不仅应向他的翻译工作学习，而且更应该向他的创作的辉煌学习。但是有两件事情是叫人觉得有遗憾的，其一，大多数文艺界的学徒和普通文艺读者都没有读过《大波》，以至于一本不朽的著作被付之冷淡，而一个巨大的艺术宝藏，未被适称其份的探采开来，因而没有受到应该受到的教益。而这大抵是因为，《大波》的出版还在一般文艺水平很低的时候，并且初版以后并没有翻版大量销行。并且出版《大波》的书店一直不是人所公认的刊行文艺书的书店吧。其二，李劼人先生的原来的创作计划，仅在《大波》上实现了一小部分，而且他在抗战军兴以后也有一个大规模描写战时的四川的计划，但却一点点也没有实现出来。然《大波》的艺术成果而论，我们有充分的理由向他期待，并从他得较《大波》更伟大、辉煌、优美的作品。可是由于生活的不安，和担负着文化产业上巨大的组织任务，却未按计划从事创作。

我们现在来庆祝李劼人先生的寿辰，衷心的希望着两件事：第一，希望李劼人先生把他的伟大创造计划实现出来。第二，希望文艺界的朋友虚心学习他的艺术工作。不用说，我们还希望成都文协的工作在李劼人先生的伟大领导之下向前迈进，完成建设民主、幸福的新中国的任务，完成民主而人民化的新文艺的任务。

李劼人先生有着首等强旺的健康身体和健康生命，有着正义而坚实的精神力量，有着享受最高高龄的寿数，我们完全相信，他定会益愈勇壮而不衰老的领导我们，并赐给我们大量的不朽的创作。

原载成都《新新新闻》"柳丝"副刊第 130—131 期，1946 年

《笔阵》与李劫人先生 [①]

牧　野 [②]

　　自从"五四"以后，中国的文艺能够开辟出一条新的途径来，西洋文艺的介绍，不能不算是一个重要的原因。做这种介绍工作的，李劫人先生就是其中的一员，单由他的一支笔，就把法国的名著——有些可称为世界上的名著，给我们介绍有十部之多（莫泊桑的《人心》，蒲勒浮斯特的《妇人书简》，都德的《达哈士孔的狒狒》及《小东西》，福楼贝尔的《马丹波娃莉》、《莎朗波》，□德孟，龚古尔的《女郎艾里沙》，罗曼·罗兰的《彼得与露西》，赫勒·马郎的《霸都亚纳》、克老特、发赫儿的《文明人》《忘记作者》和□□出版的玛格利特的《单身姑娘》）。[③] 如果把我□的落后的文艺比作一个贫血者，李先生确实给他注射了不少的新血液。

　　李先生不但是一位翻译家，还是一位创作家，单从小说方面，我们就可以读到他的短篇集《好人家》，中篇集《同情》，长篇《死水微澜》、《暴风雨前》，和有上中下三卷的《大波》。一提起《大波》，是三四年前，和几位做戏剧工作的朋友闲谈，有一位说他打算用四川省的故事写一个剧，另一位就马上接着说："李劫人的《大波》你一定要读一下！"从这一句话，我们不必再一一的介绍就可以看出他作品的价值了。

　　至于我的题目《李劫人先生与〈笔阵〉》[④]，我的意思并不是说《笔阵》少不了李先生，乃是《笔阵》之能够有三四年的历史，一大半是李先生的力量。

---

① 本文由易艾迪收集、整理。
② 牧野 (1909—1991)，原名厉歌天，河南人，中共党员。1941 年任中华全国文艺界抗敌协会成都分会理事，曾主编《笔阵》。1950 年后历任北京电影制片厂、西安电影制片厂编剧，全国第一次文代会代表。
③ 本文作者所书李劫人译作的原书名、作者名，因原报纸年久磨损，缺字，模糊不清，难以辨识，整理者据《李劫人全集》（四川文艺出版社，2011）的李劫人译作校正。原文中《忘记作者》应为排版错误。
④ 本文标题为《〈笔阵〉与李劫人先生》，此处作者写作《李劫人先生与〈笔阵〉》，照录。

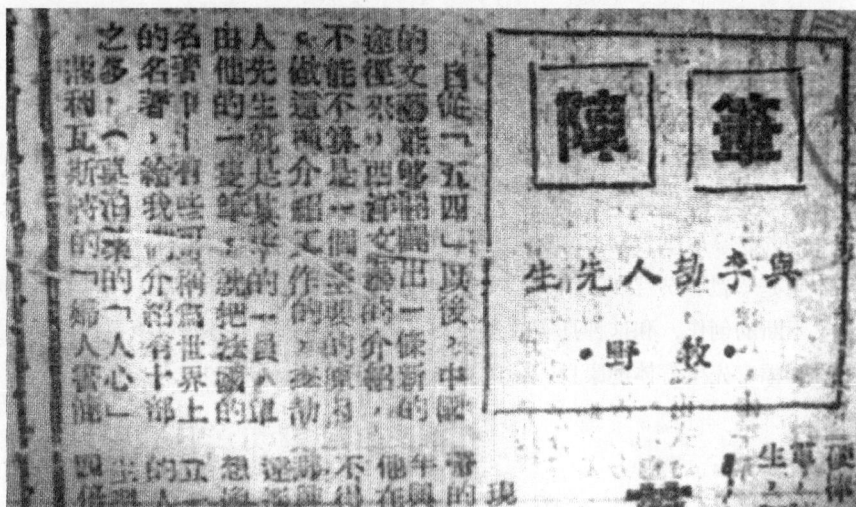

牧野《〈笔阵〉与李劼人先生》一文报影（局部）

　　《笔阵》是民国二十八年成都文协分会成立后创刊的。先是单页的周刊，后改为旬刊。当时的编委可称得起硬捧，有李劼人、周文、萧军、陈翔鹤、冯文炳、罗念生、刘盛亚、赵其文、毛一波、□□□、□□□，可是当时因轰炸，编委投处① 聚会不易，即改由萧军先生一人负责。二十九年即事改选，《笔阵》，即由萧蔓若先生主持，时刊物由八页增至十六页，二十四页，但是已成为月刊了。到了二十年，文协会员前后已离去了大半，理事改选后，我竟然充数于出版部，这才是"此地无银朱"了呢！论人手，大将们，多已走；论经济，总会接济已断，政府津贴虽然还有，提起那数目，仅仅够去领款来回的车价。《笔阵》怎么出得下去呢！

　　这是在文协理事聚餐的席间，我特地请李劼人先生单独到另一张桌子上去谈《笔阵》的事，可是李先生一下子就明白了我的意思：是请他代文协向他负着董事长责任的嘉乐纸公司募捐出刊物的纸张。我们拿起铅笔计算，每月需要五令纸，也就是全年要六十令。当时的纸价记不清了，以目前市价论，每令二万八千元，□□□□一百六十八万，李先生皱皱眉说："这个数目不小呀！""你试试看？"当然我只一心在刊物上，却没顾到李先生的困难。后来嘉乐纸公司的董事会居然答应了，这真是叫我们感谢莫铭。

　　找印刷厂，跑印刷厂，跑书店，因为我们人手太差，一年之内我只弄出一期——

---

① "编委投处"，原文如此，可能是排版错误，照录。

自感惭愧无容。三十一年改选理事，满想《笔阵》可能改由高明者来编，不料又没有摆脱，既然如此，我只好拿着失败的经验，再来试试。此时适逢一家出版社找我商量印《笔阵》，于是刊物就交出版社自印自卖。我们将纸变作了稿费，但这是这一来即违背了嘉乐纸公司的雅意，然而在出刊物的原则上还算是达到了目的，因此，《笔阵》就接连的出了八期。这八期《笔阵》之所以能见诸于社会，第一我们感谢的是嘉乐纸公司，其次实在是李先生对于文艺的厚爱了。

今年是李劼人先生的五十六大庆，我们对于李先生不断的给我们介绍西洋名著，又不断的创作，和这种真实的爱护文艺的精神，除了崇敬及应该学习之外，更虔诚的祝福李先生寿体健康！

一九四六．六．一〇

原载成都《新新新闻》"柳丝"副刊第 130 期，1946 年

李劼人先生的风趣和生活 ①

谢扬青

动乱时代中的繁星

　　农历五月十四日（今日），是文坛耆宿李劼人先生的五十六岁诞辰。李先生著作等身，德隆望重，素为文艺界人士所推崇，其在抗战期间对成都文艺工作之领导尤著勋劳。兹请谢扬青先生为撰此文，以志纪念。　编者识

　　以动乱时代作为题材的创作很多，然而，如文坛名硕李劼人先生的《暴风雨前》、《大波》等作品，能够紧握着一个时代的思想和背景，一大群人的共同意志，再加以作者最多的阅历，最深的体验，具体而形象化的，用一种极幽默的笔调表现出来，确实是难能可贵，值得推崇与赞扬的。因而，劼人先生的确是动乱时代中，一颗光芒灿烂的繁星，用他无比的智慧，将内忧外患之下的，一个革命浪潮澎湃地区里的故事，作尽情尽□的刻绘，正如他常说："中国的确乱，算得世界第一，而四川种种现象，恰是中国的缩影。"所以，他的几部创作，难以一个地区的动荡情形作为主题，实则是中国社会的另一面写照，何况至今仍在纷争不安的情况之中呢。

　　农历五月十四日，恰值这位先生进五十六岁的生辰，我遵循编者的嘱咐，以我这支笨拙的笔，描述一些关于他的风趣和生活，但我又像一位□□者一样，因为常时的见面，使我不知从何着笔。

　　民国纪元前二十年的今天（一八九一年岁次辛卯），李劼人先生诞生于幽娴静丽的成都。他原籍湖北黄陂，许多领略过他家里佳肴的人，定能忆起那一份精美的"黄陂粉条"，除了这仍然唯一保持着家乡风味外，可以说完全一点没有浓厚乡土气息，因之，他的生活十足是成都人的风？但他的性格上，却极端显现着：豪放，

---

① 本文由易艾迪收集、整理。刊载此文的原版报纸，由四川大学历史系教授成恩元先生（1917-1989）收藏，家属提供，谨致感谢。

坦白，直爽，健谈，热诚，这是每一个与他初次会面的人，都容易觉察到的。

从二十八年轰炸后，他迁居城外沙河堡菱角堰，在那绮丽的乡野林木隐蔽中，一所幽静的"菱窠"，那便是他自己设计建造的泥墙茅舍。四围遍载着他所喜爱的江南垂柳，锦簇花团，雅致的庭园，这位明快而诚挚的老人，于此清幽的景物里，过着他安详而恬淡的生活。虽然他的夫人曾数次打算迁居城内，但他对于这已住了八年的竹篱茅舍，确有些儿迷恋了。

这在创作上自然是一个极大的损失，然而，正因为他从事于实业工作，使他接触到另一面的生活，体验到另一种动乱时代中的战斗事迹；现在，可以弥补损失了，他已有极新极丰富的题材，可以写一大部东西；但他引以为遗憾的，即是继《大波》后尚有十几年的故事，还不曾执笔，他说："我需要宁静的生活呀！"

对于青年，他无不仁慈的加以爱护的，常说青年朋友需要一股干劲，不惧艰难，不畏威迫利诱，应该认清目标，一鼓作气的干下去，不要气馁，也不可怕碰钉子，他说："我头发都花白了，还在碰钉子呢！"

一有空闲，他便浏览着各种书籍，对于近来坊间出版的书，很欣赏《静静的顿河》与《飘》，对于高尔基的作品，常赞不绝口的称道着，他说这位作家生活太丰富了，所以写得来那样引人入胜。至于《飘》，他认为是美国小说中最杰出罕见的作品，因为作者能够把握一个时代背景，故事生动，着笔又是那么细腻。

他是一个有宏大酒量的人，喝酒已经有三十五年以上的历史，而且从未断过，这与他豪放明快的性情相陪衬的；但去年病后，已经逐渐递减，并决心摒绝黄酒，现在每天回家后，只和夫人喝些许大曲酒。香烟也是嗜好品之一，从前讲求上等烟，从战争爆发，物价陡涨，使他不再考究了，于是什么香烟都吸，不过，他却是"华生牌"的老主顾，吸这种烟已经两年了；但当他回到家时，他却不吸香烟，而改吸福建皮丝。这时，他抱着白铜的水烟袋，悠然兀坐在走栏上，欣赏着乡野的胜景。的确，事业上的磨练，他感到疲倦了。

我借此短文的机会，祝福他的健康！而他的创作的光芒，正如长空里的繁星，将照临在每一个人的身上。

原载 1946 年 6 月 13 日、15 日《成都新民报晚刊》

李劼老新著《说成都》①

青　天

闲来无事，到《风土什志》的编辑部去耍，那编辑人兼主持人，以独木支大厦的精神，刻苦支撑这杂志的谢扬青先生，正在按着一本新书的原稿，皱眉深思着：而那册新书的原稿，是李劼人先生的新书《说成都》。

李劼人先生的这册新书的原稿，正如他的一切著作的原稿：在粉对方纸的古式裁折的篇长上，写着稀疏长行的真□苍蝇翅那么小的，清丽而俏秀的行楷小字，□人不苟，一气到底，点标清晰，勾□井然，每一行有七十余字这多。单是这底稿的书写，就够得上说是艺术品了。真是难为他老先生怎么写来。

"真了不起！"我叹服了。"不声不响的，又是本大著，而且这敬恭端肃的精神，更叫我们草率成性的年轻人，惭愧得无地自容呢！"

"更没有完！"□□说了。这时我从叹服中回过神来。原来李劼人先生也□在□□吸着一杆"米苏里"，悠然自得的坐在一把藤椅上。"这一部分大约六万字，还有几部分，大约是十九万字，或者十三万字罢。"他加□说。

他的面容，比上一回见他时稍许清瘦了一点，精神是照常矍铄的，眼圈周围，显然带有长期埋头苦思留下的痕迹。

"怪不得许久没有书看到了，原来是在著这本大书啊！"我半寒暄的说："写的□真快，像我们这些年轻人吧，悠悠忽忽的就是几个月过去了，可是一个字也没有写出。"

"其实说不上，"他说，"整整一个暑假，才写了这一点，虽然换了四遍原稿，却仍觉得还有再写一遍的必要，可是时间来不及了。"

---

① 本文由易艾迪收集、整理。李劼人《说成都》一部书稿，仅抽发了《二千年来成都大城沿革史》这一部分，以《二千余年成都大城史的衍变》之名发表于《风土什志》1949年第三卷二期，收入《李劼人全集》第七卷。《说成都》原稿，在1962年李劼人去世后，交由文联"李劼人遗著整理小组"整理，但毁于"文革"中。现《说成都》仅保存了此文。刊载此文的原版报纸，由四川大学历史系教授成恩元先生（1917-1989）收藏，家属提供，谨致感谢。

"等着付排呢！"那能干的编辑家说了。

"一人一名……"这是开头一句话。① 但著者说了："且看稿子开头吧。"

这一部不是《说大城》，题目叫作《二千年来成都大城沿革史》，分作十余章，每章都有一个奇突有趣的出人意料的章题，我都记不清了，只觉得它们□了小说的子题那么引人。

内容吸引着我，我仍然读了一段。我发见，这是一册纯粹考证，又考证得极精审的著作，引证宏博，研估正确自不用说，尤其是叙述得生动活泼形象化，津津有趣，引人入胜，绝非一般所谓国学家的钉饾文章，所能望其项背。他是用他那一贯的，精炼，俏皮，含有凉意的半讽刺、半幽默的语体文写的，真可以说是化腐朽为神奇了。

我一面读着，一面听他说道："差不多全部引证，资料是极多的，下边的几个部分是说皇城，说少城，说沟渠，说市街等。"

我合上原稿，抬起头来，找不出一句足以表达钦敬的话，到了还是俗不可耐的说了一句："这书有极大的学术价值。"

"当然了！"那编辑人说。

"可是恐怕读者很少吧？"著者说。

我虽然相信著者的大部分观察，却实在不相信他这个判断。

"这实在不见得！"我说："读者还是很多的，因为它不仅有学术价值，而且叙述得如此美妙，只要他肯沉住气读上一小段，保险他会爱不忍释的。"

"终于还是不及《说北平》。"

"也许是吧，然而除了《说北平》呢？那岂不就数着《说成都》了么？"我在长者面前一向是不守礼节的，因此又顶撞的说了："尤其经过这十多年的战事，外省人到成都来住的很多，大凡那些稍有知识的，都对成都有着浓郁的兴味哩！"

著者微笑了，不知道他是首肯了我的意见呢？还是别有所悟。

从这里转了话题，又清谈了许多雅碎话题，从成都，转到成都茶铺，从成都的茶铺转到巴黎的咖啡座，从巴黎的咖啡座，又转到啤酒，从啤酒又转到纸烟。我拿我的"红炮台"敬了他老先生一杆，于是一齐坠入了香烟缭绕中。

当我辞出来的时候，那编辑人说了："《说成都》就在这一期的《风土什志》上

---

① 此处"一人一名……"之句，见李劼人《二千余年成都大城史的衍变》一文，开篇即"一人一名，这是近几年来，因了编制户籍，尤其因了在财货方面的行为，便于法律处理，才用法令规定的。"见《李劼人全集》第七卷第368页，四川文艺出版社，2011。

刊出，这六万字的一部分，大概可能一期刊完吧。"

我如今在等候这一期的《风土》出版。

原载 1949 年 10 月 9 日《成都新民报晚刊》

《文讯》副刊与李劼人佚文五篇

段从学[①]

　　这里三封书信、两篇文章，是笔者在翻阅抗战时期《华西日报》时，断断续续发现的。它们均未被《李劼人全集》收录，李眉的《李劼人年谱》，以及相关的研究论著，亦未提及。但对我们了解李劼人生平，却具有不可替代的作用。

　　1939 年 5 月，日军对四川进行大轰炸后，成都的文化人和文艺工作者，大多随各自任职的机构疏散他往。抗战初期一度颇为热闹的成都文坛，一时间陷入了沉寂和停滞。为了改变这种状况，"文协"成都分会决定借《华西日报》副刊版面，创办《文讯》周刊，以加强联系和交流，维系会务正常展开。《文讯》原本决定由赵其文编辑，但赵氏因为事务繁忙，临时改由萧蔓若负责编辑。三封书信，就是最初的决议，和最后的实际负责人之变的结果。今天来看，它们完整而真切地勾勒出了李劼人在 1940 年 2 月和 3 月的生活细节，具有相当高的史料价值。

　　《说昆明》是作者 1940 年初前往昆明，聘请嘉乐纸厂前工程师梁彬文回川担任厂长的产物。文章分四期，连续刊登在 1940 年 3 月 24 日、3 月 31 日、4 月 7 日、4 月 14 日成都出版的《华西日报》"文讯"副刊上，署名"李劼人"。从文章的副标题"（川滇行之一）"，和相关内容来看，作者当时是先到重庆，再经贵阳赴昆明的。在贵阳，曾小有停留，并拟写《说贵阳（川滇行之二）》等。推测起来，可能是因为嘉乐纸厂事忙而打断了写作计划，未能完成。当然，也不排除发表在另外的刊物上而尚未发现的可能。

　　《乐——为费曼尔女士作》一文，发表在 1944 年 10 月 8 日出版的《华西日报》"每周文艺"副刊上，署名"李劼人"。当时，"文协"成都分会响应总会号召，开展救济贫病作家活动。费曼尔女士为此举办小提琴独奏音乐会，以门票收入捐助"文协"，救济贫病作家。叶圣陶曾在日记中，对这次独奏音乐会的实际情形，做了扼

---

① 段从学，西南交通大学教授，博士生导师。

要的叙述：

> 入夜，与小墨二官三官至署袜街礼拜堂听费曼尔女士小提琴独奏。票资悉数捐入文协之援助贫病作家基金。此会由郭子杰夫妇张罗，售票甚多，可得二十万元。大约费女士之提琴亦有名，听者拥挤，可千人，不得票而退出者怏怏而去。奏琴凡六曲，以不知音者听之，似小品反较大品为悦耳。

日记中提到的郭子杰，即郭守有，曾任四川省教育厅厅长，长期担任"文协"成都分会常务理事，对分会的活动给予了有力的支持。

李劼人这篇文章，从"文协"的工作需要出发，带有为费曼尔女士的音乐会"广而告之"的意思。行文中的随意和枝蔓，与此不无关系。尽管带有"任务"性质，文章仍然表达了李劼人对音乐文化的独特理解。关于初到法国时的生活情形的叙述，更是我们了解其生平事迹的重要依据。

"摘要"
——李劼人孑遗文字

曹治炜①

欣闻学会拟出《李劼人研究：2016》，为研究李劼人办实业史，曾向菱窠张志强君索取有关嘉乐纸厂全部信档。蒙张君不弃，将菱窠所存之嘉乐纸厂信档悉数发来。其中有李劼人遗留书信 26 张照片，经整理得全集书信未收之李劼人遗留书信——便条者 6 件，遂交《李劼人全集》曾智中主编处理。其中还有一页其内容甚要紧，事关嘉乐的摘要文字。经辩认、整理，今照录得其原文如下：

（一）自七月廿一日起，因热、因忙，恶性疟疾复发，廿五日经医生打针始稍愈。

（二）人手不齐，诸事猬集，厂中需钱又急，不能休息。

（三）提升纸价事，蒋主席手令各物不准涨价。故我纸议价事未能提出。幸日管处原谅，故前售一千二百令为厂本二千二百元，外加生产奖金每令六百元，运缴七百元，计为三千五百元。

（四）最近日管处无钱购纸，几经交涉，始由该处直接分配自由西报五百令，大公报一百令，工矿调整处材料股二百令，扫荡报三百令共计一千一百令。已有两处签约，每令四千外，关税在外，希望款先付即备交乐山顶兑之五百五十万元。

（五）销路甚疲滞。七联无钱购入，正预谋推销一二千令至云南，已提出厂价四千八百元，或有希望。七联明春教科书必须我纸，少为一万令多则一万六千令，但必待其大借款八千万成功方可交涉，苟成可望先付三千余万元。

（六）七月份汇厂八百二十五万。七月份已汇出六十万，又汇出一百五

---

① 曹治炜（1938—），系曹青萍第四子，科技研究员，曾参加李劼人书信涉及嘉乐纸厂部分的整理工作。

十万，连同备交顶去兑款，大约为八百万。

（七）对外信誉甚好。一，行庄来往绝未愆期。二，七联纸已进齐，不日交清，七联认为满意。三，日管处因担保之故 对按期清交一层极为重视。

（八）三月份陈晓岚在渝向工矿调整处请借一千四百余万，计分三部：一修二号机，计四百八十余万。二修一号机，计六百八十余万。三改装电气设备，计二百七十余万。第二，三部份被驳，只准第一部，并令自筹一半，仅准借二百四十万。经再努力进行并面洽张丽门①及递呈文，始终被借款审查人批驳。谓前款方借二，三月，成效未见，不能又借。但又经多方谋说，幸经济部对我厂印象甚佳，日管处又对我有"信誉确立"，"经营正派"，"自力更生"，"无有债务"等好评，故工矿处始于困难中拨我二百四十万，无保。至於工贷一层，系政治作用，实不可靠，非有内情人力，不易成功。先惟有待第一步工作实现后，再循序而进，已下有功夫，得了预诺。

（九）主张总公司宜设重庆。做工作、找款子、尽人事、谋出路皆优於成都。

（十）将来计画，宜先储财。最近美金行市并探有办法，每元仅需法币百元上下。新记公司已去信美国，但无钱立得；倘申请官价，而条件极苛，非有根据批准者不得；非即时运入国而应用者不准；非美政府准购之物能即时运出者不准；非已得特命即能运走者不准②。故主张先储美金、谋实力、不赖政府外汇。对外沉默，姑先秘密将地基③妥购为要。次则将总公司移渝，人力较多，应付较霏④，再广储人才、接近政府、广做声光⑤、 叨较便。

【旁批】梁彬文总经理七月廿六日函七月卅日午到

以上就是这张原件包含的全部字面信息。

摘要并未注年，但从其内容十点逐一看来，应是抗战胜利前之1945年梁彬文总经理在重庆写给李劼人董事长的来信之摘要。条分缕析纸厂生产、营销，政商环境之后，提出嘉乐纸厂今后应采取的重大决策。厂运同国运，嘉乐纸厂正面临紧要关头，不能不奋力一搏也。

但"总公司搬家"，"做工作、找款子、尽人事、谋出路"，手段竟然包括炒美金，倒外汇，钻空子，搞走私这些旁门左道。在商言商，资本的天性就是逐利，

---

① 时任经济部工矿调整处处长。
② 指利用外汇进行进出口贸易，为公司谋取经济利益的各种条件、办法。
③ 指土地，进行进出口贸易所需基地之基础。
④ 霏，盛也。意指充裕、多，即对付各种问题均有办法。
⑤ 广做声光，指文宣，舆论。

因势利导，无可厚非，只要不违法就行。但这可是惊天内幕啊。

李劼人半生经营的嘉乐纸厂，从始至终历时凡廿有五，犹人之由幼及壮、老，分为三段，恰好留下三篇文字：幼年多难，全集散文卷有"说说嘉乐纸厂的来踪"，青壮年有此亲笔"摘要"，老境有全集书信卷之致陈晓岚。如何评价劼老的原始设计方案呢？无论从行业、选点、架构、市场、生产、管理、风格……似都已尽人事，唯天时不可测。但此后嘉乐渐入佳境，顺水行舟，嘉乐纸业总算于国难之中对国计民生作出了宝贵贡献。

李劼人很重视此信，详细摘其要点，遂成此文。但此后不久，抗战胜利，政事商情巨变，似尚未提交董事会议讨论。纸厂亦未摆脱困境。再后，国都东还。陈晓岚返浙。川人实业，形单影孤。再后，内争日烈，旧政日腐，物价飞升，民不聊生，百业萧条。何况民族工业本在内外夹缝中求存。虽老骥伏枥，1947年底终于再把梁彬文请来，力图挽狂澜于既倒，然物是人非，梁罹风流怪病，厂遇飞来横祸，令人长叹！嘉乐纸厂，只有坐以待毙，等待天明。李劼人如此，卢作孚也难免。近百年前，一帮热血青年的实业兴国梦，终于慢慢落下帷幕。

整理这份意外冒出来的劼老文字（原件早存菱窠），一要感谢射洪老书法家税节，为予辩字，推敲再三。二要得教于曾智中主编，为予指点迷津。此劼老孑遗关于嘉乐纸厂的摘要文字，对于欲知劼老办实业的前前后后者，其意义亦不亚于全集中已有的，说说嘉乐纸厂来踪和致陈晓岚信耶。投诸《李劼人研究：2016》，也算是为研究李劼人办实业，增加一个多棱的视角吧。因为它泄漏出了实业家们为外人很难观察到的"天机"。就文本而言，信中所涉，事关机密，就用语而言，近乎黑话，人们当然要追问：作为文学家的李劼人对此究抱何态度？采取什么措施？"摘要"对研究李劼人能否开启一扇小窗，添加一面视角？整理者本门外汉，才疏学浅，不敢妄议，提出一些看法、观点，请学会各位专家指正可乎？

菱窠及其历次大修

张志强[1]

一、菱窠的历史价值

1938 年冬，日本飞机开始连续轰炸成都，市民、机关、大中小学开始疏散。李劼人好友四川大学教授谢苍璃在成都外东十里郊区沙河堡有一片果园，李劼人购买了果园浅坡之下一角的一小块土地，赶修了一处干打垒土墙、麦草盖顶的"疏散房子"[2]。1939 年春，李劼人从成都桂花巷 64 号，举家迁居于此。这是李劼人祖上迁川八代以来真正"有了自己的住宅"[3]。李劼人数十年来置备的图书、报纸、杂志也终于有了安顿之所，"一旦乡居，身心倒为之一爽"[4]。因为住宅面临菱角堰，李劼人给自己的疏散茅屋取名为"菱窠"，意思就是菱角堰旁的"窠巢"。

李劼人在菱窠先后翻译、改译了多部法国长篇小说，写作了长篇小说《天魔舞》新中国成立后，又在这里改写了《死水微澜》《暴风雨前》，重写了《大波》。抗日战争时期，中华文艺界抗敌协会成都分会在菱窠召开会议，陈白尘、陈翔鹤、叶圣陶等十多位作家在此共议"文协"工作。解放战争时期，李劼人在菱窠掩护共产党员洪钟、陈翔鹤等进步人士，躲过大逮捕。[5]

1962 年，李劼人逝世后，根据李劼人的遗愿，李劼人家属把"菱窠"以及李劼人历年收藏的书籍、报刊、字画等，全部捐赠国家。李劼人的故居"菱窠"不仅见证了过去的历史，也见证了李劼人勇于担当时代责任、心系家国、正直坦荡、无私奉献的高尚品格。菱窠既是李劼人精神品格与文化遗产的承载体，又是成都

---

① 张志强，文学硕士，李劼人故居纪念馆馆员，李劼人研究学会副秘书长。
② 李劼人：《李劼人自传》，见《李劼人全集》第一卷，成都：四川文艺出版社，2011 年，第 13 页。
③ 李劼人：《李劼人自传》，见《李劼人全集》第一卷，成都：四川文艺出版社，2011 年，第 13 页。
④ 李劼人：《李劼人自传》，见《李劼人全集》第一卷，成都：四川文艺出版社，2011 年，第 13 页。
⑤ 洪钟：《菱窠忆旧》，载《成都文物》，1987（2），28—29 页。

这座城市的历史文脉传承之地。

正是基于此，1982 年成都市委、市政府将菱窠交由成都市文化局管理，1984 年公布为成都市文物保护单位，1985 年批准成立李劼人故居文物保管所①，并于 1987 年正式对外开放。1991 年，李劼人故居"菱窠"被公布为省级文物保护单位。

二、菱窠历次大修概况

菱窠作为省级文物保护单位，作为历史文化的精神承载体，其主体建筑格局是何时形成，历次大修有哪些变化，笔者通过李劼人晚年书信及其他档案资料试做一些概要性的梳理，以呈现菱窠的发展变迁。

1939 年，菱窠在修建之初，原为"土坯作墙、麦草为顶的小草房"；"抗日战争胜利后，菱窠进行了扩建，既加了楼，又添了一些附属房屋"②，即是在主楼一楼之上加了矮楼层，增加了厢房等房屋，该次修缮的具体情况还有待考证。

在多篇回忆李劼人的文章中，关于李劼人改建菱窠的时间，有的说是"1959 年"，有的说是"1959 年前后"，也有的说是"1960 年"，到底是何时改建，改建时的一些具体情况怎样，语焉不详。

从 2005 年开始，成都市李劼人故居文管所陆续征集到两批李劼人晚年书信，后来编辑为《李劼人晚年书信集》（含增补本），这些书信立体呈现了李劼人改建菱窠的一些具体情形，涉及菱窠改建内容的信有 10 封。在《1960 年 4 月 23 日李劼人致楼适夷》一信中提到中："加之菱窠改建工程，紧张浩大，材料人工时时吊缺，四月四日动工，必到五月十七日方能竣事。"③ 我们由此可以确定菱窠主楼改建的具体时间是，1960 年 4 月 4 日动工，直到 1960 年 7 月中旬竣工。在《1960 年 11 月 11 日李劼人致中国作协办公室同志》一信中说："我自今年四月初，在京出席全国人代会后回家，……比及七月中旬，住宅修理甫竣，即便迁居，故而感染湿热，几致卧床不起。"④ 李劼人改建菱窠大约用了 3 个多月的时间，并因此染病。此次改建主楼的费用为李劼人历年所积稿费，所需费用大约 14000 元，在《1961 年 1 月 1 日李劼人致李眉》一信中提到："菱窠正楼房改修费用，到十二月二十三日结清，我已付去一万三千六百七十五元四角四分，下余未结付者，也不过四百余元，而

---

① 《关于成立李劼人故居保护管理机构的请示》〔成文物（1987）第 9 号〕，成都市档案馆藏，全宗号 124、目录号 003、案卷号 583，第 2 页。

② 周孟璞：《我所知道的菱窠》，载《成都文物》，1987（2），30 页。

③ 王嘉陵：《李劼人晚年书信集（增补本）》，成都：四川大学出版社，2012 年，第 71 页。

④ 王嘉陵：《李劼人晚年书信集（增补本）》，成都：四川大学出版社，2012 年，第 204 页。

我现在存在储蓄所的尚有五千五百元。"①此次改建,"将泥墙承重之处与外廊木柱换为砖柱,草顶换为片瓦,半截阁楼升高为一层宽敞的书楼"②,这也是今天菱窠主楼的建筑格局。我们从李劼人外孙女李诗华所提供的1971年主楼照片,可以看到当时主楼改建后的式样。

1971年菱窠主楼旧照

菱窠主楼西侧的几间厢房没有维修。由于历年所积稿费已经用完,尽管"厢房漏得厉害"③,李劼人并没有余钱来改修厢房。本打算"添盖几千斤麦草,补一些黄土、石灰,暂支两年,待《大波》第四部有几万元收入,而《急湍之下》(《大波》之后新作之暂名)写有部分时,再行改修成砖楼房"④。但这却成了遗愿。此时正处于三年困难时期,菱窠多次被盗,"菱窠以六〇年修造,六月以后始种菜,品种不多,而在篱笆外的莴笋花、椰菜、红油菜,俱被盗窃,自己费了大力,结果只好长叹一声"⑤。为防止盗贼,李劼人不得不把"四围的竹篱笆变成了红砖墙"⑥。

1962年李劼人逝世后,菱窠捐献给国家。成都市政府行政处为菱窠的主管部门,该处将菱窠交成都市政府第四招待所管理使用,楼下和厢房变成该所的职工宿舍,楼上为该所的物资库房。后来,成都市政府将第四招待所交给了铁二局党校,菱

---

① 王嘉陵:《李劼人晚年书信集(增补本)》,成都:四川大学出版社,2012年,第91页。
② 艾楷:《李劼人先生与菱窠》,载《成都文物》,1987(2),第52页。
③ 王嘉陵:《李劼人晚年书信集(增补本)》,成都:四川大学出版社,2012年,第202页。
④ 王嘉陵:《李劼人晚年书信集(增补本)》,成都:四川大学出版社,2012年,第119页。
⑤ 王嘉陵:《李劼人晚年书信集(增补本)》,成都:四川大学出版社,2012年,第233页。
⑥ 洪钟:《菱窠旧忆》,载《成都文物》,1987(2),第29页。

窠则交给了市政府第三招待所管理。改革开放后，市政府又将第三招待所交给了部队（现在的"五福村宾馆"），原住菱窠内的三所职工及菱窠的房产证全部移交给市政府第一招待所（成都旅馆）。

1982年，成都市委、市政府把菱窠交给成都市文化局管理。根据国务院国发（1982）26号文件《关于保护我国历史文化名城的请示的通知》提出"对集中反映历史文化"之一的"名人故居""要采取有效措施，严加保护"的指示精神，1983年，市政府决定拨专款维修。①这次大修，主楼外廊砖柱改为水泥圆柱，房顶小青瓦改为红瓦，主楼一楼的家具摆放如旧，基本恢复1959年格局；主楼二楼布置为文物展厅。厢房在原址重建，由草顶改为瓦房三间，作为工作人员办公、用餐与工人住宿处。主楼正前方恢复葡萄架。主楼东侧安置有刘开渠先生创作的李劼人汉白玉胸像，以及张秀熟撰写、马识途书写的《李劼人像赞》碑。此次大修后，菱窠正式对外开放。

1998年底，成都市文化局采取"大馆带小馆，龙头带龙尾"的办法，由成都武侯祠博物馆带动李劼人故居文物保护工作，这次对菱窠进行了扩建与大修，建筑总面积达1064平方米，包括对主楼落架大修(592平方米)，重建了厢房（181平方米），扩大了庭院，开辟了李劼人雕像园。并对原二楼的陈列进行全面调整，重新布置了"李劼人生平事迹展"。增加木刻对联、匾额等共八幅。将李劼人先生的"大河三部曲"作品中涉及的成都民风、民俗、人物等，精选精绘，用木刻画表现出来。其次，租用土地1.2亩，增修了一廊（55.5平方米）、一轩(92平方米)、一亭，作为参观者的休息场所。

2004年12月，菱窠由成都市文化局移交锦江区人民政府管理。2011年，在反复论证的基础上，锦江区人民政府决定对菱窠主体及附属设施进行修缮。2012年9月，建筑部分的修缮动工。2013年9月完工，并转入布展设计。2014年6月，布展完毕，并试运行；10月21日，修缮后的故居正式对外开放。此次修缮依据1960年菱窠大修后的格局实施，对主楼、厢房进行了维修；仿建了菱窠原大门。恢复主楼二楼原藏书楼的格局，增添了仿制的书匣、书柜。在"碧桃轩"重新设计、制作"李劼人生平事迹展"厅，展览全面升级。修建办公用房和安保用房以推进菱窠的日常管理工作。此次修缮后的陈列布展吸纳最新学术研究成果，通过不同展示手段，在各功能展区呈现李劼人平生所取得成就的不同侧面。

①《关于将李劼人故居"菱窠"列为市级文物保护单位的请示报告》〔成文社（1983）第7号〕，成都市档案馆藏，全宗号124、目录号003、案卷号292，第2—3页；复函为"成府函[1983]17号"，成都市档案馆藏，全宗号81、目录号004、案卷号162，第43页。

　　菱窠是一笔珍贵的文化遗产，她见证了抗日战争的历史，见证了她的主人为抗战奔走的身影，见证了李劼人的"实业救国"理想，见证了李劼人用文字批评改变黑暗现实的文学理想，见证了李劼人对一个时代与家国的责任和担当。笔者对菱窠历史变迁与历次大修的概况进行简要梳理，以表达对李劼人深深的敬仰和怀念。

嘉乐纸厂信档一束

——曹青萍 ① 致李劼人信

曹治炜 / 整理

前言

2009 年，为《李劼人全集》编辑、出版事，李诗华返省，相约菱窠，承蒙文管所叶、郭二位馆长接待，相聚颇欢。茶间，郭副馆长畅谈搜集嘉乐纸厂资料始末事（详见《李劼人研究：2007》，187 页郭文）深为感佩，事关嘉乐旧事，颇有相见恨晚之意。继之，郭副所长交予少量李劼人书信及家父曹青萍写给李劼人的书信一扎（今统称嘉乐信档）试为整理，因予少年及长实为嘉乐子弟，故不揣冒昧，欣然从命。一来唤起儿时旧忆，二来追思故人，皆耄耋之人所乐为者。中途，因菱窠修复，改建为博物馆，市、区级文化主管甚为重视，郭副馆长忙于建设，无暇它顾。而全集工作启动，编委事务浩繁，因见予整理之李劼人致陈晓岚长信虽不过尔尔，尚可，诚邀予参加整理李劼人书信有关嘉乐纸厂部分。后来，郭副馆长将其交予整理的嘉乐信档原复印件索回，此皆六年前旧事。

今逢将出《李劼人研究：2016》，为襄助学会同仁研究实业家李劼人的学术活

① 曹青萍（1898.9—1966.7），祖居成都。原名静波，字清平，中年用青萍为名，寓意漂泊或奋发之意。系李劼人亲姨表兄弟（双方母亲均为杨氏亲姐妹）。1921—1927 年，赴法勤工俭学，无助、无学、无成，遂归国。1929—1931 年，入成都敬业学院任总务主任。1932—1942 年，举家迁渝，加入永利公司。筹建永利川厂各处码头、办事处，携家辗转于重庆、宜宾、五通桥、泸州之间。1942 年 7 月，因李表兄举荐遂入嘉乐纸厂，历任总务、经理、厂长，1950 年 9 月，辞职离嘉乐。1951 年，投资与友人合办中川纸浆厂于乐山沙湾。1951 年 11 月，命回嘉乐纸厂参加"三反"运动，1952 年 4 月，被打为贪污分子，超额退赔后释放。1952 年 8 月，入乐华纸厂务工。1956 年，公私合营，乐华与嘉乐两厂合并统称嘉乐纸厂。1957 年 11 月，加入工会。1961 年 1 月，退休，居北碚大女曹治华家。"文革"起，1966 年 4 月，纸厂划其成分为资方代理人，开除出工会，停发养老金，后脑溢血猝亡。1982 年平反，成分复归职员。

动，"以短蒿而试大河"，又蒙菱窠张志强君协助，将菱窠 1997 年所存之同类嘉乐信档（226 原片）均交予整理，因其系菱窠古董，整理、录稿颇费时日，均一一细心为之。时间涵盖 1944—1950 年，得 1944（19 件），1945（17 件），1946（9 件），1947（33 件），1948（24 件），1950（5 件）。其中唯缺 1949 年，似于理不合，遂求诸付金艳[①]老师，恳请其代为去乐山档案局查询，结果是 1949 年此类档案已缺失。但蒙其不弃，幸新得 1950 年之信档（9 件），今已补录并入本信档。

信档原件之一例[②]

整理凡例。录稿格式，档案中原件均用纸厂信签，上有版印"嘉乐制纸厂股份有限公司用签，中华民国一年__月__日"标题字样，今用其年月日编号代之。不能确定月或日者，用"×"代之。余为毛笔行楷书竖写行文，致于旧式文人之书仪：格式、提行、题格、空格、小字、着重号等，今均一律从简不记。都因此束信档时间跨度较长，标点时有时无，用法不一或与今不同（原件无问号，顿号），今均酌留或酌加。若有漏或不识字用缺省符"□"代之。又原稿中符号（），），〈 〉，［ ］，等等，前后用法并不严格统一，今均酌留，亦不追求严格统一。个别文字其音、义与今不同，又或表意并不准确，如未影响阅读，今均酌留。又或事、物今人难解，又或个别字或僻、错、讹，均酌加脚注说明。故非原信之拷贝，是谓整理。

注释说明。原件所涉人物众多，纸厂同仁选主要的加注，其他或亲疏或远近，注或不注，颇费踌躇，又应首注者，其实未必。事、物、用语等偶加注，两者均无标准，录者自定。若读者对此感零乱、随意，亦与整理过程逾多年，录者年迈精力日衰有关，尚希见谅。

这批书信，相当完整，但因抢救时促，或查找有限，是否为其现存信档之全

---

① 付金艳：乐山师范学院中文系副教授，著有《实业家李劼人档案揭秘》，2016 年 8 月出版，上海世纪出版公司发行。

② 限于篇幅，本文仅收录 1944 年的信件，其余部分在下辑中续载。——编者注

部余尚存疑，一时亦无从深究。其性质颇耐人寻味，于公另有公函、快信、号信，遑论电话、电报，事无巨细，汇报频密，此乃作者分内工作耶，其阅读范围似仅限公司极少数高层，其内容公私杂陈，并无文学价值可言。其义甚微，其存颇贵。除反映当年社会生活诸乱象（如物价，币制⋯⋯），或可为研究实业家李劼人的另一扇窗口（经营实况，股东关系⋯⋯）。窃以为乃李劼老行事风格所致。在纸厂历经十年摸索，重掌三军帅印之后，为总揽全局之新部署之一乎。又平生但凡过手之事，无不留痕，因关厂务，悉心留存归档，而1952年公司合营时又全部转移乐山纸厂，始能重见天日。纵观劼老一生，精力过人，理想高尚，文学、实业并重，成就斐然。传统文人重文史轻工商，此为故国近代落后、挨打之根，今之改革、开放别开生面，细研劼老付出半生之实业兴国理想与实践，或可从另一侧面，深入挖掘发展市场经济规律，启迪后人为祷。

440703

劼翁[①]：

念七日信悉。厂中各情奉报如左：

〈1〉彬[②]电称，捲纸停造。改造〈40〉磅平纸，每令加增〈325〉元。平纸若造若干令，即可足定货？急电复彬〈297〉。清查结果，今复急电一件如下："卷纸〈9903〉停造。已发渝卷纸203900磅已成，待发卷纸29359磅。厂存平纸〈1100〉令。蓉存〈1200〉令。每令重约〈42〉至〈45〉磅。可否抵补余欠？电复岚萍"。计所差六万余磅，约合壹千六百余令，本月下旬当可造完。若以现货作抵，存纸尚有余额也。俟待复后，再为奉闻。

〈2〉最进眉州草及本地贩子草源源运到，差可济用，计距新草上市时尚差〈30〉万斤。查眉草加缴运每斤约合六元，余本地草贩每斤五元，零购每斤四元。每月需草卅余万斤，数字相当庞大。曾与晓[③]兄详商，认为单价不

[①] 尊称，以下对上，仰望之意。旧时文化人书信中之客套用语。

[②] 梁彬文（1898—1948），四川长宁县人。早年赴法勤工俭学，入格雷偌尔专科学校学造纸。毕业前与法国姑娘薛马德（后改中文名梁明德）结婚。1924年归国，为中国造纸协会早期会员，历任上海江南造纸厂、乐山嘉乐纸厂、昆明利昌纸厂工程师。抗战后任嘉乐纸厂总工程师、总经理，1948年3月病故于成都。

[③] 陈晓岚（1900—1975），四川武胜人，造纸专家。早年留学德国习造纸，回国后历任浙江嘉兴民丰纸厂工程师，中央技专教授，嘉乐纸厂总工程师、厂长，民丰纸厂厂长兼民丰、华丰两厂付总工。新中国成立后任轻工部造纸设计院付院长，并全国一、二、三届人大代表。"文革"中蒙冤被斗，病逝北京。

能减低，俟收到相当数量后，再为停止贩子草，因零购草仍极少故也。

〈3〉 合作社已于六月卅日正式成立，现正准备进行中。关于理、监各事问题，晓、琢两兄曾到县府合作社，参考各厂成立公文所报，理、监事名单均不相识，其中必有他故。研讨结果，咸认为或因合作社帐务，将来有影响公司可能。故已由晓、琢两兄修正负责人数如下：梁彬文、邓琢楷、张鸿钧、喻人杰、陈治邦为理事，胡思荣、牟中谨、王海波（工友）为监事。该社详情，琢兄当另有函报。社址已决定新厂门侧之空屋为社址。附闻。

〈4〉 本月厂缴约计需款如下：薪工〈60〉万，食米〈85〉万，稻草〈180〉万，煤每月补充壹百吨〈50〉万，零星开支〈100〉万，运纸垫交〈50〉万，共约需六百万，修理费及五金等项未列入。现在库存念余万，赓即又需设法顶汇壹百万去渝并闻。

〈5〉 坟土已接收，俟平完后，再着手布置木工房，电话局已进行，先补装城内各户，城外用户稍待即安装。

〈6〉 新泉兄因布件尚在龙池，该校地土手续尚未了结。

〈7〉 全体职工名册，均曾寄奉我翁（六月五日前），请检查。董会所需，造妥即付邮。

〈8〉 朱君问题尚未转告。以现势言，钟君一人办理尚觉清闲，似无多设人之必要。今朱君欲求加薪而不得，反告其另觅高就，殊难直言。由真翁函光潜先生，令其自去，教为善也，乞尊裁是荷。

〈9〉 周安梁君信已照转，对汤君薪给问题迄无表示。弟意汤之待遇应不能超过郑雨龙君为合理。倘周谈及当以此意答之，勿念。

〈10〉 厂中要务需人主持，梁伯雍先生务请速来厂为祷。
专此不一 顺致
时祺

弟 曹青萍 稽首①

郑雨龙君五等二级3度，薪〈210〉，战津〈420〉，生津〈7680〉，共计

---

① 旧时文书、契约其信用之凭证，均由本人签字、画押或盖章生效。签字指名字用笔书写，画押指代替印章的文字、符号，历史悠久，种类繁杂。书信中画押，常由本人根据古礼的尊卑关系，选一、二字并以狂草书书之，其形迹虽可鉴难假冒，但其字唯有者心知，极难辨认出来。又细分笔押，印押，李、曹均有用。其字李劼人爱用"顿首"。而曹青萍对李，为表下级对上级之尊敬，则用"稽首"，兼有奏报之意。

〈8310.00〉。外家属米四斗四升。

440717

劼翁：

信悉，各情陈于次：

青神中岩寺①信已交邮，得复后，再奉报。

〈1〉 厂存煤壹千二百余吨，现暂停运，停购。

〈2〉 稻草存四十余万斤，所差不多，可无问题。眉山草价已去电每市斤仍定为四元，此间草贩亦拟最近停收。

〈3〉 乐海关奉部令②，纸件出关非有准运、准购证不能放行，彬兄嘱运七联平纸壹千令无法运出，已函电报渝。今后运省各纸，当需同样手续，不若以前之自由矣。省方想有所闻，望妥筹善策，为祷。

〈4〉 今日由农行汇渝贰百万，本月念九日在渝照付，该款除付米、油、电费、草款等项外，月终尚差壹百万，附闻。

〈5〉 乐山近来奇热，连日寒暑表③均九十七、八度。

草此不一　顺颂

时祺

弟　曹青萍　稽首

再者：1）厂存平纸二千四百余令。

2）七月底股会广告照登，不知各股东另有通知否？

---

① 起于东晋盛于唐，早于大佛寺为川南第一丛林，历代诗人墨客竞相往。由蓉去乐水路必经，产稻草、楠木，劼老创办纸厂多次往返，或曾宿与住持有交，菱窠修缮、炊饮之木常供于此，借运纸船运输可省家搅。"文革"后古寺已毁不忍睹。

② 抗战起国日蹙，为文宣、平物价，纸成管控战略物资，计划分配，工、商不得自由买买。

③ 旧名，即温度表，用华氏温标。

440719

劼翁：

　　厂存纸件堆积如山，近以管制问题（详前函）无法运出。月终所存数量可能达到四千令之谱，洪水期近，深恐水灾来临。今同晓兄谈及此事，除将礼堂作为准备仓库外，咸感焦虑。若业务再无法开展，转届下月，问题尤多。我翁若有较好消息，乞便赐告一二，为祷。本月底股会公告已向诚报洽妥，按期登载。唯各股东是否照例另发通知及委托书，秘书室未曾通知，股东问及，无法答复。故子光兄拟有特快电一件待发，乞示为荷？再子光兄对昆明前次汇乐款伍拾万事，曾向周兄清询，未得详答，此事我翁当早知悉，特便附告。乐山电报四路不通，农行汇款二百万，至今无法电渝。转届本底，深虑渝处筹办不及，致失信用。顷又托有关友人向电局负责人交涉，设法拍出。倘再不能拍发，即函云集①兄在蓉代发也。电话安装问题，因新旧交代未结，需再待时日始可安装，人事已尽只好静待。合作社筹备已就绪，正待拨款开张，拟暂拨款贰拾万，作开办费。但本底将届，职工薪津尚无款发放，不卜蓉处可设法汇济一些否？至为渴望。专此不一　顺颂
潭福

弟　曹青萍　稽首

　　前函所报，系乐海关奉令查验准运、准购证，纸件始能出关，是经济部已直接管制矣。附及刻渝电已由有关友人洽妥发出，万事要人情，社会太重情感了。

440726

劼翁：

　　中岩寺和尚回信附谢秘书函内，谅已送到。乐海关奉令查验准运、准购

---

① 程云集，生卒年不详。四川云阳人。抗战前后，受李劼人之邀入嘉乐纸厂，历任总经理协理、总经理等职，同时兼管嘉乐彭山同益碱厂，为后期纸厂主要领导人之一。

证事，刻经交涉允准通融一次。日内即将七联平纸壹千令运渝，经函电彬兄矣。此后办法如何？应速向管理处设法补救，否则我纸出官价外将无法销售矣。厂中经济月终差足敷用，下月厂缴又待汇济，各情由安梁兄面罄不一。专此顺颂

潭福

弟　曹青萍　稽首

440816

劼翁：

陈、周诸兄来省后，乐厂各情谅尽悉。兹将近情述于后：

〈1〉　中岩寺和尚回弟之信想邀尊览。代运之柴，不卜已续运省，收清否？乞告

〈2〉　厂存平板纸除运七联1000令，扫荡报300令，大公报100令外，尚存约叁千令。

〈3〉　闻蓉存纸已售出1000令，若需纸运省，请速电彬兄寄运证来乐，方能起运。

〈4〉　公司捐孤儿院文化基金五万元，已于五月廿六日付讫，有新泉兄收据为凭，复兴五万元亦付讫。

〈5〉　职工红酬何时可发？拟请总公司函示，以便应付，不卜可否？

〈6〉　文书现有三人。谢玉祥是"磨心"，朱君每日午前准十时到厂，中饭后回舍。午后三时余又来一次。每日在厂时间决不到四小时，其应领薪津亦不具领。只按月借用几千元，似尚另有文章。钟先生每日午前约十时后才到厂，各件又交朱君管理。简直是两个和尚抬水吃。弟只能轻言，决无效，更无法。总之，纸厂文书不健全。乞设法使其健全，而不烂污最好。

〈7〉　王植槐于七日晨病故，其夫人今日来厂，请筹给路费。拟同曙光兄商后再定（公司应付款四万四千元已付讫）。

〈8〉　杨新泉兄之案闻已了结，回乐尚未晤面。附闻

〈9〉　炭船已暂停运。新草已上市，每斤暂定二元，来源不旺。

〈10〉　四日收渝汇款210万，除发工资、米贴、草款外，只余约壹百万元。现需购菜油三千斤（每月厂用七百余斤），熟米四十石（市价每石壹万零），

共需款约八十万，已电渝请再汇贰百万备月半①之需。附闻 专此不一 顺颂
秋祺

弟　曹青萍　稽首

近日气候太坏，弟患腹疾一周，谅无碍。晓兄亦患腹疾二日，已渐愈。附及。

440821②

劼翁：

七联纸壹千令（实装1500令，详前信）今已装妥木船三只，定明日起运
来省，此次各船原载后，内有一船发生水险，已详函告彬、晓两兄（共损失
〈34〉件）。故本次纸件，仍保水险交运，以策安全。青神木柴收齐否？请便告。
合作社现售毛毯每市尺二百元，宽四尺，每人可购七尺五寸，已代我翁购有
一幅，全价壹千五百元，特请张华兄带上，乞查收。又购有巴盐四十四斤半，
该四千三百六十元，交船带上，备蓉处同人分用（合作社盐尚未购进），请便
转告，为荷。草此顺颂
潭褔

弟　曹青萍　稽首

440822

劼翁：

陈，周诸兄均于昨日返乐，所带函件，经分别收讫转交，勿念。兹将本厂（32）
年六月至（33）年六月煤、电、碱各货来价及运缴表，制妥寄上，乞查收示复。
再董事会为借款嘱制之资负表，损益书及财产目录各表，共计八份准今日制妥，

---

① 时间表示，颇为随意。尤以月为甚，说整月时，有前加"本"者，有省"本"字者，均指该月。
如再细说时间，常将一月分为两半，有"本半"，"月半"，"本上"，"本下"，"本半上"，"本底"
等，常省一"本"，或"月"字，只求对方懂，并不严格统一。
② 信纸上有批：已复 九月一日 李劼人。

托友明晨搭轮带渝，月内当能送到，特便附闻。张华兄昨晨搭车来省，谅已晤谈，托带废毯一件想已收到。

　　专此　顺颂

时祺

　　　　　　　　　　　　　　　　　　　弟　曹青萍　稽首

　　顷悉，（32）年度公司应完所、利得税巳派定（80）万，嘉裕为（50）万，并闻。

　　青神和尚今日送有草来，附函寄奉查阅，弟又去信催运矣，附及。

440829^①

劼翁：

　　奉悉念三日大示。兹将近情再报于次：

　　〈1〉　运省纸〈1500〉令，最近当能到省，收后盼电复。若纸到省不需准运证皆可提货时，拟再运一批来省，并乞电复。

　　〈2〉　新陆碱尚未出货，只有向永利购用。

　　〈3〉　新草每斤二元，来源甚微，正中已出价每斤二元五角，仍不能多购。前晤正中林经理商谈，必要时拟由双方定价每斤三元收购，容另奉闻。张鸿钧、张载欣均请假回里逾期不来，殊觉焦人。数日后拟决派王继乔赴眉催运存草（早已信电催运），便赴青神一带收集转运，并催和尚赶运所存之柴，以了手续。唯青神草终归有限，眉山草价又高，洪雅运输更难，一切均待王君到各地进行归来后，再为决定。

　　〈4〉　周安梁君日前搭专车送眷回合川，便道去渝清理帐务。预计九月半间返厂，月终来省，附闻。

　　〈5〉　炭、电、碱三种涨价表已于念五日交路车妥人送省，限期念八日送到，请询蓉处收到否？电复。（计表二份）

　　〈6〉　应造表帐八份已寄渝（专人）勿念。

　　〈7〉　厂中建筑，均为必要，共约五、六十万元，此部完成，决停止一切

---

① 信旁有批：九月五日已复　李劼人。

修建也。

〈8〉 乐电局嘱我方自购电话机一具，设法搭长途线为我先装，已函蓉处代购，乞便催促购妥寄乐。

〈9〉 张华兄带省之废毯收到否？盼便告。

〈10〉 今日渝由和成汇乐壹百万，已收妥。

〈11〉 钟君接读大函后，已经振奋，按时办公也。

〈12〉 厂中管理近颇松懈，鲍兄亦常嗟叹。现在每月只毛毯，纯碱，菜油三项，月需约三百万零。查毛毯有两三日即换一次者，换后决不再用。新厂每煮料一次需碱〈160〉斤，老厂〈80〉斤。比往毛毯至少要用二次以上，今不再用，似觉浪费。项因我翁谈及"成本降低"，特便一述。事关工程，本不愿多言，但消耗日增，事关成本，特便述及，我翁备作参考可也。专颂
时祺

弟　曹青萍　稽首

440904

劼翁：

兹奉报数事于次：

〈1〉 股东大会记录通知书已收到，转出，勿念。

〈2〉 中岩寺存柴问题，已连函催运。最近决派王继乔赴青、眉等地催运谷草，便到该寺追询，容另附闻。现在厂存谷草不多，每日收量难达五千斤以上，殊感恐慌。正中亦深具同感，故已商妥，双方定本月份起，每斤定价三元收购。因近来米价虽跌，人工高涨，各物亦并未下跌，如烧柴之类，近极昂贵。故不能不提高草价，希望多收也。

〈3〉 王植槐君善后问题，其夫人要求甚急。曙光兄拟一次备送三万元。公司是否照数赠送，乞示为要。

〈4〉 凌云中学筹募经费，曙光兄请公司捐赠壹万元，可否照办，仍乞示知。

〈5〉 韩文源司令前日宴各厂及商业银行于蒋宅，到者有王宏实等廿人。临时宣布始知，是为武大各清苦教授设谋补救。经多人商议，每单位至少聘一位为教习或顾问等职，月送费用每位定为五千元。当即由各单位签名表示。黄远谟先生接连发表善意，均经阻扰而罢。弟曾向韩声明，公司在五月份中，

已作普遍餽馈①送约五万元。同时聘有二位作长期顾问，月各致送壹千五百元。今日所谈，固属盛举，不过公司所聘两位待遇与今日韩先生所定者有出入。个人不便表示，请待与李先生快函详报后，再为奉复。总之，敝公司负责人与武大同人，交谊素厚，关系匪浅，既自动设法于前，必表同情于先生于后。韩即首肯。弟之回信，兹将经过缕陈，乞示办法，以便达复前途也。

专此　顺颂

时祺

弟　曹青萍　稽首

440919

劼翁：

顷接觉迷和尚来信称，青枫柴定昨日交王鸿发船起运来省，计时在九月二十日前后，当可到达不误，附上原函一阅，收后请回一信为盼。厂纸堆存无地，故一再函询蓉处可否再运数百令来省，若无运证可否提货，均无确切答复，殊念。昨接渝电，嘱备运壹千令去渝处，待证件到后即起运，附闻。本半上或下需购碱，已购妥曾昭明存碱拾吨，价〈130〉万，但渝处又购妥管理处永利碱十五吨，单价九万一千元，夹江提货，价较低廉也。谷草来源渐旺，平均每日约收三万余斤，每日需款拾万零，但正中尚感无草可购之苦。

草此不一　顺颂

时绥

弟　曹青萍　稽首

现在库存纸三千六、七百令。现存煤，碱，毯，菜油均足今年之用，只购草需一笔巨款也。

---

① 餽，同"馈"，馈赠。

441023

劼翁：

兹将是间各情奉陈于次：

〈1〉 近月厂中经济多赖借款维持（约四百万），现以物价似有波动，各方纷纷索取，本半需款特多，渝中又无款汇乐，刻正另为设法周转。

〈2〉（32）年度股友应付之款，及职工应给之款，共约需壹百万元，通知已送出，日内即分别附给。

〈3〉 日管处分售之碱十五吨半，已陆续运厂，连前共存约〈30〉吨，足供本年之用，煤存八百余吨，唯毛毯似需补充，拟请晓兄去渝转彬兄直接订购，渝中钢条昨已运厂一批，二号机蒸球地脚正加工赶制，因决定十二月内出货也。

〈4〉 近月来雨水特多，迄今未晴，谷草来数，不及往年之多，待渝款汇到后，即派王继乔前往洪雅收集，运输问题，容另设法。

〈5〉 工人（厂内）宿舍已完成，外表似可观，少数同人均拟往住，晓兄主张将老厂之宿舍改作同人眷属住宅，计可容纳小家庭七户，但引起同人眷属无屋可住者之纷争，此事或暂搁置再说。

〈6〉 合作社无现金周转，负责人过于稳当，故无起色。

〈7〉 中岩寺和尚应运之柴，闻被船夫中途变卖，不卜该船夫已补送清楚否，乞便示之，以便严催。

〈8〉 子光兄今日谈，称高君之件现已办妥，最近可望提货，单价每斤〈100〉元。光兄意：我等所存之件，可否便托解决，以免长期放置，殊不合算。若我翁认为可行，请在省就近商洽高君，较为简捷，高君住址在刘陵墓园，集兄或知也。

〈9〉 真如兄之事，迭见前函，以后来示，乞注意及之。

〈10〉 我翁何时去渝，来乐前请早日告之，以便预备寝室也。

草此不一 顺颂

时祺

弟 曹青萍 稽首

附：1）省中有款乞汇济壹百至贰百万。

2）晓兄日内去渝。

441026

劼翁：

前函计达，兹将近情陈于次：

〈1〉 渝电：工贷捌百万，嘱乐厂向交行办理手续。唯渝处所拟借款申请书全份，晓兄上次来省，曾留交蓉处。故昨快电请速交谈致中托王景槐带乐，以便根据造表，办理手续，领款备用。不卜已托人带乐否，乞查示之。

〈2〉 董会电，已奉悉，晓兄车已定妥，仍决定明日去内江转渝。

〈3〉 晓兄购梁又铭四羊墨画一幅，价款二千五百元，已拨蓉乞查。

〈4〉 乐山股东股息已开始发付。工友已发讫，职员赓即设法照发，附闻。

〈5〉 真如兄谈致送武大教职员费用事，略有变更如下：

　1）徐贤恭，华峤两顾问伕马费，自十一月份起，各致送三千元（原为壹千五百元），聘书待云集兄来乐后再补送。

　2）致送无息借贷之教员十余人，下期减少四人不送，名单交来后，再报。

〈6〉 厂址戴尚文上诉案已辩论一次，各方律师均出庭，似未说个所以然，只法官说明不服上次赔偿数字，必需逐一提出有力证件。如停工期内营业及生产之损失，机件之锈损，各项费用之单件，均需确切详细，且需与账册相符，旋即宣告退庭。嗣据傅律师称，我方证件不齐，账单不符，殊不易办。再财委会早不存在，负责无人，诉案终结，恐无多大把握。待我翁来乐，再为详细商讨，作何进行？特附以闻。

〈7〉 巴盐草纸随时均有，俟有妥船，再为带上。

〈8〉 厂内福利委员会，拟于今日召集各组主任筹商进行，俟成立后，再造预算交总经理协理，转董事会批准施行。

〈9〉 现存平纸四千四百令。

〈10〉 云集兄来乐，当暂住我翁之寝室，故翁来乐前，务请早日示之，以便准备。

专此顺颂

时祺

　　　　　　　　　　　　　　　　　弟　曹青萍　稽首

附：付款委托书一纸

441102

劼翁：

迭函谅均邀尊览，兹再将各情陈于次：

〈1〉 应完（32）年度所、利得税，最近可由商会解决，减少二成无问题，公司约担负六十余万元。唯乡村公益储蓄卷，县府正强派中，咸皆主张不理（嘉乐指派四十万）。

〈2〉 交行未接信，贷款不能办。

〈3〉 彬兄来函问运纸有无问题，弟已复电，俟运证寄到即运。

〈4〉 七联卷筒纸六万七千磅，已于昨日开始制造。

〈5〉 晓兄一日吉渝，对卷纸制法，已来电指示。

〈6〉 公司账务，闻悬案多未解决，转届年终，结算恐又办不出，盼就近告周兄加紧处理，以免临渴掘井也。

〈7〉 今晤子光兄问及程兄来乐事，弟当照信电所答。渠称，程来后通知他们，公宴一次。至于事前表示一层决不可能，言下颇多愤语。继又问余绍庚，欧阳里东顾问聘书送否？弟答不知道。渠称，这是议决案，余阳均看过这件东西，何以不送？弟答以这要问董事会了，也许他们送了。此事如何？特为报闻。程兄究于何时来乐？乞速催促为盼。

专此 顺颂

时祺

弟 曹青萍 稽首

441104

劼翁：

快电奉悉。日内即设法运纸壹千余令来省，勿念。晓兄交来贫病作家画二幅，共价八千五百元，已售与杨新泉、陈荫池两兄，款稍缓收齐后即转上。周兄昨晚返厂，程兄起身否，请催促为祷。专此

大秋

弟　曹青萍　匆上　四日晨

441107

劼翁：

兹将近情分报于次：

〈1〉　日前晤谢勖哉兄，谈及程兄来乐事，渠主张应有表示。当嘱弟拟一电稿如下——程协理云集吾兄来乐主持极表欢迎。弟□□叩——随即派人分送各董事盖章，今始盖齐，计有勖，新，真，蕴，光，岚六人，已快电拍蓉，谅邀尊览。岚兄章系鲍兄所盖，子光兄章因其去桥，由其夫人代盖。不过曾向送信人说明"旅长不在家，我代盖的"，弟固知其不赞成，但其夫人盖章于上，只好认为同情，发出了事。不卜程兄究于何时首途，乞催促为盼。

〈2〉　昨接渝电称"特请梁经理雍代表到厂处理各事，六日乘车来乐。彬"。谅有所悉，特为报闻。

〈3〉　蓉纸运证尚未到，但今已原载，计木船三只，约装壹仟余令，定后日长行，吉省后若运证发生问题，请蓉处设法应付。该船装有盐巴三大块，小草纸五捆，二炭①两木桶，重量详公司函（水信）。请设法分配（下次纸船再带盐巴，勿念）。

〈4〉　民生公司李绍基、邓华益、李若兰、萧有成、张华贵、高伯琛等三十余人，在南岸新村赌博，被侦缉队化装破获，拘于盟友招待所，处罚购公益卷壹仟伍佰万元，各人职务均载报端，不卜结果如何，更不知卢胡子②在美作何感想。附闻。祝

冬祺。

弟　曹青萍　稽首

此间公益卷由四十万默减为二十万，限十号交款，届时拟交二成应付之，附及。

---

① 家用青枫柴燃烧后的余烬，将其熄灭后，可作引火用，故称二炭，集之亦是商品。
② 卢作孚的绰号。

441115

劼翁：

　　兹将各情陈于次：

　　〈1〉 集兄十二日午刻吉乐，各件收讫。昨偕伯雍兄走谒各董事，午后应全体同人宴于食堂，相聚极欢，每人份金二百元，余由公司津贴。董事定明日在怀众堂公宴，各经理作陪。前日接见各主干人员，今日普遍个别接谈，此段结束后，弟将邀其走访各有关银行，并催更换印件，作一交代。惟集兄对公司及总经理印件一再推辞不受，并称以后印件仍由弟保管，殊不合理，切盼函告集兄收管。否则，弟将请假去桥，暂作休养，以免彼此推让也。

　　〈2〉 蓉纸〈1350〉令，十日运出。谅快到达，下余之〈1500〉令，拟待此次船支返乐装运。近因此间封船，颇不易雇也，渝纸〈3000〉令一次运出，装妥木船四只，定明日长行，十九日可吉宜，派曹鉴君押运。附闻。

　　〈3〉 中华书局派邹先生偕伯雍兄来乐视察卷纸，住宿厂中，人极谦和，约下月内返渝，伯雍兄暂时亦不返渝。

　　〈4〉 厂门右侧铺屋三间（即派出所，点心铺，裁缝店），紧接库房竹篱，系王姓所有。上年曾谈过，价高未成。王是新泉兄之旧戚，现复再议。适程、梁两兄在此，咸主买下。连书、押画守包括在内，议为四十四万元。但我方提出腾空交价，正由新泉兄转达中，集兄谅有函告。特便附及 转颂
冬绥

弟 曹青萍 稽首

　　觉迷和尚今日来称，我翁又托伊购柴三百担，价六万元。因未接信，故未交款，已转售与合作社矣。乐山松柴价，每市斤约五六元，真烧不起了。

　　周兄转告之件，可设法，勿念。

441125

劼翁：

　　兹将近情分述于次：

　　〈1〉 渝交七联平纸三千令，派曹鉴君押运，于十九日吉宜，现已全部转渝，

曹现奉梁、陈两兄命，暂留宜宾，待转机件。

〈2〉卷纸五十卷，今日装木船运宜，交民生轮转渝（品一公①代运）。查此次所造卷纸，成绩较优。只电力时停，影响产量。改割平纸，损耗原料。再毛毯只用两天，必须更换，下次再造，需多加费用也。

〈3〉蓉纸九百令，已雇妥木船二只，日内装运。此次拟搭四开纸一部来蓉，不完统税，详数若干另函详，请告蓉处负责人存记。

〈4〉此批纸运出后，仓库除（4）开，（16）开纸外，已无余存。

〈5〉画图款八千五百元，已收讫拨蓉，乞查收。

〈6〉渝由和成汇乐月底期款六百万元，交行贷款，尚待时日。

〈7〉蓉处同人购柴问题，请另函和尚办理。

〈8〉调整同人工友薪津，程、梁两兄拟加生活津贴十分之四，全月约增二十余万，正候彬兄复电决定中。

专此顺颂

大祺

弟　曹青萍　稽首

再：现交七联平纸不分1、2厂②，集兄有函奉告。

附：拨款单一纸，丁君复信壹件。

441202

劼翁：

兹有数事奉述于次：

〈1〉渝由和成汇乐〈600〉万，交行贷款〈800〉万，均收妥，集兄正分配用途中。

〈2〉厂存毛毯将尽，今始接渝电嘱在蓉洽定，顷上快电文曰"速向川康照前样洽定毛毯〈500〉公尺，渝要价〈6300〉元妥复，集。"谅早照办。

---

① 民间运输商帮的名称，类似麻乡约，见全集书信卷之注。

② 纸厂先后安装三台造纸机，俗称1、2、3号车，不同机器视其原料可造不同质的纸，纸又需按不同规格裁切，打包。厂房只分新、老，同在一区内，并无1、2厂之称，信者只求对方明白，称谓并不严格统一。

〈3〉 七联第一批卷捲纸〈50〉捲，一日吉宜转渝，二批〈50〉捲周内可运出，上月产量颇受影响，总之，造捲纸损失太大，后当注意。

〈4〉 每夜六至十时间，新厂因电力弱，近半月来均停工，岷江电厂直接供应问题不解决，必继续受亏损，渝处对此事进行如何？彬、晓两兄皆无消息，请 翁速催促办理。

〈5〉 员工生活津贴加百分之〈40〉，彬电似已同意，侯电码（有错）查明后再告。

〈6〉 仓库存纸已尽，预计本底或可存纸二千令。

〈7〉 合作社公司股款由伯雍兄代总经理条令拨足，约付现金五十余万，唯该社业务太冷落，负责人太消沉。

〈8〉 守记（吴守三）先后交来破麻袋款六万元，由弟保管，已于今日交存我翁帐上，作还悬欠一笔，请存记，并请便告晓兄知道这回事（尚未告周）。

〈9〉 光兄去岁介绍高记所购之"果董"①，于今年七月由晓兄约蒋思道兄等调解，作成借款一笔，六分息，将原件销去，换一手续而已。后由蒋兄代拟一文转省，谅早鉴及。此事理当静候了结。不意前日另有张某等持据前来索款（约壹百万元），态度简单倔强。弟当申明此款需经某某两君方可交付等情。渠等均不置理，并申言定七日来取，早为预备等语而去。后告集兄，均感焦灼。今已告光兄向对方说明，有话当面说，不必支使人来麻烦。究不知能招呼否？嗣集兄有熹交款，收回利用。正研究各项费用中，如颜料、漂粉等各物，购价附闻。

〈10〉 昨宴交行及有关各行主干人一席，并有蒋、傅两律师作陪，但昨日奇寒，温度表室内降至四十度，今日更甚。附闻 专颂
冬祺

弟 曹青萍 稽首

再：纸花船已到，宜宾纸厂配件约二吨均到，尚未提。

---

① 骨董，古董也，珍贵之物。今借四川话"骨"之谐音"果"，有诙谐、幽默之意，寓陈旧、无用之物。

441216

劼翁：

连函想均送到，兹将各情再述于次：

〈1〉 张董事信已送去，王公谨兄红豆一小袋已收到，有便再送去。

〈2〉 顷悉统税将加百分之百，或自下年度增收。前函所述各纸，最近拟雇筏快运蓉。因可省得统税十余万也。

〈3〉 今晤嘉阳范君称，渝生产局每月要煤九千吨，现因马边河水枯，经最大努力，只运出八千吨，上游各厂用煤，自多困难。弟虽面请其维持，恐无若何效力，并闻煤价在旧年后将再提价。

〈4〉 闻邓作揩兄去志甚坚。王文光近已允就华昌公司会计，最近决离厂，志在必去。乞速准备会计人员补充为要。附闻　专颂

冬绥

弟　曹青萍　稽首

集兄统此恕未另。

花纱局对废棉处理办法，如何应付？

441225

劼翁：

兹将近情，奉报于次：

〈1〉 顷据汤会计人傑兄称，刻接周经理函嘱，速拨后列各帐赴蓉，经盖章照办，另附详单，乞查为何（闻系付股息用）。

〈2〉 纸筏四支半，装足〈1300〉令，明日完载，定念七日长行，容另电达。此次对开纸约八百余令，其它均为各种杂纸（内有加大全开纸百余令），运供蓉处门市之需，各种售价，曹鉴君另有详报。统税自下月起每另增收〈130〉元，这次全部税款可省拾余万。附闻

〈3〉 闻晓兄念六日赴蓉，不卜彬兄同行否？谅均不会在蓉久留。

〈4〉 嘉阳煤提运至感困难，近拟增购合作社二八成煤数百吨，正调查市

价，闻每吨约六千元，再加运缴约五千元，到厂每吨约壹万壹千元，尚不卜有无现货。本底无法顶款去渝，须待下月初方可办理也，现在各税增收后，物价一般将上扬。附及

〈5〉 此次托纸筏带上巴盐五十余斤，备蓉处同人分用。另购妥阉鸡二只送我翁饮酒之需，因不明作法，特嘱筏主装笼送上，希晒纳为盼。

〈6〉 演武街铺房王面馆已迁移，邓师娘（抗属）欲住，并托曙光兄关说，待集兄来后再处理，因明年必建马路，必要退让。弟候集兄来后再商决。至于后面小院张老师亦开始迁移，钟继豪去补充。附闻　专颂
大祺

弟　曹青萍　稽首

附拨帐单一纸，集兄统此未另。
合作社会计已派阮仕楷每日前往助理二小时。附及

《李劼人全集》2011年9月第一版勘误表

曾智中

自六百万言的《李劼人全集》2011年9月第一版行世以来，我作为主编，陆续发现一些失误，其责在我，故制本表，以告学界。曹治炜、贺宏亮、龚明德、谢天开、康维维、张义奇、王嘉陵等先生提供了很好的意见，在此谢过。校书如扫落叶，希望朋友们继续帮忙。

卷数	本卷名	位 置	误	正	备　注
第一卷	后勒口				建议总目及出品人前移至前勒口，更合事理。现在这样也可以。
第一卷	死水微澜	前言第1页倒数第6行	1980版	1980年版	当代语汇中"1980版"可视作"20世纪80年代版"，也通，但不严谨，且与他处不一。
第一卷	死水微澜	前言第1页倒数第3行	民国三十六年（1937年）	民国三十六年（1947年）	
第一卷	死水微澜	前言第2页正数第14行	和十四（1925年）年中华书局版	和十四年（1925年）中华书局版	

卷数	本卷名	位置	误	正	备 注
第一卷	死水微澜	9页6行	时侯	时候	
第一卷	死水微澜	20页译作第3点2—3行	再译本民国三十五年中华书局出版，	再译本民国二十五年中华书局出版，	这是李劼人自己写错的，当初处理原始资料时没有发现。改不改过来，颇费考量，最稳妥的办法是不改而出一注释。
第一卷	死水微澜	21页文末	没有标明该件出处	原件藏李劼人故居博物馆	全集编辑一重要原则就是件件落实出处，供学界查考。
第一卷	死水微澜	23页文末第二、三格	工作经历自何时止	自何时起至何时止	两格内同时现"工作经历"。
第一卷	死水微澜	24页文末	没有标明该件出处	原件藏李劼人故居博物馆	
第二卷	暴风雨前	133页正数第4行	卬州	邛州	原版此处不清。
第二卷	暴风雨前	198页注释	①原版作"家事"，似不通，依据上下文意，应为"家世"。——编者注	①家境。《红楼梦》第一一五回："惜春早已听见，急忙坐起来说：'你们两个人好啊！见我们家事差了，就不来！'"——编者注	原注不大妥贴，可改。

卷数	本卷名	位置	误	正	备注
第三卷	大波	28页正数10、11行	《成都日报》用铅字印，	成都日报用铅字印，	此为原版错误，根据上下文意此应是泛指当时成都的各种日报，而不是单指《成都日报》一家日报。
第四卷	《大波》重写本	首页照片			可以考虑重新换一李劼人重写《大波》时照片。
第四卷	《大波》重写本·中	606页注释	似应为"啧"，争辩。——编者注	"则"同于"做""作"。——编者注	
第六卷	中短篇小说	出版说明正数第三行	1981年版	1984年版	
第六卷	中短篇小说	目录	《同情》《强盗真诠》	《强盗真诠》《同情》	应以作品发表时间先后为序，内文应同时调整，将现168页至188页的《强盗真诠》，调到现99页的《同情》前。
第六卷	中短篇小说	99页《同情》标题之下		加"为吾妻"	可处理为次一级标题。

卷数	本卷名	位置	误	正	备注
第六卷	中短篇小说	136 页 15 行	吃橘子	吃橙子	后文数处均为"橙子",故应统一。
第六卷	中短篇小说	322 页倒数第三行	只管来!	只管来!"	原版错误,与倒数第六行的前引号缺乏呼应。
第七卷	散文	目录	无空行以区分类别	每一类别间原有空行以示区分	
第七卷	散文	8 页注释 1 第 3 行	1933 年	1932 年	这是原版的失误,本书编辑时没有发现。
第七卷	散文	9 页最后一行	1933 年	1932 年	这是原版的失误,本书编辑时没有发现。
第七卷	散文	41 页注释 1	字咸荣	字咸荥	这是原版的失误,本书编辑时没有发现
第七卷	散文	69 页注释 1	作者注	编者注	
第七卷	散文	307 页注释 1			应该为"周孝怀"加注,整条均误。

卷数	本卷名	位置	误	正	备 注
第七卷	散文	308页注释1		应该删除此注释（包括正文中的和脚注）	本卷171页已经有此注释，违背了首见处出注的原则。
第七卷	散文	311页倒数第6行	闹子毡不够	闹毡子不够	原版原件如此，应径直改正。
第八卷	诗歌戏剧及其他	3页第1行	《吟尹昌衡西征》	《吟尹昌衡西征》① ———— ①此诗由黎本初记录，作者曾向其谈起写作过程："民国二年，有郭沫若，那时叫郭开贞，还有周太玄和我，一共七、八个同学，在武侯祠吃茶。大家确定以尹昌衡西征为题，以轻重为韵，意存讽刺，各作七言律诗一首。郭沫若的诗最先写好，我是最后写好的。大家都交了卷，才互相传阅，最后共同来评定名次。我的诗被评为第一。这是过去的事情了。郭沫若已经成为大诗人。我只写写小说。"——编者注	此题解注释漏排，对读者理解有妨碍。如后续处理版面难调，也可作罢。

卷数	本卷名	位置	误	正	备注
第八卷	诗歌戏剧及其他	4页第5行	留滞安阳楚将管。	留滞安阳楚将营。	系原版所误,整理时没有发现。
第八卷	诗歌戏剧及其他	9页后	不载李劫人自撰联	自撰联 1①历劫易翻沧海水; 浓春难谢碧桃花。 ———— ① 1946年自撰,悬于菱窠。——编者注 2①敢有文章惊天下; 莫叫鹅鸭恼比邻。 ①二十世纪五十年代初自撰,悬于菱窠。3①人尽其才,地尽其力,物尽其用; 花愿长好,月愿长圆,人愿长寿。 ———— ① 1962年自撰,悬于菱窠。——编者注	此"自撰联"漏排,后续处理可置于诗歌部分附录之前,并在目录中标明。
第八卷	诗歌戏剧及其他	77页4行	外人	外间人	
第八卷	诗歌戏剧及其他	77页9行	李大东	李大车	
第八卷	诗歌戏剧及其他	79页注释第2行	民国二十四年(1935年)	民国二十二年(1933年)	事在1933年,1935年5月作者已离开民生厂。

卷数	本卷名	位置	误	正	备　注
第八卷	诗歌戏剧及其他	128 页尾	没有标明该件出处	原件藏李劼人故居博物馆	全集编辑一重要原则就是件件落实出处，供学界查考。
第八卷	诗歌戏剧及其他	134 页尾	没有标明该件出处	原件藏李劼人故居博物馆	全集编辑一重要原则就是件件落实出处，供学界查考。
第八卷	诗歌戏剧及其他	207 页首行	堂午饭	祠堂午饭	
第八卷	诗歌戏剧及其他	304 页注释 1 倒数第二、一行	尽量接近原格式，入目之书正文人名后的字、号酌加括号。不再加添书名号，以避累赘，而正文则循常规；对缺失部分内容略加补充说明。	尽量接近原格式，入目之书顶格书写，不再加添书名号，以避累赘，而正文则循常规；对缺失部分内容略加补充说明。正文人名后的字、号酌加括号。	
第八卷	诗歌戏剧及其他	341 页注释 1	此指唐宋人所编辑的此类丛书。——编者注		此条误植，应该删除。
第九卷	文学批评	91 页第二自然段	字体不统一	字体应同于前后自然段	与注释 1 相关说明"字体及字体大小同于前、后"冲突。
第十卷	书信	出版说明倒数第八行	置于相关年度或月份之前	置于相关年度或月份之后	
第十卷	书信	51 页第三行	兄与邬公子	兄与郭公子	

卷数	本卷名	位置	误	正	备注
第十卷	书信	57页第一行	吴廉铭	吴廉铭①	应加脚注①吴廉铭，中华书局秘书兼编辑室主任。
第十卷	书信	63页第三行	迪群君足下，	迪群君足下：	
第十卷	书信	75页第四行	当此月前一切国难之际，	当此目前一切国难之际，	
第十卷	书信	82页第二行	470828	470822	
第十卷	书信	82页第八行	拨三千万	拨三十万	
第十卷	书信	82页第十三行	卅六年八月二十八日	卅六年八月二十二日	
第十卷	书信	90页第十行	十五日夜	廿五日夜	
第十卷	书信	95页第十四行	必离昆	必利昌	
第十卷	书信	96页第四行	若非此方人	若非北方人	
第十卷	书信	169页第四行	胜利突至	胜利突之	
第十卷	书信	290页注释	黄镜涵，青铜器鉴定家、金文考证家，中国历史博物馆考古顾问。——编者注	黄镜涵（1891~1974），四川璧山人，1952年入四川省文史研究馆。北京大学毕业，留学德国。曾任察哈尔民众抗日同盟军总司令部少将参议，《四川日报》社长兼总编辑，重华学院教授。	

卷数	本卷名	位置	误	正	备注
第十三卷	达哈士空的狒狒	323页尾注六第二行	生于纪元前二四七年，死于一八三年，		可加一注释：此系原版之误，应为"死于纪元前一八三年"。
第十七卷	中短篇译文	出版说明第四、五行	按中篇小说、短篇小说、诗歌分类分列，	按小说、诗歌分类分列，	目录已经按小说、诗歌分类分列，非常明显。
第十七卷	中短篇译文	出版说明第六、七、八行	译者在标题、作者后，有时标相应的法文，有时不标，本卷一仍其旧；所写的跋语也一仍其旧。	译者在标题、作者后，有时标相应的法文，有时不标，本卷统一为不标；所写的跋语则一仍其旧。	目录及内文均统一为不标法文，非常明显。
第十七卷	中短篇译文	出版说明最后一段		应该删除	与"凡例"十冲突。十七卷出版说明问题较多，是没有用终改稿的原故。
第十七卷	中短篇译文	168页注释1	从此篇开始，至《赎罪》止，均出自蒲莱浮斯德的中短篇小说集《妇人书简》。	从此篇开始，至《赎罪》止，均出自译者所译的蒲莱浮斯德的中短篇小说集《妇人书简》，民国十三年（1924年）三月由中华书局初版。	先前《妇人书简》单独成卷，出版说明中有所交代，混编入中短篇译文集时，忽略了出处。
第十七卷	中短篇译文	314页最后一行	1925年1月10日《小说月报》第十六卷第一号	原载1925年1月10日《小说月报》第十六卷第一号	

编后记

　　《李劼人研究:2016》研究专集，经一年多的组稿、整理、审稿和编辑工作，终于完成。本书是继《李劼人作品的思想与艺术》(1989)、《李劼人小说的史诗追求》(1992)、《李劼人研究》(1996)、《李劼人的人品与文品》(2001)、《李劼人研究:2007》(2007)、《李劼人研究:2011》(2011)编辑出版之后的第七种李劼人研究论文集，全书汇集了新发现的李劼人佚文和史料，近年来李劼人研究的重要学术论文，李劼人亲友的回忆和纪念文章等。这对于研究、宣传和纪念李劼人及其文学作品，具有重要的价值和意义。

　　本书近 40 万字，分为五部分：一、李劼人佚文；二、论文；三、学术随笔；四、回忆与怀念；五、史料与其他。较全面地覆盖了近年来李劼人研究较重要的新成果，提供了李劼人生平及社会活动领域的新材料、新史料。

　　本书的组稿、选稿，在编委会的领导下，按程序严格进行。主编和执行副主编通读了全部书稿，包括：核对李劼人逸文的原件。对每一篇学术论文提出书面审读意见，向作者提出修改意见，论文和审读意见发回作者再调整。对李劼人亲友的文章，提出校改意见，征得作者同意后，微调了字句、段落；有的围绕主题，进行了压缩。同时，确定了版式，统一标题、正文、引文、注文等的字体字号；按国家标准的要求规范了标点符号、脚注，并反复校改，力求全书统一或局部统一。

　　本书汇集、刊载了李劼佚文 8 篇，未刊信件 6 封，未刊讲话稿 5 篇，共 19 件。由段从学收集、整理的李劼人《说昆明》(1940 年)和《乐——为费曼尔女士作》(1944 年)，李劼人《致赵其文》(1940 年)的两信与《致萧蔓若》(1940 年)的一信，均有重要的文学和史料价值。由贺宏亮和张志强收集、整理的李劼人《致王定一》(1951 年)、《致杜心源》(1940 年)和《致李宗林》三封信函，正弥补了李劼人在新中国成立初期担任成都市副市长工作的一个交集点。同样，由张志强收集、整理的《李劼人副市长在第三届首次各界人民代表会议上的开幕词》等 5 篇讲话稿，更为细致、具体反映了李劼人在这一历史时期政府工作的内容，这在李劼人研究中是一个缺失、模糊的领域，这 5 篇讲话稿为研究该时期的李劼人提供了原始资料。由易艾迪收集、整理的李劼人佚文《巴黎的国民乐艺院》（1923 年作）一文，对他在留法时期观察、感受到的法国音乐界的学生培养和晋升，音乐作品的演出、机构和团体以及音乐厅等作了较为全面的介绍。李劼人 1925 年翻译的蒲莱浮斯特的短篇小说《海孟德的那一夜》，收入本书。《海孟德的那一夜》是李劼人继翻译蒲莱浮斯特 22 篇短篇小说集结为《妇人书简》于 1924 年出版之后，准备翻译、出版《妇人书简》二集一书之中的一篇。直到十年后的 1933 年，李劼人开译《妇人书简》二集（共 14 篇），译出其中的第 1 至第 7 篇，但原书的后 7 篇因李劼人赴乐山处理嘉乐纸厂事务未再译出，虽然，这仍是李劼人译著中一本过去未见的新作品，值得关注。因篇幅原因，本书只刊出李译《海孟德的那夜》和《妇人书简》二集的李劼人《前言》，李译《妇人书简》二集有待下一册论文集。1931 年李劼人为幼子远岑被绑票手书的《报案书》，《报案书》记录了该案发生时的具体案情，该绑票案给李劼人和家人造成重创伤害，带来一生痛苦。《李劼人全集》刊载了写于 1932 年的《对于四川边地农垦的一番空话》（上）一文，本书刊出《对于四川边地农垦的一番空话》（下），使李劼人的这篇长文得以完璧。李劼人 1932 年《〈脂球〉译后赘言》，概述了他对莫泊桑《脂球》的评价和翻译的初衷。

这一批李劼人佚文等的发现与刊出，无疑是一次丰收，也是本书的一大亮点。

收入本书的学术"论文"稿共 15 篇，可分为三类：首先是以李劼人"大河小说"、"三部曲"作为研究对象的具有较为全面性的、综述性的研究论文，有谢应光《李劼人"大河小说"影响力初探》、卢晓蓉《论李劼人的"大河小说"三部曲》、赵薇《社会网络分析（SNA）与现代历史小说研究——以李劼人的"大河小说"三部曲为例》、钟思远《一口反万众　孤意惟在乡——"大河三部曲"的叙事维度与李劼人的乡土情结》。其次是以地域、乡土、李劼人的一部作品或一段创作时期的作品或人际关系为对象的，具有专题探讨性质的研究论文，如王学东《地域文化视野下的李劼人文学思想》、蒋林欣与张叹凤《1894—1911：日本文化在四川的侧影——以李劼人旧版"大河小说"为中心》、谢天开《新旧版〈大波〉与成都竹枝词》、谢君《巴蜀特色的"包法利夫人"陈莉华——以〈天魔舞〉为例》、杨倩《〈天魔舞〉书写的战时成都交通》、王菱《郭沫若与李劼人早期小说审美意识比较》、项锦熙《卢作孚与李劼人》、张义奇《韩素音笔下的李劼人》等，这两类论文也存在着交叉。第三类是介绍、分析李劼人及其文学作品在英语世界和法语世界传播、研究状态的学术论文，有蒋林欣、张叹凤《"一经品题，便作佳士"——英语世界的李劼人研究、成果与现象》和赵治平《法语世界李劼人研究述略》两文。曾智中《副市长李劼人和成都市政建设》一文则是对现已知李劼人在新中国成立后出任成都市副市长所做相关工作最详细、系统的资料汇集。这一批李劼人研究论文既有已刊发过，又经作者修改过的论文；也有初次发表的论文。这是对近些年李劼人学术研究的具有代表性论文的集结，也是对当今李劼人研究新成果的展示。

在本书的"学术随笔"中，收录了7篇文章，作者有高华、刘再复、何大草、简平、张义奇等，他们以自己的个人视觉，审视和解读李劼人及他的文学作品，寻找和感悟心中的李劼人，向大师致敬。李怡和陈俐为付金艳所著《实业家李劼人档案揭秘》一书的两篇序言，则简析了李劼人耗费近30年经营嘉乐纸厂的信念以及对文化事业的支持。

本书中"回忆与怀念"部分刊出了14篇由李劼人家人、亲友及其后代人士撰写的文章。李劼人的女儿李眉撰写的《李劼人书信小集前言》和《一张"秘方"的故事》两文，它们是李眉的遗文。李劼人的外孙女、李眉之女李诗华撰写了《我的婆婆》和《我的"菱窠"》两篇长文，她以孩童的稚嫩目光，细腻而朴实的笔法，为我们展现了李劼人和夫人，还有他们的家——"菱窠"，他们的生活和工作，以及为外人未见未闻的点点滴滴的细节与故事，如画卷徐徐展开，温暖，亲切，动人。李劼人的母家与夫人家"杨家"是一个大家族，由"杨家"人——李劼人的表弟媳廖克诚，侄辈杨邦廉、杨晓、谢勉蓉以及曹治华撰写的回忆与怀念文章，展现了李劼人的温情和人格力量。李劼人的挚友刘星垣的亲属刘修琳及雷宣之文，详述了李、刘的大半生的友谊。李劼人私人秘书龚宜昭之女龚哲维写的《永远敬重、感恩的人》，讲述了李劼人一家对其家的帮助与关爱。辛亥保路运动知名人物之一的彭光烈子孙彭铸撰写的《两岸同心护瑰宝 盛世佳音慰先贤》，讲述了李劼人为撰写《大波》等苦心收集史料，追求史实的事例。1933年李劼人就任民生机器厂厂长，住"青草坝"宿舍，卢作孚孙女卢晓蓉的《观音庙的前世今生》则记述了自己眼中和记忆中的"青草坝"的故事。这一部分文章，同时也提供了诸多有关李劼人的史实，从家庭、家族和个人视觉层面讲述，补充了大量的细节，极大地细化和丰富了李劼人的形象。

在本书所收诸多论文中，一些新的因素值得注意，首先是 2011 年出版的 17 卷 20 册《李劼人全集》，向社会读者提供了迄至 2011 年所收集到的全部李劼人的文字作品，为读者、研究者展开了一座宝库。在本书的论文中，引用《李劼人全集》文字、材料的极多，尤其是引用旧版《大波》或以旧版《大波》作为研究对象的论述，完全超过了《李劼人研究：2007》和《李劼人研究：2011》两部论文集，对旧版《大波》的关注和研究势头已经展开，《李劼人全集》正在展现其重要价值，它的出版，其功厥伟。其次，在多个图书、论文数据库和网站中，可以检索到以李劼人及其文学作品为研究对象或比较研究的学者论文、大学生论文。正是《李劼人全集》以及《李劼人晚年书信集》等的出版，使过去几乎不为人知或极少数人见到的一些重要的李劼人作品、文字，全部公开，为学者、文化工作者、大学生提供了李劼人研究的新材料，李劼人研究不再是少数专家的领域，可以说，李劼人研究将进入"扁平化"的时代。

本书收入了首都师范大学文学院博士后赵薇《社会网络分析（SNA）与现代历史小说研究——以李劼人的"大河小说"三部曲为例》一文，该文应该是第一篇应用社会网络分析方法对李劼人文学作品进行分析与讨论的学术论文。作者以现代白话历史小说《死水微澜》、《暴风雨前》、《大波》（新版、旧版）为对象，用统计分析方法与文学社会学思想进一步对接，引入"量化计算基础上的社会网分析与传统的文本细读相结合"的方法，对小说中上百的人物详细量化分析，阐释小说关键人物以及次要人物的关系、位置、权重和作用等要素，对相关叙事学意义进行了较深入的讨论，以求"发现二十世纪以来长篇体式的发展之规"。赵薇之论文为李劼人文学作品研究引入了新方法、新视角，相信今后会有更多的新人、新方法的研究论文出现。在李劼人作品的研究中，《天魔舞》的研究较为"边缘"，谢君《巴蜀特色的"包法利夫人"陈莉华——以〈天魔舞〉为例》，其价值在专论陈莉华。杨倩《〈天魔舞〉书写的战时成都交通》则辑录和分析了《天魔舞》所记载的抗战时期成都水、陆、空的战时交通状况与变化，再次展现了李劼人小说的史料价值。

蒋林欣、张叹凤《"一经品题，便作佳士"——英语世界的李劼人研究、成果与现象》汇集和论述了近 30 年来李劼人作品在英语世界的传播、接受与研究以及已取得的初步成就，从 1981 年底《中国文学》（英文版）刊载英译本《死水微澜》开始，欧美汉学界对李劼人作品的研究逐步而缓慢地展开，他们更注重于李劼人作品浓郁的地方色彩、独特的历史观和社会史料文献以及民俗价值，视之为李劼人的独特风格，这与国内长期占主导的意识形态小说审美相异。总体来看，英语界研究得较多的仍然是鲁迅、郭沫若、巴金、老舍、张爱玲等，李劼人研究仍然处于"边缘的边缘"地位，但著名汉学家夏志清、马悦然、李欧梵、冯铁等均清楚地认识到："中国文学中李劼人是无法回避的"。一批英语界的中外学者不断致力于李劼人的研究，吴国坤的《小说的丰碑》则是第一部用英语撰写的专论李劼人的博士学位论文。

赵治平《法语世界李劼人研究述略》一文梳理了自 1981 年《死水微澜》法译本出版后 30 多年，尤其是近 10 年以来李劼人及其文学作品在法国的传播与研究成果和现象，概括研究者的主要观点并分析这些研究的不同关注点。由于李劼人留法四年且专攻法国文学，加之翻译有众多法国文学作品，法语世界对李劼人的评论和研究更显著地关注于李劼人和法国文学的关系，其次是历史民俗、地方特色、对妇女的关注和中国人眼中的西方等方面。李劼人翻译的法语文学作品中，超过一半都是有关妇女以及对妇女命运和状况的关注，《死水微澜》和《包法利夫人》之间的女性人物行为和命运成为研究中令人感兴趣的研究对象。其次，进一步重点探讨了福楼拜文学作品对李劼人的影响，充分认同李劼人文学作品的时代性、地域性和鲜明的个人独特印记。虽然法国的李劼人研究取得了初步的成就，李劼人的文学贡献和作品的价值开始受到更多学者专家的关注和认同，但是相关研究仍然非常少且处于边缘状态。

本书收录了李怡和陈俐为付金艳《实业家李劼人档案揭秘》一书作的两篇序言，但我们更需要对付金艳开展的"实业家李劼人"研究工作予以重视。近些年，付金艳专注于乐山市档案馆收藏的大量嘉乐造纸厂原始档案，爬梳剔抉，条分缕析，深入研究，为我们揭示了作为实业家李劼人的身影，勾画出耗费李劼人半生心血的嘉乐纸厂的兴衰沉浮、艰难经营，以及对西南地区文化事业，尤其是在抗战最艰难时期对文化和文艺事业做出的重要贡献。嘉乐纸厂是李劼人一生除文学创作之外倾注心血最多的事业，无疑，嘉乐纸厂与李劼人的意义需要再认识，再思考。

本书中汇集了前些年和近期发现的有关李劼人的一批史料、资料，由中华书局主办的《学生杂志》"书报介绍"（1923 年）刊载的《李劼人译〈人心〉、〈小物件〉》，是较早时期推介李劼人法译小说的图书广告。周名璆对《李劼人译〈小物件（Le Petit Chose)〉》（1927 年）的法文错译指正，反映出在上世纪 20—30 年代时期，法国文学作品被大量介绍、翻译到中国时存在的时代现象。上世纪三十年代成都小报《报报》注意成都学界消息及花边新闻，现收集到 4 篇有关李劼人的报道，其中，《李劼人教授并未挨打》一篇与《全集》第十卷中的李劼人《致小髭、冯妇》两文，从中可以了解到李劼人从成都大学辞职的直接原因。四十年代中后期报载的有关李劼人的消息，1946 年 6 月王冰洋撰《李劼人先生与〈大波〉并祝他五十六岁的寿》与牧野撰《〈笔阵〉与李劼人先生》两文，饱含热情地赞颂李劼人的民族大义和他对"抗敌文协"及其会刊《笔阵》长期坚定的支持。1949 年 6 月谢扬青撰《李劼人先生的风趣和生活》勾画了李劼人这个"人"，以及他的生活；1949 年 10 月青田撰《李劼老新著〈说成都〉》则重在介绍《说成都》。张志强《"菱窠"及其历次大修》细致地梳理了李劼人故居"菱窠"的修建、维修及庭院格局变化。由曹治炜整理的《嘉乐纸厂信档一束——曹青萍致李劼人信函》，为当时人记当时事的第一手资料，反映了四十年代后期嘉乐纸厂艰难的生存状态以及李劼人为维持这一民族工业所付出的心血。

本书收录了较多的李劼人多个时期的佚文、信件及史料，增加了李劼人作品、译作、新中国成立后任职成都市副市长工作内容文献以及生平点滴的等方面珍贵材料，它们是李劼人研究的基础性的新材料。这些佚文、信件及史料，主要来源于新中国成立前的报刊，其次是档案馆、图书馆藏品，第三，得益于近年来国内各大报刊、文献索引网。如段从学所收集的李劼人《说昆明》和《乐——为费曼尔女士作》两文，张志强收集的《李劼人副市长在第三届首次各界人民代表会议上的开幕词》等 5 篇讲话稿等即是。易艾迪从自藏的旧报《报报》《新新新闻》《新民报》中汇集了多篇李劼人逸文和报道文章，在四川大学图书馆查找到《时事周报》所载李劼人《对于四川边地农垦的一番空话》（下）一文，并在同一刊物的合订本中查阅到《妇人书简》二集连载译文。由上海图书馆创办的"全国报刊索引"网，可以搜索到大量的发表过的李劼人文章、报道和研究文论，其中多篇收入了本书。"全国报刊索引"网没有涵盖各地的地方小型的或短期的报刊，但两者可以互补。这些，对李劼人研究专家、学者的收集和利用资料提供了极大的方便和广大的平台，相信在下一辑李劼人研究论文集中，会有更丰厚的收获与成果。

《李劼人研究：2016》编委会严格按照国家出版规定审稿，召开专项审稿会议，指导编辑工作。经过一年多的辛劳，本书终于编辑完成，呈现给读者。本书是群体心血的结晶，是通力合作的成果。在立项、申报和审批、申请经费的各个程序、阶段中，得到了成都市锦江区委、区政府的关心与财政支持；在锦江区文体旅局的主管下，成都市李劼人故居纪念馆按程序完成比选工作，由四川文艺出版社出版。感谢成都市李劼人研究学会王嘉陵会长对本书的悉心指导与安排，感谢锦江区文体旅局许波局长与邱强副局长对本书的关心与大力支持，感谢四川文艺出版社张庆宁总编辑对本书倾注的心血，感谢诸位李劼人研究专家不吝赐稿，感谢李劼人故居纪念馆工作人员为本书出版付出的劳动。李诗华与曹治炜两位老师，反复修改、校对其稿件，并鼓励李劼人先生亲属及友人后辈踊跃投稿，使本书的"回忆与怀念"、"史料与其他"部分大为增色；《李劼人全集》主编曾智中老师为本书的编辑提出了诸多宝贵意见。感谢诸位领导、专家、同事、李劼人先生亲属及友人后辈为本书做出的努力，在此，致以衷心的感谢！

党的十九大提出：中国特色社会主义文化，源自于中华民族五千多年文明历史所孕育的中华优秀传统文化，深入挖掘中华优秀传统文化蕴含的思想观念、人文精神、道德规范，结合时代要求继承创新，让中华文化展现出永久魅力和时代风采。这正是李劼人研究的追求方向，心怀责任感、使命感，我们将继续深入研究李劼人及其作品，出品更好更多的成果，做中华优秀传统文化的忠实传承者和弘扬者，为繁荣发展社会主义文艺做出贡献。

《李劼人研究：2016》主编 易艾迪
2017 年 12 月 9 日